dtv

20 Tage im 20. Jahrhundert

Herausgegeben von
Norbert Frei
Klaus-Dietmar Henke
Hans Woller

Helmut Mejcher

Sinai, 5. Juni 1967 Krisenherd Naher und Mittlerer Osten

Deutscher Taschenbuch Verlag

Ein Überblick über die gesamte Reihe findet sich auf S. 303/304

Im Andenken an Issam El-Said, geb. Bagdad 1938,
gest. London 1989, der mir durch seine Bilder und Kalligraphie die erhabene Schönheit islamischer Kunst erschloß – und mich zuweilen die nahöstlichen Konfliktherde vergessen ließ

Originalausgabe
Februar 1998

Umschlaggestaltung: christof berndt & simone fischer
Umschlagfoto: Brennende ägyptische Ölraffinerie am Westufer des Suez-Kanals, im Vordergrund ein israelischer Posten, Juni 1967
(© Ullstein Bilderdienst)
Satz: Oreos GmbH, Waakirchen
Druck und Bindung: C. H. Beck'sche Buchdruckerei, Nördlingen
Gedruckt auf säurefreiem, chlorfrei gebleichtem Papier
Printed in Germany · ISBN 3-423-30611-4

Inhalt

Sinai, 5. Juni 1967 9

Kapitel 1

Die Unvermeidbarkeit des Krieges 16

Nasser geht auf Konfrontation 17

Israel und Dimona 25

Kapitel 2

Der ägyptische Weg zum Panarabismus 31

Kapitel 3

Arabischer Nationalismus zwischen Mittelmeer und Tigris 52

Kapitel 4

Identitäten und Nationenbildung auf der Arabischen Halbinsel 78

Kapitel 5

Die Hypotheken zweier Weltkriege 93

Das »schlimmste Feigenblatt« des Völkerbunds 94

Bipolare Welt und Kalter Krieg 101

Kapitel 6
Vom Palästinaproblem zum arabisch-israelischen Konflikt bis 1967 108
Zwei Völker, ein Land 109
Verschwörung am Jordan? Das Jahr 1948 114
Flüchtlingselend, Grenzkriege und Terrorismus 121
Das Suez-Komplott 1956 127
Moskau, Washington und der Sechs-Tage-Krieg 1967 . 132

Kapitel 7
Erdöl im nahöstlichen Pulverfaß 150
Öl regiert die Welt. Die Schlüsselstellung des Nahen Ostens 150
»Öl nach Eilat«: Ein israelisches Kriegsziel im Sechs-Tage-Krieg? 160
Die OPEC und Nassers Griff nach der Ölmacht 165
Der Ölpreisschock 1973 172
Im Öldorado. Vom Segen und Fluch des Schwarzen Goldes 180

Kapitel 8
Der steinige Rückweg nach Palästina seit 1967 187
Israel im Heiligen Land 188
Die PLO: Bewaffneter Kampf, Terror, Diplomatie . . . 199
Von Kairo über Jerusalem nach Camp David 208
Über Madrid und Oslo zurück nach Jerusalem 224

Kapitel 9
Die Herausforderung durch den Fundamentalismus 230

Anmerkungen 245
Abkürzungen 262
Zeittafel 264
Karten 272
Literatur 279
Nachwort 288
Register 289
Der Autor 302
Die Reihe ›20 Tage im 20. Jahrhundert‹ 303

Sinai, 5. Juni 1967

Am Morgen des 5. Juni 1967 – es war ein Montag, ein ganz normaler Werktag im Orient – eröffnete Israel mit einem verheerenden Präventivschlag gegen die ägyptische Luftwaffe die seit Tagen erwartete Schlacht im Sinai. Der israelische Generalstab wußte genau, daß sich zwar alle ägyptischen Streitkräfte seit dem 29. Mai in höchstem Alarmzustand befanden, aber auch, daß die gegnerischen Radarwachen und Luftwaffeneinheiten die frühen Morgenstunden, wenn sich die Sonne noch durch die Dunstschleier über dem Nildelta und den staubverhangenen Wüstenhimmel kämpfte, als die gefährlichsten betrachteten. Erst gegen 9 Uhr gab es auf den ägyptischen Luftbasen für die Piloten und das übrige Dienstpersonal gewöhnlich eine Kaffeepause. An diesem Montag morgen ging es in den Kantinen noch entspannter zu als sonst. Denn am nächsten Tag würde Zakariya Mohieddin, der als prowestlich geltende ägyptische Vizepräsident, der Einladung des amerikanischen Präsidenten folgen und nach Washington reisen. Der Krisenstab im Weißen Haus hatte den 7. Juni fest im Kalender vermerkt. Die vielleicht letzte Chance für eine Entschärfung der hochexplosiven Lage im Sinai und vor allem an der Schiffahrtsstraße bei Scharm asch-Scheich sollte genutzt werden. Kairo konnte kaum annehmen, daß die israelische Regierung ihren einflußreichsten Gönner, Präsident Johnson, mit einem militärischen Alleingang überraschen wollte. Zum falschen Sicherheitsgefühl in den ägyptischen Fliegerhorsten am Morgen des 5. Juni dürfte auch beigetragen haben, daß sich an diesem Tag der ägyptische Oberkommandierende Abdel-Hakim Amer schon früh auf einem Inspektionsflug im Sinai befand und aus diesem Grund die militärischen Radaranlagen abgeschaltet blieben.

Kurz vor 8 Uhr nahöstlicher Zeit starteten mehr als 180 israelische Jagdbomber der Typen Mirage, Mystère und Vautour über das Mittelmeer in Richtung Sinai und Nil. Ihrem anderthalbstündigen

Einsatz im ägyptischen Luftraum folgte eine zweite Angriffswelle in annähernd gleicher Stärke. Im Inferno der Raketen, Bordkanonen und Bomben gingen mehr als dreihundert der am Boden befindlichen ägyptischen MiGs, alle dreißig der gefürchteten TU-16-Langstreckenbomber, Munitions- und Tanklager, Radar- und Luftabwehrstellungen in Flammen auf. Die Start- und Landebahnen waren mit Bombenkratern übersät. Ein Drittel der ägyptischen Piloten wurde getötet. Von den etwa 440 einsatzfähigen Maschinen der ägyptischen Luftwaffe war nur noch ein Zehntel übriggeblieben. Die israelischen Verluste sollen lediglich neunzehn Maschinen – davon zwei im Luftkampf – betragen haben. Bereits am Mittag des ersten Kriegstags beherrschte die israelische Luftwaffe den gesamten ägyptischen Luftraum. Im Sinai war die ägyptische Kommandostruktur zusammengebrochen. Für die Masse der hier konzentrierten ägyptischen Truppen- und Panzerverbände gab es kein Entrinnen. Als sich Ägypten am Abend des 8. Juni zu einem Waffenstillstand bereit fand, umfaßten seine Verluste im Sinai – die Verwundeten nicht mitgezählt – über 10 000 Tote, 13 000 Gefangene sowie 965 zerstörte Panzer. Dagegen zählten die israelischen Verluste 275 Tote, 122 Panzer und die bereits genannte geringe Zahl an Flugzeugen. Hinzu kamen etwa 1 400 Verwundete.

Zum Zeitpunkt des ägyptisch-israelischen Waffenstillstands waren auch die jordanischen Streitkräfte bereits besiegt. Der vergleichsweise kürzere Krieg am Jordan und um Jerusalem – der Waffenstillstand war hier bereits am Vortag vereinbart worden – hatte jedoch seine eigene Dramatik und Tragik. Der 32jährige jordanische Monarch hätte eigentlich allen Grund gehabt, sich über den ägyptischen Präsidenten zu beschweren, als dieser am 22. Mai – ohne die beiden anderen arabischen Anrainer des Golfs von Aqaba zu konsultieren – die Straße von Tiran für israelische Schiffe sowie für Schiffe anderer Nationalität mit strategischen Gütern und Ziel Eilat schloß. Doch an Rücksichtslosigkeiten Nassers war Amman bereits gewöhnt. Schwerwiegender war für Hussein, daß mit einem Angriff Israels gerechnet werden mußte und daß er es sich wegen seiner mehrheitlich palästinensischen Untertanen nicht leisten konnte, abseits zu stehen. Das Überleben der jordanischen Monarchie stand auf dem Spiel. Unabhängig vom Ausgang des Krieges um die Straße von Tiran war die Waffenbrüderschaft mit dem panarabischen Hoffnungsträger Nasser ein Gebot jordanischer Staatsräson. Am 29. Mai ließ Nasser in einer großen Propagandarede den Konflikt um die Straße von Tiran weiter eskalieren, indem er jetzt die Palästinafrage zum obersten Ziel seiner Konfrontation mit Israel erhob und die Vernichtung des jüdischen Staates androhte. Am folgenden Tag schon steuerte Hussein seine Caravelle nach Kairo und unterzeichnete einen Verteidigungspakt mit jenem Mann, der in der Vergangenheit mehr als einmal seinen Sturz herbeizuführen gesucht hatte. Was vom König als Geheimmission geplant war, endete bereits am Nachmittag mit einer Sondersendung von Radio Kairo, in der aller Welt das ägyptisch-jordanische Militärbündnis bekanntgegeben wurde. Wie kritisch die Situation für die jordanische Monarchie war, zeigte sich auch daran, daß Hussein den von ihm und vielen jordanischen Royalisten gehaßten Führer der 1964 gegründeten PLO, Ahmad Schuqairi, mit nach Amman zurückbrachte.

Der zunächst auf fünf Jahre begrenzte Vertrag zwischen Amman und Kairo unterstellte alle militärischen Planungen und eventuellen Kriegsoperationen an der 650 Kilometer langen jordanisch-israelischen Grenze einem ägyptischen Befehlshaber. Ägyptische und andere arabische Verstärkungen sollten aufgestellt werden. Der als besonders tüchtig geltende ägyptische General Abdel-Moneim Riad trat am 1. Juni sein Kommando in Amman an.

Am selben Tag fielen im israelischen Kabinett die Würfel für den Krieg. Erstmals gab ein israelischer Premier das stets von seinem Amt mitverwaltete Verteidigungsressort ab. Der in militärischen Dingen und Sicherheitsfragen völlig unerfahrene Levi Eschkol beugte sich dem Druck der Falken in der Arbeiterpartei sowie im israelischen Generalstab und ernannte den Vorwärtsstrategen Mosche Dayan zum Verteidigungsminister. Nasser bezifferte die Chancen eines Krieges daraufhin mit 100 Prozent. Doch anders als Nasser pokerte der jordanische Monarch nicht mit dem Kriegsrisiko. Hussein und General Riad hatten keine Illusionen. Die noch völlig unzureichenden Streitkräfte in Jordanien und die Kürze der Zeit gestatteten lediglich eine Verteidigungsstrategie, aus der heraus nur bei günstigem Kriegsverlauf eine offensivere Positionierung vorgenommen werden sollte. Am 4. Juni war sich Hussein sicher, daß Israel am nächsten Tag im Sinai losschlagen würde. Die 65 000 Mann starke Armee mit zwei Panzerbrigaden und die erst im Aufbau befindliche

Luftwaffe, die nur sechzehn Piloten und 22 einsatzfähige britische Hawk Hunter zählte, wurden in höchste Alarmbereitschaft versetzt.

Hussein saß noch beim Frühstück, als am 5. Juni die Radiomeldung vom Ausbruch der Kämpfe im Sinai eintraf. Die offizielle Bestätigung ließ auch nicht lange auf sich warten; doch ihr Inhalt sollte zu einer unheilvollen Verkettung mit anderen Meldungen des Tages führen. Als die erste israelische Angriffswelle bereits die Hälfte der ägyptischen Luftwaffe zerstört hatte, funkte das Hauptquartier in Kairo einen ersten Lagebericht an General Riad. Nassers Feldmarschall Abdel-Hakim Amer – er hatte seinen Inspektionsflug im Sinai jäh abbrechen müssen und war wie ein Wunder unversehrt in Kairo gelandet – präsentierte sich in Siegerpose. Die angreifenden israelischen Maschinen seien zu 75 Prozent vernichtet worden, die ägyptische Luftwaffe sei zum Gegenangriff über Israel angetreten und im Sinai seien die ägyptischen Panzer auf dem Vormarsch. Diese Falschmeldung ließ eine Dringlichkeitsbotschaft des israelischen Regierungschefs an Hussein zwei Stunden später in einem ganz anderen Licht erscheinen. Eschkol beschwor den Monarchen, nicht in die Kämpfe einzugreifen, und er beteuerte, daß Jordanien dann auch keine Konsequenzen zu befürchten habe. Das jordanische Hauptquartier war argwöhnisch und witterte hinter der Offerte aus Tel Aviv schließlich sogar eine Bestätigung der ägyptischen Siegesmeldungen: Die ägyptischen Offensiven schienen die israelische Führung in arge Bedrängnis zu bringen. Eschkols kaum verhohlene Drohung mußte ein Bluff sein. Auch war nicht auszuschließen, daß die bereits begonnene Beschießung israelischer Luftbasen durch jordanische Artillerie ebenfalls Wirkung zeigte. Die offensivere Positionierung der jordanischen Streitkräfte konnte also vorgezogen werden – mit fatalen Folgen.

Die jordanischen Fliegereinsätze und Panzerbewegungen waren kaum angelaufen, als sich am frühen Nachmittag des 5. Juni und in den darauffolgenden 48 Stunden die volle Wucht der aus dem Sinai siegreich und intakt zurückgekehrten israelischen Luftwaffe auf die jordanischen Linien und Militäranlagen entlud. Die Gegenwehr der beiden gut ausgebildeten, doch in letzter Minute falsch dirigierten jordanischen Panzerbrigaden war verbissen, aber – wie schon auf der ägyptischen Seite – chancenlos. Bald türmten sich auch hier ausgebrannte Panzer, Mannschaftstransporter, Geschütze und

Hawk Hunter zu Schrottbergen auf. Die israelischen Verluste an Soldaten – annähernd siebenhundert Tote und 2500 Verwundete – überstiegen jedoch deutlich die Verluste im Sinai, und sie lagen auf der Höhe der jordanischen Verluste. Durch die rauchenden Schlachtfelder schleppte sich ein Strom von mehr als 100000 palästinensischen Flüchtlingen aus Lagern, Dörfern und Städten der jetzt von Israel besetzten Westbank nach Jordanien. Für manche von ihnen war es die zweite Flucht nach 1948. Der größte Teil der palästinensischen Bevölkerung, etwa 90 Prozent, blieb aber in seiner Heimat. Anders als im länger andauernden Krieg von 1948 war diesmal die Zivilbevölkerung weniger in Mitleidenschaft gezogen worden. Aber auch der jordanische Rundfunk riet dringend zum Bleiben. General Allon, der später seinen berühmten Sicherheitsplan für die Westbank entwerfen sollte, äußerte in einer Rede am 11. Juni die Zuversicht, daß Israel mit so vielen Palästinensern unter seiner Kontrolle jetzt die Lösung des Flüchtlingsproblems in der Hand habe.

Die Einsätze der israelischen Luftwaffe über Jordanien, in deren Gefolge auch gezielte Attacken auf den Palast des Monarchen geflogen wurden, hatten nicht nur Husseins Königreich an den Abgrund gebracht. Seit dem 6. Juni gerieten auch die Nachschubrouten aus dem Irak stärker unter israelisches Feuer. Der Krieg drohte sich bis in das von Nasseristen regierte Bagdad auszudehnen – eine Entwicklung, die Jordanien vollends zu destabilisieren drohte und den wichtigen, wenn auch immer schutzbedürftigen Stützpfeiler westlicher Politik im Nahen Osten zum Einsturz bringen würde. Aus diesem Grund bedrängte die amerikanische Administration schon am 6. Juni die israelische Regierung, umgehend einen Waffenstillstand mit Amman abzuschließen. Am selben Abend war es den USA in der UNO auch gelungen, dafür einen Rahmen zu setzen und gegen anfänglichen sowjetischen und ägyptischen Widerstand eine einfache Waffenstillstandsresolution – ohne Rückzugsaufforderung – zur Verabschiedung zu bringen. Der israelisch-jordanische Waffenstillstand kam dennoch erst am Abend des nächsten Tages zustande, nachdem der erbitterte jordanische Widerstand bei den Heiligen Stätten Jerusalems niedergerungen war.

Für den jungen König, der mit Bravour gekämpft hatte – nach Jahren sollte er seinen Kriegsbeitritt als größten Fehler seiner politischen Karriere bezeichnen –, war die Unterzeichnung des Waffenstillstands ein bitterer Akt. Die Kosten der Niederlage waren sehr hoch: Die agrarisch ergiebige Westbank war verloren. Die ökonomischen Folgen für Ostjordanien waren unabsehbar. Derweilen suchten sich die Hauptverantwortlichen für die Konflikteskalation, Nasser und sein undurchsichtiger syrischer Kriegsverbündeter al-Atasi – er war noch gar nicht richtig in den Krieg eingetreten –, als Schutzritter der arabischen Nation darzustellen. Beide sorgten sich aber eher um die innenpolitischen Folgen eines Gesichtsverlusts und verweigerten am 7. Juni die Unterzeichnung eines Waffenstillstands mit Israel. Nasser, der die militärische Niederlage im Sinai nur schwer verwinden konnte, bezichtigte jetzt die amerikanische Mittelmeerflotte der direkten militärischen Unterstützung des israelischen Vernichtungsschlags. Die Anwesenheit des amerikanischen Spionageschiffs Liberty in den Gewässern vor dem Sinai war für ihn ein zusätzlicher Beweis. Er wies alle amerikanischen Vermittlungsbemühungen zurück und brach sogar die diplomatischen Beziehungen zu Washington ab. Die wehrlosen Überreste seiner Sinai-Divisionen mußten einen weiteren Blutzoll zahlen, bis er schließlich am Abend des 8. Juni in einen Waffenstillstand einwilligte. Am Tag darauf kündigte er seinen Rücktritt an, offenbar ohne Rücksprache mit Feldmarschall Amer.

Erst jetzt, fünf Tage nach Ausbruch des Krieges, richteten die israelischen Streitkräfte ihre Schlagkraft voll auf die syrischen Befestigungen auf dem Golan und auf die Flugbasen im Hinterland. Dabei war Syrien alles andere als ein waffenstarrender und offensiver Kriegsgegner, der den geballten Einsatz der israelischen Militärmacht erforderlich gemacht hätte. Für Israel war das Unternehmen vor allem deshalb riskant, weil die sowjetische Rückendeckung für Damaskus schwer abzuschätzen war. Es bot sich aber die einmalige Gelegenheit, den heiklen Wasserkonflikt am oberen Jordan – er war der eigentliche Konfliktherd mit Syrien – ein für allemal zugunsten Israels zu beenden.

Auch Syrien war schon am 5. Juni militärisch aktiv geworden, allerdings nur in sehr vorsichtiger Weise. Noch am Vorabend des Sechs-Tage-Krieges hatte Damaskus trotz eines dringlichen Ersuchens aus Amman offenbar jegliche Koordination mit den dortigen Verteidigungsmaßnahmen ausgeschlagen oder aufgeschoben. Für die lange und lückenhafte jordanisch-israelische Front wurden keine syrischen Militäreinheiten abgestellt. Auch die ägyptischen Siegesmeldungen verführten die syrischen Generäle nicht zu Offensivhandlungen. Die Kanoniere und Panzermannschaften blieben in der Deckung ihrer weit reichenden Artillerie, die neben israelischen Siedlungen jetzt vor allem den Raffineriestandort Haifa ins Visier nahmen. Selbst die Härte der Kämpfe bei der israelischen Erstürmung und Besetzung des Golan am 9. Juni hatte weniger mit massiven syrischen Gegenangriffen, als mit dem schwierigen Gelände und den gut getarnten Festungsbauten zu tun.

Natürlich waren die syrischen Panzer und MiGs eine leichte Beute für die israelische Luftwaffe. Dennoch wurde dieser dritte israelische Feldzug binnen sechs Tagen ein Wettlauf mit der Zeit. Die USA waren in der UNO – unter anderem wegen des Vietnamkonflikts – auf ein wenigstens minimales Zusammenspiel mit der Sowjetunion angewiesen. Weder Moskau noch Washington wollten das Risiko einer militärischen Konfrontation im Nahen Osten eingehen. Auf ihren Druck hin bekannten sich sowohl Israel als auch Syrien am 9. Juni zum Prinzip eines Waffenstillstands, aber die Militärs hatten ihr Kriegshandwerk noch nicht vollendet. Kuneitra war noch nicht gefallen. Moskau machte Israel für die Verzögerung des Waffenstillstands verantwortlich und pochte immer vernehmlicher auf dessen sofortige Unterzeichnung. Im Sicherheitsrat der Vereinten Nationen konnten sich die USA kaum noch mit überzeugenden Gründen einer drohenden Verurteilung Israels entgegenstellen. Eine Brüskierung der UNO durch Tel Aviv würde schwerwiegende Folgen für die Nachkriegsdiplomatie und Friedenssuche im Nahen Osten haben. Auch das US-Außenministerium, in dessen Krisenstab mit den Brüdern Eugene und Walt Rostow gute Freunde Israels tonangebend waren, wollte seine Warnungen an Tel Aviv als klares Signal verstanden wissen. Erst jetzt, am 10. Juni, kam der israelisch-syrische Waffenstillstand auf dem dritten und letzten Kriegsschauplatz des Sechs-Tage-Krieges unter Dach und Fach. Die syrischen Verluste waren doch beträchtlicher als zunächst angenommen. Sie beliefen sich auf 2500 Tote und die doppelte Zahl an Verwundeten. Die Israelis zählten 115 Tote und 306 Verwundete.

Kapitel 1

Die Unvermeidbarkeit des Krieges

Die Ursprünge und der Verlauf des Sechs-Tage-Krieges, der den Eindruck von drei separaten Kriegen aufkommen läßt, stehen in großer Diskrepanz zu seinen außerordentlichen militärstrategischen Ergebnissen sowie seinen weitreichenden ordnungspolitischen Folgen für die gesamte Nahostregion. Israel hatte trotz seiner quantitativen Unterlegenheit bei konventionellen Waffen einen überwältigenden Sieg über seine arabischen Widersacher errungen. Es hatte das 1964 gegründete Gemeinsame Arabische Oberkommando als Papiertiger entlarvt. Hinsichtlich seiner neuen Waffenstillstandslinien im Osten und Nordosten ist gesagt worden, daß der neuerliche israelische Feldzug das vollendet habe, was im ersten israelisch-arabischen Krieg 1948/49 abgebrochen werden mußte.

Dennoch würde auf den Sechs-Tage-Krieg die Clausewitzsche Definition, derzufolge ein Krieg die Fortsetzung der Politik mit anderen Mitteln ist, einfach nicht zutreffen. Auf seiten des Siegers hatte eine den späteren Kriegsergebnissen entsprechende umfassende politische Planung am Vorabend des Krieges nicht vorgelegen. Auch wenn Israel schließlich zum Präventivschlag ausholte, so hatte es doch kaum auf die Eskalation im Sinai einwirken können. Gewiß, Israel hatte die von U Thant erneut ins Spiel gebrachte Alternative einer Stationierung der jetzt von Ägypten nicht länger geduldeten UN-Beobachtungsposten auf der israelischen Grenzseite abgelehnt. Abgesehen von einigen grundsätzlichen Einwänden israelischer Sicherheitspolitik hatte der israelische Außenminister Abba Eban dabei darauf verwiesen, daß eine solche Regelung die Situation in Scharm asch-Scheich völlig unberührt ließe und dort zu keiner Entschärfung beitrage. Weder das lange Zaudern der Regierung Eschkol in der zweiten Maihälfte noch der ursprünglich wohl nicht beabsichtigte Rückerwerb von Scharm asch-Scheich durch die ägyptische Regierung liefern Anhaltspunkte für eine derart weitreichende Kriegszielpolitik der Kabinette. Der Krieg, so haben denn auch neuere Analysen unterstrichen, ist wohl eher das Ergebnis einer Politik von Fehlkalkulationen, Mißverständnissen und fehlender Kommunikation zwischen Tel Aviv und Kairo gewesen. Der Umstand, daß Israel von dem politischen Desaster am meisten profitierte, erklärt sich daraus, daß für bestimmte strategische Szenarien militärische Pläne bereitlagen. Solche Pläne gehörten wie bei allen Militärs zur Routine strategischer Sandkastenspiele. Ihre Umsetzung bedurfte nur noch des günstigen Moments und der politischen Absicherung. Vieles deutet allerdings darauf hin, daß in den beiden letzten Wochen vor Kriegsausbruch vor allem in Tel Aviv militärische Überlegungen die Diplomatie zusehends in Bedrängnis brachten, wenn nicht deren Protagonisten, wie noch zu zeigen sein wird, sogar botmäßig machten.

Nasser geht auf Konfrontation

Nassers Weg in den Sechs-Tage-Krieg gibt die meisten Rätsel auf. Die drei Eskalationsstufen lassen keinen geradlinigen Weg erkennen. Den Ausgangspunkt der Krisenverschärfung stellte die sowjetische Falschmeldung vom 13. Mai 1967 über beträchtliche israelische Truppenkonzentrationen an der syrischen Grenze dar. Der Meldung aus Moskau waren massive israelische Interventionsdrohungen gegen Syrien vorausgegangen, die wiederum im Zusammenhang mit einer neuen und besorgniserregenden Welle von palästinensischen Übergriffen auf den Nordosten Israels standen. Die Fatah-Guerillas setzten dort erstmals Mörser ein und verminten Straßen, was aus israelischer Sicht eine völlig neue Qualität des Terrors darstellte und unmöglich ohne logistische Unterstützung der Syrer geschehen konnte. Fast übereilt erklärte sich der ägyptische Präsident mit Syrien solidarisch. Er verstärkte die ägyptischen Truppen im Sinai und ließ sie vorrücken. Am 16. Mai forderte er einen Teilabzug der UN-Posten von der Waffenstillstandslinie mit Israel. Die Blauhelme sollten in den Gazastreifen verlegt werden. Mit dieser unverblümten Aufforderung war die erste Eskalationsschwelle überschritten.

Nasser war zum Zeitpunkt seiner Solidaritätserklärung mit Syrien noch militärisch und diplomatisch in den jemenitischen Bürgerkrieg verstrickt. Er hatte dort 1962 zugunsten der gegen den Imam rebellierenden republikanischen Kräfte – unter ihnen viele Nasseristen – mit 70 000 Soldaten interveniert. Ein wechselvoller und lang anhaltender Krieg mit den von Saudi-Arabien unterstützten Royalisten hatte den ägyptischen Streitkräften schwer zu schaffen gemacht. Bergfesten wie das nördlich von Sanaa gelegene Kaukaban, in die sich auch viele Zivilisten flüchteten, konnten nur nach Bombardierungen durch ägyptische Flieger eingenommen werden. Vermehrt wurden von den Ägyptern auch Gasbomben eingesetzt.

Die ägyptische Armee war damit erstmals – und dazu mit brutalen Mitteln – gegen Angehörige der von Nasser verherrlichten Arabischen Nation eingesetzt worden. Mußte da nicht eine Demoralisierung bei den Truppen befürchtet werden? Eine Ernüchterung über den großen Rais vom Nil war auf jeden Fall bei den jemenitischen Republikanern eingekehrt. Sie standen nicht mehr geschlossen zu Nasser, der sich daraufhin in die jemenitische Innen- und Regierungspolitik einschaltete. Er ließ sogar einen ihm nicht genehmen Premier mitsamt seinem Kabinett kurzerhand nach Kairo deportieren und vergrößerte dadurch die Zahl seiner Feinde. Schließlich bot nur noch ein Kompromiß mit Saudi-Arabien einen Ausweg aus der jemenitischen Verstrickung. Aber auch dieses Abkommen von Dschidda aus dem Jahr 1965 war noch voller Tücken. Die Radio-Propaganda Saudi-Arabiens, einiger Golfemirate und auch Jordaniens bedachten Nasser mit Hohn und Spott. Seine Tatenlosigkeit in der Palästinafrage sowie im Wasserkonflikt am Jordan wurden angeprangert. Sein Prestige im arabischen Lager war deutlich angeschlagen. Hinzu trat eine sich dramatisch verschlechternde Wirtschaftslage im eigenen Land.

Wegen der von Ägypten unterstützten antiamerikanischen Provokationen im Jemen, in Libyen und auf Zypern und vermutlich auch wegen der umfangreichen sowjetischen Waffenlieferungen hatte die Johnson-Administration die unter Kennedy begonnenen amerikanischen Getreidelieferungen im Jahr 1966 auslaufen lassen. Die Sowjetunion würde diese Lieferungen auf Dauer nicht ersetzen können. In Kairo drohten jetzt Brot-Rebellionen. Putschgerüchte machten die Runde. Seit Herbst 1966 war Nasser derart in Schwierigkeiten, daß er sich nur noch von einem großen außenpolitischen Erfolg Rettung erhoffte.

Die Krise zwischen Syrien und Israel kam ihm deshalb nicht ungelegen. Einen großen politischen Sieg ohne Krieg, genau das versprach sich der ägyptische Präsident von seinem demonstrativen Schulterschluß mit Syrien und seinem Vorgehen im Sinai im Frühjahr 1967. Bezeichnend für sein Streben nach Machterhalt und Prestigegewinn war, daß ihn die zahlreichen und sogar vom eigenen Generalstab bekräftigten Dementis einer israelischen Truppenkonzentration an der syrischen Grenze nicht beirrten. Wohl um das Kriegsrisiko zu mindern, hatte er zunächst lediglich einen Teilabzug der UN-Blauhelme gefordert. Er konnte sich dabei durchaus auf die Souveränitätsrechte seines Landes berufen. Schließlich war die Einrichtung der Beobachtungsposten entlang der Waffenstillstandsgrenze mit Israel nur durch ägyptische Einwilligung zustande gekommen. Israel hatte eine gleichzeitige Präsenz von UN-Truppen auf seinem Gebiet kategorisch abgelehnt. Daß Nasser keinen Krieg riskieren wollte, kam auch darin zum Ausdruck, wie er die Aufforderung zum Teilabzug überbringen ließ. Der ägyptische Stabschef wandte sich am 16. Mai an den kommandierenden UN-General, den Inder Indrajat Rikie, so als handele es sich lediglich um eine Umgruppierung in einem Gebietsabschnitt, was weder den UN-Generalsekretär U Thant noch die UN-Generalversammlung überhaupt beschäftigen müßte.

U Thant war jedoch nicht zu umgehen. Der stellte nach eingehender Beratung mit Ralph Bunche Nasser schließlich vor die Wahl, daß entweder alles beim alten bleiben sollte oder alle Blauhelme abgezogen werden müßten. Nasser hatte bereits Truppen durch Kairo marschieren und Verstärkungen im Sinai auffahren lassen. Wie würden die Streitkräfte reagieren, wenn er das ganze Unternehmen abblies, wenn er es denn überhaupt noch wollte? Erst jetzt, am 18. Mai, entschied sich Nasser zu dem ebenso aufsehenerregenden wie gewagten Schritt, den vollständigen Abzug der UN-Blauhelme aus dem Sinai und aus Gaza zu fordern. Zur Bestürzung vieler Regierungen kam U Thant, der keine rechtliche Handhabe zur Verweigerung sah, dieser Forderung nach. Ein britischer Kommentar brachte die Absurdität der Maßnahme und den Ernst der Lage treffend zum Ausdruck: Wenn ein Brand droht, zieht man nicht die Feuerwehr ab.[1] Der an der Straße von Tiran gelegene wichtige Kontrollposten Scharm asch-Scheich kam so – wie vor dem Suezkrieg von 1956 – wieder unter ägyptische Kontrolle. Nasser konnte sich des Beifalls der ägyptischen Massen sicher sein. Am 22. Mai verfügte er die Schließung der Straße von Tiran beziehungsweise die Blockade des Hafens von Eilat. Das Risiko eines Krieges mit Israel schätzte er jetzt mit 50 zu 50 Prozent ein. Beim Rückzug der UN-Blauhelme aus dem Sinai hatte er die Wahrscheinlichkeit eines Krieges noch mit lediglich 20 Prozent veranschlagt.

Nassers Verhalten ist schwer zu erklären. Daß er zuvor eine israelische Offerte, die Truppenkonzentrationen entlang der Waffenstillstandslinien ohne großes Aufsehen auszudünnen, ablehnte, dürfte mit seiner Rücksicht auf die eigene Armee zu erklären sein. Aber hätte er nicht die Ruhe an der israelisch-syrischen Grenze beziehungsweise den Verzicht Israels auf einen Vergeltungsschlag als großen politischen Sieg ausgeben können? Doch Nasser wußte, daß er sich damit vom Wohlverhalten des linksradikalen al-Atasi-Regimes in Damaskus und auch von den Fatah-Kämpfern der PLO abhängig gemacht hätte. Andererseits hatte Israel inzwischen alle Welt über die sowjetische Falschmeldung aufgeklärt. Damit konnte Nasser das Überschreiten der zweiten und gefährlichsten Eskalationsschwelle nicht mehr mit einer Unterstützung Syriens rechtfertigen. Diese Karte war ausgereizt. Ein Abrücken von der einmal verkündeten Schließung der Straße von Tiran für israelische Schiffe und Öltanker mit Ladung für Eilat sowie ein Verzicht auf die Rückkehr zum Status quo vor 1956 wäre dem Eingeständnis einer großen politischen Niederlage gleichgekommen, was er sich einfach nicht leisten konnte.

Wenn Nasser also auch dieses Mal einen Krieg nicht wirklich provozieren wollte, wozu dann die Blockade von Eilat, das nicht mehr das öde und verschlafene Eilat von 1949 war? Wäre das

Hissen der ägyptischen Flagge und eine Truppenpräsenz in Scharm asch-Scheich nicht ein ausreichender politischer Sieg gewesen? War die Blockade eine zwangsläufige Folge der ägyptischen Rückkehr, weil Nasser inzwischen ein Opfer der eigenen Propaganda geworden war?

Alles deutet darauf hin, daß Nasser mit einem großen außenpolitischen Erfolg die volle Wiederherstellung seines angegriffenen Führungsanspruchs in der arabischen Welt verband. Der Kompromiß mit der saudischen Gegenseite im Jemen, die Radio-Propaganda aus Riyad, Amman und sogar Damaskus sowie die Wirtschaftsmisere im eigenen Land hatten seine Stellung erschüttert. Washington hatte ihn isoliert und ließ sein Volk hungern, während es den saudischen Monarchen im Sommer 1966 zu einem Staatsbesuch empfing. Trotz großer Diskretion dürfte Nasser auch der Besuch des israelischen Staatspräsidenten Schazar in Washington wenige Wochen später – er befand sich auf dem Rückflug aus Lateinamerika – nicht entgangen sein. Nach einem Bericht Robert Andersons, der im Frühjahr 1967 von Johnson auf eine Sondierungsreise in den Nahen Osten entsandt wurde, fühlte sich Nasser von den USA geschnitten.[2] Für einen Mann wie Nasser, der wenig von formaler Kommunikation im diplomatischen Telegrammstil hielt, sondern informelle Verbindungen auf hoher Ebene schätzte, war eine solche Situation schwer zu ertragen. Er vermutete außenpolitische Konspirationen, vielleicht ein von den USA inspiriertes islamisches Paktsystem mit Saudi-Arabien und Iran als regionalen Stützpfeilern.

Aufschlußreich für diese Gefühlslage und die Motive zur Blockade Eilats ist Nassers Rede vor den Kommandeuren der ägyptischen Luftwaffe am 25. Mai. Darin nahm Nasser nicht nur Israel, sondern auch Saudi-Arabien, Jordanien und den Iran ins Visier. Er mokierte sich über die drei Monarchien, die sich als Islamische Allianz ausgaben und die Muslime gegen Israel vereinigen wollten. Tatsächlich aber würde die Allianz und namentlich der Iran die Ölversorgung Israels durch den Golf von Aqaba, ein ägyptisches Territorialgewässer, sicherstellen. Nasser wollte, daß die sogenannte Islamische Allianz sich in der Palästinafrage wirklich engagierte und damit auch die Öllieferungen nach Eilat beziehungsweise Israel verhindert würden. Die ägyptische

Blockade Eilats richtete sich also nicht ausschließlich gegen Israel, sondern sie forderte auch die vom saudischen Monarchen Faisal betriebene islamische Alternative zum Nasserschen Panarabismus heraus. Diese Doppelstrategie schließt nicht aus, daß Nasser in der direkten Konfrontation mit Israel auch dem Druck des ägyptischen Oberkommandos ausgesetzt war, das – wie noch gezeigt wird – vermutlich eigene Ziele verfolgte. Zu berücksichtigen ist ferner, daß Nasser gegenüber dem neuen Baath-Regime in Syrien, einem heimlichen Konkurrenten um die Führung in der arabischen Welt, die Initiative in der Palästinafrage zurückgewinnen mußte. Aber auch unter taktischen Gesichtspunkten des Nasserschen Strebens nach einem großen außenpolitischen Erfolg bot die Palästinafrage die einzige Möglichkeit, eine halbwegs überzeugende Begründung für die Blockade von Eilat beziehungsweise den neuerlichen und riskanten Schritt zur Eskalation zu konstruieren.

Wenn nach dem 22. Mai auch jederzeit israelische Gegenmaßnahmen an der Straße von Tiran drohten, so dürfte sich Nasser dennoch eine Atempause erhofft haben. Zwar hatte sich das alarmierte Washington jetzt noch stärker in die gefährliche Krise eingeschaltet[3]; aber erinnerten die Diskussionen über die Internationalität der Wasserstraße sowie die Überlegungen und Verhandlungen, wie die Blockade durch eine multinationale Flotille aufgebrochen werden könnte, nicht in frappierender Weise an das diplomatische Intermezzo am Vorabend des Suezkrieges, das ebenfalls den Countdown zum Krieg verzögert hatte und auf das sogar – mit amerikanischer Hilfe – ein politischer Sieg Nassers gefolgt war?

Allerdings konnte Nasser nun nicht mehr wie in der Suezfrage mit ägyptischen Souveränitätsrechten argumentieren. Diesmal würde es schwerer fallen, eine Rechtfertigung zu finden, die auf dem internationalen Parkett Beifall erhalten würde. Washington und Moskau ließen sich in Seerechtsfragen nicht gegeneinander ausspielen. Denn der von Nasser vom Zaun gebrochene Streit, ob der Golf von Aqaba ein arabisches beziehungsweise ägyptisches Territorialmeer oder ein internationales Gewässer darstellte, berührte Fragen, die auch bei anderen neuralgischen Stellen der beiden Machtblöcke virulent werden konnten und deshalb schwer zu lösen waren. Aber auch im engeren nahöstlichen Rahmen und vor allem in Anbetracht der gewandelten Bedeutung Eilats, das seit den sechziger Jahren unverzichtbar für die israelische Energieversorgung und die Industrialisierung des Landes geworden war, würde Nasser kaum genügend Punkte sammeln können. Ein lautstarkes Pochen auf die Rückkehr zum Status quo vor 1956 machte keinen Sinn, wenn dabei nicht die Lösung der Palästinafrage vorangebracht werden würde. Was lag für Nasser also näher, als die Gültigkeit der alten Waffenstillstandsvereinbarung von 1949 in Frage zu stellen und die Palästinafrage oder genauer die Frage der Zugehörigkeit Eilats erneut aufzuwerfen. Es war eine historische Tatsache, daß Eilat im ersten arabisch-israelischen Krieg von den israelischen Truppen erst nach Abschluß des Waffenstillstands eingenommen worden war.[4] Ägypten hatte diesen Bruch des Waffenstillstandsabkommens nie akzeptiert. Nach ägyptischer Auffassung gehörte Eilat nach dem geltenden Kriegsrecht also nicht zu Israel. Eine israelische Aggression wegen Eilat stünde somit in der Kontinuität israelischer Rechtsverletzungen seit 1948. Eilat war ein palästinensischer Hafenort auf der arabischen Landbrücke zwischen Ägypten und Jordanien, und die Blockade des israelisch besetzten Ortes würde nur den früheren ägyptischen Kampf für die palästinensische und gesamtarabische Sache fortsetzen.

So oder so ähnlich wird man sich die gewundenen Gedankengänge Nassers vorzustellen haben. Die erweiterte Rechtfertigung für die Schließung der Straße von Tiran, die Nasser in seiner großen Rede vom 29. Mai nachlieferte, stellte die dritte und letzte Eskalationsschwelle auf dem Weg in den Krieg dar. Die von Nasser mit viel Getöse vorgeschobene Palästinafrage rüttelte an den Fundamenten Israels und brachte der ägyptischen Position ohne Zweifel eine Reihe strategischer und psychologischer Vorteile: Der dem Nasserismus wenig zugetane jordanische Monarch mußte mit Rücksicht auf seine mehrheitlich palästinensischen Untertanen das Waffenbündnis mit Ägypten wagen, wobei Israel gleichzeitig in eine sehr gefährliche Dreifrontenlage gebracht wurde. Nasser, der im Krieg von 1948 im Kessel von Falludscha so unerschrocken den Israelis getrotzt hatte, trat jetzt als Rächer der Palästinenser auf. Selbst wenn er unterliegen sollte, wäre er immer noch als tapferer Herausforderer Israels und seiner übermächtigen Verbündeten erschienen.

Die Instrumentalisierung der Palästinafrage hatte in Nassers politischer Rhetorik eine weitere bedeutsame Funktion nach innen und außen. Aufschlußreich dafür war eine Begebenheit anläßlich einer Unterredung des amerikanischen Präsidenten Johnson mit dem ägyptischen Botschafter in Washington. Johnson hatte Mustafa Kamil unter vielen Freundschaftsbekundungen für den ägyptischen Präsidenten bedeutet, daß er von Nasser vor allem eine stille Diplomatie erwarte. Als Nasser davon erfuhr, explodierte er fast und ließ den Mann aus Texas wissen, warum laute Rhetorik für ihn unverzichtbar sei. Während ein Machtwort des amerikanischen Präsidenten Gültigkeit hätte, weil dahinter hochgerüstete Streitkräfte und ungeheure Arsenale modernster Waffen stünden, habe der ägyptische Präsident nur das Mittel der Mobilisierung der Volksmassen, um Macht zu demonstrieren und sich Geltung zu verschaffen.

Am Vorabend des Sechs-Tage-Krieges war Nassers Rhetorik kriegerischer denn je – aber so, als wolle er nur auf Abschreckung setzen. Denn gleichzeitig wiederholte er mit nahezu stoischer Gelassenheit, daß Ägypten nicht den ersten Schuß abfeuern würde. Wollte Nasser die von ihm geschürte Krise einfach aussitzen, oder gibt es ein weiteres Rätsel für sein widersprüchliches Verhalten? Völlig anders als in der Suezkrise zehn Jahre zuvor schienen es diesmal die ägyptischen Streitkräfte darauf angelegt zu haben, Israel zu militärischen Maßnahmen zu reizen. Die Israel drohende Gefahr eines großen ägyptischen Gegenschlags ging aber offensichtlich nicht vom Heer aus. Wichtige Kampfverbände befanden sich noch immer im Jemen, und sie wurden erst in die Sinaischlacht geworfen, nachdem das strategische Kalkül des ägyptischen Oberkommandos nicht aufgegangen war und das Desaster für Ägypten seinen Lauf nahm. Es war die ägyptische Luftwaffe, die Israel zutiefst beunruhigen mußte, denn diese schien ein sehr präzises Ziel zu verfolgen: die Zerstörung des israelischen Atomreaktors von Dimona.[5]

Das für Ägypten und alle arabischen Staaten bedrohliche israelische Nuklearprogramm wurde in der von Nasser herbeigeführten Krise und in seiner lautstarken Kriegspropaganda weitgehend verschwiegen. Die öffentliche Androhung eines ägyptischen Schlags gegen Dimona wäre für Ägypten nicht nur militärisch kontraproduktiv gewesen, sie hätte sofort auch die Großmächte auf den Plan gerufen, ohne daß das Problem zur ägyptischen Zufriedenheit gelöst worden wäre. Ferner wären Nasser oder auch die ägyptische Militärführung unter Marschall Amer – das Verhältnis zwischen beiden war gespannt – nicht zu dem dringend benötigten Prestigegewinn gekommen, wenn sie diesen Punkt in den Vordergrund gerückt hätten. Unbemerkt von der Weltöffentlichkeit war die Bedrohung Dimonas durch die ägyptische Luftwaffe jedoch von Anfang an eine dramatische Komponente der Krisenentwicklung zum Sechs-Tage-Krieg.

Am Vortag der formellen ägyptischen Aufforderung zum vollständigen Abzug der UN-Blauhelme aus dem Sinai, am 17. Mai 1967, überflogen zwei ägyptische MiG-21 Dimona. Der Vorfall wiederholte sich am 26. Mai. Am Tag zuvor hatten die ägyptischen Truppen im Sinai damit begonnen, offensive Ausgangsstellungen einzunehmen. Die motorisierte 4. Divison traf zur Verstärkung ein, und alle ägyptischen Flugplätze wurden in höchste Alarmstufe versetzt. Kurz vor Ausbruch des Krieges, nachdem es den Hawk-Batterien der israelischen Luftabwehr nicht gelungen war, eine ägyptische MiG abzuschießen, die Dimona in großer Höhe überflogen hatte, ordnete die Regierung Eschkol die Montage zweier Atombomben an.[6] Die politisch und militärisch Verantwortlichen in Israel wußten spätestens seit Dezember 1960, daß israelische Atombomben für Ägypten einen Kriegsgrund darstellen könnten. Damals hatte Nasser erstmals einen Präventivschlag angedroht, seitdem überflogen ägyptische Aufklärer Dimona.

Israel und Dimona

Nassers Drohung war eine Reaktion auf Ben-Gurions sensationelle Aussage in der Knesset am 21. Dezember 1960 gewesen, daß Israel im Negev bei Dimona einen Nuklearreaktor für friedliche Zwecke baue. Zuvor hatte es wilde Gerüchte um das streng abgesicherte Bauvorhaben gegeben. Die israelische Regierung hatte sich vergeblich bemüht, Dimona mit einem Mantel des Schweigens zu umgeben. Desinformationen über den Bau eines metallurgischen Werks oder einer Textilfabrik überzeugten nicht. Die argwöhnischen Amerikaner suchte man zeitweilig mit dem Argument zu beschwichtigen, daß es sich um ein Projekt zur Energiegewinnung für Entsalzungsanlagen an Israels Mittelmeerküste handele.

Die Atomforschung hatte jedoch schon früh einen Platz im israelischen Verteidigungsministerium gefunden, dem auch die 1954 gegründete Israelische Atomenergie-Kommission ressortierte. Die Arbeiten an Verfahren zur Uran- und Plutoniumgewinnung waren dem für Rüstungsgüter zuständigen Generaldirektor Schimon Peres offenbar zu langwierig und wenig aussichtsreich. Was lag für ihn näher als die Mobilisierung seiner »French Connection«? Peres hatte beste Beziehungen zur französischen Atomforschung und Rüstungsindustrie. Schließlich war Frankreich damals nicht nur Israels Hauptwaffenlieferant, sondern stand auch in Israels Schuld aufgrund des französisch-britischen Komplotts zum Suezkrieg im November 1956. Peres gelang es schließlich auch, ein separates Geheimabkommen mit den Franzosen zu schließen, die sich zur Lieferung eines größeren Reaktors für Dimona mitsamt einer Anlage zur Plutoniumgewinnung und einer bestimmten Menge Natururans verpflichteten. In seinen Memoiren hat Peres darüber und auch über die Schwankungen der französischen Politik im Jahr 1959 ausführlich berichtet.[7]

Die nukleare Option war in Israel nicht unumstritten, auch nicht nach Ben-Gurions Verlautbarung in der Knesset. Obwohl die Details der Atomforschung als Staatsgeheimnis allerhöchsten Ranges gehütet wurden, gab es von 1961 bis zum Ausbruch des Sechs-Tage-Krieges trotz Einschüchterungen durch den Inlandgeheimdienst sowohl innerhalb der Regierung als auch in der israelischen Öffentlichkeit Versuche und Ansätze einer Debatte über das kurz zuvor noch Undenkbare.[8] Mußte eine israelische Nuklearoption nicht über kurz oder lang eine nukleare Kettenreaktion in der Nahostregion zur Folge haben? Begab sich Israel nicht an den Rand des Abgrunds? Aktionskomitees, denen Mitglieder vieler Parteien und sogar abtrünnige Wissenschaftler der

Atomenergie-Kommission angehörten, äußerten ihr Mißtrauen über Ben-Gurion, Peres und andere führende Funktionäre der Atomlobby, wie den Präsidenten der Atomenergie-Kommission Ernst Bergmann.

Zum innenpolitischen Druck kam ein noch größerer Druck von außen. In Washington verlangte die Kennedy-Administration beharrlich, daß Israel seine Atomanlagen in Dimona internationalen Inspektionen unterwerfen müsse. Ben-Gurion soll daraufhin einem regierungsinternen Kompromiß zugestimmt haben, die Atomforschung zwar weiter zu betreiben, aber die Schwelle zur Atommacht nicht zu überschreiten. Die Option dazu sollte aber offengehalten werden.

Was in Dimona unter strengster Verschwiegenheit damals und am Vorabend des Sechs-Tage-Krieges tatsächlich weiter geschah, blieb Spekulationen überlassen. Ben-Gurion war im Juni 1963 zurückgetreten. Über seine Gründe schwieg sich der stets verschlossene Premier aus. Unter seinem Nachfolger Levi Eschkol, der als umgänglich und flexibel galt, wurde schließlich das bis in die Gegenwart gültige offizielle, aber immer noch sibyllinische Motto ausgegeben, daß Israel nicht als erstes Land Atomwaffen im Nahen Osten einsetzen werde. Um dieser Politik Glaubwürdigkeit zu verleihen und um die zivile Kontrolle über die Atomforschung zu stärken, wurde die Atomenergie-Kommission dem Verteidigungsministerium entzogen und direkt dem Amt des Premierministers unterstellt. Der Kommissionspräsident und Befürworter einer israelischen Nuklearoption, Ernst Bergmann, trat daraufhin 1966 von seinem Amt und seiner Stellung im Verteidigungsministerium zurück. Die innenpolitischen Auseinandersetzungen über eine Atomrüstung und atomare Abschrekkung hielten weiter an. Levi Eschkol hatte sich zwar achtbar durchgesetzt; aber Kritik wurde jetzt laut, daß er gravierende sicherheitspolitische Fehler gemacht und gegenüber Washington kein Rückgrat gezeigt habe.

Die bereits geschilderte dramatische Kriseneskalation im Frühjahr 1967 und die Bildung einer Regierung der Nationalen Einheit verdeckten zunächst die grundsätzlichen Differenzen in der Atomfrage und hoben sie am Ende vermutlich auf. Die Nuklearoption wurde zu einer taktischen Angelegenheit. Peres schlug vor, die atomare Abschreckung zur Kriegsverhütung einzusetzen. Eschkol soll, wie schon erwähnt, am Vorabend des Krieges in letzter Minute die Montage zweier Bomben angeordnet haben. Generalstabschef Rabin aber lehnte wegen der unabsehbaren internationalen Verwicklungen und regionalpolitischen Folgen den Vorschlag von Peres ab. Gleichgültig, ob eine unmittelbare, reale Bedrohung der Atomanlage durch Ägypten vorlag oder ob es nur eine israelische Befürchtung war, es galt jetzt, Dimona zu schützen.

Diese Überlegung war mit hoher Wahrscheinlichkeit ausschlaggebend dafür, daß der Präventivschlag so massiv gegen die ägyptische Luftwaffe durchgeführt wurde. Die israelische Nuklearoption selbst war dennoch nur *eine* der Ursachen des Sechs-Tage-Krieges. Wie Israels militärischer Endspurt zur Besetzung des Golan, aber auch ein Vorfall im israelischen Generalstab unmittelbar nach der Schließung der Straße von Tiran verdeutlichen, zählte die Zuspitzung des Wasserkonflikts im Quellgebiet des Jordan zu den Hauptgründen des Krieges.

Kaum hatte Levi Eschkol am 23. Mai in der Knesset die Blokkade Eilats als Verletzung internationalen Rechts und Akt der Aggression gegen Israel bezeichnet, da erlitt der 44jährige Stabschef Yitzhak Rabin einen Nervenzusammenbruch. Er soll sich schwere Vorwürfe gemacht haben; er hatte die Drohung gegen Syrien vom 12. Mai mitverantwortet und glaubte nun, damit die ganze Krise, die jetzt über Israel hereinbrach, ausgelöst zu haben. Der genaue Wortlaut dieser Drohung – sie hatte die erwähnte sowjetische Falschmeldung zur Folge – ist umstritten.[9] Ihr eigentlicher Urheber war aber wohl der Chef des israelischen militärischen Geheimdienstes, Aharon Yariv. Im Tenor lief sie darauf hinaus, daß Syrien bei einer weiteren Unterstützung palästinensischer Saboteure mit einer Vergeltung rechnen müsse, die alles Bisherige in den Schatten stellen würde. Jedermann ahnte, woran dabei gedacht war. Fünf Monate zuvor hatten in einem völlig überzogenen Vergeltungsschlag 3 000 israelische Soldaten das bei Hebron gelegene Dorf Samu zerstört und dessen 5 000 Einwohner vertrieben. In der neuerlichen Drohung sollen Aktionen in Damaskus und ein Sturz der ohnehin unpopulären Links-Regierung al-Atasi ins Auge gefaßt worden sein.

Die israelische Gereiztheit vor den Feiern zum Unabhängigkeitstag des jüdischen Staates rührte aber vor allem aus der verfahrenen Lage am Golan, wo syrische Kanonen Israel bedrohten und wo auch der Schlüssel zur Kontrolle der Quellflüsse des Jordan lag. Nach arabischem Willen sollte das Wasser der beiden bedeutenderen Quellflüsse, des Hatzbani und Banias, einer israelischen Nutzung entzogen werden. Israel dagegen war fest entschlossen, eine künstliche Ableitung der Quellflüsse über ausschließlich syrisches Gebiet zu vereiteln und soviel Wasser wie möglich aus dem vom Jordan gespeisten See Genezaret in die Küstenebene und den nördlichen Negev zu leiten. Diese von wechselseitigen Gewalttätigkeiten begleitete Konfrontation im Wasserkonflikt am Jordan hatte sich seit den späten fünfziger Jahren ständig verschärft. Vorausgegangen war eine längere Periode amerikanischer Vermittlungsversuche, deren Kompromißvorschläge über eine Wasseraufteilung jedoch keine Geltung erlangten. Unbeirrt hatte Israel den Bau seiner Wasserleitung in Richtung Negev in Angriff genommen, und auch Jordanien baute im Jordantal seinen Ostghor-Kanal, der von den abzuleitenden Quellflüssen des Jordan gespeist werden sollte. Zahlreiche syrische Kanonaden, Guerilla-Aktionen der 1964 unter der Obhut Nassers gegründeten Palästinensischen Befreiungsbewegung, Sabotageakte und israelische Vergeltungsschläge seit Beginn der sechziger Jahre gehören in diesen Kontext und damit zur Vorgeschichte des Sechs-Tage-Krieges.[10]

Mitte der sechziger Jahre nahm sich die Arabische Liga mit neuem Schwung der Wasserfrage an. Sie hatte schon seit 1959 die Koordination und den Schutz der arabischen Maßnahmen am oberen Jordan und auf dem Golan übernommen. Aber in den frühen sechziger Jahren waren das Ausscheren Syriens aus der Vereinigten Arabischen Republik beziehungsweise aus dem Zusammenschluß mit Ägypten und die anschließenden innenpolitischen Turbulenzen bis zur Machtübernahme der Baath einer Effizienz der Liga nicht förderlich gewesen. Im Januar 1964 aber hatten auf dem von Nasser organisierten Gipfeltreffen in Kairo dreizehn arabische Staatspräsidenten, Könige und Emire einstimmig die Entschließung gebilligt, daß zum Schutz der Ableitungsarbeiten vor israelischen Eingriffen ein gemeinsames Oberkommando unter ägyptischem Oberbefehl aufgestellt werden sollte. Rabins massive Drohung drei Jahre später hatte diesen Beschluß von Kairo mit neuem Leben erfüllt und Nassers Schulterschluß mit dem syrischen Präsidenten al-Atasi zwingend gemacht.

Rabins Zusammenbruch am 23. Mai läßt sich nicht nur aus den massiven Schuldzuweisungen seitens Ben-Gurions erklären, sondern auch aus der Bürde, drei dramatische Krisenszenarien auf einmal meistern zu müssen – den Wasserkonflikt am Golan, die Bedrohung Dimonas, die Schließung der Straße von Tiran. Hinzu kam die bedrohliche Stärke der ägyptischen Streitkräfte. Nasser verfügte über große Mengen modernen Kriegsgeräts und eine zahlenmäßig starke Luftwaffe aus der Sowjetunion, über kampferprobte Truppen aus dem Krieg im Jemen und über die Massenvernichtungswaffe Gas. Auch wurde nun die von ihm zu früh verfügte Mobilmachung der israelischen Streitkräfte ökonomisch fühlbar und führte zu schweren Vorwürfen gegen den Stabschef. Einer der wenigen Lichtblicke aus der letzten Zeit war nur das Bravourstück einiger israelischer Piloten, die im April in einem Luftkampf sechs syrische MiGs abgeschossen hatten. Doch seit dem unerwarteten Militärbündnis zwischen Nasser und dem jordanischen Monarchen Ende Mai hatte sich die Gesamtsituation nochmals verschlechtert. Jeder neue Tag würde Israels lange Ostgrenze verwundbarer machen. Die Geduld der israelischen Militärführung mit Eschkols Diplomaten, die in Washington hartnäckig um eine amerikanische Sicherheitsgarantie – oder ein Wohlverhalten nach dem Krieg – feilschten, war in den ersten Tagen des Juni erschöpft. Die Zeichen standen jetzt, wie auch von Nasser und Hussein richtig gedeutet, klar auf Krieg.

Kapitel 2

Der ägyptische Weg zum Panarabismus

Nasser hatte auf der letzten Eskalationsstufe der Nahostkrise die arabischen Staaten auf die Palästinafrage einzuschwören gesucht und damit seinen Führungsanspruch im arabischen Lager wiederherstellen wollen. Ein Sieg, gleichgültig ob mit oder ohne Krieg – oder auch ohne endgültige Lösung der Palästinafrage –, wäre zumindest ein Etappensieg für den von ihm verfochtenen Panarabismus gewesen. Die Beispiele des jordanischen Militärpakts mit Ägypten und der syrischen »Kriegführung« vor dem 9. Juni verdeutlichten jedoch, daß in Damaskus und Amman das Herrschaftskalkül und die Staatsräson ebenso Vorrang vor politischen Bekenntnissen zu einer gesamtarabischen Aktion hatten wie in Kairo. Die arabischen Öl-Monarchien sollen sich sogar eine Niederlage Nassers und damit eine Ende seines Führungsstrebens erhofft haben.

Um die arabische Einheit und um den arabischen Nationalismus war es offenbar schon am Vorabend des Sechs-Tage-Krieges schlecht bestellt. Wenn Walt Rostow, der amerikanische Sicherheitsberater, eine neue Ära im Nahen Osten heraufziehen sah, in der Nasser zurückgestutzt sei und Israel als Teil der Region akzeptiert werden würde, so stellen sich natürlich eine Menge Fragen nach der Entstehung, der besonderen Erscheinungsform, dem Inhalt, der Repräsentanz und der Funktion des arabischen Nationalismus oder Panarabismus, dessen Untergang nach Ansicht vieler Experten eines der Hauptergebnisse des einwöchigen Krieges gewesen sein soll – eine Epochenwende in der arabischen Nationalgeschichte mithin. Danach begann der Aufstieg des Islamismus, also noch keineswegs die von Rostow erhoffte neue Ära.

Noch zu Beginn des 20. Jahrhunderts gab es in der ägyptischen Gesellschaft kein Bewußtsein von einer arabischen Identität.[1] Man sprach zwar arabisch in ägyptischer Mundart und befolgte in großer Mehrheit die Gebote der von einem arabischen Propheten übermittelten Religion des Islam, doch das Zusammengehörigkeitsgefühl war von der Zentripetalkraft des Nils, von den Rhythmen seiner jährlich wiederkehrenden Überflutungen und der Fruchtbarkeit des Ackerbodens geprägt. Im Niltal war auch die pharaonische Vergangenheit Ägyptens stets präsent, dessen Blütezeiten lange vor dem Erscheinen des Islam und den Reichsbildungen arabischer Kalifen lagen. Die Entdeckungen europäischer Ägyptologen im 19. Jahrhundert trugen zum Kulturstolz der Ägypter bei, die sich dem mittelmeerischen Kulturkreis zugehörig fühlten. Sofern sie sich zu einer umfassenderen politischen Ordnung bekannten, war dies trotz des seit Muhammad Ali (1805–1848) herrschenden autonomen Status' Ägyptens der Loyalitätsverbund mit dem osmanischen Sultan-Kalifen.

Neben der islamisch geprägten politischen Orientierung am Osmanischen Reich bildete sich auf dem ökonomischen Sektor, aber auch kulturell, eine Hinwendung nach Europa aus. Diese wurde durch große ägyptische Anleihen auf europäischen Kapitalmärkten, durch den Bau des Suezkanals, durch den Zuzug europäischer Handelshäuser und Kaufleute, durch die Ausfuhr ägyptischer Baumwolle sowie durch die Übernahme europäischer Stadtarchitektur und Stadtkultur wie Oper und Museen im letzten Drittel des 19. Jahrhunderts noch verstärkt. Dennoch war es bezeichnend für das noch immer tief im Niltal verwurzelte Kollektivbewußtsein, daß sich im Aufstand gegen die Briten 1882 die Unzufriedenheit über den tatenlosen osmanischen Herrscher mit der Losung »Ägypten den Ägyptern« verband.[2]

Beim Ausbruch des Ersten Weltkrieges hatte sich die Herrschaft der Briten so gefestigt, daß sie es sich international leisten konnten, Ägypten für die Dauer des Krieges zum Protektorat auszurufen. Damit sank Ägypten politisch auf die Stufe Kuwaits – damals noch ohne Ölproduktion –, das ebenfalls zum Protektorat deklariert wurde. Obwohl das ägyptische Identitätsgefühl noch pharaonisch-mittelmeerisch bestimmt blieb, bedeutete die Opposition gegen die Briten seit Beginn des 20. Jahrhunderts einen weiteren politischen Loyalitätsschub zugunsten Istanbuls, was um so bemerkenswerter ist, da Ägyptens arabische Nachbarn im Osten gleichzeitig auf Distanz zum dortigen Regime der Jungtürken gingen. Während des Ersten Weltkrieges hatte der britische Hochkommissar freie Hand, die politischen Eliten des Landes einschließlich der Königsfamilie von proosmanischen Anhängern zu säubern, sofern diese nicht schon vorzeitig an den Bosporus, nach Berlin oder Genf geflüchtet waren.

Kennzeichnend für die imperiale Überheblichkeit war, daß der Hochkommissar und die britische Regierung in London nicht gewillt waren, nach dem Ersten Weltkrieg die Aufhebung des Protektorats zu veranlassen. Einer von Saad Zaghlul angeführten Delegation wurde die Teilnahme an der Pariser Friedenskonferenz, auf der auch die Satzung des Völkerbundes verabschiedet wurde, verweigert, obwohl dort sogar Saudi-Arabien durch den erst dreizehnjährigen Faisal, den späteren König, nominell vertreten war. Ägypten war jetzt auf sich allein gestellt. Das Osmanische Reich war besiegt und stand vor seiner Auflösung. Für das ägyptische Nationalbewußtsein gab es auch in den nächsten Jahren noch keine arabische Alternative. Als Mitte der zwanziger Jahre in Syrien der von Drusen getragene Aufstand gegen die französischen Mandatsherren tobte, wurde Saad Zaghlul nach seiner Einschätzung der politischen Bewegungen in den verschiedenen arabischen Ländern befragt. Seine lakonische Antwort lautete: Was bringt eine Addition von Nullen?[3]

Erst in der zweiten Hälfte der zwanziger Jahre begann sich ein Identitätswandel in Ägypten abzuzeichnen, der arabische Orientierungen verriet. Auslösender Faktor war die Abschaffung des osmanischen Kalifats durch Kemal Atatürk, den Begründer der Türkischen Republik, und das dadurch entstandene politische Vakuum in der arabischen Welt. Was lag näher als die Ausrufung eines arabischen Kalifen, der gleichzeitig die arabischen Provinzen des Osmanischen Reiches zu einem arabischen Reich einigen würde? Unter die Jurisdiktion eines solchen Kalifen würde auch Ägypten fallen, das bisher Loyalität gegenüber dem Sultan-Kalifen in Istanbul gezeigt hatte.

Doch die ägyptische Monarchie konnte selbst eine Anwartschaft auf das Kalifenamt geltend machen. Sie besaß zwar nicht das Charisma der stammesmäßigen Zugehörigkeit zur Prophetenfamilie; aber war der Begründer der ägyptischen Dynastie,

Muhammad Ali, nicht 1807 vom osmanischen Sultan beauftragt worden, die puritanischen Wahhabiten, die wenige Jahre zuvor Mekka und Medina besetzt und die Pilgerfahrt unter ihre Kontrolle gebracht hatten, aus dem Hedschas zu vertreiben? Die ägyptische Monarchie war gleichsam zum Hüter der Heiligen Stätten bestellt worden. Sie konnte auch damit werben, daß Kairo die berühmte und älteste Hochschule des Islam, die Azhar, beherbergte. Ihre Gelehrten hatten 1924, unmittelbar nach der Abschaffung des Kalifats durch Atatürk, mit der Vorbereitung eines islamischen Kongresses zur Beratung der Kalifatsfrage begonnen. Der ägyptische König Fuad hatte das Unternehmen allerdings so tatkräftig gefördert, daß seine politischen und dynastischen Ambitionen auf das Kalifenamt nicht verborgen blieben. Die negative Haltung vieler islamisch-arabischer Länder zu dem Anspruch König Fuads führte dazu, daß auf dem im Mai 1926 einberufenen islamischen Kongreß die Kalifatsfrage vertagt wurde.

Inzwischen war eine dramatische Veränderung der politischen Verhältnisse im Hedschas eingetreten. Der saudisch-wahhabitische Herrscher Abdul-Aziz hatte die Heiligen Stätten zurückerobert, die Haschemiten aus dem Hedschas vertrieben und seinerseits eine islamische Konferenz nach Mekka im Juni 1926 einberufen. Auch dieser Kongreß wurde zwar von einigen arabischen und islamischen Ländern wie Iran und dem haschemitisch regierten Irak boykottiert, aber da es Abdul-Aziz lediglich um die Akzeptanz seiner Herrschaft über den Hedschas und die Heiligen Stätten sowie um Fragen der Pilgerfahrt ging, nicht aber um die Frage des Kalifats, konnte sich die ägyptische Monarchie weiterhin Hoffnungen auf das Kalifatsamt machen. Sie versuchte jedenfalls, in der folgenden Zeit ein günstiges politisches Klima zu schaffen, indem sie islamische Institutionen, Gruppierungen und Bewegungen besonders förderte. Das vormals pharaonisch-mittelmeerisch orientierte Nationalbewußtsein im Niltal wich so zunehmend einer arabisch-islamischen Orientierung.

Der Kulturschock über die Abschaffung des Kalifats, die Verunsicherung über die ungelöste Kalifatsfrage, religiöse Erneuerungsbewegungen, die Verschlechterung der sozialen Lage auf dem Lande unter den Auswirkungen der Agrarkrise am Vorabend der Weltwirtschaftskrise, das Aufbegehren gegen die weiterbestehende britisch-koloniale Präsenz im Lande: All dies erklärt die Gründung und rasche Ausbreitung neuer islamischer Organisationen wie des 1927 entstandenen Vereins Muslimischer Junger Männer und der 1928 von dem Dorfschullehrer und Sozialarbeiter Hasan al-Banna gegründeten Muslimbrüder. In wenigen Jahren wurden die Länder des arabischen Ostens mit einem erstaunlich dichten Netz von Zweigstellen, Komitees und Zellen dieser Organisationen überzogen.[4] Zu ihren besonderen Anliegen erklärten sie die Ausrichtung der Jugend auf islamische Werte und damit einhergehend die Ablehnung westlicher Missionsschulen und westlicher Lebensführung sowie die Unterstützung in Bedrängnis geratener Mitglieder der islamischen Glaubensgemeinschaft beziehungsweise der Muslime in der Sowjetunion, in der Cyrenaika und vor allem in Palästina.

Der Boden für die islamischen Bewegungen in der Zeit zwischen den beiden Weltkriegen war auch durch die schon um die Jahrhundertwende von islamischen Hochschulen ausgehende Bewegung der Salafiya vorbereitet. Ziel dieser Reformbewegung – sie orientierte sich am Vorbild der Ahnen (as-salaf) – war die Reinigung der muslimischen Lebensführung von allen Verirrungen islamischen Sektierertums und Aberglaubens sowie von Einflüssen westlicher Kultur und materialistischer Lebensauffassung. Die Lehren der wahhabitischen Puritaner des 18. Jahrhunderts waren von den an der Azhar wirkenden islamischen Reformern des späten 19. und frühen 20. Jahrhunderts neu rezipiert worden. Illustre Gelehrte der islamischen Jurisprudenz und Verfassungslehre wie Muhammad Abduh und dessen Schüler Raschid Rida hatten der Kairoer Hochschule, an der viele Richter und Koranexperten der arabischen Länder ausgebildet wurden, hohes Ansehen in der gesamten arabischen Welt verschafft. Aber erst die tiefgreifenden Veränderungen in Anatolien und auf der Arabischen Halbinsel nach dem Ersten Weltkrieg hatten der Salafiya und den von ihr mitinspirierten neuen islamischen Bewegungen die politische Orientierung gegeben.

Es bestand aber auch die Gefahr der Instrumentalisierung islamischer Bewegungen zu politischen Zwecken. Für die ägyptischen Kalifatsansprüche oder auch für den sich anbahnenden ägyptisch-saudischen Hegemonialstreit bedeutete dies, daß Kairo fortan die Palästina- und Jerusalemfrage nicht mehr gleichgültig sein konnte. Palästina hatte zwar immer eine besondere geostrategische Bedeutung für Ägypten gehabt, sei es als Aufmarschgebiet feindlicher Armeen, als Durchzugsgebiet ägyptischer Armeen nach Syrien oder als Flanke zum Suezkanal. Aber die seit dem Ende der zwanziger Jahre vom Mufti von Jerusalem, Hadsch Amin al-Husseini, betriebene Islamisierung der Palästinafrage hatte für Ägypten und nicht zuletzt für die Monarchie eine neue machtpolitische Komponente. Das betraf in besonderem Maße das von al-Husseini favorisierte Projekt einer islamischen Hochschule bei der Felsendom-Moschee in Jerusalem. Eine derartige Institution an der drittheiligsten Stätte des Islam, an einem Ort zunehmend fundamentaler islamischer und nationaler Auseinandersetzung mit dem Zionismus und dem Westen, konnte leicht zu einer Herausforderung für al-Azhar werden.

Auf die Verquickung der Palästinafrage mit der Kalifatsfrage hatte auch der glücklose Scharif Hussein gesetzt. Im März 1924 wurde ihm im transjordanischen Schunah der Kalifentitel unter obskuren Umständen von Gefolgsleuten aus dem Hedschas und einigen örtlichen Würdenträgern verliehen – allerdings ohne politische oder rechtliche Wirkung. Auf Betreiben des Obersten Muslimischen Rates in Jerusalem hatte eine Delegation palästinensisch-muslimischer Notabeln Hussein gehuldigt und ihm dabei das Versprechen abgehandelt, jeder Form ausländischer Herrschaft in seinem Gebiet die Anerkennung zu verweigern. Der nach dem Ersten Weltkrieg völlig desillusionierte Scharif war völkerrechtlich bereits isoliert, nachdem er die Unterzeichnung sowohl des Versailler Friedensvertrags – der die Satzung des Völkerbunds mit dem Mandatsartikel für den Nahen Osten enthielt – als auch des Lausanner Friedensvertrags mit der Türkei 1923 verweigert hatte.

Die Verquickung der Palästinafrage mit islamischer Politik stand auch auf der Agenda des Muftis von Jerusalem, der für Dezember 1931 einen Allgemeinen Islamischen Kongreß einberufen hatte. Bereits im Vorfeld des Kongresses sah sich Amin al-Husseini gezwungen, die argwöhnischen Würdenträger der Azhar und Regierungsvertreter wie Palastbeamte in Kairo zu beschwichtigen: Die Teilnahme einer ägyptischen Delegation war nur unter der Bedingung zu erreichen, daß die Kalifatsfrage nicht zur Sprache kam. Hier überschnitten sich sogar ägyptische mit britischen Interessen, denn die britische Mandatsbehörde hatte den Kongreß ausschließlich als eine religiöse Veranstaltung genehmigt, während doch die Kalifatsfrage immer auch eine hochpolitische Angelegenheit der Glaubensgemeinschaft der Muslime, der Umma, war. Die restriktiven Maßnahmen der Briten, die in diesem besonderen Fall mit den vorausgegangenen blutigen Unruhen an der Klagemauer in Jerusalem begründet wurden, blieben allerdings ohne Einfluß auf die mageren Ergebnisse des Kongresses.

Prominente Mitglieder der ägyptischen Delegation waren der Islamreformer Raschid Rida von der Azhar sowie Abdur-Rahman Azzam, der spätere erste Generalsekretär der Arabischen Liga. Azzam, ein feuriger arabischer Nationalist, mußte den Kongreß und Palästina vorzeitig verlassen, weil er mit seiner politischen Agitation gegen die Kolonisierung Libyens durch die italienischen Faschisten und gegen Londons Palästinapolitik die Geduld der Briten überspannte. Was die rein islamischen Themen des Kongresses wie Kulturarbeit, religiöse Stiftungen, Wohlfahrt, Schutz der Heiligen Stätten betraf, so behielt vor allem das Projekt einer islamischen Hochschule an der Aqsa-Moschee nach wie vor eine politische Komponente, ohne daß die britische Mandatsbehörde dagegen einschreiten konnte. Paralysierend auf die Arbeit des Kongresses wirkte sich der bereits im Vorfeld deutlich gewordene innermuslimische Argwohn gegenüber ägyptischen, saudischen oder indischen Kalifatsbestrebungen und damit zusammenhängenden Hegemonialansprüchen aus. Auf der anderen Seite konnten aber auch religiöse Themen nie ganz losgelöst von Fragen der Sozialpolitik oder zwischenstaatlichen Beziehungen diskutiert werden. Die Ambivalenz von Panislamismus und Panarabismus hatte in den frühen dreißiger Jahren sicherlich etwas mit den großen sozialen und nationalen Problemen in der arabischen Welt zu tun. Ein bemerkenswertes Ergebnis der Islamischen Konferenz von Jerusalem war die Errichtung eines ständigen islamischen Exekutivrates, der sich um Ordnungsprobleme in der islamischen Umma kümmern sollte.

In Erfüllung dieser Aufgabe suchte der Rat wenige Jahre später im saudisch-jemenitischen Konflikt über die Provinz Asir zu vermitteln.

In den dreißiger Jahren wurde das ägyptische Nationaldenken – nach einem panislamischen Intermezzo – immer stärker von arabischem Einheitsstreben und arabischem Nationalismus geprägt. Dies erklärt sich zweifellos aus dem Wiederaufleben der arabischen Föderationsbestrebungen in der ostarabischen Region nach der irakischen Unabhängigkeit im Jahre 1932 und aus Ägyptens eigenem nationalem Befreiungskampf gegen die noch immer bestehende britische Vorherrschaft. Das Jahr 1936 ist diesbezüglich eine Zäsur mit tiefer Symbolik im gesamten Nahen Osten: Während die Vertragsverhandlungen mit den Briten in Ägypten ein bis dahin nicht gekanntes Feuer nationaler Leidenschaft entfachten, tobte in Palästina ein Aufstand gegen die britische Politik, die dort gemäß der Balfour-Deklaration eine jüdische Nationalheimstätte zu errichten begann. Zur gleichen Zeit versuchte der irakische Premier Nuri as-Said den jordanischen Fürsten Abdallah für eine Vermittlungsmission in Palästina zu gewinnen, die auf eine Föderation Großsyriens – einschließlich Palästinas, Jordaniens und Libanons – mit dem Irak hinauslaufen sollte.[5] Im selben Jahr wurde in Paris über die Unabhängigkeit der französischen Mandate Libanon und Syrien verhandelt. Auch Saudi-Arabien agierte jetzt auf der diplomatischen Bühne. Die Freundschaftsverträge mit Irak und Ägypten signalisierten, daß die Arabische Halbinsel, die Region des Fruchtbaren Halbmonds und das Niltal ein dynamisches arabisches Dreieck mit rivalisierenden Machtinteressen bildeten.

Das Jahr 1936 offenbarte aber auch die Schwächen des arabischen Einheitsstrebens und die Ohnmacht gegenüber fremder Vorherrschaft: Der neue ägyptisch-britische Vertrag von 1936 erfüllte nicht alle Erwartungen der ägyptischen Nationalisten. Zwar hatten sich die Briten aus dem größten Teil des Landes zurückgezogen, aber sie konnten für die Dauer von weiteren zwanzig Jahren eine gewaltige Garnison in der sogenannten Suez-Enklave errichten. Im Fall eines Krieges hätte ihnen dann auch wieder die gesamte Infrastruktur Ägyptens zur Verfügung gestanden. In Palästina wurde der arabische Aufstand weitgehend niedergeschlagen und deren politische Führung durch Deportation oder Flucht dezimiert. In Transjordanien scheiterte das irakische Föderationsprojekt an den dynastischen Rivalitäten der Haschemitenfürsten. In Syrien und im Libanon, wo eine republikanische Stimmung vorherrschend war, kam es nicht zur Unabhängigkeit, weil die neue französische Regierung die Ratifizierung der Verträge verweigerte. Die ägyptisch-saudischen Beziehungen waren durch das britisch-italienische Abkommen über die Interessensphären im Roten Meer beeinträchtigt.

Dennoch endeten die dreißiger Jahre mit einem Prestigegewinn für die neue arabische Orientierung des ägyptischen Nationaldenkens. Die Einberufung eines Arabischen Parlamentarischen Kongresses nach Kairo im Jahre 1938 und der Beschluß, Ägypten den Vorsitz der arabischen Verhandlungsdelegation zur Londoner Palästinakonferenz im darauffolgenden Jahr zu übertragen, untermauerten erstmals – auch international – die ägyptische Führungsstellung in der arabischen Region. Ägypten hatte am Vorabend des Zweiten Weltkrieges die Stationen einer vorrangig mittelmeerischen Orientierung und schließlich einer primär islamischen Identität hinter sich gelassen und war zum Befürworter gesamtarabischer Anliegen und Garanten arabischen Durchsetzungswillens geworden.

Einen weiteren Hinweis für die neu gewonnene arabische Identität des Nillandes lieferte die herausragende Rolle der ägyptischen Diplomatie bei der Gründung der Arabischen Liga. Die Idee, einen Verbund arabischer Staaten zu schaffen, entsprach zweifellos arabischem Einigungsstreben; dennoch war sie insofern ein Kompromiß, als ihr nicht das Konzept einer einheitlichen arabischen Nation, sondern das operative Ziel zugrunde lag, die maßgeblich von europäischen Mächten mitverursachte arabische Vielstaaterei, die sogenannte Balkanisierung des Nahen Ostens, zu überwinden. Über einen konföderativen Verbund sollten die arabischen Staaten zur Durchsetzung einer gemeinsamen Ordnungspolitik im Nahen Osten befähigt werden. Die Idee war im Grunde nicht neu; sie hatte Vorläufer in den osmanischen Reichsreformbestrebungen der Jahrhundertwende und auch in den irakischen Konföderationsplänen der dreißiger Jahre. Sie wurde im Verlauf des Zweiten Weltkrieges aus mehreren Gründen wieder bedeutsam: als Argument der britischen Propaganda gegen die Versuche derAchsenmächte, die arabischen Staaten gegen ihre Kolonial- beziehungsweise Mandatsherren auszuspielen; als Rahmen für eine wirkungsvollere ökonomische und politische Integration in die Maßnahmen der alliierten Kriegsbewirtschaftung sowie in die längerfristige britische Nachkriegsplanung für den Nahen Osten; schließlich als politische Konzession an die arabische Seite im Konflikt mit den zionistischen Bemühungen, das restriktive Britische Weißbuch von 1939 – das Ergebnis der Londoner Palästinakonferenz – zu revidieren.

Dem Weißbuch zufolge wäre die jüdische Einwanderung nach Palästina ab 1944 von arabischer Zustimmung abhängig gewesen. London hatte beide Seiten für die Zeit des Krieges auf ein politisches Stillhalteabkommen festzulegen versucht, auf das sich die Zionisten aber nicht einlassen wollten. Da die zionistische Politik immer offensiver die Aufhebung des Weißbuches betrieb und dabei vor allem die USA zur Unterstützung ihres Anliegens aufrief, sah sich London außerstande, der arabischen Seite weiterhin politische Zurückhaltung abzuverlangen.

Jetzt kamen die Arabienexperten im britischen Foreign Office zu Wort. Allen voran bekundete Außenminister Anthony Eden – ein ausgebildeter Orientalist – anläßlich einer parlamentarischen Anfrage im Februar 1943 die Sympathie der britischen Regierung für eine arabische Föderation. Das war der Startschuß für eine politische Entwicklung im Nahen Osten, die schließlich noch vor Kriegsende zur Gründung der Arabischen Liga mit Sitz in Kairo führte. Diese Entwicklung zu einer arabischen Föderation war zunächst alles andere als geradlinig. Nicht Kairo, sondern Bagdad wurde auf Einladung der Briten initiativ. Der irakische Premier Nuri as-Said, ein bewährter Parteigänger der Briten, legte in seinem berühmten Blaubuch einen Zwei-Stufen-Plan vor, der als erstes eine Föderation Iraks mit dem historischen Groß-Syrien vorsah.[6] Erst zu einem späteren Zeitpunkt sollten die Staaten der Arabischen Halbinsel und schließlich auch Ägypten der Föderation beitreten. Der Plan Nuri as-Saids war zum Scheitern verurteilt: Das Vertrauen der arabischen Länder in den Irak mit seinem 1941 errichteten Putschregime Raschid Ali al-Gailanis war gestört. Aus saudischer Sicht würde Nuri as-Saids Föderationsplan die Hegemonie des haschemitischen Rivalen festschreiben. Der jordanische Herrscher Abdallah – ebenfalls ein Haschemit – betrachtete hingegen den saudischen Monarchen als Erzfeind, und Syrien und Libanon waren auch nach der Befreiung von Vichy-Frankreich noch nicht unabhängig und mit lokalen Problemen beschäftigt. Palästina hatte seinen Konflikt mit den Juden und war führungslos.

Die politische Initiative ging so fast zwangsläufig auf Kairo über. Ägypten war das einzige arabische Land, das über genügend Handlungsspielraum verfügte, um die arabische Einigungsbewegung anzuführen, wie sich bereits seit 1939 abzeichnete. Auch der demographische Faktor verlieh Ägypten Gewicht. Seine 17 Millionen zählende Bevölkerung war genauso groß wie die Summe der Bevölkerungen aller ostarabischer Staaten. Wenn es für Ägyptens Führungsanspruch in der arabischen Welt überhaupt Probleme gab, dann lagen diese in Ägypten selbst. Zu diesen Problemen gehörte etwa die Rivalität zwischen Monarchie und Parlament beziehungsweise zwischen König Faruq und Mustafa an-Nahhas, dem Führer der Wafd-Partei. Faruq, der den arabischen Nationalismus in Ägypten als Vehikel für seinen Kalifatsanspruch betrachtete, hatte 1943 den Nationalistenführer Abdur-Rahman Azzam sowie den Rektor der Azhar, Scheich al-Maraghi, in ein Komitee berufen, das einen gesamtarabischen Kongreß organisieren sollte. Azzam war einer der Führer der von ihm in Kairo mitbegründeten Gesellschaft für Arabische Einheit, der auch der ägyptische Delegationsführer auf der Londoner Konferenz von 1939, Muhammad Ali Alluba, angehörte. Daneben gab es einen weiteren panarabischen Klub, dessen Mitglieder vornehmlich in Kairo residierende Syrer und Libanesen waren. An-Nahhas, der den Aufwind des arabischen Nationalismus spürte und die günstigen internationalen Rahmenbedingungen früh erkannte, setzte seinen ganzen Ehrgeiz daran, die Führung der arabischen Einigungsbewegung zu übernehmen. Als Regierungschef boten sich ihm dafür auch besondere Profilierungsmöglichkeiten. Als die Franzosen 1943 im Libanon die ihnen mißliebige arabisch orientierte Regierung absetzten und sogar inhaftierten, war an-Nahhas ihr schärfster arabischer Kritiker. Er vertrat jetzt auch häufiger als zuvor panarabische Anliegen in der Palästinafrage.

Die Krönung seines Prestigegewinns waren aber zweifellos die Konsultationen über die Frage der arabischen Einigung, zu denen seit 1943 zahlreiche ranghohe Abordnungen arabischer Regierungen nach Kairo eingeladen wurden: Anfang August traf Nuri as-Said zu einem mehrwöchigen Aufenthalt ein, im September folgte der transjordanische Premier Taufiq Abul-Huda; im Oktober führte Scheich Yusuf Yasin, der saudische Außenminister, Gespräche in Kairo. Gegen Ende des Monats war eine von Staatspräsident Schukri al-Quwatli geführte syrische Delegation in der ägyptischen Hauptstadt. Im Januar 1944 besprach sich der libanesische Premier Riyad as-Sulh mit an-Nahhas, und im Februar vervollständigte ein jemenitischer Delegierter diesen »panarabischen« Reigen.

Der ägyptische Premier hatte bei diesen Gesprächen vorrangig ökonomische und kulturelle Aspekte eines arabischen Einigungsprozesses zur Diskussion gestellt – eine Strategie, die Rücksicht nahm auf die wohlbekannte Fragilität der zwischenarabischen Beziehungen und die sich auch angesichts der begrenzten arabischen Handlungsspielräume in der internationalen Politik empfahl; schließlich hatte auch an-Nahhas mit seinem 1936 ausgehandelten anglo-ägyptischen Vertrag nicht alle ägyptischen Erwartungen zufriedenstellen können, und selbst seine eigene Regierung war nur durch eine britische Intervention zustande gekommen.

Die einst so kämpferische, auf die Unabhängigkeit Ägyptens bedachte Wafd-Partei hatte in den zwei Jahrzehnten ständiger Reibungen mit der Monarchie und mit den Briten viel Kraft verloren. Dem vertraulichen Bericht eines ägyptischen Beamten zufolge hatte an-Nahhas seinem transjordanischen Gesprächspartner Abul-Huda gegenüber gleich zu Beginn der Unterredung beteuert, daß Ägypten weder eigensüchtigen Gewinn aus einer Arabischen Union ziehen wolle noch eine Führung der arabischen Länder anstrebe. Es wolle sich auch nicht von anderen – gemeint waren wahrscheinlich die Briten – als Werkzeug benutzen lassen.[7] Ägypten verfolge primär humanitäre, nationale und soziale Ziele. Ein Beispiel für arabische Zusammenarbeit sei das im Januar 1943 eingerichtete Ägyptisch-Irakische Büro für Kulturelle Kooperation, das Informationen über die beiderseitigen Bildungssysteme sammle und einen Austausch von Schülern und Lehrern in die Wege leiten solle. Andere arabische Staaten könnten sich anschließen.

Möglichkeiten arabischer Zusammenarbeit auf wirtschaftlichem Gebiet wurden durch verschiedene Konferenzen aufgezeigt, die in den Jahren 1943 und 1944 mit arabischer Teilnahme von der alliierten Kriegsbewirtschaftungsbehörde (Middle East Supply Centre) in Kairo veranstaltet wurden. An-Nahhas hatte dabei die allergrößten Schwierigkeiten, den Argwohn der saudischen und jemenitischen Monarchen hinsichtlich einer ägyptisch-irakischen Kooperation zu zerstreuen. Im Vorfeld der Gespräche ihrer Delegierten in Kairo hatten saudische Emissäre im Juli 1943 in der jemenitischen Hauptstadt Sanaa konferiert und eine gemeinsame Haltung gegen den ihnen äußerst suspekten arabischen Nationalismus abgesprochen. Die Entwicklung sollte eher gebremst als beschleunigt werden. In Anbetracht der auch für die Nachkriegszeit zu erwartenden großen wirtschaftlichen Probleme im Nahen Osten stand für die fortgeschritteneren arabischen Länder aber die Dringlichkeit wirtschaftlicher und politischer Zusammenarbeit außer Frage.

Nach den politischen Sondierungen der arabischen Delegationen in Kairo und den Konferenzen des Middle East Supply Centre ging an-Nahhas daran, den organisatorischen Rahmen einer zukünftigen arabischen Zusammenarbeit zu schaffen. Zu diesem Zweck berief er für den 25. September 1944 eine Allgemeine Arabische Konferenz nach Alexandria ein. Da mit Ausnahme Ägyptens kein arabisches Land Nordafrikas unabhängig war, beschränkten sich auch jetzt die anreisenden Delegationen wieder auf die ostarabischen Länder Irak, Syrien, Libanon und Transjordanien. Saudi-Arabien und Jemen zögerten, entsandten dann aber etwas später doch noch Vertreter. Auf deren Drängen wurde auch ein Delegierter Palästinas geladen.

An-Nahhas führte den Vorsitz und unterstrich damit eindrucksvoll die ägyptische Führungsrolle in der Arabischen Liga.[8] Am 7. Oktober 1944 wurde mit dem sogenannten Alexandria-Protokoll das Gründungsdokument der Liga unterzeichnet.

Die Gründungskonferenz selbst wurde am 8. Februar 1945 in Kairo eröffnet. Auch jetzt trafen die Vertreter Saudi-Arabiens und Jemens erst mit mehrtägiger Verspätung ein. Es war bezeichnend für die große Ausstrahlung des arabischen Nationalismus, daß bereits in Alexandria die größten Fortschritte offenbar auf politischem Gebiet gemacht werden konnten: Als Exekutivorgan der Arabischen Liga wurde ein Rat geschaffen. Nur unabhängige Staaten hatten Stimmrecht. Die zukünftige Außenpolitik der arabischen Mitgliedsstaaten mußte sich im Einklang mit der Satzung beziehungsweise den nationalen Zielen der Liga befinden. In der Schlußklausel wurde festgeschrieben, daß sich die Mitgliedsstaaten für die Verwirklichung eines unabhängigen arabischen Palästina einsetzen würden. Die Zusammenarbeit in den wirtschaftlichen, kulturellen und sozialen Bereichen war dagegen unbestimmter definiert.

Allerdings konnten auch die politischen Bestimmungen des Alexandria-Protokolls nicht darüber hinwegtäuschen, daß brisante ordnungspolitische Probleme zwischen den arabischen Staaten fortbestanden. Das galt in besonderer Weise für die transjordanischen Ambitionen auf Syrien. Alles in allem war die Arabische Liga ein Beratungsforum und weniger ein Exekutivorgan. Für Ägypten war sie Ausdruck der Zugehörigkeit zur arabischen Welt.

Die Funktion der Liga als wirkungsvolles Ordnungsinstrument gesamtarabischer Politik war von der weiteren Entwicklung des arabischen Einigungsprozesses beziehungsweise des arabischen Nationalismus abhängig. Der Testfall war schon im Gründungsdokument der Liga programmiert: die Palästinafrage.

Der Krieg um Palästina im Jahre 1948 war ein Schlüsselerlebnis für den jungen ägyptischen Oberstleutnant Nasser, dessen Name untrennbar mit der Entwicklung des arabischen Nationalismus zum Panarabismus verbunden ist. Im Schmelztiegel des Panarabismus konnte es nur noch eine einzige arabische Nation geben. Das Muster dieser Nation war für Nasser die ethnisch weitgehend homogene Bevölkerung des Niltals, die es allerdings noch ökonomisch umzugestalten galt. Die in großer Mehrheit arabisch-sunnitischen Ägypter unterschieden sich in Nassers Augen wohltuend von den ethnokonfessionellen Mischgesellschaften Syriens und des Irak. Aus dieser Homogenität und der Tatsache, daß Ägypten das bevölkerungsreichste Land in der Arabischen Liga war, leitete Nasser seine Mission als Führer des arabischen Nationalismus ab. Die Ägypter sollten das Fundament der arabischen Nation bilden, und das von ihm in Ägypten entwickelte politische System sollte Modellcharakter für die vereinigte arabische Welt haben, die wiederum ein Musterbeispiel für eine vom Kolonialismus befreite Dritte Welt darstellen sollte. Diesen Anspruch begründete Nasser in seiner Philosophie der Revolution mit den drei Kreisen, die sich in Ägypten überschnitten: dem arabischen Kreis der ethnischen Zugehörigkeit, dem vom Nil geprägten afrikanischen Kreis und dem durch die Religion bestimmten islamischen Kreis.[9]

Revolutionäre seines Schlages haben ihre Inspiration zumeist aus langem Nachdenken über die gesellschaftlichen und nationalen Ursachen ökonomischer Unterentwicklung, politischer Ohnmacht oder aus Niederlagen bezogen. Für Nasser war das arabische Desaster des Krieges von 1948 deshalb ein Schlüsselerlebnis, weil sich darin schlaglichtartig der desolate politische Zustand des eigenen Landes sowie der arabischen Welt, der sich Ägypten seit den dreißiger Jahren zugehörig fühlte, zeigte. Auch die Arabische Liga offenbarte in ihrer ersten großen Bewährungsprobe eigentlich nur die engen Grenzen ihrer Handlungsfähigkeit: Die ägyptische Regierung an-Nuqraschi zauderte, überhaupt am Krieg in Palästina teilzunehmen. Die wirtschaftliche Lage Ägyptens war katastrophal. Außenpolitisch strebte Kairo eine Verständigung mit den Briten an. Nur die Muslimbruderschaft agierte für die Entsendung von Freiwilligen nach Palästina, während das ägyptische Parlament gegen eine Entsendung regulärer ägyptischer Truppen votierte. Die Gesamtstärke der ägyptischen Armee belief sich ohnehin nur auf wenig mehr als 30 000 Mann. Der Ausbildungsstand für Kampfeinsätze und die Versorgung mit Material ließen viel zu wünschen übrig.

Dem ägyptischen Monarchen wiederum, der mit der Palästinafrage eigene dynastische Interessen verband, war jede Niederlage des ihm verhaßten Parlaments recht. Auf seinen Druck hin entschied sich das ägyptische Oberhaus schließlich zum Kriegsbeitritt mit 10 000 Soldaten. Noch 48 Stunden vor Kriegsbeginn aber war die Arabische Liga über den militärischen Einsatzplan und darüber, wer das arabische Oberkommando übernehmen sollte, uneins. Auch herrschte Unklarheit, als die Entscheidung schließlich gefallen war, ob Abdallah das Kommando übertragen wurde weil man ihn in eine gesamtarabische Pflicht nehmen wollte, oder weil man einen Sündenbock für die absehbare Niederlage brauchte.[10] Nasser und andere Mitglieder der von ihm geführten Bewegung der Freien Offiziere wie Abdel-Hakim Amer und Zakariya Mohieddin gehörten jedenfalls zu jenen ägyptischen Einheiten, die die Unzulänglichkeiten ägyptischer und arabischer Politik und militärischer Planung auszubaden hatten, die sich aber dennoch mit erstaunlicher Bravour schlugen.

Nasser hatte zweifellos die Fähigkeiten und die Weitsicht eines von tiefem Patriotismus erfüllten Revolutionärs. Er war und blieb ein Sohn des Niltals, dessen gesellschaftliche und wirtschaftliche Strukturen er verändern wollte. Sein Panarabismus – seine eigene Identität – war ägyptozentrisch und zugleich expansiv. Damit war sein Trachten und Handeln stets ägyptisch geprägt, was seinem Panarabismus zuweilen den Vorwurf eines ägyptischen Imperialismus einbringen sollte. Nasser gehörte dem völlig neuen ägyptischen Offizierstyp des Sozialaufsteigers an, für den sich das Tor zur Militärakademie erstmals mit dem anglo-ägyptischen Vertrag von 1936 geöffnet hatte. 1918 in Alexandria geboren, entstammte er der unteren Mittelschicht Oberägyptens. Seinen Vater, einen der zigtausend ägyptischen Postbeamten, hatte es immer wieder in verschiedene Landesteile Ägyptens verschlagen. Der junge Nasser wurde erst unter der Obhut eines Onkels in Kairo etwas bodenständiger. Sein ausgeprägter Sinn für alles Politische – wohl auch für politische Demonstrationen – brachte schon dem Gymnasiasten den zweifelhaften Ruhm eines Heißsporns ein, der 1937 erst im zweiten Anlauf den begehrten Platz in der Militärakademie erhielt. Nach verschiedenen Stationen in Oberägypten und im Sudan war er seit 1942 Ausbilder in der Militärakademie von Kairo. Er kannte jetzt bereits fast alle seiner späteren politischen Weggefährten wie Anwar as-Sadat, und über sie wußte er von anderen politischen Bewegungen wie den Muslimbrüdern, den Kommunisten oder den dem italienischen Faschismus nahestehenden Jungägyptern.

Zwischen 1949 und 1952, als die Verschwörung der Freien Offiziere zum Sturz der Regierung und Monarchie Ägyptens ihren Lauf nahm, war Kairo ein heißes Pflaster: Demonstrierende Studenten der Kairoer König-Fuad-Universität verloren ihr Leben; Premier Mahmud Fahmi an-Nuqraschi erlag einem Attentat; Scheich Hasan al-Banna, der Gründer der Muslimbrüder, wurde ermordet; und in der Suez-Enklave gerieten britische Posten unter den Beschuß muslimischer Freiheitskämpfer. Im Januar 1952 brannte Kairo, und der Mob wütete gegen die verbliebenen britischen Einrichtungen. Es folgten weitere sechs Monate innenpolitischer Erschütterungen, in denen die Monarchie um das Überleben kämpfte. Danach führte die Bewegung der Freien Offiziere schließlich ihren Staatsstreich aus. Am frühen Morgen des 23. Juli 1952 hörte die Bevölkerung erstaunt die Radioansprache General Nagibs, daß die ägyptische Regierung gestürzt worden war und die Armee die Kontrolle des Landes übernommen hatte.

Es sollte weitere zwei Jahre dauern, bis endgültig entschieden war, daß der Organisator des Umsturzes, Gamal Abden-Nasser, Ägypten in ein neues Zeitalter führen würde. Der 34jährige Nasser und seine elf engsten Mitstreiter aus den jüngeren Offiziersrängen der Armee hatten – nachdem zwei andere Kandidaten abgewunken hatten[11] – den älteren General Nagib wegen seiner Popularität, seiner Tüchtigkeit im Palästinakrieg und seiner fortschrittlichen Anschauungen zu einer Art Galionsfigur ihres Staatsstreichs erkoren. Der Schachzug war geschickt, weil er einerseits konkurrierende Offiziersgruppierungen, die den Muslimbrüdern oder anderen Ideologien anhingen, lähmte und andererseits im Palast sowie bei den traditionellen Parteien die Illusion nährte, daß die Armee schon bald wieder das Feld der Politik räumen und in die Garnisonen zurückkehren werde. General Nagib, dem das Amt eines Präsidenten des Revolutionsrats übertragen worden war, sah sich selbst nicht als Revolutionär, sondern eher als vorübergehender Hüter der verfassungsmäßigen Ordnung, die noch von Korruption und Mißbrauch gesäubert werden müßte.

Doch er unterschätzte den Machtwillen Nassers und der von

ihm geführten Offiziersgruppe. Nach nur sechs Wochen und noch bevor die ägyptische Monarchie abgeschafft war, hatte Nasser im Zuge einer Landreform die auf Großgrundbesitz beruhende Machtbasis des ägyptischen Ancien régime reduziert. Diese Maßnahme, die im ganzen relativ moderat ausfiel, deutete allerdings auch an, daß die sozialökonomische Umgestaltung der ägyptischen Gesellschaft mittelständisch geprägt sein würde.[12] Die Bewegung der Freien Offiziere entstammte selbst mit ganz wenigen Ausnahmen dem breiten Spektrum des politisch diskriminierten unteren Mittelstands von Kleinbauern, Beamten, Angestellten, Lehrern, Religionsgelehrten und Händlern. Das Armeeregime hatte keine sozialistische Revolution im Sinn und trachtete danach, die Macht mit Hilfe der mittelständischen Basis zu konsolidieren. Dadurch blieb aber der eigentliche soziale Sprengsatz der verarmten Kleinstbauern, Pächter, Land- und Saisonarbeiter, die zusammen die Mehrheit der ägyptischen Bevölkerung bildeten, erhalten, wenn auch innenpolitisch isoliert. Auf der anderen Seite riefen die Avancen gegenüber der Mittelschicht die Kommunisten, vor allem jedoch die Muslimbrüder auf den Plan. Die Gefährlichkeit der letzteren bestand neben ihrer geheimen Organisationsstruktur, ihrer großen Gefolgschaft und Gewaltbereitschaft nicht zuletzt im Rückhalt in der Armee.

Nach einigen Arbeiterrevolten, Spaltungsversuchen im Offizierskorps, einem eigenwilligen gewaltsamen Konfrontationskurs gegenüber den Briten und schließlich einem Attentatsversuch gegen Nasser schritt der unter Vorsitz Nagibs konstituierte Revolutionsrat der Freien Offiziere – mit Nassers Einwilligung, wenn nicht auf seine Forderung – zur Aufhebung der Verfassung und zu einem generellen Parteienverbot. Nachfolger König Faruqs, der am 26. Juli 1952 abgesetzt und ins Exil geschickt worden war, wurde für ein knappes Jahr Kronprinz Ahmad Fuad II. Am 18. Juni 1953 wurde die Monarchie endgültig abgeschafft, und General Nagib wurde Präsident der Republik.

Die Errichtung eines autoritären Herrschaftssystems entsprach nicht den Vorstellungen General Nagibs, der sich als charismatischer Landesvater sah, der Integration und Konsens stiftet. Daß es zwanzig Monate nach dem Staatsstreich nicht zum blutigen Machtkampf zwischen Nagib und Nasser kam, lag im wesentlichen am fehlenden Machthunger des Generals und am taktischen Geschick des zur politischen Führung entschlossenen Oberstleutnants. Was beide einte, war das Bedürfnis, Legitimation durch das Volk zu erlangen; was sie trennte, war wohl die unterschiedliche Vorstellung vom zukünftigen Weg Ägyptens. Nagib setzte auf die Erneuerung des überkommenen politischen Systems, Nasser auf dessen revolutionäre Veränderung. Am 24. Februar 1954 trat Nagib von seinen Ämtern als Staatspräsident, Regierungschef und Vorsitzender des Revolutionären Kommandorats zurück. Am Tag darauf übernahm Nasser den Posten des Regierungschefs; noch vor Jahresende – Nagib wurde wegen angeblicher konspirativer Kontakte mit den Muslimbrüdern unter Hausarrest gestellt – riß Nasser auch den Vorsitz des Revolutionsrats an sich. Das Amt des Staatspräsidenten sollte bis zum 24. Juni 1956 vakant bleiben. Erst dann wurde es von Nasser übernommen.

Zum innenpolitischen Sieg gesellten sich außenpolitische Erfolge. Die laut anglo-ägyptischem Vertrag von 1936 fälligen Neuverhandlungen über den britischen Abzug aus Ägypten führten 1954 zu dem Ergebnis, daß es binnen zwanzig Monaten keine britische Suez-Enklave mehr geben würde. Ein Jahr später gehörte Ägypten schon zu den Akteuren auf der Weltbühne. Auf der Konferenz der Blockfreien Staaten in Bandung legte Nasser seinen Kurs der »positiven Neutralität« gegenüber den von Washington und Moskau geführten Machtblöcken fest. Das war eine klare Absage an die Versuche des Westens, die arabische Welt mittels des Bagdadpakts im Kalten Krieg auf seine Seite zu ziehen. Auf dem ägyptischen Fundament – und an der Seite Indiens und Chinas – sollte die arabische Nation den ihr nach Geschichte und Potential zustehenden Platz in den internationalen Beziehungen des 20. Jahrhunderts einnehmen. Der Kurs der positiven Neutralität würde der arabischen Welt und vor allem Ägypten zum Vorteil gereichen, weil sie aus dem Verkehr mit beiden Machtblöcken optimalen wirtschaftlichen und politischen Gewinn ziehen könnten.

Für Nasser war Ägypten wegen seiner geopolitischen Lage und Geschichte, wegen seiner Ressourcen und Bevölkerungsstärke zur arabischen und nahöstlichen Führungsmacht prädestiniert. Durch Industrialisierung und vor allem Ansiedlung von Schwerindustrie – später auch Petrochemie – sollte nicht nur die Volkswirtschaft entwickelt, sondern langfristig auch die regionale Führungsrolle wirtschaftlich untermauert werden. Wesentliche Voraussetzung für den Aufbau von Industrien war neben der Kapitalbeschaffung die Bereitstellung der erforderlichen Elektroenergie. Zu diesem Zweck wurde die schon während des Zweiten Weltkrieges viel diskutierte abermalige Erhöhung des Nilstaudamms bei Assuan – sie sollte auch eine effizientere jährliche Bewässerung der Böden gewährleisten – jetzt durch das Projekt eines gewaltigen neuen Staudamms ersetzt. Aus eigener Kraft konnte Ägypten das erforderliche Kapital nicht aufbringen. Der Westen und vor allem die USA boten zinsgünstige Hilfe an, stellten aber politische Bedingungen, die mit Nassers Neutralitätskurs nicht zu vereinbaren waren. Die politische Kettenreaktion hatte fatale Folgen für den Westen, aber auch für Ägypten: das sowjetische Hilfsangebot und die Verstaatlichung des Suezkanals; den Suezkrieg und die neue amerikanische Sicherheitsdoktrin Eisenhowers für den Nahen Osten; den von den USA unfreiwillig geförderten politischen Sieg Nassers und schließlich Nassers Machtrausch. Sein Panarabismus, so schien es, hatte politisch über die europäischen Kolonialmächte Großbritannien und Frankreich sowie über ihre imperiale Hinterlassenschaft Israel triumphiert.[13]

Nassers ehrgeizigen politischen Zielsetzungen entsprach als binnenwirtschaftliche Parallele rasche ökonomische Entwicklung seit Mitte der fünfziger Jahre und die Zunahme des staatlichen Sektors an den neuen Industrieunternehmen.[14] Die außergewöhnlich hohe jährliche Wachstumsrate im Industriesektor schien die Überlegenheit staatsinterventionistischer beziehungsweise gelenkter Planwirtschaft zu belegen. Für die überfällige Verfassungsreform empfahlen sich so eigentlich nur noch sozialistische Maßstäbe, die schließlich in der Gründung der Arabischen Sozialistischen Union, der ägyptischen Einheitspartei, und in einem neuen Nationalrat ihren Niederschlag fanden, in dem auch Arbeiter und Bauern angemessen vertreten waren. Die Dominanz des öffentlichen Sektors gipfelte in den sechziger Jahren schließlich in einer aufgeblähten Staatsbürokratie und staatlich reglementierten Massenkultur. Eine der folgenreichsten Reaktionen darauf war der von der Muslimbruderschaft ausgehende Diskurs über Sozialismus und Islam beziehungsweise über eine alternative islamische Gesellschaftsverfassung.[15]

Nassers Panarabismus erhielt durch die »Reformen« der fünfziger Jahre seinen sozialistischen, wenn nicht totalitären Anstrich, der in anderen arabischen Staaten nicht akzeptiert wurde. Das nur drei Jahre dauernde erste staatliche Vereinigungsexperiment des Panarabismus – der Zusammenschluß Ägyptens und Syriens – scheiterte im Jahre 1961 wegen seiner autoritären und sozialistischen Komponenten sowie der von Kairo ausgehenden hegemonialen Ansprüche. In ethnischen und konfessionellen Mischgesellschaften wie im Irak oder im Libanon wurde aufmerksam registriert, daß Nassers Panarabismus in Ägypten selbst fast ausschließlich auf der großen sunnitisch-arabischen Bevölkerungsmehrheit basierte, während die Integration etwa der Kopten unerwünscht zu sein schien. Bei den Herrscherfamilien in den Ölstaaten am Golf stieß der Panarabismus Nassers aber auch deshalb auf wachsende Ablehnung, weil er Wasser auf die Mühlen der aufstrebenden neuen Mittelschicht der Angestellten, Akademiker und Technokraten war, die von der Politik ausgeschlossen waren, aber immer nachdrücklicher auf Partizipation drängten. Aber auch in sozialer und nationalwirtschaftlicher Hinsicht hielt Nassers Panarabismus seit den frühen sechziger Jahren nicht mehr das, was er anfänglich zu versprechen schien. Statt dessen verstärkte sich jetzt besonders in den Ölstaaten der Eindruck, daß Nasser über den Export des Panarabismus Zugriff auf ihre Ressourcen erhalten wollte. Als untrügliche Anzeichen dafür galten Nassers Intervention im jemenitischen Bürgerkrieg sowie seine Versuche, die arabischen Petroleumkongresse zu orchestrieren und schließlich die arabischen Ölstaaten in der 1961 gegründeten Organisation der Erdöl exportierenden Länder zu dirigieren.

Kapitel 3

Arabischer Nationalismus zwischen Mittelmeer und Tigris

Der Panarabismus Nasserscher Prägung wurzelte in der ethnokonfessionellen Homogenität der ägyptischen Bevölkerung. Er entstammte also keinem überkonfessionellen gesamtarabischen Schmelztiegel, hatte spezifische sozialistische und verfassungspolitische Komponenten und wies deutliche hegemoniale Tendenzen auf, die auch die breite Skala von Reaktionen in anderen arabischen Staaten erklären, die von überschwenglicher Akzeptanz bis tiefer Ablehnung reichten, alles in allem aber auch bewiesen, daß die Herausbildung des ägyptischen Panarabismus trotz seiner Hinwendung zum arabischen Osten mit den dortigen Entwicklungen nicht im Einklang stand.

Daß Damaskus sich als die Wiege des arabischen Nationalismus betrachtete, erklärt sich aus einer Reihe von historischen, geographischen und politischen Faktoren. Hier war das Zentrum der ersten arabisch-islamischen Reichsbildung der Umaiyaden; hier entstand im späten 19. Jahrhundert die arabische kulturelle Renaissance-Bewegung an-Nahda, aus der nach der Jahrhundertwende patriotische und arabische politische Reformgesellschaften hervorgingen.[1] Von Damaskus ging der Aufruf zur Sezession vom Osmanischen Reich aus. Im Damaskus-Protokoll des geheimen syrischen Komitees aus dem Jahr 1915 wurden die Grenzen jenes zukünftigen arabischen Reiches markiert, das die Vertragsgrundlage für die arabisch-britische Zusammenarbeit im Ersten Weltkrieg wurde.[2] In Damaskus wurden arabische Nationalisten vom türkischen Oberkommandierenden Dschemal Pascha gehenkt; und hier entstand am Kriegesende das erste unabhängige arabische Königreich, dem die Franzosen binnen zwanzig Monaten ein blutiges Ende bereiteten.

Vor dem Ersten Weltkrieg erstreckte sich das Verwaltungsgebiet der Statthalter von Damaskus von Hama im Norden bis zum

Golf von Aqaba im Süden und von der syrischen Wüste im Osten bis zum Mittelmeer. Innerhalb dieser Grenzen hatten das von Christen besiedelte Libanon-Gebirge und der Bezirk Jerusalem bis zur Sinai-Grenze einen autonomen Sonderstatus – und zwar aufgrund des konfessionellen Charakters, des französischen Schutzanspruchs und der geopolitischen Lage zum Suezkanal. Dieses historische Groß-Syrien, das in den osmanischen Verwaltungsgrenzen also neben dem heutigen Jordanien auch den Libanon, Israel und die palästinensischen Gebiete einschloß, war wegen seiner vielfältigen kulturgeschichtlichen Traditionen und ethnokonfessionellen Zusammensetzung geradezu verpflichtet, überkonfessionelle Gesichtspunkte auf seinem Weg zum arabischen Nationalismus zu berücksichtigen.

Das Gemeinsame lag zuallererst in der arabischen Sprache, und über die Sprache wiederum konnte die Geschichte der eigenen Kultur und Herkunft erschlossen und aufbewahrt werden. Diesbezüglich war die Nahda zweifellos von größter Bedeutung für die Entwicklung des Nationaldenkens im arabischen Osten und vor allem in Syrien, obgleich sie sich niemals ausschließlich in den Bahnen eines säkularen oder romantischen Nationalismus bewegte. Da das Arabische die Sprache der Offenbarung im Islam war, konnte die Nahda durchaus auch Wegbereiter für eine Stärkung der arabisch-islamischen Gemeinschaft der Gläubigen sein. Letzteres war auch das vorrangige Anliegen der Mitglieder der algerischen Fürstenfamilie Abdul-Qadir und der Anhänger der nach ihr benannten Qadiriya-Bruderschaft gewesen, die infolge ihres Widerstands gegen die französische Besetzung ins syrische Exil gelangt waren und die Nahda mit begründet hatten. Die osmanisch-türkische Regierung in Istanbul war im Verlauf des 19. Jahrhunderts außerstande, das Osmanische Reich oder die Welt des Islam noch zu verteidigen. Nach dem Verlust der europäischen Provinzen drohten auch die osmanischen Verwaltungsbezirke in Nordafrika und Arabien verlorenzugehen. Auf die Besetzung Algeriens durch die Franzosen und Ägyptens durch die Briten folgte – inmitten der Balkankriege – die italienische Eroberung Libyens.

Aber nicht nur die Ohnmacht des Kalifats, sondern auch seine panislamische Zentralisierungspolitik unter Sultan Abdül-Hamid war in die Kritik vieler arabischer Muslime geraten, die sich in ihren Forderungen nach politischer Mitsprache nicht mit Ämterpfründen zufriedengeben wollten. Auch die Jungtürkische Revolution von 1908/09 hatte die liberalen Grundsätze der wieder eingesetzten Verfassung von 1876 schnell aufgekündigt. Die rigorose Türkifizierung fast aller Bereiche des öffentlichen Lebens drohte die ersten Keime und Blüten der Nahda zu zerstören. Das existentielle Bedürfnis, über Möglichkeiten und Formen politischer Mitbestimmung zu diskutieren, drückte sich in Literaturklubs, Jugendbewegungen und osmanisch-patriotischen Gesellschaften aus, in denen mitzumachen nicht ungefährlich war. Sicherer schien jetzt das Exil im britisch besetzten, aber liberaleren Ägypten, in der akademischen Aura der aufgeklärten Pariser Sorbonne oder in osmanischen Provinzstädten wie Basra, Beirut oder dem jemenitischen Hudaida.

Patriotisch oder schon national gesinnte muslimische Araber fanden sich in diesen Geheimgesellschaften und Exilgruppen jetzt auch vermehrt mit arabischen Christen und Drusen und sogar osmanisch-loyalen Türken zusammen. Die christlichen Araber hatten ohnehin großen Anteil an den Früchten der arabischen Kulturrenaissance, wenn sie auch zumeist über christliche Missionsschulen ihren eigenen Weg dorthin gefunden hatten.[3] Für viele war Butrus al-Bustani (1819–1883) Wegweiser, wenn auch kaum erreichbares Vorbild. Der Verfasser einer siebenbändigen arabischsprachigen Enzyklopädie und eines großen arabischen Wörterbuchs war aus einem maronitisch-libanesischen Dorf gebürtig, zum Presbyterianismus seiner amerikanischen Ziehväter konvertiert und verstand sich als osmanischer Bürger in einem syrischen Vaterland. Viele arabische Christen sahen in seiner illustren Gelehrtenfamilie Brückenbauer eines überkonfessionellen arabischen Nationalbewußtseins, mit dessen Hilfe Christen wie Muslime die jeweils theokratischen Hemmnisse einer staatlichen Koexistenz überwinden könnten.

Aus der großen Vielfalt der arabischen politischen Gesellschaften am Vorabend des Ersten Weltkrieges stechen drei wegen ihrer besonderen Bedeutung für die Klärung des osmanisch-arabischen Verhältnisses und für die programmatische und organisatorisch-politische Entwicklung des arabischen Nationalismus hervor.[4]

Die Gesellschaft der jungen arabischen Nation – al-Fatat – war vier Tage nach der Jungtürkischen Revolution von zwei Studenten aus Damaskus und Nablus ins Leben gerufen worden. Osmanische Innenpolitik war in jenen Jahren ein Lebenselixier, eine Art Börse syrischer Notabeln und vor allem ihrer Sprößlinge, nach der diese ihre Wahlchancen für das Parlament in Istanbul oder ihre zukünftigen Verwaltungslaufbahnen taxieren konnten. Im Fall der Fatat überrascht, daß das Bekenntnis zur größeren arabischen Nation schnell wieder zurückgenommen wurde. Offensichtlich war noch keine Entscheidung zwischen osmanischer Loyalität und arabischer Unabhängigkeit gefallen. Die programmatischen Konturen wurden etwas klarer, als die Gesellschaft – studienbedingt – vorübergehend nach Paris übersiedelte und ihr der Herausgeber der in Beirut erscheinenden Zeitung ›al-Mufid‹ beitrat. Auch jetzt blieb die Gesellschaft um ihre Exklusivität und Geheimhaltung bemüht. Zu ihren Mitgliedern, deren Zahl unter dreißig lag, gehörten später prominente Politiker und Regierungschefs wie die Syrer Dschamil Mardam und Schukri al-Quwatli sowie der Iraker Taufiq as-Suwaidi. Ihren wenigen Mitgliedern gelang es im Jahre 1913, in Paris – unter Geheimhaltung ihrer eigenen Organisation – einen arabischen Kongreß zu organisieren, zu dem viele arabische und osmanische politische Gesellschaften Delegierte entsandten. Die Fatat war gegen den Eintritt des Omanischen Reiches in den Ersten Weltkrieg. Am Vorabend des Krieges schwankte al-Fatat zwischen osmanischem Patriotismus und einem Bündnis mit den Briten. Sie trat erst für die Loslösung von Istanbul und volle arabische Unabhängigkeit ein, als Dschemal Pascha mit der Verfolgung und Hinrichtung von Mitgliedern arabischer politischer Vereine in Syrien begann.

Wie bei den meisten anderen arabischen Vereinigungen waren auch bei al-Fatat vor dem Krieg die politischen Ziele streng genommen eher verwaltungspolitische Ziele. Die arabische oder die syrische Nation wurde im verfassungspolitischen Kontext des supranationalen Osmanischen Reiches perzipiert. Der Nationalismus der Jungtürken und ihres Komitees für Einheit und Fortschritt galt als Irrweg. Die Betonung der arabischen Nation zielte nicht auf Sezession, sondern auf Dezentralisation und auf

Reformen des von Despotismus und Nationalismus pervertierten politischen Systems.

Dieser Aufgabe widmete sich die Ende 1912 von Syrern in Kairo gegründete Osmanische Partei der Administrativen Dezentralisation, deren Mitglieder – häufig Honoratioren und Anwälte – aus fast allen Städten des historischen Syriens kamen. Die Partei, die auch im Irak Büros unterhielt, setzte auf Öffentlichkeitsarbeit und betrieb deshalb keine Geheimhaltung. Sie betonte ihre osmanische Loyalität und wandte sich mit verschiedenen Petitionen an die Regierung in Istanbul. Der Sitz ihres Exekutivbüros im britisch besetzten Kairo verlieh ihr natürlich einen gewissen Schutz. Dieser Standort hatte aber auch eine symbolische Bedeutung für die Programmatik der Partei, deren vorrangiges Ziel ja die Stärkung und Verteidigung des Osmanischen Reiches mittels Reformen und arabischer Mitbestimmung war. Angesichts der italienischen Eroberungen im benachbarten Libyen und der französischen Ansprüche auf Syrien, die in Reden des Staatspräsidenten in Paris klar zutage traten, wurde dieses Ziel immer vordringlicher. Die italienischen Erfolge in Libyen hatten die Schwäche der Reichszentrale in Istanbul demonstriert, als diese sich gezwungen sah, Offiziere und Truppen für den zweiten Balkankrieg zurückzurufen. Wäre in Zukunft das ebenfalls bedrohte Syrien nicht besser zu verteidigen, wenn dort rechtzeitig arabische Truppen ausgebildet würden? Offenbar sollte nicht nur die Verwaltungsbürokratie reformiert werden, es galt auch, die Ressourcen an humanem und ökonomischem Kapital dezentral zu verwalten

Für die Regierung in Istanbul glich eine solche Entwicklung einem Horrorszenario. Die Erinnerungen an die Eroberungszüge der Wahhabiten von der Arabischen Halbinsel aus bis nach Damaskus und Kerbala sowie den ägyptischen Feldzug nach Syrien 1831/32 unter Ibrahim Pascha waren in Istanbul noch präsent. Türkische Agenten wußten jetzt aber auch über die Debatten in Kairo zu berichten. Dort wurde über das Dezentralisationsmodell der kantonalen Schweiz, über die Vorzüge der habsburgisch-ungarischen Doppelmonarchie sowie über die Teilung der Funktionen von Sultanat und Kalifat debattiert. Für den Extremfall des Untergangs des Osmanischen Reiches gab es unter anderem den alternativen Entwurf der Koppelung eines ägyptischen Sultanats (weltliche Macht) mit einem arabischen Kalifat (geistliche Macht). Die Dezentralisationspartei schien in der Tat einen arabisch-osmanischen Konsens zu verkörpern. Das Problem war nur, daß die osmanische Richtung reformbedürftig erschien, solche Reformen aber am Türkismus scheiterten.

Bei einigen politischen Geheimgesellschaften waren vorwiegend arabische Offiziere der osmanischen Armee vertreten. Das gilt vor allem für die 1909 gegründete und nach dem legendären arabischen Helden benannte al-Qahtaniya, aus der vier Jahre später der noch bedeutsamere al-Ahd (Bund) hervorging. Der auffallend hohe Anteil von Offizieren irakischer Herkunft erklärt sich aus dem Umstand, daß von allen arabischen Provinzen des Osmanischen Reiches lediglich Bagdad ein Militärkolleg unterhielt und daß dieses häufig von Söhnen lokaler osmanischer Beamtenfamilien als soziale Aufstiegsleiter genutzt wurde. Prominentestes Beispiel ist General Nuri as-Said (1889–1958), ein Gegenspieler Nassers, der später mehrere Male das Amt des irakischen Regierungschefs bekleidete und dessen Vater osmanischer Zollangestellter war. Diese Offiziersanwärter kamen während ihrer Ausbildung in Istanbul in Kontakt mit preußischen, französischen und britischen Militärausbildern, die nicht nur militärische Fertigkeiten, sondern auch europäische Ideen bezüglich Staat, Nation und Armee vermittelten. Diese Einflüsse waren auch bei dem syrischstämmigen General Aziz Ali al-Masri, dem Initiator von al-Ahd und einem der politisch rührigsten arabischen Offiziere der nächsten Jahrzehnte, früh erkennbar.

Unmittelbarer Anlaß für die Gründung von al-Ahd waren die bitteren Erfahrungen der Balkankriege. Al-Ahd bedeutete die Erneuerung des Bundes mit Gott (Allah) und den Schwur, es nicht zu einer Balkanisierung der islamischen Welt und besonders des arabisch-islamischen Kernlandes kommen zu lassen. Al-Masri favorisierte in der Osmanischen Dezentralisationspartei am deutlichsten das Modell der österreichisch-ungarischen Doppelmonarchie für den arabisch-türkischen Zusammenhalt und sogar für die größere islamische Welt. Eine geeinte arabische Nation unter dem Banner des arabischen Nationalismus, ob in Groß-Syrien, in der gesamten Region des Fruchtbaren Halbmonds oder darüber hinaus, war für ihn, der in keiner Galerie arabischer Nationalisten fehlt, nie Ziel, sondern bestenfalls ein wichtiger Etappensieg. Ähnlich wie er dachte auch der aus dem Libanon stammende Drusenfürst Schakib Arslan, ein Intellektueller und politischer Aktivist, der nach dem Krieg von der französischen Mandatsmacht in Syrien verbannt wurde und vom Völkerbundsitz in Genf aus operierte. Beide vertraten in der Tat eher einen islamischen als einen arabischen Nationalismus.[5]

Der Verlauf des Ersten Weltkrieges sollte in Syrien und im Irak verheerende Folgen für die arabischen und islamischen Aspirationen haben. Die Region des Fruchtbaren Halbmonds war Kriegs- und Hungergebiet geworden. Osmanische Dezentralisten und arabische Nationalisten mußten sich vor türkischen Kriegsgerichten verantworten. Der deutsche Bündnispartner Istanbuls und die gegnerischen Briten und Franzosen warben um die Kollaboration arabischer Stämme und osmanischer Untertanen. Die Mitglieder der arabischen politischen Gesellschaften und die von den Jungtürken 1908 in Mekka in Amt und Würden gebrachte, aber inzwischen mißliebige haschemitische Fürstenfamilie wurden vor die Wahl gestellt, ihr Heil in einer unsicheren Allianz mit Istanbul oder London zu suchen. Was sollten Araber und Muslime vom Deutschen Kaiserreich halten, dessen Islampropaganda die Jungtürken verschreckte?[6] War nicht mehr von den Briten zu erwarten, die mit Gold und Unabhängigkeitsversprechen lockten, die – anders als die Franzosen in Nordafrika – eher Händler als Siedler waren und im schlimmsten Fall eher zur indirekten Kolonialherrschaft neigten? Konnte nicht angenommen werden, daß die Briten angesichts ihrer militärischen Rückschläge bei Kut al-Amara im Südirak und auf der Halbinsel Gallipoli vor den Toren Istanbuls zu großen Zugeständnissen bereit waren? Das mächtige Britische Empire, das sich vor dem Krieg noch arabischen Sondierungen in Kairo verschlossen hatte, war jedenfalls seit 1915 zu einer Zusammenarbeit bereit, die durch Lawrence von Arabien schließlich auch besiegelt wurde. Grundlage für den britisch-arabischen Feldzug nach Syrien war das erwähnte Damaskus-Protokoll des syrischen Komitees, das auf abenteuerlichem Weg rechtzeitig den britischen Hochkommissar Sir Henry McMahon in Kairo erreichte und in dessen Korrespondenz mit dem Anführer der arabischen Rebellion, Scharif Hussein von Mekka, einfloß. Aus der Sicht der arabischen Separatisten in Syrien und im Hedschas erschien alles klar, wenn da nicht das britische Doppelspiel gewesen wäre: die streng geheime – aber von den Bolschewiki vorzeitig veröffentlichte[7] – Interessensphärenteilung im Nahen Osten durch die britischen und französischen Unterhändler Sir Mark Sykes und Georges Picot (1916) und die Balfour-Deklaration vom 2. November 1917, in der sich die britische Regierung öffentlich zur Förderung einer jüdischen Nationalheimstätte in Palästina verpflichtete.

Bei Kriegsende setzten die arabischen Nationalisten und Separatisten der Fatat und al-Ahd sowie die mit ihnen liierten Haschemiten und deren sonstige Anhänger große Hoffnungen in die vom amerikanischen Präsidenten Woodrow Wilson verkündete neue Weltordnung, die auf dem Selbstbestimmungsrecht der Völker basieren sollte. In Damaskus, das die arabischen Truppen Faisals kurz vor den britischen Truppen eingenommen hatten, wurde am 1. Oktober 1918 eine arabische Militärverwaltung eingerichtet, die bereits im August des folgenden Jahres durch eine provisorische Regierung abgelöst wurde. Diese Maßnahme war von der Einberufung eines Allgemeinen Syrischen Kongresses flankiert, der die groß-syrische Nation gegenüber der von den USA angekündigten Untersuchungskommission der Entente repräsentieren, das Selbstbestimmungsrecht und die Unabhängigkeit einfordern sowie die haschemitische Führung legitimieren sollte. Anläßlich dieser »Kongreßwahlen« traten die arabischen politischen Gesellschaften aus der Vorkriegszeit jetzt mit neuer politischer und nationaler Programmatik auf. Die Dezentralisten wurden zu groß-syrischen Unionisten (hizb al-ittihad as-suri), die Fatat und Teile der Ahd zur Partei der arabischen Unabhängigkeit (hizb al-istiqlal al-arabi). Für beide Parteien war der Zusammenhalt Groß-Syriens selbstverständlich[8], die Unabhängigkeitspartei war jedoch deutlich nationalistischer, was Autonomie-Zugeständnisse an die Maroniten im Libanon und die Zionisten in Palästina oder was die Zukunft des Irak betraf.

Die Konstituierung des Syrischen Kongresses war von Faisal initiiert und forciert worden. Der Haschemiten-Fürst und Anwärter auf den Thron in Damaskus hatte am 26. Februar 1919 auf der Versailler Friedenskonferenz gegenüber den französischen Ansprüchen auf den Libanon und Syrien die arabische Unabhängigkeit beschworen und auf ein syrisches Selbstbestimmungsrecht gepocht. Da die interalliierte Untersuchungskommission schon im Frühsommer tätig werden sollte, blieben Faisal und den arabischen Parteien nur noch Zeit zu Improvisationen. Ein weiteres Handikap war aber auch die bereits spürbare französische Obstruktion. Paris zog nicht nur London in den eigenen Boykott der Untersuchungskommission hinein, sondern verhinderte auch die Teilnahme arabischer Abgeordneter aus seinem Besatzungsgebiet im Libanon an der konstituierenden Sitzung des Kongresses. Von den insgesamt 85 arabischen Delegierten aus Groß-Syrien einschließlich Palästinas trafen nur 69 in Damaskus ein, darunter waren aber die Christen überproportional vertreten. Der Kongreß wählte fünfzehn Delegierte, die am 3. Juli 1919 der Untersuchungskommission – sie war inzwischen zur ausschließlich amerikanischen King-Crane-Kommission geschrumpft – die gesamtsyrischen Resolutionen vorstellten. Die darin enthaltene Forderung nach voller politischer Unabhängigkeit für Syrien schloß ausdrücklich Palästina mit ein. Die Staatsform sollte föderativ sein und auf den demokratischen und zivilen Prinzipien einer konstitutionellen Monarchie unter Faisal beruhen. Gefordert wurden ferner die Unabhängigkeit des Irak, die Zurückweisung des Sykes-Picot-Abkommens sowie der Balfour-Deklaration. Jüdische Bürger Groß-Syriens sollten aber mit den gleichen Rechten und Pflichten ausgestattet sein. Der Mandatsartikel 22 der Völkerbundsatzung wurde abgelehnt, amerikanische und britische Unterstützung aber willkommen geheißen, sofern sie die nationale Unabhängigkeit Syriens nicht beeinträchtigte. Kategorisch war die Ablehnung französischer Ansprüche und Hilfsangebote. Die Leiter der amerikanischen Kommission, Henry Churchill King und Charles R. Crane, waren über das antifranzösische Votum nicht traurig. Faisal dagegen war wegen des Fernbleibens der Briten zutiefst beunruhigt.[9]

Faisals Diplomatie in Versailles brachte dem arabischen Nationalismus in Syrien keinen Gewinn. Er hatte als Außenminister seines Vaters im Hedschas und ohne verbindliches syrisches

Mandat an der Konferenz teilgenommen. Als sein politischer Berater fungierte Lawrence von Arabien. In Versailles wurde Faisal wider Erwarten auch mit der Präsenz einer maronitisch-libanesischen, einer zionistischen sowie einer saudischen Delegation konfrontiert. Um amerikanische Unterstützung gegen die Franzosen und Briten zu gewinnen, hatte er sich auf Anraten von Lawrence auf ein Abkommen mit dem Vertreter des Zionismus, Chaim Weizmann, eingelassen, das er später energisch dementieren sollte. Seine Unterschrift unter den Versailler Vertrag, die der Völkerbundsatzung galt, wurde von seinem Vater wegen des Mandatsartikels, der die arabische Souveränität einschränkte, nicht ratifiziert. Auch der syrische Kongreß und vor allem die Oligarchien aus Fatat und al-Ahd, die sich hinter neuen Parteinamen behaupteten, warfen dem jungen König eigenmächtiges Handeln vor.

Der Haschemitensprößling besaß auch aus Gründen der syrischen Innenpolitik nur noch wenig nationalen Rückhalt, als ihn die Franzosen nach der Schlacht von Maisalun im Juli 1920 aus Damaskus verjagten. Das war zugleich das Ende der Verfassunggebenden Versammlung beziehungsweise der Selbstbestimmung in Syrien. Das geographische Syrien in den osmanischen Verwaltungsgrenzen wurde in der europäischen Nachkriegsordnung für den Nahen Osten balkanisiert. Damit waren Fakten geschaffen worden, die den Zielen der arabischen politischen Gesellschaften aus der Vorkriegszeit diametral entgegenstanden. Die Entwicklung des arabischen Nationalismus in der Region des Fruchtbaren Halbmonds und vor allem in Groß-Syrien drohte mitten im Übergang von einer osmanischen Reform- und Sezessionsbewegung zu einer arabischen Einigungsbewegung in Nationalitätenkonflikten oder in antieuropäischen Ressentiments stecken zu bleiben. Die gewaltsame Beendigung des syrischen Königreiches durch die Franzosen war eine Katastrophe für die arabische Unabhängigkeitsbewegung und die Entwicklung einer selbstbestimmten politischen Ordnung. Der halbherzige, dynastisch motivierte Interventionsversuch Abdallahs aus Transjordanien[10]; das maronitische Streben nach einem größeren Libanon und christlich-muslimische Spannungen in den neuen Grenzgebieten; palästinensisch-zionistische Unruhen in Jerusalem; der große Drusenaufstand in Syrien Mitte der zwanziger Jahre; Aufstände im Irak: All diese Vorgänge waren kennzeichnend für die endgültige Auflösung der eher kosmopolitischen osmanischen Ordnung, den tiefen politischen Dissens unter den Konfessionsgemeinschaften und zwischen den verschiedenen Nationalitäten über die neuen territorialen und staatlichen Rahmenbedingungen eines eingeschränkten nationalen Selbstbestimmungsrechts unter der Vormundschaft der miteinander rivalisierenden europäischen Mandatsmächte Großbritannien und Frankreich.

Die Umbruchsituation betraf nicht nur die abstrakten ordnungspolitischen Ebenen von Verwaltung und Herrschaft, sondern auch Ämterkarrieren, Offizierslaufbahnen und persönliche Lebensschicksale der zumeist städtischen Eliten und insbesondere der jüngeren Generation. Manche von ihnen, die in den politischen Geheimgesellschaften von arabischem oder islamischem nationalistischen Gedankengut beeinflußt worden waren, fanden sich jetzt in der Opposition zu den neuen europäischen Herren wieder oder wurden wegen ihrer politischen Ansichten von einer Übernahme in die Mandatsverwaltungen ausgeschlossen. In einzelnen Fällen folgte die Verbannung aus den Mandatsgebieten. Jüngere national gesinnte Angehörige der Verwaltungseliten mußten auch erfahren, daß ihnen wegen mangelnder beruflicher Erfahrung ältere und bewährte Beamte aus der islamisch-restaurativen Herrschaft Sultan Abdül-Hamids (1876–1909) vorgezogen wurden. Andererseits gelangen arabischen Offizieren aus osmanischen Armeediensten erstaunliche militärische und sogar politische Karrieren, wenn sie sich wie Nuri as-Said oder Dschafar al-Askari rechtzeitig auf die Seite der von England protektionierten Haschemiten geschlagen hatten. Insgesamt bevorzugten die Mandatsmächte für diesen sensiblen Bereich polizeilicher beziehungsweise militärischer Ordnungskräfte jedoch die Rekrutierung von Angehörigen schutzbedürftiger Minderheiten wie Assyrer, Alawiten oder Kurden und Drusen, obwohl in der neuen Weltordnung des Völkerbunds der Minderheitenschutz nur ungenügend verbrieft war.[11]

Im Libanon und auch in Palästina traten die Maroniten und Zionisten mit territorialen Maximalforderungen auf, die nicht nur arabische Nationalisten und Muslime, sondern auch die europäischen Schutzmächte verschreckten. Anders als die Zionisten, die nur über einen Bruchteil Palästinas verfügten, konnten die Maroniten auf den Fundamenten ihrer langjährigen Autonomie im Mont Liban sowie eines kontinuierlichen französisch-imperialen Interesses an der Levante aufbauen. Erstaunlich bleibt dennoch, daß die Maroniten sogar französische Bedenken in den Wind schlugen und an einem größeren Libanon festhielten, obwohl sie damit ihre Mehrheit gegenüber den Muslimen verloren. Die Maroniten handelten so, als könnten sie im Libanon im Stile eines patriarchalisch gelenkten osmanischen Mikrokosmos regieren.[12] Die osmanische Staatskunst gehörte offenbar zum Erbe der neuen Nationalismen im arabischen Osten. Den Zionisten dagegen war ein solches Kulturerbe fremd. Für sie bestanden in einem Palästina als jüdischer Nationalheimstätte die Optionen für Nichtjuden nicht selten – vor allem später – im Transfer in arabische Nachbarländer oder schlimmstenfalls in einer Landesteilung. Die Diskussion über einen binationalen Staat in Palästina sollte dagegen eine Episode bleiben.[13]

Der arabische Nationalismus in der Region des Fruchtbaren Halbmonds durchschritt nach dem Ersten Weltkrieg also zunächst ein Stadium von Sonderentwicklungen regionaler Nationalitätenpolitik, das sich mit der Durchsetzung europäischer Interessen überschnitt. Einziger Lichtblick aus arabisch-nationalistischer Sicht war die im Drusenaufstand in Syrien entstandene Allianz mit dem Lager der arabisch-sunnitischen Nationalisten in den städtischen Zentren des Landes.[14] Im Irak dagegen, wo der aus Syrien vertriebene Faisal vom britischen Kolonialminister Churchill auf den Thron gehoben wurde und die ihm ergebenen und London genehmen Anhänger – darunter einige prominente Militärs – in neue Ämter gelangten, arrangierten sich die arabischen Nationalisten zunächst so gut es ging mit den britischen Mandatsbehörden. Entgegen weitläufiger Meinung war König Faisal jedoch keinesfalls ein willfähriger Erfüllungsgehilfe der Briten. Im kritischen Jahr des ersten einseitigen britisch-irakischen Vertragsabschlusses 1922 erwog Churchill sogar dessen Deportation. Auf der anderen Seite bescherten die Briten dem Irak – ohne dessen Zutun, wenn auch nicht uneigennützig – die ölreiche Provinz Mossul.

Erst im Verlauf der dreißiger Jahre trat die Entwicklung des arabischen Nationalismus im Fruchtbaren Halbmond in ein neues Stadium. Maßgeblich dafür waren tiefgreifende Veränderungen in den Bereichen Wirtschaft, Gesellschaft, Herrschaft und internationale Politik. Die Weltwirtschaftskrise erschütterte nicht nur die Vereinigten Staaten von Amerika und die Industriestaaten in Europa, sondern auch die Agrar- und Rohstoffländer Lateinamerikas, Afrikas und Asiens. Die Mandatsstaaten im arabischen Osten waren der Weltwirtschaftskrise und besonders dem Preisverfall für Getreide und Textilien in besonderer Weise ausgeliefert, weil sie für ihre Produkte – anders als zum Beispiel Ägypten – keine Schutzzölle erheben konnten. Die Kreditkontraktion auf den Kapitalmärkten der Industriestaaten trug mit dazu bei, daß auch in den Kolonial- und Mandatsgebieten keine Mittel für staatliche Arbeitsbeschaffungsmaßnahmen verfügbar waren. Landflucht, soziales Elend in den Städten und Streiks in den Textilfabriken und Häfen sowie bei Eisenbahn- und Baugesellschaften waren im Nahen Osten und Nordafrika allgegenwärtig. Traditionelle soziale Versorgungsnetze, die auf der Patronage des Grundherrn beruhten, oder islamische Wohlfahrtsinstitutionen brachen zusammen; familiäre Notrücklagen wie der Goldschmuck der Frauen mußten veräußert werden.

Die politischen Parteien aus der arabischen Unabhängigkeits- und Verfassungsbewegung der frühen zwanziger Jahre hatten sich zunächst um politische Honoratioren geschart, die den neuartigen sozial- und wirtschaftspolitischen Anforderungen kaum gerecht zu werden vermochten. Infolgedessen kam es seit den frühen dreißiger Jahren in den nahöstlichen Ländern zu zahlreichen Neugründungen von Verbänden und Parteien sowie zu Parteispaltungen. Diese Entwicklung traf zeitlich mit der neuen islamistischen Bewegung zusammen, so daß es gelegentlich zu Überschneidungen, immer wieder aber auch zu Abgrenzungen kam. Gemeinsamer Nenner dieser neuen Parteien war die soziale Frage, gefolgt von der nationalen Frage.[15] In manchen Fällen ist dabei eine deutliche Anlehnung an gesellschafts- und verfassungspolitische Modelle der südeuropäischen autoritären oder gar faschistischen Regime in Spanien, Griechenland und Italien feststellbar. Diese hatten gegenüber dem deutschen Nationalsozialismus den Vorzug, daß traditionelle Säulen politischer Macht wie Monarchie, Kirche und Armee weitgehend unangetastet blieben und auch der Rasse-Gedanke, wenn überhaupt vorhanden, weniger dogmatisch gehandhabt wurde. Wenn der Nationalsozialismus dennoch hier und dort Beifall erhielt, dann hatte das in den dreißiger Jahren weniger mit dessen Antisemitismus, sondern insbesondere mit der politischen Gegnerschaft des Deutschen Reiches zu den Diktatmächten des Versailler Vertrags und den Mandatsherren im Nahen Osten zu tun.

Eine Kuriosität unter den politischen Neuschöpfungen der dreißiger Jahre – allerdings mit langfristiger Wirkung – stellt die Syrische Nationale Sozialistische Partei von Antun Saada dar. Wer an den rigiden Prinzipien arabo-islamischer oder arabo-maronitischer Verfassungspolitik verzweifelte, konnte sich mit deren Ideologie auf eine vorislamische und vorarabische gemeinsame phönizische Grundlage berufen. Gleichzeitig bot das einem Bienenkorb ähnelnde organologische Gesellschafts- und Staatsmodell eine Utopie an, in der alle Probleme einer Neuordnung ethno-konfessioneller Gesellschaften in den arabischen Nachfolgestaaten lösbar schienen.[16] Noch im libanesischen Bürgerkrieg der siebziger und achtziger Jahre sollte diese Partei ihre Attraktivität behalten.

Die Nagelprobe für die Entwicklung des arabischen Nationalismus im Nahen Osten vor dem Zweiten Weltkrieg stellten natürlich die internen sowie regionalen Auswirkungen der Unabhängigkeit des Irak im Jahre 1932 dar, der als erster Mandatsstaat der neuen Weltordnung des Völkerbunds die Selbständigkeit erlangte. Binnen weniger Jahre wurde hier erstmals in der arabischen Welt ein politischer Machtwechsel durch ein Bündnis zwischen Armeeoffizieren und sozialrevolutionären Politikern herbeigeführt. In der historischen Retrospektive war dieses Intermezzo vom Herbst 1936 zwar nur ein Vorspiel zur späteren Revolution von 1958, doch der irakische Weg zu einem nationalen arabischen Einigungsprozeß war vorgezeichnet.[17] Noch bevor der britische Parteigänger Nuri as-Said die Realisierungschancen seines auf Honoratiorenparteien basierenden Föderationsvertrags für den Fruchtbaren Halbmond während der palästinensischen Unruhen in Amman auslotete, hatte die innerirakische Opposition von sozial engagierten Patrioten und Intellektuellen der Dschamaat al-Ahali klargestellt, daß ein fortschrittlicher arabischer Nationalismus nur über soziale Reformen in den einzelnen Ländern erreichbar sei. Im Klartext hieß dies, daß die Entwicklung der irakischen Nation Vorrang vor einem Panarabismus hatte.

Es gehört zu den bizarren Folgen der britischen und französischen Vormundschaft im Nahen Osten, daß auch ihre intellektuellen Ziehkinder, unter ihnen Absolventen Londoner und Pariser Hochschulen, zu den erbittertsten politischen Gegnern der Kolonialmächte wurden. Die dem akademischen Mittelstand entstammende Dschamaat al-Ahali und ihre Nachfolgeorganisation, die National-Demokratische Partei, stiegen in der eher konservativen, vom Grundbesitz geprägten irakischen Gesellschaft zwar nie zu einer großen Volkspartei auf, doch sie verfügten über staatspolitische Kompetenz und empfahlen sich deshalb als Koalitionspartner für nationalgesinnte Kräfte, die der neuen Militärelite irakischer beziehungsweise arabischer Offiziere nahestanden oder ihr entstammten. Am Vorabend des Zweiten Weltkrieges waren es die neue Generation arabischer Offiziere, die nicht mehr osmanischen Diensten entstammten, und der jugendliche König Ghazi, die die Fesseln des einseitigen britischen Bündnisvertrags von 1930 zu sprengen und das Land zum Hort eines panarabischen Nationalismus zu machen suchten.

Bezeichnend für diese hegemoniale irakische Variante eines neuen reformorientierten arabischen Nationalismus war, daß dessen Expansionsrichtung primär dem irakischen Nationalinteresse an einer territorialen Arrondierung, genauer, am natürlichen Zugang zum Arabisch-Persischen Golf folgte. Es waren nur panarabische Lippenbekenntnisse, mit denen Bagdad den Anschluß Kuwaits sowie der persischen Provinz Khusistan propagierte. Selbst für Nuri as-Said, der in den Unabhängigkeitsverhandlungen mit London eine irakisch-kuwaitische Staatsgrenze anerkannt hatte, blieb Kuwait ein unverzichtbarer Baustein in einer haschemitisch geführten arabischen Föderation im Fruchtbaren Halbmond.

Als aufschlußreich für den breiteren nationalen Konsens im Irak hinsichtlich weitreichender Gebietsveränderungen am

Schatt al-Arab kann auch eine Begebenheit aus dem Exil Raschid Ali al-Gailanis in Berlin im Frühjahr 1942 angesehen werden: Der von Hitler-Deutschland begeisterte irakische Putschist war mit Hilfe von Armeeoffizieren im April 1941 an die Macht gelangt, kurz darauf aber von den Briten vertrieben worden. In Berlin erhoffte er sich für den Fall einer erfolgreichen deutschen Offensive im Kaukasus – die Hitler als Voraussetzung für eine deutsche Orientpolitik genannt hatte – Unterstützung für die territorialen Forderungen des Irak gegenüber dem Iran. Da Berlin dem italienischen Verbündeten zumindest im Nahen Osten eine größere politische Rolle einzuräumen gedachte, war al-Gailani auch in Rom vorstellig geworden. Die deutsche Niederlage ersparte dem Parteigänger Hitlers Desillusionen über die für den Nahen Osten konzipierte Interessensphärenpolitik der Achsenmächte. Bagdads Appetit auf das ölreiche Kuwait sollte sich in den fünfziger Jahren erneut bemerkbar machen, als es um die Bildung einer von London favorisierten Anti-Nasser-Front arabischer Staaten ging. Dreh- und Angelpunkt sollte eine irakisch-jordanische Allianz sein, deren Zusammenhalt in Anbetracht der verwandtschaftlichen Beziehung beider Monarchen, aber auch britischer Stützpunktrechte am ehesten gewährleistet schien. Vielleicht ließ sich sogar das von allen Seiten heftig umworbene Syrien einbinden. Nuri as-Said sah die neuen politischen Chancen, doch noch eine Föderation des Fruchtbaren Halbmonds unter Bagdads Ägide herbeiführen zu können. Die wirtschaftlichen Rahmenbedingungen für eine Achse Bagdad–Amman waren weniger günstig. Nicht zuletzt wegen des Zuzugs der vielen palästinensischen Vertriebenen und Flüchtlinge aus dem Krieg von 1948 war Jordanien zu einem Armenhaus geworden und auf auswärtige Unterstützung angewiesen. Der Irak war als Erdölland zweifellos der potentere Bündnispartner, aber seine Exportmöglichkeiten und damit seine Einnahmen waren durch die Kapazität seiner Pipelines begrenzt, von denen diejenige nach Haifa infolge des irakischen Boykotts Israels außer Betrieb war. Nuri as-Said gab London auch zu bedenken, daß das irakische Zweistromland bereits den größeren Teil seiner Öleinnahmen – mit britischer Expertise – in die vordringliche Entwicklung seiner Infrastruktur investierte, während das benachbarte britisch kontrollierte Kuwait nicht zuletzt wegen des Boykotts iranischen Öls im Gefolge der Mosaddeq-Affäre zum Öldorado geworden sei und wegen geringer Landes- und Bevölkerungsgröße seine Einnahmen in beträchtlichem Maße außer Landes investierte. Kuwait war aus Bagdader Sicht zum Zahlmeister einer irakisch geführten panarabischen Phalanx gegen den Nasserismus prädestiniert. Der Parteigänger der Briten scheute sich nicht, gegenüber London aus den historischen Verbindungen zwischen dem Irak und Kuwait gleichsam eine Bündnispflicht abzuleiten.[18] Indirekt ging damit der Versuch einher, auf britische Pläne für das kuwaitische Protektorat Einfluß zu nehmen. Bisweilen ging Nuri as-Said so weit, den Beitritt Kuwaits zur irakisch-jordanischen Allianz zum Prüfstein für die Ernsthaftigkeit der britischen Ordnungspolitik und ihres Anti-Nasserismus zu machen.

Während es im monarchischen Irak in den Phasen stärkerer arabisch-nationaler Orientierung also deutliche Versuche gab, Kuwait zumindest einer anti-nasseristisch legitimierten irakischen Hegemonie unterzuordnen, stellte sich die Kuwaitfrage für die revolutionäre Epoche Abdel-Karim Qasims nach 1958 in einem eher schillernden Licht dar. Auf den ersten Blick sah alles danach aus, als wolle Qasim jetzt sogar mit militärischen Mitteln den Anschluß Kuwaits an den Irak erzwingen. Der elegantere bündnispolitische Umweg über Amman entfiel, weil mit dem blutigen Staatsstreich und der Auslöschung der Königsfamilie in Bagdad die kurzlebige irakisch-jordanische Allianz jäh beendet war. Bemerkenswert ist jedoch, daß unter Qasim der irakische Antagonismus zu Nassers panarabischem Führungsanspruch weiterbestand. Allerdings waren dafür weniger außenpolitische als vielmehr innenpolitische Gründe maßgeblich. Abdel-Karim Qasim, der seinen Putsch mit der Dringlichkeit wirtschaftlicher und sozialer Reformen rechtfertigte und deshalb auch die anfängliche Unterstützung der National-Demokratischen Partei erfuhr, sah sich im Inneren zusehends mit der Gegnerschaft von panarabischen Nasseristen und Baathisten konfrontiert. Vieles deutet darauf hin, daß er die Kuwaitfrage aus taktischen und weniger aus nationalistischen Motiven hochspielte. Die Meldungen über die Massierung irakischer Truppen an der Grenze zu Kuwait wurden nämlich von der britischen Aufklärung nicht bestätigt.[19] Qasim schlug lediglich Propagandatrommeln, um sich der Kritik irakischer Panarabisten zu erwehren und gleichzeitig den in Kuwait agierenden Nasseristen unter den zahlreichen ägyptischen Arbeitsmigranten – vor allem Lehrern – das Wasser abzugraben. Wenn es in Qasims Prioritätenkatalog überhaupt um territoriale Arrondierung ging, dann betraf diese eher die arabisch-kurdisch-turkmenischen Gebiete im Nordirak. Zu den taktischen Motiven Qasims in der Kuwaitfrage zählte auch die Drohung an die IPC-Tochtergesellschaften, daß bei einer allzu hartnäckigen Verweigerungshaltung in den laufenden Nationalisierungsverhandlungen deren Besitz in der Golfregion gefährdet sei.

Das tödliche Attentat auf Qasim im Jahre 1963 wurde in Kuwait als Befreiung von einem Alptraum gefeiert. In der Tat war der eigenbrötlerische General alles andere als berechenbar gewesen. Sein Nachfolger Abdur-Rahman Arif, ein Anhänger Nassers, beeilte sich, die irakisch-kuwaitische Staatsgrenze und damit die Unabhängigkeit Kuwaits – gegen eine saftige Zahlung des Emirs – anzuerkennen. Zu diesem Zeitpunkt hatte sich allerdings auch der politische Stellenwert Kuwaits gewandelt: Kuwait war 1961 von den Briten als erstes Golfemirat in die politische Unabhängigkeit entlassen worden. Im selben Jahr nahm es an der Gründung der Organisation der Erdöl exportierenden Länder (OPEC) teil, gegen anfänglichen Widerstand der Sowjetunion wurde es Mitglied der Vereinten Nationen, und schließlich erhielt es einen Sitz in der Arabischen Liga. Kuwait war damit ein Völkerrechtssubjekt. Wenn der Irak zukünftig nochmals den Anschluß Kuwaits fordern sollte, so würde dies eine Herausforderung sowohl an die regionale arabische wie an die internationale Staatengemeinschaft bedeuten.

Bedeutsamer als die Anschluß- und Föderationsbestrebungen im Irak war für die Entwicklung des arabischen Nationalismus im Fruchtbaren Halbmond die Geburt des Baathismus in Syrien. Bezeichnend für die Ambivalenz beziehungsweise den inhärenten Zielkonflikt der französischen Mandatspolitik war, daß auch hier arabische Absolventen der Sorbonne zu unerbittlichen politischen Gegnern französischer Vorherrschaft wurden. Drei syrische Studenten, der griechisch-orthodoxe Christ Michel Aflaq, der sunnitische Muslim Salah-ad-Din al-Bitar und der alawitische Muslim al-Arsuzi hatten in den frühen dreißiger Jahren nicht nur ihre sozial- und naturwissenschaftlichen Lehramtsstudien in Paris erfolgreich absolviert, sondern sich auch in politischen studentischen Vereinigungen profiliert. Sie hatten die Klassiker liberaler und kommunistischer Ideen studiert und die Entwicklungen der französischen Innenpolitik am Vorabend der Volksfrontregierung Leon Blums aufmerksam verfolgt. Ihr Flirt mit den französischen Sozialisten und Liberalen wurde jäh beendet, als der kommunistische Koalitionspartner zu erkennen gab, daß ihm weniger an der Unabhängigkeit der Mandatsgebiete als an der Propaganda gegenüber faschistischen Bewegungen und Regimen gelegen war. Für die drei politisch engagierten Jungakademiker wurde klar, daß kommunistische Parteien, ob in Frankreich oder in Syrien, von Moskau gelenkt wurden und daß in deren Taktik die Dekolonisation Syriens einen untergeordneten Rang einnahm.

Eine der ersten Konsequenzen dieser Erkenntnis war die Unterstützung der Revolte Raschid Ali al-Gailanis gegen die Briten im Irak im Frühjahr 1941.[20] Zuvor hatte der aus Alexandrette stammende Zaki al-Arsuzi vergeblich gegen die 1939 von Frankreich verfügte Abtretung seiner Heimatprovinz an die Türkei protestiert. Die deutsche Besetzung Frankreichs hatte den arabischen Nationalisten in Syrien neuen Auftrieb gegeben. So gerieten im Verlauf des Zweiten Weltkrieges schließlich auch die Honoratioren des von Schukri al-Quwatli geführten Vaterländischen Blocks und der mit ihm verschränkten Unabhängigkeitspartei (hizb al-istiqlal) in die Schußlinie dieser neuen Generation syrischer panarabischer Nationalisten.

Der mit erheblichem anglo-amerikanischen Druck erzwungene Abzug der Franzosen aus Syrien im Jahre 1946 bahnte den Weg für die Gründung der Partei der Arabischen Wiedergeburt, der al-Baath. Ihre drei vorrangigen Ziele waren: 1. nationale, das heißt panarabische Einheit; 2. Freiheit und 3. Sozialismus. Damit wollte man eine neue arabische Nation erreichen. In ihr hätte auch der Islam seinen Platz gefunden. Oberstes Gut wäre die Erringung voller nationaler Souveränität, die Beseitigung jeglichen ausländischen Einflusses und die Fähigkeit, sich gegenüber außenpolitischem Druck neutral verhalten zu können. Noch vor dem Nasserismus hatte also der Baathismus die Blockfreiheit zwischen Washington und Moskau zu einem panarabischen Programmpunkt erhoben. Der Baathismus war am Ende des Zweiten Weltkrieges jedoch noch sehr weit davon entfernt, bestimmenden Einfluß auf irgendein arabisches Land ausüben zu können.

In den zwei Jahrzehnten zwischen dem Ende des Zweiten Weltkrieges und dem Sechs-Tage-Krieg von 1967 erschöpften sich die Kräfte des arabischen Nationalismus im Ringen um die Kontrolle Syriens im sogenannten Arabischen Kalten Krieg, so als ginge es um die Nachfolge des 1920 zerstörten arabischen Königreiches. Wer immer in Damaskus herrschte, würde das natürliche oder historische Groß-Syrien – bilad asch-scham – vereinigen und kontrollieren. Deshalb verwundert es nicht, daß auf die arabische Niederlage im Krieg von 1948 gerade in Syrien stärkere politische Turbulenzen folgten, die von den Rivalitäten der Großmächte überlagert waren.[21]

Der erste von Husni az-Zaim im März 1949 ausgeführte Staatsstreich galt allgemein als ein von den USA unterstütztes Unternehmen, weil es nicht nur eine syrisch-türkische Allianz mit den USA, sondern auch bedeutsame Zugeständnisse gegenüber Israel und gegenüber den amerikanischen Ölinteressen zu versprechen schien. Große Erwartungen knüpfte Washington vor allem an die syrische Bereitschaft, 250 000 palästinensische Vertriebene ansiedeln zu wollen. Der neue syrische Machthaber wollte des weiteren nicht nur in einen Waffenstillstand mit Israel einwilligen, sondern sein Land auch nach dem Vorbild der Reformen Atatürks modernisieren. Dem syrischen Atatürk – er hatte die Verfassung außer Kraft gesetzt – war aber nur eine kurze Herrschaft beschieden. Der blutige Umsturz im August 1949 war das Werk eines weiteren Offiziers, Sami al-Hinnawi, der es allerdings vorzog, die Macht nicht persönlich zu übernehmen, sondern über die Armee eine Art Wächterfunktion über die zivile Staatsgewalt auszuüben. Neben der Wiederherstellung der Verfassung und der Einsetzung einer zivilen Regierung unter Haschim al-Atasi war die sofortige Annäherung an den Irak seine bemerkenswerteste und zugleich umstrittenste Maßnahme. Verhandlungen mit Bagdad wurden aufgenommen, in deren Verlauf der irakische Thronverwalter Abdel-Ilah, dessen Ambitionen auf eine syrische Krone bekannt waren, noch 1949 Damaskus besuchte.

Diesen Plänen standen aber mächtige Hindernisse entgegen: Saudi-Arabien und Ägypten wollten ein von Großbritannien eingefädeltes haschemitisches Komplott nicht hinnehmen. Der jordanische Herrscher sah seine eigenen dynastischen Pläne durchkreuzt. Frankreich befürchtete, daß eine irakisch-syrische Föderation die Unabhängigkeit des Libanon beeinträchtigen würde. Die USA wiederum waren in Sorge, daß die guten Chancen eines syrisch-israelischen Ausgleichs auch hinsichtlich des palästinensischen Flüchtlingsproblems vertan wurden. Auch in Syrien selbst formierten sich die innenpolitischen Kräfte jetzt entlang diesen Konfliktlinien, wobei die republikanisch und anti-britisch eingestellte Nationale Partei, die von Sabri al-Asali angeführt wurde, und die Volkspartei des amtierenden Premiers al-Atasi die Gegenpole bildeten. Doch es war nicht so sehr der Annäherungskurs gegenüber Bagdad als vielmehr die innenpolitische Konsolidierung durch frühzeitige Wahlen, die zunächst der Regierung einen Sieg bescherte. Dabei hatte al-Atasi leichtes Spiel, da die Nationale Partei die Wahlen vom November 1949 unnötigerweise boykottiert hatte. Als al-Atasi kurz darauf in das vakante Amt des Staatspräsidenten wechselte und Verfassungsreformen einleitete, argwöhnten die Gegner einer syrisch-irakischen Union, daß ein solcher Vertrag durch verfassungspolitische Manipulationen und eine Schwächung der Legislative zustande gebracht werden sollte.

Die syrische Innenpolitik war in jenen Monaten zu einem Kampfgebiet geworden, auf dem nicht nur europäische Staaten und die USA, sondern auch die Staaten der Arabischen Liga ihre gegensätzlichen Interessen ausfochten. Da die Nationale Partei sich selbst ins politische Abseits gebracht hatte, kam es für die Gegner einer syrisch-irakischen Union darauf an, oppositionelle Armeeoffiziere zum Einschreiten zu bewegen. Am 19. Dezember 1949 war es soweit. Aufschlußreich für die innere Machtstruktur im syrischen Staat beziehungsweise für das Verhältnis zwischen Armee und Politik war auch jetzt wieder, daß es dem Putschisten, Oberst Adib asch-Schischakli – er befehligte die

1. Brigade – zunächst genügte, Sami al-Hinnawi und dessen engere Offiziersklientel festzunehmen. Damit wurde dem einstweilen weiter amtierenden Staatspräsidenten Haschim al-Atasi unmißverständlich bedeutet, daß seine bisherige Irak-Politik den neuen Machthabern mißfiel und umgehend eine Kursänderung vorzunehmen sei.

Die Armee war offensichtlich nicht nur ein Staat im Staat. Ihre Offiziere waren trotz ihrer Rolle als syrische oder arabisch-nationale Wächter hochgradig politisiert und offenbar auch von außen politisch manipulierbar.[22] So hat auch die Intervention asch-Schischaklis gegen den irakisch-syrischen beziehungsweise arabischen Einigungsversuch im Fruchtbaren Halbmond bis heute viele Fragen nach den eigentlichen Drahtziehern – und deren Querverbindungen – aus dem Kreis der arabischen und außerarabischen Staaten aufgeworfen. Da die von al-Hinnawi voll gedeckte Verfassungsentwicklung einerseits auf eine Zulassung der kommunistischen Partei und andererseits auf eine Stärkung der Legislative – was sich in der Frage der ARAMCO-Pipeline-Gebühren nachteilig für die USA hätte auswirken können – hinauslief, galt ein amerikanisch-saudisches Handlungsgespann, dem sich auch Ägypten anschloß, als wahrscheinlich. Dieser unheiligen Allianz gegen eine syrisch-irakische Föderation oder einen haschemitisch dominierten arabischen Zweierpakt könnte sich auch Paris angeschlossen haben. Unbestritten ist aber auf jeden Fall die saudische und ägyptische Genugtuung über die erfolgreiche Intervention asch-Schischaklis.

Die Vorgänge in Syrien zeigen, wie desolat der politische Zustand des arabischen Nationalismus am Ort seiner Entstehung nach einem halben Jahrhundert war. Die langjährige Mission des syrischen Intellektuellen Sati al-Husri – er hatte die Bedeutung Fichtes für die Entwicklung des deutschen Nationalbewußtseins studiert –, durch Erziehungs- und Bildungsarbeit in Diensten des irakischen Kultusministeriums und der Arabischen Liga für ein gesamtarabisches Nationalbewußtsein zu werben, stand unter keinem guten Stern.[23] Auf den Zug der Arabischen Liga waren auch Staaten mit der Absicht aufgesprungen, die Fahrt zu bremsen oder nach eigenem Machtkalkül zu lenken. Auch in der bis Mitte der fünfziger Jahre währenden Ära asch-Schischaklis und danach bis zum Sechs-Tage-Krieg gab es keinen arabischen politischen Einigungsprozeß innerhalb des Fruchtbaren Halbmonds. Statt dessen erschöpfte sich die arabische Politik in Syrien im verbissenen Ringen ziviler und militärischer Eliten um das staatliche Gewaltmonopol sowie in der Abwehr hegemonialer Ansprüche von außen. Dagegen hatten im Irak die Royalisten, allen voran Nuri as-Said, aus den Militärputschen von 1936 und 1941 die Konsequenzen gezogen und die Handlungsmöglichkeiten des Offizierskorps wie auch oppositioneller politischer Parteien drastisch einzuschränken gesucht, was zunächst weitgehend gelang, aber auch wesentlich zur Revolution im Jahre 1958 beitrug.

Unter den vielen Gesichtern des arabischen Nationalismus kommen den Illusionen und dem trügerischen Hoffnungsschimmer panarabischer Politik im Jahre 1958 zweifellos besondere Bedeutung zu. Nach Nassers politischem Sieg nach dem Suezkrieg von 1956 schien der Triumphzug des Panarabismus unaufhaltsam. In Nordafrika erreichten Marokko und Tunesien ihre Unabhängigkeit. Viele ihrer Freiheitskämpfer und politischen Anführer hatten in Kairo Unterstützung und zeitweiligen Schutz gefunden. In Algerien war der Krieg gegen die Franzosen in vollem Gang, und Nasser leistete logistische und materielle Hilfe. Im Fruchtbaren Halbmond hatte Syrien sein Gesuch um Vereinigung mit Ägypten gestellt, und daraus war 1958 die Vereinigte Arabische Republik hervorgegangen. In den Nachbarstaaten Libanon und Jordanien, aber auch im Irak rührten sich die Anhänger Nassers und forderten den Anschluß ihrer Länder. Die Wellen panarabischer Begeisterung schlugen so hoch, daß Großbritannien den Verlust seiner strategischen und wirtschaftlichen Positionen an Jordan und Tigris befürchtete und hastig eine haschemitische Allianz gegen die panarabische Achse Kairo–Damaskus schmiedete. Jetzt rächten sich die imperiale Arroganz der Briten im Irak und ihre lange Duldung der repressiven Innenpolitik ihres Gewährsmannes Nuri as-Said. Die Revolution vom 14. Juli 1958, der die gesamte Königsfamilie und der Premier zum Opfer fielen, erzeugte eine zweite Schockwelle, die jetzt die Amerikaner auf den Plan rief. Präsident Eisenhower befahl die Landung einer amerikanischen Streitmacht an der libanesischen

Küste. Zu diesem Zeitpunkt waren die dort wegen eines Verfassungskonflikts ausgebrochenen Unruhen zwar so gut wie beendet, aber das störte die amerikanischen Ledernacken wenig. In Wahrheit handelte es sich um eine Intervention zur Eindämmung eines weiteren Ausgreifens des triumphierenden Panarabismus auf die Erdölregionen des Irak, Kuwaits und Saudi-Arabiens.[24] Seit dem Ableben des saudischen Staatsgründers Abdul-Aziz Ibn Saud im Jahre 1953 war Washington in tiefer Sorge um die politische Stabilität auf der Arabischen Halbinsel.

Entgegen allen Erwartungen der USA und Großbritanniens mündete die irakische Revolution nicht in einen nasseristischen Panarabismus. Zwar gehörte auch der irakische Revolutionsführer Abdel-Karim Qasim ähnlich wie Nasser einer Gruppe sogenannter freier Offiziere an, aber die um ihn gescharten zivilen politischen Kräfte hatten doch Einfluß genug, so daß es sich um eine höchst patriotische Angelegenheit nach dem Motto »Irak den Irakern« handelte. In der Revolution des Jahres 1958 kamen die 1936 und 1941 gescheiterten Koalitionen von Militärs und zivilen Eliten zum durchschlagenden Erfolg. Die Erleichterung Washingtons und Londons über den irakischen Sonderweg und die Spaltung des panarabischen Einigungsprozesses im Fruchtbaren Halbmond blieb dennoch getrübt, weil Qasim zur Aufrechterhaltung seines außenpolitischen Kurses innenpolitisch auf die Unterstützung der irakischen KP angewiesen war und deshalb immer stärker in das Fahrwasser des internationalen Sozialismus geriet.

Unterdessen hatte in Jordanien eine britische Interventionstruppe für die Stabilisierung der letzten Haschemitenmonarchie gesorgt. Ein Vergleich des westlichen Umgangs mit den verschiedenen Varianten panarabischer Einigungspolitik legt offen, daß letztere wesentlich an eigenen Unzulänglichkeiten scheiterte. Unter panarabischem Blickwinkel erscheint es absurd, daß sich der seit 1958 erstmals republikanische Irak nicht zu einem Anschluß an die republikanisch verfaßte Vereinigte Arabische Republik bereit fand, während doch zuvor panarabische Avancen stets am haschemitischen Widerstand in Bagdad gescheitert waren. Doch wie das Schicksal des syrisch-ägyptischen Zusammenschlusses binnen dreier Jahre zeigen sollte, war auch der republikanische arabische Nationalismus im Fruchtbaren Halbmond insgesamt noch zu schwach, um staatliche Zusammenschlüsse, gleichgültig ob föderativer oder unitarischer Art, tragen zu können.

Diese Schwäche des arabischen Nationalismus resultierte einerseits aus der gesellschaftlichen Heterogenität in Syrien und im Irak und andererseits aus den internen Machtkämpfen zwischen den Eliten aus Politik und Armee. Weil Nasser die Zerrissenheit der syrischen Nation nicht geheuer war, hatte er das Ersuchen der syrischen Baath nach Vereinigung beider Staaten anfänglich eher kühl beantwortet, die Vereinigung dann aber nur unter den autoritären Auflagen ägyptischer Hegemonie vollzogen. Das erste panarabische Experiment eines staatlichen Zusammenschlusses sollte vor dem Virus »syrischer Verhältnisse« geschützt werden. Zu seinem Leidwesen mußte Nasser dann doch erfahren, daß sich die Probleme keinesfalls auf die politisierte syrische Armeeführung beschränkten, sondern auch auf die zivilen politischen Eliten erstreckten. Auch der syrischen Baath blieb die Erfahrung nicht erspart, daß Bündnisgenossen und reaktionäre Kräfte keine Skrupel hatten, ihre Politik mit arabisch-nationalistischen Etiketten zu versehen. Überhaupt hatte sich die syrische Baath-Partei aus einer seltsamen Mischung von Frustration, Opportunismus und Selbstüberschätzung zum Schulterschluß mit Nasser entschieden. Frustrierend waren die Unwägbarkeiten der innenpolitischen Interventionen syrischer Militärs; opportun erschien das Bündnis mit dem unbestrittenen Vorstreiter arabischer Nationalinteressen; allzu elitär, wenn nicht blind, war die Baath von der philosophischen Überlegenheit ihrer arabischen Mission über den Nasserismus überzeugt. Die syrischen und irakischen Verhältnisse, genauer, ethnisch-konfessionellen Mischgesellschaften und die ständige Einmischung der Armee in die Landespolitik, unterschieden sich aber fundamental von der größeren Homogenität der ägyptischen Gesellschaft sowie vom vaterländischen Konsens zwischen Militär und Politik im nasseristischen Ägypten.

Anders als in Ägypten war der arabische Nationalismus im Fruchtbaren Halbmond auch noch durch einen Generationenkonflikt beeinträchtigt. Während die Anführer und Anhänger der honorigen Istiqlal-Partei der zwanziger Jahre aus eigensüchtigen Interessen den arabischen Nationalismus guthießen, wähnte sich die jüngere akademische Generation arabischer Nationalisten in einer zweiten Nahda. Die vom intellektuellen Zentrum der Amerikanischen Universität in Beirut ausgehenden panarabischen Appelle eines Qonstantin Zureik zogen nicht zuletzt junge palästinensische Intellektuelle wie George Habasch in ihren Bann.[25] Die arabische Einigung konnte nur über eine gesellschaftliche Transformation in den arabischen Ländern bewerkstelligt werden. Die offensichtliche Nähe zur Baath-Ideologie sollte schon bald dazu führen, daß diese Bewegung der zweiten Nahda in ein sozialistisches Fahrwasser geriet. Anders als im Jahr 1958 war die Baath-Partei im Verlauf der sechziger Jahre nicht mehr zu einem opportunen Schulterschluß mit einem hegemonialen arabischen Nationalismus à la Nasser bereit. In Syrien wie im Irak konnte die Baath ihren Anteil an der Macht seit 1963 stetig erweitern. Der Primat sozialen Wandels siegte über die Raison obrigkeitsstaatlicher Zusammenschlüsse. Da andererseits die spezifischen gesellschaftlichen Verhältnisse Ägyptens kaum auf die Region des Fruchtbaren Halbmonds übertragbar waren, befand sich der Nasserismus hinsichtlich seines Führungsanspruchs in einem Dilemma. Welch erlösende Wirkung für den Nasserismus war es gewesen, als die syrische Baath die staatliche Vereinigung zwischen Syrien und Ägypten anregte und welch tiefe Enttäuschung folgte, als die Scheinheiligkeit des syrischen Panarabismus aufflog! Der Vereinigungseuphorie des Jahres 1958 folgte drei Jahre später der Zerfall der Vereinigten Arabischen Republik. Die erneuten Einigungsverhandlungen im Jahre 1963 blieben ohne Ergebnis. Eine noch radikalere Umwandlung der syrischen Gesellschaft erschien als unverzichtbar für die Erreichung arabischer Einigung.

Aus ägyptischer Sicht versprach der seit Februar 1966 amtierende linksgerichtete syrische Präsident Nur-ad-Din al-Atasi – nicht zuletzt wegen sowjetischer Rückendeckung – eine solche gesellschaftliche Annäherung. Der ägyptisch-syrische Schulterschluß am Vorabend des Sechs-Tage-Krieges erschien also auch als Ergebnis einer langen Suche nach allseits akzeptablen Modalitäten panarabischer Vereinigung.

Kapitel 4

Identitäten und Nationenbildung auf der Arabischen Halbinsel

Trotz der goldenen Vergangenheit des Umaiyaden-Reiches war die Geburt des arabischen Nationalismus im Fruchtbaren Halbmond schwierig gewesen. Mehrere Sprößlinge waren aus ihr hervorgegangen, deren weitere Entwicklung alles andere als geradlinig verlaufen war. Das Spektrum des arabischen Nationalismus am Vorabend des Sechs-Tage-Krieges wies nicht nur ein äußerst ambivalentes Verhältnis zwischen Nasserismus und Baathismus auf, sondern auch Varianten eines groß-syrischen Sonderwegs, eines Irakismus sowie autonomer und dynastischer Überlebensstrategien libanesischer, palästinensischer und jordanischer Provenienz.

Die Herausbildung des saudischen Königreiches auf der Arabischen Halbinsel stellt eine weitere Facette im Spektrum des Arabismus beziehungsweise arabischen Nationalismus dar. Sie gehört jedoch, gemessen am Nasserschen Panarabismus, nicht nur zu den gegenläufigen Entwicklungen im arabischen Osten, sondern stellt, wie bereits angedeutet, dessen Gegenpol dar. Auch hier liegen die historischen Wurzeln in den ersten Jahrzehnten des 20. Jahrhunderts. Vorausgegangen waren zwei ergebnislose Versuche der Al Saud im 18. und 19. Jahrhundert, die Arabische Halbinsel und insbesondere das zentral gelegene oasenreiche Plateau des Nedschd mit dem Gebiet der heiligen Stätten des Islam, dem Hedschas, zu vereinigen.[1] Die Gründe für das Scheitern lagen in dem Entschluß der osmanischen Zentralregierung, die vom puritanischen Wahhabismus ausgehende Ideologie einer islamisch legitimierten arabischen Reichsordnung mit allen Mitteln zu bekämpfen.

Im Jahre 1744 war es in dem Oasenort Deraiya zu einem denkwürdigen Abkommen zwischen dem Religionsgelehrten und puritanischen Eiferer Muhammad Ibn Abdel-Wahhab (1703–1792) und dem dort residierenden Stammesfürsten Muhammad Ibn Saud gekommen, das hinsichtlich der angestrebten Verbreitung ihrer Reformen und ihrer Macht in Arabien zu gegenseitigem Schutz und Respekt verpflichtete. Als im Jahre 1803 die Al Saud Mekka und Medina besetzten, wußte sich der osmanische Sultan-Kalif in Istanbul nicht anders zu helfen, als den Statthalter Ägyptens, Muhammad Ali, mit der Vertreibung der Besatzer und der Zerstörung des Herrschaftssitzes der Al Saud im Nedschd zu beauftragen, was auch prompt erledigt wurde. Es war bezeichnend für den rapiden Machtverfall der osmanischen Zentralherrschaft, daß der selbstbewußte Vasall am Nil schon bald darauf, als sich saudisch-wahhabitischer Widerstand regte, von sich aus zu den Waffen griff und jetzt sogar eine ägyptische Vorherrschaft auf der Arabischen Halbinsel und in Syrien errichten wollte. Der Intervention europäischer Mächte war es zu verdanken, daß sich Ägypten 1841 wieder aus dem arabischen Osten zurückzog. In der zweiten Hälfte des 19. Jahrhunderts gelang Istanbul die Durchsetzung osmanischer Oberhoheit im zentralen Nedschd durch ein Bündnis mit den in der Oase Hail residierenden Fürsten der Al Raschid, die mit dem mächtigen Stamm der Schammar liiert waren und das südlich gelegene Stammland der Al Saud mitsamt dem neuen Herrschaftssitz Riyad unter ihre Kontrolle gebracht hatten. Die Dynastie der Raschiden sollte sich aber als Pfeiler osmanischer Ordnung nur vorübergehend behaupten.[2]

Kurz nach der Jahrhundertwende machte das Haus Saud einen dritten und diesmal von anhaltendem Erfolg gekrönten Anlauf zur Beherrschung der Arabischen Halbinsel. In einem kühnen militärischen Handstreich gelang dem vom kuwaitischen Exil aus operierenden Abdul-Aziz Al Saud im Jahre 1902 die Rückeroberung Riyads, wobei Muhammad Ibn Raschid, der letzte tatkräftige Herrscher dieses zentralarabischen Fürstengeschlechts, den Tod fand.

Der Niedergang der Al Raschid und der unaufhaltsame Aufstieg der Al Saud stellen komplexe Prozesse dar, deren Vergleich wegen der unterschiedlichen Wechselverhältnisse von Herrschaft, Gefolgschaft und Ideologie sowie äußerer Einwirkungen aufschlußreich für die politische Kultur und das Identitätsgefühl in Zentralarabien ist, die sich schließlich in ihrer spezifischen saudischen Ausprägung gegen den Nasserschen Panarabismus ebenso wie gegen den panarabischen Baathismus behaupteten und vom Ausgang des Sechs-Tage-Krieges profitierten.

Die unterschiedlichen Profile des arabischen Nationalismus im Niltal und im Fruchtbaren Halbmond waren wesentlich durch den Grad der ethnischen und konfessionellen Gleichartigkeit sowie der Seßhaftigkeit der Bevölkerungen bestimmt. Dort, wo wie in Syrien und vor allem im Irak die Verhältnisse heterogener waren, verband sich mit dem arabischen Nationalismus die Erwartung einer politisch-kulturellen Transformation, die sich in Ägypten erübrigte. Im Nedschd dagegen, dem Kernland des heutigen Saudi-Arabien, wurden in den ersten Jahrzehnten des 20. Jahrhunderts lokale politische Identitäten vor allem durch den Grad des inneren Zusammenhalts zwischen seßhaften Oasenstämmen und den nomadisierenden Stämmen im näheren oder weiteren Umland bestimmt. Das Beispiel der Raschiden, die bis in den Ersten Weltkrieg hinein der osmanischen Zentralherrschaft verbunden blieben, verdeutlicht recht gut, daß es keine traditionellen Konflikte zwischen Oasenbewohnern und Wüstennomaden gab.[3] Beide Bevölkerungssegmente reihten sich gewöhnlich in gemeinsame stammesmäßige Genealogien ein. Diese gaben auch die Muster der Heiratspolitik ab. Zu dieser inneren Kohärenz gehörte eine durch Tüchtigkeit, Stabilität und Prosperität ausgewiesene Legitimität der Herrschaft. Damit verbunden war die funktionale wirtschaftliche Kohärenz, die in reibungslosen Tributzahlungen und Almosensteuern, in einer arbeitsteiligen Bewältigung von Produktion sowie des Karawanenhandels einschließlich dessen Sicherung zum Ausdruck kam. Während die Nomaden der Schammar auf die Kamelzucht spezialisiert waren und ihre Herden jährlich auf entfernte Sommerweiden im Irak und im nordöstlichen Syrien trieben, übernahmen gut bewaffnete Reitertrupps den Schutz der lebenswichtigen Karawanenroute, die den Oasenort Hail mit den Häfen von Basra und Kuwait am Arabisch-Persischen Golf verband und die über Hail hinaus nach Medina und Teima im Südwesten und Westen sowie über al-Dschauf nach Damaskus im Nordwesten verlief. Als bedeutendster Karawanenort in Nord- und Zentralarabien – etwas südlicher über Boreidah verlief nur noch die vor allem von Pilgern genutzte Route Kuwait–Mekka – erschien die Hochburg der Raschiden für eine dauerhaft beherrschende Stellung auf der Arabischen Halbinsel geradezu prädestiniert. Dennoch kam es im 20. Jahrhundert nicht zu einem Raschidi-Arabien, sondern statt dessen zur Entstehung Saudi-Arabiens.

Der Niedergang der raschidischen Herrschaft im frühen 20. Jahrhundert wurde durch eine Reihe dynastischer Schwächen, regionaler arabischer und osmanischer Faktoren sowie durch Auswirkungen internationaler Politik verursacht und beschleunigt. Die Al Raschid trugen selbst zu ihrem Untergang bei, da ihnen offensichtlich keine geordnete Machtverteilung und Nachfolgeregelung gelang. Neun von zwölf ihrer Fürsten fielen dem Meuchelmord aus eigenen Reihen zum Opfer, so daß die jeweilige Herrschaft schon nach wenigen Jahren abrupt endete. Die Personaldecke für kompetente Amtsnachfolger wurde dünner, und nicht selten wirkte sich in schwierigen Zeiten Unerfahrenheit verheerend aus. Hinzu kam der Umstand, daß sich der größte Teil der Gefolgschaft aus den Stämmen der Schammar häufig aufgrund ihrer nomadischen Lebensweise über längere Zeiträume weit vom Herrschersitz entfernt aufhielt. Die Grenzen des Herrschaftsbezirks wanderten sozusagen mit dem Wechsel der Weiden. Nicht nur bei den Raschiden war es deshalb üblich, daß der herrschende Fürst bisweilen mehrere Monate im Jahr bei den Stämmen weilte. Die Oase Hail wurde zwar stark befestigt, damit der zurückbleibende Teil des Haushalts oder der Herrscher selbst einer Belagerung so lange standhalten konnten, bis Hilfe von außen eintraf. Aber immer häufiger scheiterte ein Einsatz an den großen Entfernungen zwischen dem Regierungssitz und den Weidegebieten.

Die osmanische Zentralherrschaft oder ihre Provinzgouverneure in Bagdad und Damaskus hatten ihrerseits notwendig erscheinende Interventionen häufig darauf beschränkt, ein Gleichgewicht zwischen den Stammesfürsten zustande zu bringen, um mit dieser verdeckten Politik des Teilens die eigene Herrschaft zu wahren. Nur wenn – wie bei den saudischen Reichsbestrebungen – dieses System des Gleichgewichts ernsthaft herausgefordert wurde, waren drastischere Maßnahmen nötig. Was Muhammad Ali zu Beginn des 19. Jahrhunderts von Ägypten aus für den Sultan-Kalifen erledigt hatte, vollführte im Jahre 1871 der Wali von Bagdad, Midhat Pascha, genauso konsequent, nachdem die Al Saud ihren zweiten Reichsgründungsversuch unternommen hatten. Allerdings wurde Riyad nicht wie vormals Deraiya zerstört, sondern dort wurde der Raschiden-Fürst zum osmanischen Statthalter der erfolgreich reklamierten Provinz al-Ahsa (Hasa) eingesetzt. Und weil der kuwaitische Emir der Al Sabah so tatkräftig Midhat Pascha assistiert hatte, erhielt er von diesem den schillernden Ehrentitel eines Qaimaqam.

Der kuwaitische Emir konnte sich mit diesem Titel zwar des osmanischen Schutzes erfreuen, verwaltungspolitisch aber befand er sich im untergeordneten Rang des Vorstehers eines Verwaltungsdistrikts von Basra, was späteren irakischen Regierungen immer wieder als historischer Nachweis einer Zusammengehörigkeit beider Territorien dienen sollte. Daß dieser osmanische Ehrentitel im kuwaitischen Herrscherhaus nicht lange ungeteilte Gegenliebe fand, zeigte sich im Jahre 1896, als Mubarak Al Sabah zum doppelten Brudermord schritt und die Herrschaft an sich riß. Unter seinem älteren und osmanisch gesinnten Bruder drohte Kuwait in größere Abhängigkeit von Istanbul zu geraten, das unter Abdül-Hamid auf Konfrontation zur britischen Politik am Golf ging. Für das vom Seehandel lebende Kuwait bestand damit die Gefahr, vom Zugang zum britisch beherrschten Golf und Indischen Ozean abgeschnitten zu werden. Wenn auch nicht alle Motive Mubaraks bekannt sind, aufschlußreich ist jedenfalls, daß er sich zwei Jahre später dem Schutz und den Konditionen britischer Vorherrschaft unterstellte. London, das damit seinen Günstling vor osmanischer Strafverfolgung rettete[4], hatte mit diesem Schachzug den osmanisch-deutschen Bagdadbahnplänen einen Riegel am Golf vorgeschoben.

Der tollkühne Abdul-Aziz Al Saud, der im Jahre 1902 mit einer Handvoll Getreuer den raschidischen Gouverneur in Riyad ausschaltete und – unter der besser bekannten Abkürzung seines Namens Ibn Saud – 1932 das saudische Königreich gründen sollte, erwies sich in den nächsten Jahrzehnten als ein Meister taktischer Finessen, umsichtiger Staatskunst und langfristiger Strategie, die auch den Einsatz kriegerischer Mittel niemals scheute. Ibn Saud wußte, daß seine Allianz mit dem puritanischwahhabitischen Islamismus und seine imperialen Pläne auf der Arabischen Halbinsel, die auf die Kontrolle der großen Karawanenrouten und der Heiligen Stätten im Hedschas ausgerichtet waren, über kurz oder lang mit der Politik Istanbuls kollidieren mußten. Von daher empfahl sich für ihn eine Taktik des Lavierens zwischen den Fronten der osmanischen und britischen Politik am Golf. Er bot sich beiden Seiten als getreuer Vasall an, wohlwissend um den Handlungsspielraum, der sich daraus für ihn ergeben konnte. Immerhin erreichte er damit, daß ihm einerseits die Regierung in Istanbul sein Vorgehen gegen Muhammad Ibn Raschid nicht allzu übelnahm und andererseits die Regierung in London ihm einen Vertrauensvorschuß einräumte. Bei Ibn Saud selbst fiel die Entscheidung für die eine oder andere Seite vermutlich kurz nachdem die Briten im Jahre 1914 Kuwait zu ihrem Protektorat erklärt hatten. Das mächtige Britische Empire hatte damit das vorsichtige Lavieren zwischen Türken und Arabern beendet und war zum Kriegsgegner Istanbuls und der osmanisch-raschidischen Allianz im nördlichen Nedschd geworden. Schon vor Ausbruch des Ersten Weltkrieges dürfte Ibn Saud ebenfalls mit Genugtuung zur Kenntnis genommen haben, daß die Briten unter Einsatz ihrer Flotte die Versuche der Al Raschid abgewehrt hatten, den für ihre Güterversorgung lebenswichtigen Hafen von Kuwait unter ihre Kontrolle zu bringen. Die Regierung in Istanbul hatte ihrerseits damit begonnen, die Al Raschid mit Waffen zu versorgen, um osmanische Interessen am Golf besser durchsetzen zu können.

Im ersten Kriegsjahr blieb der Aktionsradius Ibn Sauds dennoch eingeschränkt, weil die für die Wahrung britisch-imperialer Interessen im Golf und auf der Arabischen Halbinsel zuständige Regierung Britisch-Indiens weder Unruhen entlang den Pilgerrouten nach Mekka noch arabische Autonomiebestrebungen überhaupt dulden wollte. Der lästigen indischen Unabhängigkeitsbewegung sollten kein Vorschub geleistet und keine Anlässe für Fanatismus geliefert werden.[5] Indische Muslime waren aus religiösen Gründen dem osmanischen Kalifen besonders verbunden.

Die osmanische Regierung war ihrerseits in Zentralarabien nicht untätig geblieben. Sie stellte den Al Raschid Waffen und

Militärberater zur Verfügung und versuchte, auch die Al Saud auf ihre Seite zu ziehen. Den Briten blieb keine andere Wahl, als Ibn Saud den schon länger begehrten Schutzpakt mit jährlichen Subsidien zu gewähren. Sie erkannten die Herrschaft der Al Saud über den Nedschd sowie die am Golf gelegenen Provinzen Hasa, Qatif und Dschubail an. Im Schatten des Weltkrieges und mit britischer Rückendeckung konnte Ibn Saud die Ausweitung und Konsolidierung seiner Machtstellung im Nedschd in Angriff nehmen. Sein entscheidender Vorteil gegenüber den Al Raschid und nach dem Krieg auch gegenüber den Al Haschim im Hedschas war jedoch nicht die Anlehnung an die Briten, sondern das religionspolitische Erbe der saudisch-wahhabitischen Allianz, die eine Reichsideologie für seine Eroberungen und seine Herrschaft lieferte, auf die sich die Stammesgesellschaft Zentralarabiens ausrichten ließ.[6] Im weiten Spektrum des arabischen Nationalismus stellt sich diese Ideologie allerdings eher als islamisch-national dar.

Die Losung der Reformbewegung Abdel-Wahhabs hatte Rückkehr zur Einheit Gottes gelautet (ad-dawa ila 't-tauhid). Für ihre erfolgreiche Durchsetzung waren die von Ibn Saud verordnete Seßhaftwerdung der nomadisierenden Stämme sowie die politische Einigung der Arabischen Halbinsel unter der Herrschaft der Al Saud unerläßlich. Dem im Fruchtbaren Halbmond geläufigen säkularen und nationalen Begriff für arabische Einheit – al-wahda al-arabiya – fehlte die im Begriff »tauhid« enthaltene islamisch-religiöse Komponente. Letztere wurde nahezu bedeutungsgleich mit dem Selbstauftrag der Al Saud, die Verbreitung und Einhaltung des strengen Monotheismus sowie die ausschließlich am Koran orientierte islamische Gerichtsbarkeit (scharia) zu gewährleisten. Der Schutz der beiden Heiligen Stätten Mekka und Medina ist die folgerichtige Konsequenz dieser Legitimation. Der selben Konsequenz folgten natürlich auch die politischen Strategien der unterschiedlichen Gegner der Al Saud, wenn sie deren Vasallentum gegenüber den USA behaupteten oder ihnen einen unislamischen Lebenswandel vorwarfen.

Ibn Saud hatte frühzeitig die staatsbildenden und ordnungspolitischen Möglichkeiten erkannt, die sich aus seiner Verpflichtung gegenüber den Reformlehren Abdel-Wahhabs ergaben.

Seine erste Ikhwan-Niederlassung al-Artawiyah datiert bereits aus dem Jahre 1912. Mehrere hundert folgten in den nächsten zwei Jahrzehnten.[7] Ikhwan (Glaubensbrüder), das waren ehemals nomadisierende Stämme, die dem Aufruf Ibn Sauds zur Seßhaftwerdung gefolgt waren. Grundsätzlich war damit das Bekenntnis zur puritanischen Lehre des Islam verbunden. Ökonomische Anreize wie Subsidien oder die Aussicht auf einträgliche Eroberungs- und Bekehrungsfeldzüge konnten den Aufruf durchaus schmackhaft machen. Wer sich jedoch sperrte, verging sich gegen die reine Lehre des Islam und war der Verfolgung und Tötung ausgesetzt. Die Siedlungen der Ikhwan (hudschar) waren arbeitsteilig strukturiert. Aus ihnen rekrutierte Ibn Saud die Glaubenskrieger für seine Eroberungszüge; ferner stellten sie logistische Hilfe beim Nachschub und bei der Anlage neuer Siedlungen. Allmählich wurden so auch an Stelle der dynamischen Grenzen nomadischer Wanderungen festere Grenzlinien gezogen und staatliches Territorium konsolidiert.

Es war kennzeichnend für den dynastischen Ehrgeiz Ibn Sauds, daß er unter den Stämmen der Schammar gezielt die Gefolgschaften der Al Raschid abwarb und diese im entlegenen Süden des Nedschd ansiedelte. Bevorzugte Eroberungsziele waren selbstverständlich Markt- und Zollstellen an Karawanenknotenpunkten, die erst die fiskalischen Grundlagen für weitere Eroberungszüge, aber auch für Subsidien und die Konsolidierung der Herrschaft schufen. Die Feldzüge der fanatischen Ikhwan gestatteten den vormals nomadisierenden Stämmen einen längeren Anpassungsprozeß an eine ungewohnte Lebensweise, sie konnten immer auch noch ihre Kampfeslust und ihr beduinisches Rittertum ausleben. Allerdings wirkte sich hier schnell und verheerend die neuartige militärische Qualität des herrscherlichen Gewaltmonopols aus. Traditionsgemäß zielten beduinische Kriegszüge, die sogenannten »ghazawat«, auf die Jagd oder auf die Eintreibung von Tribut. Blutfehden gab es dagegen selten. Der zunehmende Einsatz von aus Europa stammenden Schnellfeuerwaffen, Kanonen und schließlich entsprechend ausgerüsteter Motorfahrzeuge führte hingegen zur Eskalation. In den Händen der fanatischen Ikhwan, aber auch ihrer Gegner hatten solche Waffen einen besonders hohen Blutzoll zur Folge. Ibn Saud hätte ohne die

Ikhwan den größten Teil der Arabischen Halbinsel nicht unter seine Dynastie zwingen können, er mußte dann aber wenige Jahre vor der Gründung des Königreiches Rebellionen einiger ihrer Anführer an der Grenze zum Irak niederschlagen, um die territoriale Grenze im Norden und die eigene Herrschaft im Inneren zu stabilisieren.[8]

Es ist bemerkenswert, daß unter allen arabischen Einigungsexperimenten vom Beginn des Jahrhunderts bis zum Sechs-Tage-Krieg die Vereinigung der meisten arabischen Stämme auf der Arabischen Halbinsel unter saudischer Ägide den größten und dauerhaftesten Erfolg hatte. Dabei hatte sich Ibn Saud keineswegs mit der Vertreibung der Haschemiten aus dem Hedschas im Jahre 1925 – also der Wiederherstellung der ersten saudischen Reichsbildung im 18. Jahrhundert – zufrieden gegeben. Sicherlich ist wahr, daß damals auch Teile des Hinterlands von Asir bereits zum Wahhabitenreich gehört hatten. Als 1923 in Asir nach dem Tod Muhammad al-Idrisis eine Familienfehde um die Nachfolge ausbrach, zögerte der saudische Herrscher keinen Augenblick, die Chance einer Arrondierung seiner Herrschaft im Süden zu nutzen. Der saudisch-idrisische Vertrag von 1926 unterstellte die Außen-, Finanz- und Verteidigungspolitik Asirs saudischer Kontrolle. Asir wurde damit ein saudisches Protektorat. Vier Jahre später vollendete Ibn Saud die Annexion, was angesichts der italienischen Vorwärtsstrategie im Roten Meer britische Unterstützung fand. Der neue Idrisen-Fürst war mit seiner Rolle und den nominellen Funktionen, die man ihm eingeräumt hatte, jedoch unzufrieden und widersetzte sich der Strategie Ibn Sauds. Seine zeitweilige Flucht in den Jemen zog einen regelrechten saudisch-jemenitischen Krieg nach sich, der im Jahre 1934 mit dem Sieg des späteren saudischen Königs und Gegenspielers Nassers, Faisal Ibn Abdul-Aziz, endete. Asir wurde jetzt ein Teil Saudi-Arabiens, worein sich der Jemen nie richtig gefügt hat.

Kennzeichnend für die tribalen und religionspolitischen Konturen des saudischen Staatswesens war, daß seine vielen Grenzkonflikte mit arabischen Nachbarn aus den Wanderungen des nomadisierenden Teils seiner Bevölkerung sowie aus den Wechselfällen wahhabitischer Eroberungszüge resultierten. Es gab keine ordnungspolitische größere arabische Nation. Die Bereinigung der Grenzen im Westen und Norden war bis zur Mitte des 20. Jahrhunderts abgeschlossen. Der Grenzkonflikt im südöstlich gelegenen Oasengürtel Buraimi in den fünfziger Jahren hatte erstmals eine insbesondere ölpolitische Komponente. In der Vergangenheit war das Grenzgebiet zu Oman und Abu Dhabi einmal wahhabitisch beherrscht gewesen, dann aber unter indirekte britische Kontrolle geraten. Als sich britische und amerikanische Erdölgeologen um Explorationsflächen in Buraimi stritten, waren die Al Saud mit historischen Hinweisen auf die wahhabitische Vergangenheit der Gebiete schnell zur Hand. Die schwierigen anglo-amerikanischen Ausgleichsbemühungen, die schließlich in ein Schiedsverfahren mündeten, belegten indirekt das Fehlen einer übergreifenden arabisch-nationalen Legitimation der saudischen Ansprüche. Der Hinweis auf die wahhabitische Vergangenheit in Buraimi machte das darauffolgende Machtvakuum nur prekärer.[9] Die britische Protektoratsmacht hatte schließlich Oman und Abu Dhabi dazu bewegen können, ihrerseits eine längere Verbundenheit mit Buraimi zu beanspruchen. Die Briten waren inzwischen entschlossener denn je, sich dem weiteren Vordringen amerikanischer Ölinteressen in den Weg zu stellen. Sie demonstrierten ihre Entschlossenheit mit einer beispiellosen Verstärkung ihrer militärischen Stützpunkte in der Golfregion.

Die einvernehmliche anglo-amerikanische Zusammenarbeit in der Ölkrise im Iran mag mit dazu beigetragen haben, daß die Buraimi-Krise zu keinem größeren militärischen Konflikt führte. Die saudische Seite war nicht zuletzt deshalb unterlegen, weil der problematische Machtwechsel zwischen Saud und Faisal alle Aufmerksamkeit absorbierte. Der anhaltende Ölexportboom und das Ausbleiben von Ölfunden in Buraimi ließen dann diese Niederlage saudischer Politik auch schnell in Vergessenheit geraten.

Der Tod des saudischen Staatsgründers im Jahre 1953 und dessen Nachfolge durch seinen Sohn Saud leiteten ein turbulentes Jahrzehnt saudi-arabischer Politik ein. Ibn Saud hatte ein halbes Jahrhundert lang die Geschicke seines stetig expandierenden Staates gelenkt. Wie bei den Raschiden gab es auch bei den Al Saud keine feste Nachfolgeregelung. Die Primogenitur wäre schon wegen der traditionellen Polygamie unter den arabischen Stämmen schwierig gewesen. Im Falle der außergewöhnlichen Heiratspolitik und der 41 Söhne Ibn Sauds verbot sich eine solche Regelung schon wegen der unabsehbaren Risiken für den Zusammenhalt des Reiches, ganz zu schweigen von den Gefahren für das Überleben der Dynastie. Ibn Saud hatte über die Jahre insgesamt mehrere hundert Ehen mit Töchtern der verschiedenen Stämme vollzogen, um deren Loyalität auf das Haus Saud zu vereinigen. Die Al Saud hatte sich auch nicht wie die Al Raschid durch ständige Meuchelmorde selbst dezimiert. Die große Zahl der daraus sich ergebenden Thronkandidaten führte zwangsläufig zu stärkerer Beratung und Mitbestimmung in der Nachfolgefrage.[10]

Das Beratungsprinzip innerhalb des Saud-Clans sollte jedoch erst bei der vorzeitigen Ablösung des unerwartet inkompetenten Saud durch den tüchtigeren Faisal im Jahre 1964 erstmals zur vollen Geltung kommen. Der saudische Staatsgründer hatte seinerseits schon frühzeitig seine Söhne Saud und Faisal, die Halbbrüder waren, zu seinem Nachfolger und dessen Kronprinzen designiert. Das war eine höchstpersönliche Entscheidung, die nicht zuletzt wegen des Charismas Ibn Sauds und der augenfälligen großen Fähigkeiten seiner beiden Söhne auch allgemein akzeptiert worden war. Sauds mächtige Statur und seine militärischen Erfahrungen bei der Eroberung des Hedschas prädestinierten ihn zum Verteidiger des jungen Königreiches, Faisals eher asketische Natur und seine langjährige diplomatische Profilierung als Außenminister sowie als Statthalter im eher kosmopolitischen Dschidda ließen staatsmännisches Format im Dienst an Dynastie und Umma erwarten.

Die Idee einer gesamtarabischen Nation dürfte, wie schon die Entstehung der Arabischen Liga gezeigt hatte, in der politischen Werteskala Ibn Sauds keinen Platz gehabt haben. Sein Reich war als ein Personen- und Stammesverbandsstaat unter dynastischer Führung der Al Saud konzipiert. Die Loyalität war stammesmäßig und konfessionell bestimmt und konnte, wenn es die saudische Staatsräson erforderte, gleichsam grenzüberschreitend sein. So zielte die aktive saudische Libanonpolitik auf die Stärkung der dortigen muslimisch-sunnitischen Elite gegenüber Christen, Drusen und Schiiten; die Palästinapolitik auf die Stärkung der sunnitisch-islamischen Kräfte, allerdings bei gleichzeitiger Schwächung des haschemitischen Einflusses aus Jordanien. Und die dynamischen Beziehungen zu Syrien waren bei allen antihaschemitischen Strategien gegenüber Jordanien und bis 1958 gegenüber dem Irak immer auch vom Bewußtsein tribaler und sogar heiratsmäßig verwandtschaftlicher Beziehungen zu dortigen Elitefamilien geprägt.

Das stammes- und personenbezogene arabische Weltbild der Al Saud geriet unter der Herrschaft Sauds in derart wilde Strudel, daß der Bestand des Königreiches gefährdet war. Der anglo-amerikanische Boykott des iranischen Erdöls nach der umstrittenen Verstaatlichungspolitik Mosaddeqs in den frühen fünfziger Jahren führte zu einem Exportboom des kuwaitischen und saudischen Öls.[11] König Saud empfand sich als Herrscher eines Öldorados mit schier unbegrenzten Möglichkeiten von Luxus und Verschwendung. Der Aufbau einer staatlichen Verwaltung, ein geordneter Staatshaushalt und eine Entwicklungsplanung für Wirtschaft und Gesellschaft erschienen ihm als überflüssige Details. Wie sehr der neue saudische Herrscher auch auf internationalem Parkett Maßstäbe verlieren konnte, zeigte sich anläßlich eines Besuchs in Washington, als er zum Entsetzen des Protokollchefs des Weißen Hauses an Regierungsbeamte Cadillacs verschenkte. Daheim blieben die Exzesse seines privaten Lebensstils den verantwortungsvolleren Prinzen der Al Saud sowie den islamischen Rechtsgelehrten (Ulama) nicht verborgen. Nachrichten und Gerüchte über das saudische »enfant terrible« kursierten mittlerweile auch in den arabischen Staaten, wo sein Verhalten als Affront gegen das Schicksal der palästinensischen Vertriebenen und Flüchtlinge nach dem Desaster von 1948 gewertet wurde; als Affront gegen die Hoffnungen arabischer Studenten, die unter ihren Mentoren an libanesischen Hochschulen für eine zweite kulturelle und politische Renaissance der Araber eintraten, und als Affront gegen die Ideale der inzwischen in Ägypten erfolgten Revolution.

Die Ideen des arabischen Nationalismus und des Panarabismus waren von der Arabischen Halbinsel kaum noch fernzuhalten. Ägyptische, palästinensische und jordanische Lehrer, die in den unterentwickelten Ölstaaten das Schulsystem aufbauten und in Gang hielten, waren Fackelträger des Nasserismus.[12] Die harten Disziplinierungsversuche der vorgesetzten Behörden fruchteten häufig schon deshalb nichts, weil auch diese entweder von Ägyptern besetzt waren oder weil sich ambitionierte einheimische Oppositionelle innerhalb der Herrscherfamilien, die auf Grund ihres Verwandtschaftsrangs von jeder politischen Mitsprache ausgeschlossen waren, diesen Ideen und Programmen zuwandten.

Sogar König Saud liebäugelte zum Entsetzen seines Clans vorübergehend mit dem Nasserismus, als er der Kritik aus den Reihen der Familie und aus dem Kreis amerikanischer Ratgeber bei Hofe überdrüssig wurde. Daneben konstituierte sich zeitweilig eine Bewegung der freien Prinzen um den Halbbruder Talal, die sich demonstrativ zunächst in Kairo niederließ und wenig später von Beirut aus für Liberalisierung und Reformen in Saudi-Arabien agitierte; Talal fand allerdings unter noch nicht ganz geklärten Umständen schon bald wieder den Heimweg ins Reich der Al Saud. Nicht minder ernsthaft war die Herausforderung seitens einiger führender Mitglieder der neuen Schicht saudischer Technokraten, allen voran der erste saudische Ölminister Abdallah Tariqi. Dieser sogenannte rote Prinz hatte sein Handwerk bei amerikanischen Ölgesellschaften in Texas gelernt. Er war davon überzeugt, daß Saudi-Arabien unter dem Einfluß amerikanischer Ölgesellschaften dabei war, die Ressourcen des Landes für die Befriedigung westlicher Energiemärkte zu verschleudern. Tariqi, der sein Amt nach der Ablösung König Sauds verlor, wurde zu einem treibenden Motor für gesamtarabische Entwicklungspläne und Nationalisierungsprogramme auf dem Erdölsektor.[13] Er blieb es auch vom Exil aus. Die in den fünfziger Jahren von der Arabischen Liga unter nasseristischem Einfluß alljährlich organisierten arabischen Petroleumkongresse nutzte er als Forum für die Verbreitung seiner revolutionären Anschauungen. Alles in allem war nicht von der Hand zu weisen, daß unter der bizarren und unberechenbaren Regentschaft König Sauds nicht nur die saudischen Staatsfinanzen und die Legitimitätsgrundlagen der Herrschaft gefährlich erodierten, sondern die Arabische Halbinsel unter eine ägyptische beziehungsweise nasseristische Ordnungspolitik fallen könnte.

In den fünfziger Jahren ließ sich nicht absehen, ob Ägypten im arabischen Osten eine Ordnungsrolle spielen würde – auch gerade wegen der unberechenbaren außenpolitischen Ambitionen Kairos. Ein Spiel oder eine Allianz mit dem ohnehin laizistischen und revolutionären Nasserismus bargen so große Risiken für die Existenz Saudi-Arabiens in sich, daß ein Entkoppelungsprozeß oberste saudische Staatsräson sein mußte. Das bei den Al Saud genealogisch und historisch vorgegebene Beratungsgremium kam jetzt zur Geltung und bestand die erste Bewährungsprobe. Faisal, der in der Vergangenheit das Amt des Premiers gewissenhaft und kompetent ausgeübt hatte, oft aber an der Willkür Sauds gescheitert war, wurde vom inneren Rat der saudischen Prinzen mit immer größeren Befugnissen ausgestattet und schließlich zum Regenten ernannt. König Saud, der unmißverständlich, aber gegen eine großzügige Apanage zur Abdankung aufgefordert worden war, fügte sich nicht ohne Zähneknirschen in sein Schicksal. Seine spektakulärste Aktion, sich als rechtmäßiger Herrscher im Hause Saud darzustellen, war sein pompöser Besuch bei Nasser knapp sieben Monate vor dem Ausbruch des Sechs-Tage-Krieges. Es war grotesk, wie sich der Sohn des saudischen Staatsgründers jetzt der Nasserschen Propaganda anbiederte, die das saudische Königreich zu destabilisieren suchte.

Zur großen Erleichterung seines amerikanischen Verbündeten hatte es das Haus Saud aber geschafft, bei dieser gefährlichen ersten inneren Machtprobe den Machtwechsel friedlich zu gestalten und zu konsolidieren.[14] Daß die Regentschaft Faisals zugleich ein deutliches Votum gegen den Panarabismus Nassers war, davon zeugte nicht nur die neue Entschlossenheit des saudischen Engagements im jemenitischen Bürgerkrieg am Vorabend des Sechs-Tage-Krieges, sondern auch der von Faisal schon 1962 begonnene und jetzt beschleunigte institutionelle Ausbau einer islamischen Ordnungspolitik als Gegenstrategie.[15]

Trotz der Uneinheitlichkeit des arabischen Nationalismus und seiner wachsenden Herausforderung durch ein islamisches Ordnungsdenken war es doch kennzeichnend für die Macht des von Nasser propagierten Panarabismus, daß sich der frühe Baathismus freiwillig unterordnete, die Nahda der fünfziger Jahre und die palästinensische Nationalbewegung bis Mitte der sechziger Jahre völlig mit ihm verschmolzen, es Emire in den Golfstaaten für innenpolitisch zu gefährlich hielten, sich allzu eng mit den erklärten haschemitischen Gegnern Nassers zu verbünden, und auch die Islampolitik Riyads vorsichtig taktieren mußte.

Kapitel 5

Die Hypotheken zweier Weltkriege

Der Panarabismus erreichte seinen Zenit in den Jahren 1956 bis 1958. Das erste Jahr steht für Nassers größten außenpolitischen Triumph. Die Verstaatlichung des Suezkanals und die tiefe Demütigung der von den Supermächten zum Abzug gezwungenen Interventionsmächte England und Frankreich beseitigten die letzten Reste der seit 1882 andauernden Präsenz und Arroganz europäischer kolonialer Macht in Ägypten. 1958 markiert den einzigen wirklichen, wenn auch nur kurzlebigen Teilerfolg der von Nasser propagierten arabischen Einheit. Der Zusammenschluß Ägyptens und Syriens zur Vereinigten Arabischen Republik und der Funkenflug in die arabischen Nachbarländer erschienen den Panarabisten als Beginn eines unaufhaltsamen Siegeslaufs. Sein Ziel würde die endgültige Überwindung der von den Siegermächten des Ersten Weltkrieges oktroyierten Balkanisierung, der ethnisch-konfessionellen Zersplitterung arabischer Staaten wie Syrien und Irak sowie die Abwehr bedrohlicher neuer Abhängigkeiten von Ost wie West in der Ära des Kalten Krieges sein. Für arabische Nationalisten waren die britischen Pläne für Militärstützpunkte und für ein Verteidigungssystem im Nahen Osten nach 1945 und schließlich auch die amerikanischen Sicherheitsdoktrinen Trumans und Eisenhowers aus den Jahren 1947 und 1957 nichts anderes als Versuche, imperiale Besitzstände des Westens aus der Zwischenkriegszeit zu sichern. Selbst der israelische Premier David Ben-Gurion hegte diesen Verdacht gegen die Briten. Der arabische wie zionistische Argwohn gegen das britisch-imperiale Revirement im Nahen Osten ließ es für Washington klüger erscheinen, sich nach außen gegenüber dem Verbündeten distanziert zu verhalten.

Das »schlimmste Feigenblatt« des Völkerbunds

Die Belastungen der britischen Nahostpolitik – die jetzt stellvertretend für den Westen im Zentrum nahöstlicher Vorwürfe stand – datierten aus der Zeit des Ersten Weltkrieges und haben mit der Nachkriegsordnung zu tun, die maßgeblich von London bestimmt war. In den militärischen und diplomatischen Krisen des Krieges hatte die britische Regierung keinen anderen Ausweg gesehen, als die nationalen Bewegungen der Araber und der Zionisten mit zweideutigen Versprechungen auf ihre Seite zu ziehen. London ermunterte und unterstützte die arabische Rebellion erst, als der »kranke Mann am Bosporus« im Jahre 1915 unerwartet die Empire-Truppen im südlichen Irak und auf Gallipoli besiegte. Im diplomatisch schwierigen Jahr 1917 spielte der britische Außenminister Sir Arthur Balfour die zionistische Karte gleich aus mehreren Gründen. Sie sollte die öffentliche Meinung in den Vereinigten Staaten von Amerika zugunsten eines Kriegsbeitritts auf der Seite der durch das Ausscheren Rußlands geschwächten Entente mobilisieren. Gleichzeitig warb die Balfour-Erklärung vom 2. November um das Wohlwollen der Juden unter den Bolschewiki. Schließlich wollte London mit der Unterstützungszusage für eine Jüdische Nationalheimstätte in Palästina einer ähnlichen deutschen Sympathieerklärung[1] zuvorkommen und britische Vorrechte an der strategisch wichtigen Ostflanke des Suezkanals anmelden.

Ein geheimes Interessensphärenabkommen zwischen London und Paris, in dem sogar Annexionen im südlichen Irak sowie an der syrisch-libanesischen Mittelmeerküste vorgesehen waren, belegt die ganze Ambivalenz der britischen Nahostpolitik, die auch in der Korrespondenz des in Ägypten residierenden britischen Hochkommissars McMahon mit dem Anführer der arabischen Sezessionsbewegung, dem Scherifen von Mekka, zutage tritt. Auch die Balfour-Deklaration ließ viele Interpretationen zu. Sollten bei der späteren Umsetzung der Versprechungen Probleme auftauchen, so würde das Britische Empire aus seiner langen Verwaltungserfahrung mit vielen staatspolitischen Varianten von Autonomie und Unabhängigkeit geeignete Lösungen finden. Nicht einmal die Verkündung des Selbstbestimmungsrechts der Völker in den berühmten Vierzehn Punkten des amerikanischen Präsidenten Woodrow Wilson vom Frühjahr 1917 sowie die vom Antikolonialismus geprägte Kriegszieldiskussion britischer Gewerkschaften und Sozialisten beunruhigten die Regierung oder ließen sie zu einer geradlinigeren Politik greifen.

Ihr Chefberater in Nahostangelegenheiten, Sir Mark Sykes, – der Unterhändler des unrühmlichen Interessensphärenabkommens für den Nahen Osten – sprach jetzt zwar vom »neuen Geist der Zeit«, blieb aber doch bei opportunistischen Rezepten, wobei er auf persönliche Erfahrungen zurückgreifen konnte. Delegationen in England lebender orthodoxer Christen aus Syrien und dem Libanon sowie britischer Zionisten hatten ihn seit längerem umworben, ihr augenscheinlicher solidarischer Umgang miteinander verblüffte ihn. Also würde es für die britische Vorherrschaft im Nahen Osten und vor allem im heißbegehrten Erdölland Mesopotamien (Irak) zukünftig darauf ankommen, den dortigen christlichen und jüdischen Minderheiten die Vorteile britischer Verwaltung zukommen zu lassen, die Oberhäupter der arabischen Stämme zu subventionieren, für die Händler und die städtische Intelligenz ein wirtschaftliches Auskommen und eine nationale Presse zu schaffen, die Angst vor einer Rückkehr der Türken zu schüren, kurzum alle Gruppen wie in einem Wahlkreis rechtzeitig auf den britischen Kandidaten für das Völkerbundsmandat einzustimmen.[2]

Die Mandatsformel war noch nicht ausgereift. Kritiker des Imperialismus wie H. N. Brailsford, John Hobson und Leonard Woolf sowie liberale Empire-Reformer wie Lionel Curtis, Jan Christian Smuts und Philip Kerr wollten Kolonialkriege zukünftig durch internationale Kontrollen über Rohstoffe verhindern und gleichzeitig dem Britischen Empire eine Funktion im zukünftigen Völkerbund zuweisen. Die Frage war, wie unter diesen Bedingungen das gefährliche Machtvakuum in dem geostrategisch so bedeutsamen Nahen Osten aufgefüllt werden könnte. Die Mandatsformel wurde schließlich als Kompromiß geboren, der den Vätern der neuen Weltordnung des Völkerbunds ausreichend erschien, einen Erwerb der arabischen Provinzen der Türkei sowie der afrikanischen Kolonien des Deutschen Reiches mittels gewaltsamer kolonialer Annexionen durch die Siegermächte zu unterbinden. Unter Hinweis auf die »schwierigen Bedingungen des heutigen Lebens« wurde den arabischen Provinzen des Fruchtbaren Halbmonds die Fähigkeit zur Selbstregierung vorerst abgesprochen, es wurde ihnen aber wegen eines höheren Entwicklungsstands – im Vergleich zu afrikanischen Völkerschaften – ein »Dasein als unabhängige Nationen vorläufig anerkannt«. Ihre Verwaltung und staatliche Entwicklung sollte bis zum Nachweis der Befähigung zur Selbstregierung und bis zur Aufnahme in den Völkerbund einem kompetenten Mandatar obliegen. Die Mandatsmacht, bei deren Wahl in erster Linie die Wünsche der Bevölkerung berücksichtigt werden sollten, war dem Völkerbund gegenüber rechenschaftspflichtig. Die Aufgaben hinsichtlich der staatlichen und wirtschaftlichen Entwicklung waren in Mandatsstatuten niedergelegt, die vom Völkerbund verabschiedet wurden. Die Mandatsmacht mußte einen Jahresbericht über den Verwaltungsfortschritt vorlegen, der von der Ständigen Mandatskommission überprüft wurde. Die Befragung des für die Verwaltung verantwortlichen Hochkommissars wurde als ausreichend angesehen. Allerdings geschah dies am Völkerbundsitz in Genf. Die Mandatskommission und auch deren einzelne Mitglieder hatten – anders als im späteren Treuhandsystem der UNO – kein Visitationsrecht in den Mandatsgebieten. Die Verwaltungsdauer war nicht festgeschrieben, als Richtschnur galt jedoch ein Vierteljahrhundert.

Die fehlende Kontrollkompetenz vor Ort, die unbestimmte Laufzeit des Mandatsauftrags, der erfolgreiche französisch-britische Boykott der King-Crane-Kommission und schließlich der amerikanische Rückzug aus dem Völkerbund erklären, warum das Kalkül der Völkerbundapostel nicht aufging, daß es sich eine Kolonialmacht zweimal überlegen würde, ob sie eine Mandatsverantwortung übernehmen wollte. Frankreichs Regierungschef Georges Clemenceau und der britische Premier David Lloyd George gaben dem Völkerbund ohnehin keine Überlebenschance. An der Seine wie an der Themse hatte man zwar mit gewaltigen wirtschaftlichen Problemen zu kämpfen, doch diesbezüglich ließ sich die Sicherung imperialer Interessen sogar rechtfertigen, und warum sollten derlei Motive mit einem Selbstauftrag als erfahrene Ordnungsmacht unvereinbar sein? Die amerikanische Absage an die britische Offerte, doch ihrerseits ein Mandat über das leidgeprüfte Armenien – an der Grenze zum russischen Erzfeind des Empires – zu übernehmen[3], und der trotz des amerikanischen Rückfalls in den Isolationismus früh aufgenommene hartnäckige handelspolitische Kampf Washingtons um die Geltung des Prinzips der Offenen Tür beziehungsweise den Einlaß amerikanischer Ölgesellschaften im Irak schienen den Zynikern recht zu geben, die behaupteten, daß die USA den Weltmarkt zu beherrschen suchten.

Darüber, wie die Hypotheken bei den Arabern und den Zionisten abgetragen werden sollten, hielt man sich einstweilen bedeckt. Vorrangig war vor allem für britische Empirestrategen wie Curzon und Churchill, den türkischen Widerstand gegen das Diktat von Sèvres zu brechen, Atatürk zu entmachten sowie die Konterrevolution der »Weißen« gegen die Bolschewiki zu unterstützen. Erst nachdem diese Versuche gescheitert, die Militärverwaltungen in den arabischen Provinzen mit Aufständen konfrontiert und eine Verlängerung der Stationierung größerer Truppenverbände nicht mehr zu finanzieren waren, fügten sich London und Paris in die Unabänderlichkeit einer neuen Türkei und besannen sich wieder auf ihre unmittelbaren Interessen im Fruchtbaren Halbmond.

Es gehört ebenfalls zu den Hypotheken des Ersten Weltkrieges, daß die europäischen Siegermächte im Nahen Osten Mandate übernahmen, ohne die damit verbundenen Verpflichtungen gegenüber einer auf selbstbestimmten Nationalstaaten beruhenden neuen Weltordnung überhaupt einlösen zu wollen. Für die britische Auswahl der Mandate in Palästina/Transjordanien und im Irak waren die Sicherung des Seewegs nach Indien durch den Suezkanal sowie die Kontrolle über das irakische Erdöl maßgeblich. Im Norden Palästinas konzedierten die Briten den französischen Militärs eine Grenzlinie zum Libanon, die schnelle französische Truppenbewegungen von der Küste in das syrische Hinterland erlaubte. Eine vorteilhafte Allokation der Wasserareale für nationalwirtschaftliche Entwicklungsvorhaben beiderseits der Grenzen erschien dagegen von untergeordneter Bedeutung.[4] Ihre Vernachlässigung sollte langfristig schwerwiegende Folgen haben, die sich auch auf die Kriseneskalation am Vorabend des Sechs-Tage-Krieges auswirkten.

Frankreich berief sich auf seine traditionellen Schutzrechte über die Christen im Libanon und in der Provinz von Mossul. Es überantwortete die chaldäischen beziehungsweise assyrischen Christen jedoch den Briten im Irak, als London Clemenceau freie Hand in Elsaß-Lothringen ließ und ihm auch die deutschen Anteile an der Türkischen Petroleum Gesellschaft gab, die britischer Mehrheitskontrolle unterstand. Die französische Mandatspolitik des Teilens und Herrschens in Syrien-Libanon sollte im Kerngebiet der arabischen Nationalbewegung eine frühe Unabhängigkeit verhindern – und zwar aus Rücksicht auf die imperialen Besitzungen in Nordafrika.

Die Mandatspolitik Londons im Nahen Osten blieb der umfassenderen imperialen Strategie untergeordnet, im Nahen Osten eine britische Hegemonialstellung auszubauen. Unter den strategischen Schutzschild fielen jetzt neben den maritimen Verbindungswegen des Britischen Empire durch das Mittelmeer und den Suezkanal und der für die Royal Navy lebenswichtigen Tankstelle Abadan im Arabisch-Persischen Golf auch die in der Planung und Entwicklung befindlichen Transportsysteme von Straße, Pipeline und Schiene sowie die Stützpunkte und Luftkorridore der Royal Air Force in den Mandatsgebieten, die sich früh als unverzichtbares militärisches Machtmittel und Kontrollinstrument erwiesen. Winston Churchill hatte dem von fiskalischen Sorgen geplagten Premier Lloyd George 1920 vorgerechnet, daß die Stationierung einiger weniger Flugzeuggeschwader im unruhigen Irak, in Transjordanien sowie in der Nähe der schwierig zu kontrollierenden saudischen Grenze viel billiger und wirksamer sei, als kostspielige Truppengarnisonen mitsamt der Futtermengen für Armeegäule und Kamele. Ansammlungen feindlich gesinnter Stämme könnten früh erkannt und aus der Luft aufgerieben werden.[5]

Billiger erschien es Churchill auch, von Nationalisten aufgeputschte Parlamente durch einen Haschemitenkönig mit außerordentlichen Vollmachten zu disziplinieren. In schwierigen Situationen könnten die königlichen Prärogativen sogar vom Hochkommissar übernommen werden. Faisal, an ihn dachte man als König im Irak, würde leichter zu beeinflussen sein, wenn er wüßte, daß nicht nur die materielle Unterstützung seines Vaters im Hedschas und der Schutz der Heiligen Stätten vor einem wahhabitischen Angriff, sondern auch die Stellung seines Bruders in Transjordanien von seinem eigenen Wohlverhalten den Briten gegenüber abhinge. Churchills Air-Force-Konzept brachte ihm das Amt des Kolonialministers ein, dem bezeichnenderweise auch die vorläufig unabhängigen Staaten in den ehemaligen Provinzen des besiegten Osmanischen Reiches unterstanden. Sein haschemitisches Familienprogramm wurde auf der von ihm einberufenen Konferenz von Kairo im März 1921 von im Nahen Osten tätigen britischen Verwaltungsbeamten und Orientexperten – unter ihnen T. E. Lawrence und Gertrude Bell – beraten und beschlossen.[6]

Wie schwierig aber die Manipulation des tatsächlich zum König gemachten Faisal im Irak sein konnte, zeigte sich bereits nach einem Jahr, als die Briten die Verfassungsentwicklung von der Unterschrift des Königs unter einen von ihnen diktierten Vertrag abhängig machten, der auf eine langfristige Sicherung britischer Vorrechte hinauslief. Faisal, dessen Erhebung zum König im Irak nach seiner Vertreibung aus Damaskus von nicht wenigen Regierungsmitgliedern in London auch als ein Akt der Wiedergutmachung nach den nicht gehaltenen Versprechungen gegenüber der arabischen Unabhängigkeitsbewegung im Ersten Weltkrieg empfunden wurde, suchte sich mit Rücksicht auf die nationalistischen Kräfte im Lande der Vertragsunterzeichnung zu widersetzen. Churchill erwog deshalb im Sommer 1922 sogar Faisals Deportation nach Ceylon und seine Ablösung durch seinen Bruder Abdallah, für den im Vorjahr das Fürstentum Transjordanien geschaffen worden war.

Die von Anfang an einer rigorosen Kosten-Nutzen-Kalkulation unterliegende britische Mandatsherrschaft im Irak war der Entwicklung einer demokratischen politischen Kultur nicht förderlich. Es sei dahingestellt, ob das westliche Demokratiemodell überhaupt für die irakische Gesellschaft mit ihren stark ausgeprägten vertikalen Strukturen von Ethnie, Stamm und Konfession paßte oder mit den Souveränitätseinschränkungen durch das Mandatsregime und das britische Vertragssystem vereinbar war.

Festzuhalten bleibt aber, daß die beschleunigte Verfassungsentwicklung und die Verleihung großer königlicher Vollmachten vorrangig eine Abkürzung der Verwaltungsdauer und damit eine Entlastung von Mandatspflichten bezweckten. Mit der erzwungenen Unterschrift des Königs konnten die britischen Ansprüche auf Ölkonzessionen und Stützpunktrechte besiegelt werden.

Zu den einschlägigen Erfahrungen irakischer Oppositioneller und Nationalisten mit der britischen Mandatsherrschaft gehörten auch die Einschüchterungen durch Demonstrationsflüge der Royal Air Force über dem Parlament, wenn über britische Ansprüche und Vorrechte abgestimmt wurde. In einem offiziellen Bericht über einen mehrwöchigen Irak-Besuch des britischen Kolonialministers L. S. Amery vom 19. März bis 15. April 1925 hieß es zur Effizienz der Air Force: »Wenn des Königs Zepter im Land Wirkung zeigt, dann liegt das gänzlich an den britischen Flugzeugen. Es wäre müßig, diesen Punkt zu bezweifeln. Wenn die Flugzeuge morgen zurückgezogen würden, würde die gesamte Struktur unweigerlich zerfallen.«[7]

Es zählt zu den folgenreichsten Hypotheken europäischer Mandatsherrschaft und imperialer Vormachtstellung im Nahen Osten in der Zwischenkriegszeit, daß die Verfassungsentwicklung von Anfang an für die Durchsetzung eines Systems ungleicher Verträge mißbraucht und damit die Demokratie diskreditiert wurde. Abgeordneten im Irak, in Syrien und auch in Ägypten blieb letztlich keine andere Wahl, als britische oder französische Stützpunkte, sicherheitspolitische Privilegien und wirtschaftliche Vorteile zu sanktionieren. Wer sich freiwillig mit den Mandatsmächten arrangierte, und sei es nur, um dem Tag der Unabhängigkeit und Völkerbundsmitgliedschaft näher zu rücken, lief aber Gefahr, des Ausverkaufs nationaler Interessen und der Kollaboration bezichtigt oder als reformfeindlich bezeichnet zu werden.

Die Hypotheken aus dem Ersten Weltkrieg und der Mandatszeit konnten von der britischen Hegemonialmacht nicht abgetragen werden, als diese im Zweiten Weltkrieg Impulse zur Gründung der Arabischen Liga setzte und das zusammenzufügen suchte, was sie zuvor geteilt hatte. In den ersten Kriegsjahren hatte London unmißverständlich und rigoros die Vorrechte aus den einseitigen Verträgen in Ägypten und im Irak genutzt und war selbst vor gewaltsamen Interventionen nicht zurückgeschreckt. In Syrien trugen die Briten so zwar zur Vertreibung der Vichy-Franzosen bei, wirkten zur Enttäuschung der dortigen Nationalisten aber auch an der Wiedereinsetzung der französischen Herrschaft unter de Gaulle mit. Die von den Briten in Gang gesetzte alliierte Kriegsbewirtschaftung des gesamten Nahen Ostens verhütete zwar Hungerkatastrophen wie im Ersten Weltkrieg, unterwarf die Bevölkerung jedoch einer strengen Reglementierung, die ihre Spuren überall hinterließ und die in der Öffentlichkeit, insbesondere im bevölkerungsreichsten Ägypten, auch für die großen wirtschaftlichen Nachkriegsprobleme mitverantwortlich gemacht wurde. Die arabischen Länder waren zu Gläubigern Großbritanniens geworden. Sie bekamen jetzt auch die Direktiven zu spüren, unter denen London seine Kriegswirtschaft wieder in eine normale Friedenswirtschaft überzuleiten und die Schulden gegenüber den USA zu tilgen gedachte. Die Konsuminteressen der Begüterten oder die Arbeitsbeschaffungsprogramme arabischer Regierungen, deren Sterling-Guthaben in London gesperrt blieben, hatten dahinter zurückzustehen.

Bereits in der Zeit zwischen den beiden Weltkriegen war den Aposteln des Völkerbunds nicht entgangen, daß ihre idealistischen Erwartungen an die internationale Politik kaum erfüllt werden würden. Anläßlich eines Symposions in den USA im Jahre 1928 bekannte denn auch Brailsford freimütig, daß das Mandatssystem zwar das »schlimmste Feigenblatt der ganzen Show« sei, daß der Imperialismus aber auf Zeit gebändigt sei.

Bipolare Welt und Kalter Krieg

Wie belastend die Hypotheken waren, die aus den früheren Täuschungen der Nationalbewegungen der Araber und der Zionisten, aus dem einseitigen Vertragssystem der Zwischenkriegszeit und aus der Politik während des Zweiten Weltkrieges resultierten, sollten die britischen und wenig später auch die amerikanischen Versuche zeigen, angesichts der angeblichen militärischen

Bedrohung Europas und des Nahen Ostens durch Moskau ein Verteidigungssystem zu errichten. Wenn auch in allen Szenarien der britischen und amerikanischen Planer die Einschätzungen des sowjetischen Bedrohungspotentials und der eigenen Aktivposten zum Teil erheblich schwankten und häufig die Budgeteinsparungen im Verteidigungssektor sowie die Rivalitäten etwa zwischen Luftwaffe und Marine widerspiegelten, so gab es doch Konsens darüber, daß die Sowjetunion, den massiven Vorstoß in Europa flankierend, den Nahen Osten und hier vor allem Ägypten rasch besetzen würde.[8] Aus der Sicht westlicher Militärs konnten die Industrie- und vor allem die Energiezentren der Sowjetunion wegen der vergleichsweise geringeren Entfernungen am ehesten und wirkungsvollsten von Luftstützpunkten im Nahen Osten aus bombardiert werden. Aufgrund des damals noch begrenzten Aktionsradius modernster amerikanischer Bombenflugzeuge kamen auch für einen massiven Atombombeneinsatz eigentlich nur der in der britischen Suez-Enklave nordöstlich von Kairo befindliche, allerdings noch auszubauende Luftstützpunkt von Abu Sueir und ein ebenfalls noch zu errichtender pakistanischer Stützpunkt bei Karachi in Frage.

Die Sowjetunion mußte nach Einschätzung der westlichen Strategen neben der Ausschaltung solcher von Luftbasen ausgehender Gefahren vor allem an der Blockierung der westlichen Ölzufuhr aus dem Nahen und Mittleren Osten interessiert sein. Eine sowjetische Besetzung Ägyptens mit massiven Panzerverbänden und motorisierten Divisionen würde entweder über die Türkei und Syrien oder über den Iran, Irak und Syrien erfolgen. Beide Routen würden aus Gründen der Topographie zwangsläufig in die palästinensische Küstenregion am Mittelmeer münden, von wo aus der entscheidende Schlag gegen die Suez-Enklave erfolgen konnte.

Der britischen Vormacht im Nahen Osten fiel es selbst unter der Nachkriegsregierung der Labour Party schwer, ihre längst anachronistisch gewordene Arroganz der Macht abzulegen und sich gegenüber den arabischen Ländern partnerschaftlich zu verhalten. Die amerikanische Nahostpolitik dagegen war bemüht, jedem Verdacht einer Komplizenschaft mit der britischen Kolonialmacht entgegenzuwirken. London verschwieg beim Ausbau von Abu Sueir der ägyptischen Regierung sogar, daß hier letztlich amerikanische Atombomber des Typs B-29 zum Einsatz gebracht werden sollten.

Im Bewußtsein imperialer Größe hatte nach 1945 auch die Labour-Regierung Attlee unter ihrem forschen Außenminister Ernest Bevin die Verlängerung der einseitigen Bündnis- und Stützpunktverträge mit dem Irak, Jordanien und Ägypten aus der Vorkriegszeit in Angriff genommen.[9] Mit Jordanien, das von britischer Unterstützung und der britisch befehligten Arabischen Legion abhängig war, hatte Großbritannien bei der Unabhängigkeitsverleihung von 1946 ohne Schwierigkeiten einen Verteidigungspakt abschließen können. Es war aufschlußreich für die besondere Rolle Transjordaniens in der britischen Nahoststrategie, daß der Vertrag mit London unmittelbar nach dem arabisch-israelischen Krieg von 1948 problemlos durch Aufstockungen der Truppen von 6000 auf 20000 modifiziert wurde. Erst das fatale Komplott Anthony Edens mit Frankreich und Israel im Suezkrieg von 1956 setzte Amman so starkem nasseristischen Druck aus, daß es den Vertrag einseitig aufkündigte. Doch drei Jahre später sollten noch einmal britische Truppen landen, um die Monarchie vor einem drohenden nasseristischen Umsturz zu retten.

In Ägypten lagen die Dinge anders. Die Verhandlungen mit der Regierung Sidqi führten im Jahre 1946 zu einem Entwurf, der den britischen Abzug aus der Kanalzone zum 1. September 1949 vorsah, allerdings auch das Recht auf Rückkehr, wenn Krieg drohte. Zwischenzeitlich sollte der Stützpunkt von einem britisch-ägyptischen Verteidigungsrat verwaltet und gewartet werden. Doch das ägyptische Parlament lehnte den Vertrag ab. Alle weiteren Bemühungen, den Vertrag von 1936 zu verlängern oder zumindest eine britische Wartung der Flugplätze und im Kriegsfall Stationierungsrechte in der Suez-Enklave zu sichern, scheiterten endgültig, als – noch vor Nassers Revolution – im Oktober 1951 die Regierung an-Nahhas einseitig die Verträge über die Suez-Enklave wie über das Kondominium im Sudan kündigte.

Ähnlich turbulent wie in Ägypten waren die innenpolitischen Auseinandersetzungen im Irak um die Neuverhandlung des Vertrages von 1930, der eigentlich erst im Jahre 1957 auslief. Der

Thronverwalter Abdel-Ilah und der noch wenig profilierte Premier Salih Dschabr versprachen sich aber von Neuverhandlungen im Jahre 1947 gewisse Vorteile, vor allem einen stärkeren innenpolitischen Rückhalt nicht zuletzt auch für die Durchsetzung haschemitisch-arabischer Föderationspläne gegenüber den ägyptischen Panarabisten. In den städtischen Schichten Bagdads und vor allem unter den Intellektuellen meldeten sich nach dem Krieg immer stärker Nationalisten, Panarabisten und Sozialisten unterschiedlicher Couleur zu Wort. Viele von ihnen hatten 1941 ihre Hoffnungen auf al-Gailani gesetzt, dessen Putschregime die Briten aber umgehend beendet hatten. Sie blickten gebannt nach Ägypten und in den Iran, wo die Briten nach dem Krieg mit neuen Herausforderungen konfrontiert waren. Wie der schiitische Premier und Sozialaufsteiger Salih Dschabr erkannte wohl auch Ernest Bevin, der Außenminister der britischen Labour-Regierung, die Notwendigkeit, die neuen politischen Kräfte zu umwerben.[10] Ohne Fortschritte in nationalen Belangen, innenpolitische Reformen und wirtschaftliche Entwicklung würden die britischen Stützpunkte im Irak nicht auf Dauer zu halten sein.

Für Dschabr, der vom März 1947 bis einschließlich Januar 1948 regierte und der die Entwicklungen in Ägypten und in Palästina aufmerksam verfolgte, konnte das Ziel vorzeitiger Vertragsverhandlungen nur die volle irakische Souveränität über die britischen Stützpunkte im Lande sein. Um auch in der Arabischen Liga dem ägyptischen Führungsanspruch Paroli bieten zu können, hatte Dschabr die Karte des arabischen Nationalismus aber schon so weit ausgereizt, daß sie hier kaum noch stach. Er nutzte deshalb zunehmend den Palästinakonflikt, um die Panarabisten im Irak auf andere Gedanken zu bringen und abzulenken. Dahinter versteckte sich aber auch die Strategie des Regenten, den haschemitischen Anspruch auf Palästina oder auf einen arabischen Anteil zu behaupten. Der in Portsmouth neu ausgehandelte Vertrag mit einer Laufzeit von einem Vierteljahrhundert ähnelte dem britisch-ägyptischen Vertragsentwurf von 1946 darin, daß ein gemeinsamer irakisch-britischer Verteidigungsrat alle militärischen Planungen und Beschaffungsprogramme koordinieren und die Stützpunkte im Ernstfall für britische Streitkräfte bereithalten sollte.

Kaum waren diese Details im Verlauf des Januars 1948 in der irakischen Öffentlichkeit bekannt geworden, entlud sich landesweit und besonders in Bagdad massiver und gewaltsamer Protest, der aufständischen Charakter annahm und mehrere Wochen dauerte. Im Kugelhagel der Polizei gab es über siebzig Tote und mehrere hundert Verletzte. Diese sogenannte Wathba erinnerte an die antibritischen Ausschreitungen anläßlich des al-Gailani-Putsches, und sie nahm sich im Rückblick wie ein Vorspiel zum blutigen Umsturz der britisch-hörigen Monarchie ein Jahrzehnt später aus.[11] Erhebungen gegen die Herrschaft der alten Garde britischer Parteigänger einerseits und harte Repression andererseits prägten die irakische Innenpolitik der fünfziger Jahre. Der 1955 geschlossene Bagdadpakt, der den Vertrag von Portsmouth ersetzte und das Zweistromland in ein britisch geführtes nahöstliches Verteidigungssystem an der Seite der Türkei, Irans und Pakistans einband, hatte damit im Irak selbst nur geringen Rückhalt.

Schon zwischen 1946 und 1950 hatte das britische Verteidigungskonzept für den Nahen Osten ein Militärbündnis vorgesehen, dem neben arabischen Staaten Israel, die Türkei, Griechenland und der Iran angehören sollten und dessen Rückgrat der mächtige britische Stützpunkt am Suezkanal sein sollte. Großbritannien hatte kein Hehl daraus gemacht, daß es sich immer noch als imperiale Vor- und Ordnungsmacht im Nahen Osten verstand, obwohl seit der Unabhängigkeit Indiens im Jahre 1947 die klassische Strategie der Sicherung des Seewegs nach Delhi wegfiel. An ihre Stelle – und neben die Treibstoffversorgung der britischen Marine – traten die Kontrolle des Seewegs zu den entfernteren Dominions in Südostasien und vorrangig die Interessen der britischen Wirtschaft, die Marktchancen britischer Ölgesellschaften in Kontinentaleuropa, aber auch die strategischen Erfordernisse einer von Bevin favorisierten neuen Afrikapolitik.

Der Stellenwert des Nahen Ostens in der alles überragenden alliierten Eindämmungsstrategie gegenüber der Sowjetunion blieb zunächst ganz auf das zugeschnitten, was in Europa geschah und drohte. Das sowjetische Vorgehen in Osteuropa und in Berlin im Krisenjahr 1948 schien dieser Einschätzung der sowjetischen Bedrohung recht zu geben. Die sowjetische Politik im

Iran und in Griechenland, ihre Drohgesten gegenüber der Türkei auf den Konferenzen von Jalta und Potsdam, die unerwartete Unterstützung der UN-Teilungsresolution für Palästina im November 1947, die Waffenlieferungen an die jüdische Seite im Krieg mit den Arabern und schließlich Moskaus Interesse an einer Treuhandschaft über Libyen alarmierten aber die Westalliierten und unterstrichen die Dringlichkeit eines Verteidigungssystems im Nahen Osten.

Der westlichen Einschätzung zufolge würde Stalin zunächst alles versuchen, um Westeuropa bis zur Atlantikküste zu erobern. Dabei müßte der Nahe Osten schon deshalb unter sowjetische Kontrolle gebracht werden, weil von den dortigen britischen Luftwaffenstützpunkten die größte Gefahr für die sowjetischen Energie- und Rüstungszentren im Kaukasusgebiet ausging und weil im Nahen Osten der Lebensnerv der europäischen Energieversorgung zerstört werden konnte.[12]

Die amerikanische Strategie, auf Stützpunkte in Spanien und Nordafrika zu setzen und die Rückeroberung der nahöstlichen Erdölfelder ins Auge zu fassen, beruhte auf der Einschätzung, daß die britischen und französischen Positionen im Nahen Osten kein wirksames Bollwerk gegen ein sowjetisches Vordringen darstellten und daß auch die Arabische Liga nicht in die Bresche springen konnte. Angesichts des globalen Ost-West-Konflikts lagen die strategischen Vorteile westlicher Bastionen im Nahen Osten zwar auf der Hand, aber die einschneidenden Kürzungen in den amerikanischen und britischen Verteidigungsressorts nach 1945 trugen zum Entstehen einer Verteidigungslücke im Nahen Osten bei. Die Zielkonflikte anglo-amerikanischer Diplomatie gegenüber dem arabisch-israelischen Problem erhöhten die Unsicherheit noch zusätzlich. So geschah es, daß der Ausgang des ersten arabisch-israelischen Krieges im Jahre 1948 bei den westlichen Militärsachverständigen zu einer strategischen Neubewertung des Nahen Osten führte, bei der das Verteidigungs- und Offensivpotential des siegreichen jüdischen Staates allmählich Vorrang vor dem fragwürdigen Potential arabischer Staaten in der westlichen Containment-Strategie gegenüber der Sowjetunion erhielt.[13]

Zu den alten Hypotheken, die die westliche Nahostpolitik belasteten, trat jetzt als neue Hypothek die fast zynische Entschlossenheit des Westens, den sicherheitsbedürftigen jüdischen Staat in die Eindämmungspolitik gegenüber der Sowjetunion einzubinden. Offenbar ergänzten sich dabei aber die Strategie des Westens mit der Politik des jungen israelischen Staates unter der Ägide Ben-Gurions. Denn der erste israelische Regierungschef stellte von Anfang an mit eiserner Hand die Weichen für einen wehrhaften jüdischen Staat, der sich gegenüber den arabischen Staaten behaupten konnte und der sich nicht mit der Rolle eines Juniorpartners im Rahmen eines anglo-amerikanisch-arabischen Verteidigungspaktes im Nahen Osten begnügen wollte. Argwöhnisch beobachtete Ben-Gurion die Umwerbung Nassers durch die Eisenhower-Administration. Die geopolitische Schlüsselstellung des Nillandes war im Nahen Osten in der Tat konkurrenzlos. Eine amerikanisch-ägyptische Allianz würde Israel zwar nicht erdrücken, aber vielleicht doch schmerzliche Kompromisse von dem jungen Staat fordern.

Kapitel 6

Vom Palästinaproblem zum arabisch-israelischen Konflikt bis 1967

Nur auf den ersten Blick erscheinen das Palästinaproblem und der arabisch-israelische Konflikt als völlig identisch. Tatsache ist aber, daß dieser Jahrhundertkonflikt aus zionistischer Sicht kurz nach dem Ersten Weltkrieg als eine lokale, auf Palästina begrenzte Auseinandersetzung begann und sich erst im Verlauf der späten dreißiger Jahre und vollends mit dem israelischen Unabhängigkeitskrieg von 1948 zum regionalen Konflikt mit den arabischen Staaten ausweitete. Erst nach dem Sechs-Tage-Krieg trat das ursprüngliche Palästinaproblem dann wieder stärker in den Vordergrund.

So unbestreitbar der 5. Juni 1967 einen Wendepunkt in dieser Konfliktgeschichte darstellt, so klar ist auch, daß beide Weltkriege maßgeblich Richtung und Intensität des Konflikts beeinflußt haben. Die gegen Ende des 19. Jahrhunderts entstandene zionistische Bewegung wollte eine pragmatische Antwort auf die großen Probleme des Judentums mit dem Antisemitismus in Europa vor allem in Rußland, aber auch im aufgeklärten Frankreich, geben. Die Debatten in orthodoxen Kreisen und im Reformjudentum, ob sich die zeitgemäß erscheinende Begründung einer jüdischen Nationalität mit religiösen Aspirationen vereinbaren ließ, hatten zu keinem Ergebnis geführt. Für Moses Hess, Leon Pinsker und Theodor Herzl dagegen stand fest, daß die Rettung des Judentums nur über eine jüdische Nationalbewegung mit einer territorialen Zielsetzung erfolgen konnte.[1]

Gegenüber Kolonisationsprojekten in Uganda oder Argentinien erhielt schließlich Palästina den Zuschlag. Auf dem Hintergrund der tief im Judentum verankerten Zionssehnsucht, der Heimkehr zum Tempelberg in Jerusalem, ließ sich die Zerstreuung der Juden in einer Nationalheimstätte Palästina vielleicht am ehesten beenden. Ein jüdisches Palästina würde diese Sehnsucht stillen und zugleich eine jüdische Nationalität konstituieren. Dieses Programm wurde auf dem Baseler Zionistenkongreß von 1897 verabschiedet. Wegen der innerjüdischen Debatten über den Messianismus und auch mit Rücksicht auf das supranationale Osmanische Reich, in dem spätestens seit der griechischen Unabhängigkeit von 1821 nationalstaatliche Bestrebungen unterdrückt wurden, verzichtete man auf den Begriff Staat und bevorzugte statt dessen den flexibleren Ausdruck Nationalheimstätte, der auch einen Autonomiestatus zuließ. Tatsächlich gab es in der Zionismusbewegung politische Kräfte, die sich mit einem solchen Status durchaus abgefunden hätten. Theodor Herzls Hoffnungen auf die Vermittlung des deutschen Kaisers beim osmanischen Sultan Abdül-Hamid erfüllten sich aber nicht. Die zionistische Lobby wandte sich deshalb dem Britischen Empire zu.

Zwei Völker, ein Land

Im Ersten Weltkrieg gelang es Chaim Weizmann schließlich, den Zionismus zu einem wirkungsvollen Instrument im Dienste der britischen Diplomatie zu machen. Die Krönung seines Erfolgs war die Balfour-Deklaration von 1917. Da diese mit der französischen und der amerikanischen Diplomatie abgestimmt war, bedeutete sie eine machtvolle Unterstützung der Resolution des Baseler Zionistenkongresses.

Die britische Absichtsbekundung, die Errichtung einer jüdischen Nationalheimstätte in Palästina zu fördern, hatte jedoch keine wirkliche staatsrechtliche Verbindlichkeit. Die Verankerung der Balfour-Deklaration in den Statuten des Palästina-Mandats des Völkerbundes reichte dafür nicht aus. Es kam staatsrechtlich darauf an, die historische Verbindung des jüdischen Volkes zu Palästina in der Präambel des Mandatsvertrags zu verankern. Für die britischen Vorbehalte war die rechtlich vage Formulierung der Balfour-Deklaration bezeichnend gewesen. Ein erbitterter Streit entbrannte jetzt im britischen Kabinett über die nationalstaatliche Bedeutung der historischen Verbindung zum Land, die doch im Falle des jüdischen Volkes so lange unterbrochen war. Analogien aus den Normannenkriegen wurden bemüht, wonach England Ansprüche auf französisches Territorium erheben könnte – vergeblich. Den Förderern der Zionismusbewegung gelang es, das Prinzip territorialer Staatlichkeit im Mandatsvertrag für Palästina historisch zu begründen und zu verankern. Daraus ergab sich aber auch die Brisanz des beginnenden Palästinaproblems.

Getreu den Empfehlungen des Baseler Zionistenkongresses wurde das jüdische Kolonisationswerk in Palästina mit der Ansiedlung von Pionieren begonnen, die sich als Ackerbauern, Handwerker und Gewerbetreibende niederließen und damit die ökonomischen Voraussetzungen für ein überlebensfähiges nationales Gemeinwesen schaffen wollten, das sich nicht auf einen religiös bestimmten Philanthropismus beschränkte. Dieser Pionierzionismus war insofern sozialistisch und internationalistisch geprägt, als er neben dem Postulat des sozialen Wandels auch der Befreiung des palästinensischen Kleinbauerntums vom orientalischen Feudalismus einen hohen Stellenwert einräumte.[2] Im sozialistischen Zionismus gab es keinen gesonderten Platz für Nationalitäten; Ziel war Binationalität, die jedoch auf gleichem ökonomischem Entwicklungsniveau beruhen sollte. Für die sozialistisch orientierten Zionisten waren deshalb die ersten gewaltsamen Zusammenstöße mit palästinensischen Bauern in den frühen zwanziger Jahren ernüchternd und zugleich schockierend.

Unterdessen war die britische Mandatsverwaltung in Palästina ihrerseits dabei gescheitert, Araber und Juden gleichermaßen für die Mitverantwortung zu gewinnen. Während die jüdische Gemeinschaft (Jischuw) die Offerte, an einer beratenden Jüdischen Agentur teilzunehmen, annahm, lehnte die arabische Seite ein solches Ansinnen ab. Warum sollte sie an einer Politik mitwirken, die langfristig eine Halbierung ihrer Besitztümer und Rechte beabsichtigte? Diese arabische Totalverweigerung sollte sich später insofern rächen, als die Jüdische Agentur infolge ihrer Kooperation mit der britischen Mandatsmacht enorme Verwaltungskompetenz erwarb und damit die administrative Grundlage eines Staates schuf. Dagegen verzettelte sich die palästinensische Ablehnungsfront in einem Wirrwarr von unkoordinierter Obstruktion und politischen Intrigen.

In seinem Weißbuch von 1922 hatte der britische Kolonialminister Churchill angesichts der palästinensischen Rebellionen zwar auf eine doppelte Mandatsverpflichtung gegenüber den Juden und Arabern gedrängt, doch das Gefälle zwischen der Entwicklung der jüdischen und arabischen Sektoren wuchs unaufhaltsam. Die gewaltsamen Zustammenstöße an der Klagemauer in Jerusalem im Jahre 1929 und der große palästinensische Aufstand im Jahre 1936 hatten den britischen Untersuchungsberichten zufolge tiefe sozialökonomische Gründe. Die britischen Versuche, die Quoten jüdischer Einwanderung dem palästinensischen Entwicklungsniveau anzupassen, zerschlugen sich, als der Antisemitismus in Polen und wenig später in Deutschland die jüdische Auswanderung – auch über das Haavara-Abkommen[3] von 1933 – nach Palästina anschwellen ließ.

Es war bezeichnend für den insgesamt stärkeren Zusammenhalt des Judentums bezüglich seiner Nationalheimstätte in Palästina, daß in den krisenhaften späten zwanziger Jahren, als die Einwanderung abflaute, die Wahlen zur Jüdischen Agentur auch Kandidaten der Diaspora einschlossen. Als wenig einmütig dagegen erwiesen sich die arabischen Staaten in der Palästinafrage. Hatte sich schon nach dem Zusammenbruch des Osmanischen Reiches die Zerrissenheit der arabisch-islamischen Welt als großes Dilemma einer palästinensischen Selbstbehauptung erwiesen, so war in den dreißiger Jahren die Situation nicht wesentlich besser geworden. Es wurde zwar viel von einer arabischen Föderation im Fruchtbaren Halbmond gesprochen. Aber dahinter verbargen sich rivalisierende dynastische Ambitionen in Bagdad und Amman auf ein vereinigtes groß-syrisches Königreich. Diese wiederum provozierten saudische Gegenmaßnahmen. Das Palästinaproblem geriet somit in den Strudel arabischer Interessengegensätze.

Das neue Handicap der palästinensischen Seite war es, daß sich ihre politische Führung unter dem Mufti von Jerusalem mehr und mehr auf die zentrifugalen Kräfte des Islamismus und Panarabismus verließ, während sich der Jischuw in der Verfolgung seiner territorialen und demographischen Ziele in Palästina auch durch die zionistische Diaspora gestärkt sah. Das britische Weißbuch von 1939 – ein Akt der Beschwichtigung des arabischen Nationalismus – räumte den Arabern ab dem Jahr 1944 ein Veto gegen weitere jüdische Einwanderung ein – ein herber Schlag für die zionistischen Pläne und Hoffnungen in der sich entfaltenden Tragödie des europäischen Judentums. Doch ähnlich wie sich die zionistische Lobby nach den enttäuschten Erwartungen an den deutschen Kaiser vor der Jahrhundertwende von Berlin nach London umorientiert hatte, so wanderte sie jetzt von London nach Washington weiter, um dort ihren Interessen zum Durchbruch zu verhelfen. Ihre Organisation war zwar noch zu schwach, um den amerikanischen Kongreß beeinflussen zu können; über persönliche Freundschaften zum Präsidenten und dessen Beratern gab es aber genug Kanäle zum Entscheidungszentrum im Weißen Haus. Noch bevor in Amerika das ganze Ausmaß des Holocaust in Europa bekannt wurde, hatten amerikanische Zionisten am 11. Mai 1942 unter Vorsitz des zu Besuch weilenden Ben-Gurion das nach ihrem Versammlungsort in einem New Yorker Hotel benannte Biltmore-Programm verabschiedet. Ganz Palästina sollte, diesem Programm zufolge, in eine Heimstätte der Juden verwandelt werden.[4]

Das war eine folgenschwere Abkehr von Konzepten eines binationalen jüdisch-arabischen Staates oder eines jüdischen Teilstaates innerhalb Palästinas, wie sie in der Balfour-Deklaration enthalten waren. Die Biltmore-Resolution gab auch der Diskussion um den Transfer von Teilen der arabischen Bevölkerung aus dem jüdischen Staat eine radikale Akzentverschiebung. Die Idee eines Transfers oder besser eines »Austauschs von Bevölkerungsteilen« in Palästina hatte ihren Ursprung nicht in der zionistischen Ideologie, sondern im Teilungsvorschlag der britischen Untersuchungskommission unter Lord Peel aus dem Jahre 1937, wobei auf den fatalen Präzedenzfall des Austausches der griechischen und türkischen Bevölkerung unmittelbar nach Beendigung des griechisch-türkischen Krieges von 1922 hingewiesen wurde. Dagegen veranlaßte das Biltmore-Programm jetzt manche Zionisten, nach Möglichkeiten zu suchen, wie Teile der arabischen Bevölkerung Palästinas in arabische Nachbarländer umgesiedelt werden könnten. In einem Fall wurden für die Kosten einer solchen Umsiedlung sogar deutsche Reparationszahlungen nach dem Krieg veranschlagt, in einem anderen Fall sollte der in Finanznöten steckende saudische König mit einer größeren Geldsumme bestochen werden, um die Ansiedlung von Palästinensern in seinem Land zu gestatten.

Von solchen zumeist spontanen Überlegungen und bizarren Vorhaben unterschieden sich ländervergleichende Wirtschaftsstudien und Entwicklungsentwürfe. Sie machten wie im Falle Iraks auf die Unterbevölkerung im fruchtbaren Zweistromland aufmerksam, oder sie wollten gegenüber der Mandatsverwaltung in Palästina und gegenüber der amerikanischen Regierung den Nachweis führen, daß Palästina ökonomisch stark genug war, um die großen Einwanderungsströme jüdischer Flüchtlinge und Überlebender aus Europa nach dem Krieg aufnehmen zu können.

Die amerikanische Öffentlichkeit war vor allem von der geschickt propagierten Vision einer hydrologischen Entwicklung des Jordantals nach dem Vorbild des erfolgreichen Tennessee-Valley-Projekts aus den dreißiger Jahren beeindruckt. Die Bewässerung über ein mit dem Jordan verbundenes Kanalsystem würde auch die landwirtschaftliche Entwicklung und damit eine dichtere Besiedlung des Negev ermöglichen. Die Gesamtbevölkerung Palästinas von 1,8 Millionen könnte mit der Zeit um weitere 4 Millionen jüdischer Flüchtlinge aus Europa vermehrt werden. Unter den Händen jüdischer Pioniere würde Palästina Pilotfunktion für die gesamte darniederliegende Nahostregion haben. Zitiert wurden auch ältere britische Expertisen aus dem Jahre 1875, denen zufolge Palästina und Transjordanien sogar eine Gesamtbevölkerung von 15 Millionen haben könnten.

Der Verfasser einer von den amerikanischen Zionisten in Auftrag gegebenen Studie[5], Walter Clay Lowdermilk, war einer der Chefingenieure des amerikanischen Tennessee-Valley-Projekts. »Palestine Land of Promise«, wie seine nur 160 Seiten schmale Studie hieß, erschien im Oktober 1944, in jenem Jahr also, ab dem laut dem britischen Weißbuch von 1939 die jüdische Einwanderung von einem arabisch-palästinensischen Veto abhängig sein würde. Im Januar 1946 erfuhr die handliche Studie mit dem zugkräftigen Titel bereits ihre sechste Auflage, jetzt erstmals in einer billigen Aufmachung. Als der amerikanische Präsident

Harry S. Truman inmitten seines Wahlkampfes 1947 die sofortige Einwanderung von 100 000 jüdischen Displaced Persons und Holocaust-Überlebenden nach Palästina verlangte – sie hatten sich in der amerikanischen Besatzungszone in Bayern eingefunden –, dürfte er auch in dem Bewußtsein gehandelt haben, daß diese Zahl auf jeden Fall absorbiert werden konnte. Schließlich hatte auch die während des Zweiten Weltkrieges vom anglo-amerikanischen Middle East Supply Centre in Kairo sehr erfolgreich durchgeführte alliierte Kriegsbewirtschaftung des Nahen Ostens das große Entwicklungspotential der Region unter Beweis gestellt.

Auch Trumans Nachfolger im Weißen Haus ließen sich von solchen Entwicklungsvisionen faszinieren und blieben von einer Schlüsselrolle des Jordan im Kerngebiet des israelisch-arabischen Konflikts überzeugt. Allerdings handelte es sich seit den späten vierziger Jahren bei den Projekten einer wirtschaftlichen Integration von Flüchtlingsmassen am Jordan nicht mehr nur um Juden, sondern um die palästinensischen Opfer des israelischen Unabhängigkeitskrieges von 1948 und der anschließenden Grenzkriege des jüdischen Staates mit seinen arabischen Nachbarstaaten.[6]

Verschwörung am Jordan? Das Jahr 1948

Zwischen dem Ende des Zweiten Weltkrieges und dem Suezkrieg von 1956 sollten sich die verschiedenen Stränge der lokalen Palästinafrage endgültig zum größeren israelisch-arabischen Regionalkonflikt verknoten. Aus dieser Dekade stammten auch die tiefen Wunden und Mythen, die dem Konflikt für die direkt Betroffenen wie in den Augen der Weltöffentlichkeit seine besondere Unversöhnlichkeit gaben. Zu den Wunden gehören die zahlreichen Opfer des Konflikts und die besonderen Ausmaße von Tragik, Gewalt und schließlich Terror. Die Mythen betreffen die vielen Feindbilder und die Heroisierung des Kriegshandwerks, denen gegenüber Staatskunst und Diplomatie kaum eine Chance haben.

In Israel nimmt seit den achtziger Jahren eine jüngere Generation von Historikern genau diese für Israelis und Palästinenser so schicksalhafte Dekade unter die Lupe. Sie bezeichnen sich selbstbewußt als »neue Historiker« und wollen sich damit von ihren älteren und ihrer Meinung nach eher leidenschaftlichen als wissenschaftlichen Kollegen aus der Gründerzeit des jüdischen Staates absetzen. Ihre in den Tempeln der Gelehrsamkeit Oxford und Cambridge gedruckten Hauptwerke werfen ein völlig neues Licht auf die Umstände und Strategien, die der Geburt Israels zugrunde lagen, auf die Rahmenbedingungen und besonders den zionistischen Part bei der Entstehung des palästinensischen Flüchtlingsproblems und der Entwicklung des Terrorismus sowohl im lokalen israelisch-palästinensischen wie im größeren israelisch-arabischen Schnittfeld.[7] Mit ihren ungewöhnlich scharfen Thesen, die in der israelischen Öffentlichkeit als schmerzhaft empfunden werden, haben diese »neuen Historiker« nicht minder scharfe Gegenattacken auf sich gezogen.[8] Sie bezeichnen ihre Kritiker als »offizielle Historiker«, was zugleich die eminent politische Dimension dieses noch längst nicht beigelegten israelischen Historikerstreits anzeigt.

Der Hauptstreitpunkt betrifft die geheimen Verhandlungen zwischen der von David Ben-Gurion geleiteten Jüdischen Agentur und dem transjordanischen Monarchen Abdallah, die aufgenommen wurden, als in der UNO noch um die Resolution gerungen wurde, die die Teilung Palästinas zum Gegenstand hatte. Es gab schon eine längere Tradition geheimer Gespräche zwischen zionistischen Funktionären und dem Haschemitenfürsten. Doch diesmal war die Stunde der Wahrheit gekommen. Die abenteuerlich anmutende Mission der israelischen Unterhändlerin Golda Meir zu Abdallah am 17. November 1947 und am 10. Mai 1948 wird zwar auch in älteren historischen Werken erwähnt. Aber die Quellenlage ließ nur eine magere Auskunft über die Sondierungen und Gesprächsergebnisse zu und half kaum das Rätsel zu lösen, warum David Ben-Gurion so kurz nach dem Holocaust das große Wagnis auf sich nahm, die 700 000 Juden in Palästina in einen Überlebenskampf zu führen. Woher nahm der erste israelische Premier den Mut zu einem solchen Risiko angesichts der numerischen Übermacht und der voraussichtlichen militärischen Überlegenheit seiner angeblich so fanatisch auf Vernichtung bedachten arabischen Feinde? Nach dem Abzug der Briten am 14. Mai 1948 und der prompten israelischen Unabhängigkeitserklärung noch am selben Tag stand keine internationale UN-Schutztruppe mehr bereit, um das Schlimmste zu verhüten. Auch die amerikanische Schutzmacht hatte sich beim Näherrücken des britischen Rückzugstermins von der Teilungsresolution der UNO distanziert – die ohne Gewalt nicht durchsetzbar war – und statt dessen eine UN-Treuhandschaft empfohlen.[9]

Für Ben-Gurion bedeutete das nichts anderes als eine Verlängerung des Mandats, vermutlich sogar die Rückkehr der »perfiden« Briten, die ihre Verantwortungslosigkeit mit dem Rückzug demonstriert hatten. Er hatte auch allen Grund, zu befürchten, daß unter einer solchen Treuhandschaft in Palästina für alle Zeit nur Platz für eine jüdische Minderheit sein würde. Für ihn lag es auf der Hand, daß sich London und auch Washington die arabische Welt nicht zum Feind machen wollten. Zu bedeutsam war das arabische Öl für die westliche Sicherheit und zu gefährlich war das offensichtlich gewachsene sowjetische Interesse an der Region.

Ben-Gurions Parole »Jetzt oder nie« war zweifellos plausibel, aber gab es zum drohenden Sturz in den Abgrund nicht doch eine realistische Alternative? War die konsequente Unterstützung der Teilungsresolution seitens der Sowjetunion ein Lichtblick? Wer für die Teilungsresolution eintrat, votierte eigentlich auch für einen jüdischen Staat in einem Teil Palästinas. Aber mußte Josef Stalin nicht unterstellt werden, daß er stärker an einem Krieg und dessen negativen Folgen für den Westen interessiert war? Ben-Gurions Beharren auf einer israelischen Unabhängigkeitserklärung beim britischen Rückzug konnte sich nicht auf sowjetische Hilfszusagen stützen. Allerdings hatte er mit Rücksicht auf Washington auch keine Gesuche an Moskau gerichtet, und bei Waffengeschäften wurde der indirekte Weg über die Tschechoslowakei gewählt.

Ben-Gurion hatte schließlich auch nur schwachen innenpolitischen Rückhalt. Die Aussicht, daß ein Krieg mit dem Tod mehrerer 100 000 Juden enden könnte, verschreckte viele Gemäßigte und Linke. Seine Entscheidungssituation wurde ferner dadurch erschwert, daß der Unabhängigkeitserklärung des jüdischen Staates und dem damit zwangsläufig gewordenen Krieg mit einer Reihe arabischer Staaten bereits ein irregulärer Krieg mit palästinensischen Widerstandsgruppen und Söldnern aus den arabischen Anrainerstaaten vorausging. Diese gewaltsamen Auseinandersetzungen hatten eine solche Intensität erreicht, daß Forderungen nach einem Waffenstillstand erhoben wurden, der aber die UNO auf den Plan rufen und das Datum für eine jüdische Unabhängigkeit auf ungewisse Zeit verschieben würde. Ben-Gurion war fester denn je entschlossen, daß sich Israel niemals mit dem Gebiet begnügen dürfte, das ihm in der UN-Teilungsresolution zugedacht war. Sein Vorbehalt war verständlich, weil die UN-Resolution auf ein Koexistenz-Modell abzielte. Für wesentliche Belange wie Transport und Verkehr, Wasser- und Energienutzung war ein Verbundsystem zwischen dem jüdischen und arabischen Teilstaat vorgesehen. Es gab keine durchgängige Teilung entlang verteidigungsfähiger Grenzen. Der fundamentale Widerstand der Palästinenser und der meisten arabischen Staaten gegen die Teilung Palästinas hatte aber einer solchen Koexistenz den Boden entzogen.

Ben-Gurions Glaube an ein friedliches jüdisch-arabisches Zusammenleben in Palästina mag schon in den Aufstandsjahren vor dem Zweiten Weltkrieg erschüttert worden sein. Der Teilungsvorschlag der Jüdischen Agentur aus dem Jahre 1946 schien diese Erfahrung zu reflektieren. Als Ben-Gurion im Jahr darauf der UN-Teilungsresolution zustimmte, war sein vorrangiges Motiv, die vielleicht nie wiederkehrende Chance einer Staatsgründung nicht zu verpassen. Was das Staatsterritorium betraf, so richtete sich sein Blick auf ein verteidigungsfähiges größeres Israel, in dem weitere jüdische Einwanderungen gewährleistet sein sollten. Deshalb bestand er bei der Ausarbeitung der Unabhängigkeitserklärung darauf, die Frage der Grenzen des zukünftigen jüdischen Staates offenzulassen. Das konnte er mit der äußerst knappen Mehrheit von fünf zu vier Stimmen im Kabinett auch durchsetzen.[10] Welche Grenzen ihm vorschwebten, trat erst im Verlauf des Krieges von 1948 deutlicher zutage. Die Teilungslinien der UN-Resolution waren jetzt die Ausgangsbasis für weitere Eroberungen, die dem jüdischen Staat möglichst ganz Galiläa, die Verbreiterung der Küstenzone von Tel Aviv bis zum Jordan, Jerusalem als Hauptstadt, den ganzen Negev, Gaza sowie das Bergland von Judäa am Toten Meer einbringen sollten. Mit der Ausnahme von Jerusalem und Jaffa deckten sich diese angestrebten Gebietserweiterungen ziemlich genau mit dem vom britischen Mandatar abgelehnten jüdischen Teilungsvorschlag aus dem Jahr 1946.

Die geheimen israelisch-transjordanischen Sondierungen hatten offensichtlich zu keinen verbindlichen territorialen Vereinbarungen für den Fall des Krieges geführt; dennoch hatten sie für die israelische Seite erkennen lassen, daß aus der Phalanx der Gegner die stärkste arabische Streitmacht, die britisch befehligte Arabische Legion, nicht zur Vernichtung des jüdischen Teilstaats antreten würde, sondern nur das Gebiet westlich des Jordan im Auge hatte, das die UNO den Palästinensern zugedacht hatte.[11] Abdallahs Traum, daß sich ein autonomer jüdischer Staat seiner Hoheit unterstellen und jüdische Wirtschaftskraft und zionistischer Pioniergeist seinen imperialen Plänen für den Fruchtbaren Halbmond zugute kommen würden, wurde von Golda Meir und den Arabienexperten der Jüdischen Agentur wahrscheinlich belächelt. Geschickt wies Golda Meir auf die Prinzipien von Wahlen und Volkssouveränität in Palästina hin.[12]

Unklar ist, ob oder inwieweit bei diesen Sondierungen Abdallah etwas über die jüdischen Gebietspläne erfuhr. Der Jüdischen Agentur muß vor Augen gestanden haben, daß namentlich bezüglich Jerusalems eine scharfe Interessenkollision bestand. Auch im Falle eines begrenzten Krieges würde Abdallah alles unternehmen, um seinen Anspruch auf Jerusalem oder zumindest auf die dortigen Heiligen Stätten des Islam durchzusetzen. Ein ungehinderter Zugang zu einem Mittelmeerhafen gehörte ebenso ins Kalkül des transjordanischen Wüstenstaats, wie das umgekehrt für Israels Zugang zum Roten Meer galt. Offensichtlich wollte Abdallah diese Fragen jedoch späteren Verhandlungen mit dem jüdischen Staat überlassen.

Die geheimen israelisch-jordanischen Gespräche im Frühjahr 1948 beschränkten sich schon deshalb eher auf vage Absichtsbekundungen und konnten keine konkreten Ergebnisse bringen, weil Ben-Gurion seine angestrebten Grenzrevisionen gegenüber

Abdallah nicht offenlegen wollte und weil der jordanische Monarch in seinem politischen Handlungsspielraum vorerst eingeengt war. Angesichts der Bemühungen der Arabischen Liga, Amman in die gesamtarabische Pflicht zu nehmen, konnte Abdallah sich gegenüber den Zionisten nicht wirklich festlegen, was seine Berechenbarkeit nicht eben erhöhte. Aber das ließ sich auch für Ben-Gurion sagen. Beide schienen zu hoffen, daß ihre im Grunde begrenzten und nur teilweise konträren Ziele im Verlauf des als unabänderlich geltenden allgemeinen Krieges erreicht werden könnten.

Die alles in allem begründeten israelischen Hoffnungen auf eine begrenzte Kriegführung der transjordanischen Streitkräfte hielten Ben-Gurion nicht davon ab, im Verlauf des Unabhängigkeitskrieges die Eroberung ganz Jerusalems zu versuchen. Nicht minder kompromißlos verfuhr er gegenüber Ägypten. Sein Eroberungsdrang in Richtung Gaza und Sinai konnte erst durch Interventionen der amerikanischen Diplomatie gestoppt werden.[13] Sein provokantestes Unternehmen war die Besetzung Eilats am Golf von Aqaba, womit für Israel der Zugang zum Roten Meer und Indischen Ozean gesichert wurde.

Ben-Gurion hatte offenbar den Unabhängigkeitskrieg von Anfang an als einen Eroberungskrieg zur Schaffung eines neuen und vor allem starken Israel konzipiert. Dabei war ihm jedes Mittel recht. Er schloß Waffenstillstände mit den arabischen Staaten, um sie wieder zu brechen, wenn logistische Engpässe überwunden waren. Kritisch waren für Israel vor allem die ersten vier Wochen, als die besser ausgerüsteten arabischen Truppen den Vorteil der Initiative hatten. Den ersten einmonatigen Waffenstillstand nutzten Ben-Gurions Generäle und Waffenkäufer in Europa dann so gründlich, daß die israelischen Streitkräfte in die Offensive gehen konnten, ohne sie wieder abzugeben.

Der Zusammenstoß mit Abdallahs 6 000 Mann starker Arabischer Legion im palästinensischen Gebiet wurde unausweichlich, als die Haganah (israelische Armee) einen Korridor nach Jerusalem freikämpfte, dessen jüdische Wohngebiete belagert waren und unter jordanischem Beschuß lagen. Der Umstand, daß in dieser nur zehn Tage dauernden zweiten Kriegsphase die Arabische Legion in die Defensive gedrängt wurde – aus der sie bis zum Kriegsende im Februar 1949 nicht mehr herauskam –, macht es schwierig, die jordanischen Kriegsziele und die der »verdeckten jordanisch-israelischen Vereinbarung« zugrundeliegenden Absichten anhand der Kriegführung Abdallahs zu überprüfen. Auch die jordanische Passivität gegenüber den israelisch-ägyptischen Kämpfen um die Kontrolle des Negev in der dritten Kriegsphase nach der Ermordung des UN-Vermittlers Graf Bernadotte durch jüdische Extremisten am 17. September 1948 in Jerusalem läßt keinen eindeutigen Schluß zu. Abdallahs Tatenlosigkeit könnte sich stärker gegen die Ambitionen des ägyptischen Königs Faruq gerichtet haben und muß nicht als »Vertragstreue« gegenüber Israel gedeutet werden. Gleiches trifft für den israelischen Bruch des vorletzten Waffenstillstands und den letzten Akt des Krieges zu: die israelische Einnahme Eilats in Sichtweite Aqabas. Michel Bar-Zohar, der Biograph Ben-Gurions, hat den Charakter des israelischen Unabhängigkeitskrieges nach der ersten Phase der Unsicherheit prägnant beschrieben: Die Juden kämpften nicht mehr, um zu überleben, sondern um zu erobern.[14]

Dennoch bleibt zu bedenken, daß der jordanische König schon sehr früh die Arabische Legion im Gebiet von Jerusalem konzentriert hatte und nicht, wie Kritiker der »neuen« israelischen Historiker behaupten, zum Angriff auf den jüdischen Teilstaat angetreten war. Aufschlußreich für die haschemitische Strategie könnte auch das Verhalten der irakischen Streitkräfte sein. Diese etwa 4000 Mann starke Armee blieb ebenfalls im Gebiet des den Palästinensern zugedachten Teilstaats konzentriert und formierte sich nicht zur vorgesehenen Offensive in Richtung Haifa.

Von ausschlaggebender Bedeutung für die Entwicklung des Krieges und des Palästinaproblems überhaupt war natürlich die Tatsache, daß Israel die meiste Zeit gegen Truppen arabischer Anrainerstaaten kämpfte, deren Potentaten eigene Pläne in bezug auf Jerusalem und die zukünftigen Grenzen und Korridore in Palästina und Israel hegten. Die Vermutung, daß Israel auch Eroberungen beabsichtigt haben könnte, um sie als Faustpfänder für spätere Verhandlungen zu nutzen, trifft wahrscheinlich nicht zu. Bereits in den Vermittlungsversuchen Graf Bernadottes im zweiten Waffenstillstand im Spätsommer 1948 ließ Ben-Gurion nicht mit sich über die Eroberungen in Galiläa und im Negev verhandeln. Sicherlich spielte dabei auch sein Argwohn gegen britische Stützpunktinteressen im Negev eine Rolle. Aber auch nach dem Krieg, als sich sogar Friedenschancen mit Ägypten, Jordanien und Syrien abzuzeichnen schienen, war Ben-Gurion nicht zu territorialen Kompromissen zu bewegen. Nicht einmal auf die Einrichtung von Korridoren für die arabischen Staaten und den »guten« Nachbarn Jordanien wollte er sich einlassen. Sein starres Beharren auf den Eroberungen jenseits der Teilungslinien der UN-Resolution brachte sogar die amerikanische Schutzmacht in Rage. Für Ben-Gurion jedoch war die Arrondierung des israelischen Staatsgebiets noch längst nicht abgeschlossen. Die Waffenstillstandslinien waren bestenfalls eine Annäherung an die gewünschten neuen Staatsgrenzen, die zwar an einigen Orten bereits zusammenliefen, an anderen aber noch weit auseinanderklafften.

Flüchtlingselend, Grenzkriege und Terrorismus

Die militärischen und diplomatischen Nachhutgefechte um die Korrekturen der Waffenstillstandslinien des Krieges von 1948 werfen nicht nur ein Licht auf die zwischenstaatlichen israelisch-arabischen Beziehungen der fünfziger Jahre, sondern auch auf die Tragik des Schicksals der palästinensischen Flüchtlinge und Vertriebenen sowie auf den jeweiligen israelischen und arabischen Part bei der Entstehung und Entwicklung des Terrorismus im israelisch-arabischen Konflikt.

Die Lage der Palästinenser und hier vor allem der Flüchtlinge, der Evakuierten und Vertriebenen erschwerte nach dem Krieg für mehr als ein Jahrzehnt die israelischen Versuche, die unruhigen Staatsgrenzen zu festigen und verteidigungsfähig zu machen. Die Regierung des jüdischen Staates bestritt nach anfänglicher Ratlosigkeit, für das palästinensische Flüchtlingsproblem überhaupt verantwortlich zu sein. Es wurden Falschmeldungen des Inhalts verbreitet, daß die sogenannten Flüchtlinge den Aufrufen arabischer Demagogen gefolgt seien, sich in Sicherheit zu bringen, bis der Jischuw liquidiert sei. Schon seit einem halben Jahrzehnt lief vor allem in den USA auch eine Diffamierungskampagne der dortigen Zionisten gegen die nationalen Anliegen der Palästinenser, die nicht auf der Seite der Demokratien stünden. Sie prangerte insbesondere die Kumpanei des Großmuftis von Jerualem mit dem Faschismus und mit Hitler an.[15]

Die nach dem Krieg einsetzende arabische Gegenpropaganda war nicht minder skrupellos. Ihre Behauptung, daß es eine zentral angeordnete und systematische Vertreibung von Palästinensern aus den Gebieten, die einem jüdischen Staat zugedacht waren oder die zusätzlich erobert werden sollten, gegeben habe, ist in dieser Pauschalität nicht nachweisbar. Zwar gab es die Greueltaten von Deir Yassin und brutale Vertreibungen von palästinensischen Dorfgemeinschaften im Vorfeld und Verlauf des Krieges, über die sich in der Rückerinnerung selbst der hartgesottene Yitzhak Rabin noch betroffen zeigte.[16] Nicht selten sah Ben-Gurion über derlei Gewaltexzesse einfach hinweg oder schwieg. Hatten ihn der Holocaust und die seit Ausbruch der Gewaltsamkeiten rasch steigenden jüdischen Verluste so hart gemacht? Am Ende des Krieges waren 6 000 tote jüdische Soldaten zu beklagen. Das verheerende Ausmaß dieses Blutzolls, den Israel in seinem ersten Krieg mit den Arabern zahlte, wird deutlich, wenn man seine Relation zur jüdischen Bevölkerung in Palästina auf die USA oder Großbritannien hochrechnet: Im amerikanischen Maßstab wären es 1 242 818 Opfer und im britischen Vergleich 467 468 Tote gewesen.[17] Gerade der von den »offiziellen« israelischen Historikern am ärgsten befehdete Benny Morris hat auch Beispiele dafür nachgewiesen, daß während des Krieges Ben-Gurion sich gegen Vertreibungen von palästinensischen Gemeinschaften aussprach. Waren dafür humanitäre oder taktische Überlegungen maßgeblich? Sein Verhalten anläßlich der langwierigen und ergebnislosen Lausanner Friedenskonferenz vom April bis September 1949 läßt allerdings eher den Schluß zu, daß er in Israel keine starke arabische Minorität wünschte.

Unterdessen waren die Waffenstillstandsgrenzen Israels längst zu Infiltrationszonen vieler Palästinenser geworden, die in den meisten Fällen aus schierer wirtschaftlicher Not in ihre Dörfer, Obsthaine und Felder zurückdrängten. Andere versuchten im

Auftrag arabischer Hehler jüdische Siedlungen zu plündern. Umgekehrt bemächtigten sich Juden arabischer Transportkamele, die gewöhnlich nachts die Ernten von den verlassenen Feldern abholen sollten oder Saatgut zu deren Neubestellung schleppten.[18]

Viele palästinensische Kleinbauern hatten beim Heraufziehen des Krieges und im Vorfeld der Kämpfe um Jerusalem ihre Familien aus den Küstenebenen und den bedrohten Kriegszonen ins sichere Bergland zu Verwandten gebracht, so wie in allen Kriegen der Welt Evakuierungen der Zivilbevölkerung vorgenommen werden. Häufig lagen die Dorfweiler, Felder und Obsthaine in Sichtweite, und der größte Teil dieser kleinbäuerlichen Pächter dürfte gegen Ende des Krieges darauf gehofft haben, daß die unnatürlichen Waffenstillstandslinien, die häufig die Getreidegebiete und Weiden ihrer Dörfer und Städte durchschnitten, schnell wieder verschwinden würden. In vielen Fällen dürften die Pächter nicht einmal geahnt haben, daß sich ihre städtischen Grundherren längst im sicheren Libanon oder in Syrien niedergelassen hatten und dabei waren, ihren Besitz an jüdische Landaufkäufer zu veräußern. Bei vielen Böden handelte es sich ohnehin um sogenanntes Staatsland (miri), dessen Pacht befristet war oder besonderen Nutzungsvorschriften unterlag.

Die israelische Regierung stand dem Problem der ständigen, immer massiveren und zunehmend bewaffneten Infiltrationen der langen provisorischen Grenzen zunächst ziemlich ratlos gegenüber. Es gab weder eine Grenzpolizei noch einheitliche Vorschriften, wie mit den vielen Zivilisten verfahren werden sollte, die bei Grenzverletzungen oder illegalen Aufenthalten in israelisch kontrollierten Gebieten gestellt wurden. Häufig wurde nach Wildwestmanier verfahren, wobei es immer auch die »Schurken« gab. Schließlich wurden Hunderte der grenznahen palästinensischen Dörfer zerstört und Niemandslandzonen geschaffen, deren Betreten tödlich sein konnte. Minenfelder und Schießbefehle verliehen Nachdruck und kompensierten den noch dünnen Grenzschutz.

Nach der ergebnislosen Lausanner Friedenskonferenz im Jahre 1949, auf der Israel in der Flüchtlingsfrage trotz amerikanischen Drucks nur geringe Kompromißbereitschaft gezeigt und den palästinensischen Flüchtlingen und Vertriebenen ein generelles Rückkehrrecht verweigert hatte[19], nahmen die Infiltrationen einen stärker politischen Charakter an. Palästinensische und israelische Spähtrupps und Spione überschritten jetzt die Linien, um die gegnerischen Stellungen von Polizei und Militär auszukundschaften. Bewaffnete nächtliche Überfälle waren gezielter und besser koordiniert. Daneben gab es immer auch Amokläufe von Palästinensern, die sich in Reaktion auf den Tod von Familienangehörigen zur Blutfehde verpflichtet sahen und auf eigene Faust in jüdische Siedlungen einbrachen. Über die Monate und Jahre stiegen auch für die jüdische Seite die Verluste derart dramatisch an, daß Israel keinen anderen Ausweg sah, als zur direkten Vergeltung und, als auch das nichts nützte, zur Abschreckung zu schreiten.

Die Vergeltung folgte dem archaischen Gesetz von Auge um Auge, Zahn um Zahn. Sie zielte auf den Ort des Geschehens und die direkten Täter. Die Abschreckung war viel schlimmer, weil sie überall und zu jeder Zeit erfolgen konnte und vom Konzept her brutaler und auf möglichst großen Schaden ausgerichtet war. Nicht selten dürfte die Parole zu solchen Einsätzen gelautet haben, möglichst viele Tote zu machen. Das scheint vor allem bei Polizei und Armeeposten gegolten zu haben, die die Staatsgewalt repräsentierten. Dabei kam es vor, daß israelische Militäreinheiten den Gegner sogar gezielt provozierten, um dann massive Abschreckungsschläge folgen zu lassen. Da die Opfer in der Regel völlig überrascht wurden, war es ein leichtes Unterfangen, derlei Aktionen propagandistisch als geniale und grandiose Überlegenheit – und weitere Abschreckung – auszugeben.

Markante und für die rasche Entwicklung des nahöstlichen Terrorismus bedeutsame Stationen dieser fürchterlichen israelischen Abschreckungsmaßnahmen waren das Massaker an über siebzig Männern, Frauen und Kindern im transjordanischen Grenzdorf Qibiya im Oktober 1953 sowie der Überfall auf den ägyptischen Polizeiposten bei Gaza im Februar 1955, bei dem über achtzig Ägypter getötet wurden. Die große Zahl arabischer Toter und die vergleichsweise stets geringe Zahl israelischer Opfer bei solchen Einsätzen erklärt sich aus der Taktik, daß gewöhnlich zum Schutz des eigenen Rückzugs ein Hinterhalt für die alarmierten Verstärkungen, Hilfs- und Rettungsmannschaften des Gegners gelegt wurde.[20] Zu trauriger Berühmtheit gelangten die Einsätze der von Ariel Scharon befehligten Sondereinheit 101, die am 30. Juli 1953 unter Befürwortung Ben-Gurion s aufgestellt worden war. Ihre Aufgabe war es, arabische Grenzverletzungen und Infiltrationen – zumeist von Flüchtlingen oder Beduinen – mit gezielten Vergeltungs- und Abschreckungsaktionen auf arabischem Gebiet zu beantworten. Die internationalen Proteste und eine Demarche der amerikanischen Regierung führten schließlich zur Auflösung dieser Truppe.

Doch der Schaden war irreparabel. Der Überfall auf die ägyptische Grenzstation bei Gaza leitete eine schicksalhafte Wende im arabisch-israelischen Verhältnis und besonders in den bis dahin keineswegs verheißungslosen ägyptisch-israelischen Beziehungen ein. Unter Nasser hatte es in den frühen fünfziger Jahren Friedensfühler gegenüber Israel gegeben. Kairo suchte nach einem Kompromiß, wie eine arabische Landbrücke zwischen dem Niltal und dem Fruchtbaren Halbmond im südlichen Negev eingerichtet werden konnte. Aber Ben-Gurion, der Sicherheitsfuchs, wollte es bei der Durchtrennung dieser Naht zwischen dem arabischen Osten und dem arabischen Westen belassen. Er mißtraute Ägypten oder wollte die strategischen Nachteile einer arabischen Landverbindung nicht in Kauf nehmen, weil er davon überzeugt war, daß die arabischen Staaten über kurz oder lang alles daran setzen würden, um die Schmach der Niederlage aus dem Krieg von 1948 zu tilgen. Nicht geheuer war Ben-Gurion auch Nassers Beharren auf dem vollständigen Rückzug der Briten aus der Suez-Enklave, der Israel und Ägypten in eine direkte Konfrontation gebracht hätte.

Wer seine Hoffnungen auf eine Entspannung in den ägyptisch-israelischen Beziehungen noch nicht verloren hatte, der war jetzt eines Besseren belehrt und mußte auf Unheilvolles gefaßt sein. Für Nasser war die Grenze des Erträglichen seit dem israelischen Überfall auf die ägyptische Polizeistation in Gaza überschritten. Auf Gaza selbst hatte er nie besonderen Wert gelegt. Anders als Abdallah nach 1948 im Westjordanland verfuhr, hatte Nasser den palästinensischen Gazastreifen nicht annektiert. Er empfand ihn als Last und hatte Israel für den Fall einer

Verständigung Desinteresse signalisiert. Den massiven israelischen Überfall deutete er aber als direkten Angriff auf die Legitimationsgrundlagen seiner Machtstellung, sein Charisma unter den Freien Offizieren und in der ägyptischen Bevölkerung sowie auf seinen erklärten Panarabismus.

Die endgültige und nicht mehr zu versöhnende Gegnerschaft Nassers zu Israel wurde durch die Lavon-Affäre herbeigeführt, die auch die Innenpolitik des jüdischen Staates und die Regierung Ben-Gurion erschütterte. Um den vertraglich vereinbarten Abzug der Briten aus Ägypten zu torpedieren und Nassers Annäherungsversuche an den Westen und insbesondere an die USA zu stören, hatte Israels Verteidigungsminister Pinhas Lavon ohne Wissen Ben-Gurions die Aktionen eines vom Mossad gelenkten ägyptisch-jüdischen Agentenrings gedeckt, bei denen britische und amerikanische Einrichtungen und Casinos in Kairo in Brand gesteckt wurden, ohne daß es aber Tote gegeben hätte. Mehrere der Täter wurden gefaßt und in einem Schauprozeß abgeurteilt, wobei trotz internationaler und amerikanischer Gnadengesuche zwei Todesurteile vollstreckt wurden.[21]

In der Entwicklung des nahöstlichen Terrorismus drehte sich erneut die Schraube der Gewalt. Auch Nassers Racheschwur folgte dem archaischen Gesetz. Zugleich aber galt es, eine wirksame Antwort auf die israelische Abschreckungsstrategie zu finden. Zwei Maßnahmen wurden getroffen, die schwerwiegende Folgen haben sollten: Um bei zukünftigen Zwischenfällen im Negev und entlang der undichten Waffenstillstandslinien des Gazastreifens und des Ostsinai israelische Vergeltungsschläge von ägyptischen Grenzorten, Bevölkerungszentren und Grenzposten abzuwenden, verfielen Ägyptens Strategen auf den Plan, die Aktionen palästinensischer Freiheitskämpfer (Fidaiyun) gegen Israel auf die langen Grenzen Jordaniens sowie auf das wasserwirtschaftlich sensible syrisch-libanesisch-israelische Grenzgebiet umzulenken. Ägyptische Militärattachés in Amman und Damaskus organisierten jetzt palästinensische Überfälle an Israels Ostgrenzen. Der Panarabismus der fünfziger Jahre erleichterte die Rekrutierung gewaltbereiter und opferwilliger Fidaiyun. In Ägypten selbst wurden die wehrwilligen Palästinenser in Uniformen gesteckt und ab 1954 in einer Palästina-Division gedrillt, die dem ägyptischen Armeekommando unterstand.[22] Diese Maßnahme bezweckte jedoch vorrangig die bessere ägyptische Kontrolle über palästinensische Aktivisten. Im Suezkrieg kämpften diese Truppen mit. Erst ab 1964 unterstanden sie dann der damals gegründeten Palästinensischen Befreiungsorganisation (PLO) und wurden Teil der sogenannten Palästinensischen Befreiungsarmee (PLA), die auch Truppen in den ostarabischen Ländern aufstellte.

Die zweite ägyptische Maßnahme gegen eine Wiederholung der nach Nassers Meinung auf die Destabilisierung seines Regimes gerichteten israelischen Abschreckungsaktion bei Gaza war ein Abkommen mit der Tschechoslowakei über umfangreiche Rüstungslieferungen. Wegen der weitreichenden Folgen für die internationale Politik und die Machtstrukturen im Nahen Osten sollte diese Reaktion Nassers auf die israelischen Provokationen eine besondere Dramatik annehmen. Der Damm des Waffenboykotts in den Nahen Osten, der durch die Dreier-Erklärung von Washington, London und Paris 1950 errichtet worden war und einem Wiederaufflammen des Krieges von 1948 nach der gescheiterten Lausanner Friedenskonferenz vorbeugen sollte, war durchbrochen. Nasser hatte den Absichten der drei Westmächte ohnehin mißtraut und sie als eine Art Fessel betrachtet, womit die im Verlauf des Krieges errungene israelische Waffenüberlegenheit festgeschrieben und er selbst für ein westlich dominiertes militärisches Sicherheitssystem im Nahen Osten gefügig gemacht werden sollte.

Das Suez-Komplott 1956

Die Antworten der drei Westmächte auf Nassers neuen Trumpf ließen nicht lange auf sich warten, fielen aber unterschiedlich aus. Sie gehören bereits zum Vorspiel der Suezkrise und des Suezkrieges. Es dauerte auch nicht lange, bis die von innenpolitischen Krisen geschüttelte israelische Regierung aus dieser regionalen Konfliktverschärfung die notwendigen Schlüsse für die Wahrung des eigenen Nationalinteresses zog. Das lokale Palästinaproblem weitete sich damit vollends zum größeren israelisch-arabischen

Konflikt aus. Nach dem Doppelkrieg des Überlebens und Eroberns verfolgte Israel jetzt eine sicherheitspolitische Strategie, die nach der Auflösung der britischen Bastion in der Suezkanalzone die neuralgischen Stellen Israels an der Straße von Tiran und an der Sinaigrenze einem ägyptischen Zugriff entziehen und gleichzeitig den mächtiger werdenden panarabischen Nasserismus in die Schranken weisen sollte.

Auf den ersten Blick erstaunt es, daß Israel sich in der Suezkrise überhaupt mit den europäischen Kolonialmächten einließ. Dabei nahmen die Israelis das Zusammenspiel mit den Briten nur zähneknirschend in Kauf. Israel war in erster Linie an einer Zusammenarbeit mit Frankreich gelegen, das der Hauptarchitekt des Suez-Unternehmens war. Anders als die Briten, die schon wegen ihrer Ölinteressen ihre arabischen Bundesgenossen östlich des Jordan und am Golf nicht verprellen wollten und deren zweideutige Arabienpolitik sich nach Auffassung Ben-Gurions im Entscheidungsfall immer gegen Israel richten würde, waren die Franzosen brennend daran interessiert, Nasser, der die Unabhängigkeitsbewegungen in Algerien und Tunesien unterstützte, nun auch von Osten her unter Druck zu setzen. Die arabische Niederlage im Krieg von 1948 machte Israel in der Suezkrise zum natürlichen Bündnispartner für die Regierung Guy Mollet. Da Nasser das Waffenembargo durchbrochen hatte, hatte Paris keine Skrupel, seinerseits das Dreier-Abkommen stillschweigend aufzukündigen. Israel sollte aus den französischen Waffenschmieden alles beziehen dürfen, was es brauchte und was von den USA und Großbritannien nicht zu erhalten war. Die weitreichende »French Connection«, die schließlich auch für die militärische Nuklearforschung Israels genutzt wurde, wurde in einem Geheimtreffen in Sèvres vom 22. bis 25. Oktober 1956 besiegelt.[23]

Für die israelischen Streitkräfte blieb nur noch das Problem, ob die Ausbildung an den modernen Flugzeugen und sonstigem Gerät mit dem Tempo der Krisenentwicklung mithalten konnte und einen Vorsprung gegenüber der ägyptischen Ausbildung an tschechischem Gerät sicherte. Was Israel aus der britischen Beteiligung an der Verschwörung von Suez gewann, war in der Hauptsache diplomatischer Natur. Triumphierend soll Ben-Gurion das Papier mit der britischen Unterschrift an sich genommen haben, die Großbritanniens Stellung im Nahen Osten diskreditierte und das ungeliebte Israel als strategischen Machtfaktor des Westens anerkannte.[24]

Die Suezkrise hatte mit der plötzlichen amerikanischen Absage zur Finanzierung des Assuan-Staudammes begonnen und war eskaliert, als Nasser darauf mit der Verstaatlichung des Suezkanals reagierte. Washington war auch über Ägyptens Waffen-Deal mit dem Ostblock irritiert, der eigentlich nicht zum ägyptischen Bekenntnis zur Blockfreiheit paßte und den westlichen Verdacht bestätigte, daß in Bandung das Trojanische Pferd für den Sieg des Kommunismus in Südostasien, im Nahen Osten und in Afrika gezimmert worden war.

Washington hatte freilich noch ein weiteres Problem mit Nasser, das den amerikanischen Präsidenten Dwight D. Eisenhower Mitte der fünfziger Jahre zu der entnervten Reaktion veranlaßt hatte, Nasser in die »ice-box« zu stecken. Eisenhower und sein Sonderbotschafter Eric Johnston hatten mit Zuckerbrot und Peitsche alles versucht, um in der sogenannten »Operation Alpha« die palästinensische Flüchtlingsfrage und die Grenzstreitigkeiten am Jordan zu einem Verhandlungspaket zu schnüren. Ziel war, durch die Ansiedlung möglichst vieler Flüchtlinge im noch zu entwickelnden fruchtbaren Jordantal die Palästinafrage zu entschärfen und im Nahen Osten günstigere Voraussetzungen für ein westlich geführtes Sicherheitsbündnis gegenüber der Sowjetunion zu schaffen.[25] Zwar hatte Israel ziemlich stur auf seiner Präferenz für die Entwicklung des Negev und die Integration neuer jüdischer Flüchtlinge vor allem aus dem Irak[26], aber auch aus Rumänien und Polen bestanden, doch letztlich war es die von Nasser dirigierte Arabische Liga, die sich jedem Kompromiß verschloß.

Für die Suez-Verschwörer, die vor allem der sich im Nahen Osten ausbreitende Nasserismus bekümmerte, waren die amerikanischen Lösungsvorschläge nicht akzeptabel. Sie wollten unbedingt die international aufsehenerregende und auf den ersten Blick illegal erscheinende Verstaatlichung einer der wichtigsten Wasserstraßen der Welt zum Anlaß nehmen, um Nasser zu demütigen und seinem Panarabismus den Wind aus den Segeln zu nehmen. Was das Komplott jedoch brachte, mußte der amerikanischen Führungsmacht des Westens wie ein Danaergeschenk erscheinen. Eher widerwillig dürfte Washington am Ende des Desasters europäischer Nahostpolitik zur Schadensbegrenzung für den Westen geschritten sein.

Den geheimen Abmachungen von Sèvres folgend – Kairo hatte über seine Militärattachés in Paris Wind von der Sache bekommen – eröffneten israelische Fallschirmeinheiten am 29. Oktober 1956 den Suezkrieg mit Landungen auf dem Sinaipaß Mitla. 48 Stunden später rollten Panzer durch den Sinai, um den wichtigen ägyptischen Stützpunkt Bir Gafgafa in Richtung Suezkanal einzunehmen.[27] Weitere Panzervorstöße bei Kuntilla und Ras El Naqb am Golf von Aqaba sowie Landungen weiterer Fallschirmjäger bei El Tor am Golf von Suez folgten. Israel sollte auch den Suezkanal bedrohen, um ägyptische Verteidigungsaktionen auszulösen und damit den Franzosen und Briten den Vorwand zu einem Ultimatum zu liefern, das den sofortigen beiderseitigen Rückzug zum Gegenstand hatte. Gleichzeitig begann Israel mit dem Vorstoß auf Scharm asch-Scheich, dem wichtigen Kontrollposten für die Schiffahrt durch die Straße von Tiran nach Eilat. Als, wie abzusehen, die ägyptischen Streitkräfte keine Anstalten zur Einhaltung des 24stündigen Ultimatums machten, griffen britische und französische Luftlande- und Marineverbände sowie Bomber die ägyptischen Städte am Suezkanal an. Ein Inferno bahnte sich an. Nur ultimative Aufforderungen Washingtons und vor allem Moskaus – das im Schatten des Suezkrieges den Aufstand in Ungarn niederschlug – konnten London und Paris zum Abbruch ihres Unternehmens zwingen.

Amerikanischer Druck erzwang auch den israelischen Rückzug aus dem Sinai und der Straße von Tiran. Allerdings gelang es Israel, dafür bestimmte Konditionen auszuhandeln: Die Stationierung von UN-Beobachtungsposten auf der ägyptischen Seite seiner Grenze zum Sinai und in Scharm asch-Scheich sowie eine amerikanische Zusage, sich zukünftig für die Freiheit der Schiffahrt in der Straße von Tiran einzusetzen. Israel hatte damit ein wichtiges, im Nationalinteresse liegendes Ziel, als Ersatz für die britische Suez-Enklave eine Sicherheitszone gegenüber den Ägyptern zu bekommen, erreicht. In Scharm asch-Scheich war man etwas nachlässiger gewesen und hatte übersehen, daß die Einrichtung eines UN-Flottenstützpunkts – für den es allerdings keinen Präzedenzfall gab – vielleicht angemessener gewesen wäre.

Trotz alledem endete der Suezkrieg mit einem großen politischen Sieg Nassers. Militärisch hatte er seine Lage als aussichtslos befunden und sich wohlweislich darauf konzentriert, die im Sinai befindlichen Truppen aus der bedrohlichen Zange iraelischer und britisch-französischer Vorstöße zu befreien und sie möglichst schnell auf die Westseite des Kanals (auch zum Schutze Kairos) zu verlagern.[28] Eisenhower hatte dem Mann in der »icebox« eher zähneknirschend zu diesem Sieg verholfen. Er ließ seinen Zorn vor allem die Briten spüren, die unter den ausbleibenden Öllieferungen aus dem Arabisch-Persischen Golf litten. Die amerikanischen Ersatzrationen wurden mehr als penibel eingehalten.

Israelis und Ägypter schienen unterschiedliche Lehren aus dem Suezkrieg gezogen zu haben. Der weitere Aufstieg Nassers erschien unaufhaltsam und muß den neuen Pharao schließlich verblendet haben. Er schien zu glauben, aus jeder Mixtur von riskanter Diplomatie und abenteuerlichem Kriegsgebahren müsse etwas Gutes für ihn herauskommen. Diese Illusion sollte sich im Sechs-Tage-Krieg rächen. Dagegen hatte Israel in militärischer Hinsicht geglänzt, es mußte aber in der Staatskunst und besonders in der Diplomatie nachbessern. Die israelische Diplomatie im Vorfeld des Sechs-Tage-Krieges belegt eindrücklich, daß diese Lektion gelernt wurde. Ein politisches Fiasko wie nach dem Suezkrieg gab es nicht.

Der Übergang vom lokalen Palästinaproblem zum regionalen arabisch-israelische Konflikt in den fünfziger Jahren hatte auch weitreichende demographische Folgen, die Israel gewissermaßen neu konstituierten. Gemeint ist die starke Einwanderung orientalisch-jüdischer Gemeinschaften aus den arabischen Ländern. Wie wirkte sich diese stärkere sephardisch-arabische Präsenz auf die politische Einstellung Ben-Gurions und Levi Eschkols zur Palästinenserfrage aus? Da die jüdischen Einwanderer und Flüchtlinge aus arabischen Ländern vorwiegend und nicht selten gegen ihren Willen in den unruhigen Grenzgebieten zu den arabischen Staaten angesiedelt wurden[29] und zwangsläufig mehr als andere unter den palästinensischen Überfällen litten, ist zu vermuten, daß diese Praxis der aus europäischen Juden bestehenden israelischen Behörden mit zur üblichen Diskriminierung der orientalischen Juden gehörte. Aufhorchen läßt jedenfalls eine Empfehlung israelischer Behörden an ihre Agenten im Irak, möglichst nichtwohlhabende jüdische Familien auf die begrenzten Auswandererlisten zu setzen, die mit der Regierung in Bagdad vereinbart wurden.[30] Angehörige der jüdischen städtischen Oberschicht aus dem Irak, aber auch aus Libyen und Marokko ließen sich kaum in ländlichen Gebieten und Grenzdörfern ansiedeln. In den vorwiegend von aschkenasischen Juden aus Europa besiedelten Städten gab es dagegen kaum Platz, wenn nicht sogar ein gewisses Mißtrauen gegenüber den Neuankömmlingen. Dennoch konnten israelische Regierungen unter Verweis auf die Interessen arabischer und sephardischer Juden fortan selbstbewußter agieren.[31] Der Vorwurf, Speerspitze eines europäisch-jüdischen Kolonialismus zu sein, stach nicht mehr. In den amerikanischen Bemühungen, das Problem der palästinensischen Flüchtlinge zu lösen, ist freilich kaum erkennbar, daß die stillschweigende Transformation der israelischen Gesellschaft überhaupt wahrgenommen wurde. Die Folgen dieser allmählichen »Orientalisierung« der israelischen Gesellschaft sollten erst in den siebziger Jahren ihren politischen Niederschlag finden. Davor lag die große Zäsur des Sechs-Tage-Krieges, die im Rahmen des Ost-West-Konflikts die neue Qualität des arabisch-israelischen Konflikts markierte.

Moskau, Washington und der Sechs-Tage-Krieg 1967

Beide Supermächte waren in die Vorgeschichte des Sechs-Tage-Krieges verwickelt, sie wußten um das gefährliche Risiko eines Flächenbrandes, setzten aber nicht alle Macht ein, um ihn zu verhindern. Über die Handlungsmotive ihrer Diplomatie und die vielschichtigen Rahmenbedingungen ist viel gerätselt worden, vor allem, da beide Mächte vom Ausgang des Krieges politisch und strategisch profitieren sollten.

Die UdSSR wird zuerst in den Blick genommen, weil ihre bereits erwähnte Falschmeldung vom 13. Mai über einen Aufmarsch von zehn bis dreizehn israelischen Brigaden an der syrischen Grenze Nasser zum Vormarsch im Sinai veranlaßte. Diese sowjetische Warnung weist eine Reihe von Widersprüchen auf. Da die israelische Armee (ohne Reservisten) etwa 25 Brigaden umfaßte, hätte die Verlegung von ungefähr der Hälfte der Armee oder von etwa 40 000 Mann niemals unbemerkt vonstatten gehen können. Die Konzentration einer solchen Streitmacht wäre weder der syrischen noch der jordanischen Aufklärung entgangen. Auch der eigens an die syrische Grenze beorderte ägyptische Stabschef hatte nichts dergleichen feststellen können.

Nasser ließ sich davon ebensowenig beeindrucken wie Dimitri Chuvakin, der sowjetische Botschafter in Tel Aviv, der, als die israelische Regierung ihm anbot, sich vor Ort ein Bild von der wirklichen Lage zu machen, dieses Angebot ablehnte. Welchen Hintergrund hatte aber in diesem Zusammenhang die Falschmeldung? Griff Moskau angesichts der unbestreitbaren politischen Zuspitzung der Lage im syrisch-israelischen Grenzgebiet und der israelischen Drohungen mit einer massiven Intervention einfach auf einen ihm bekannten geheimen israelischen Einsatzplan für eine solche Krise zurück? Oder wurde die Falschmeldung von den Syrern oder von einer sowjetischen Stelle zu einem ganz bestimmten politischen Zweck fabriziert? Oder wurde sie gar als gezielte Desinformation vom israelischen Geheimdienst lanciert?[32]

Diese Fragen sind alles in allem nebensächlich für das weitere Geschehen. Ausschlaggebend und bedeutsam ist allein, daß die Meldung in ein sowjetisches Kalkül paßte; Moskau ging es um die politische Aufwertung des wegen seines Jemenabenteuers angeschlagenen Nasser und seines Engagements an der Seite des neuen sowjetischen Bündnisgenossen in Damaskus. Wie vordringlich diese Ziele offenbar für die sowjetische Nahostpolitik waren, kommt darin zum Ausdruck, daß Moskau die Falschmeldung ungeachtet aller Ungereimtheiten gleich mehrmals an ägyptische Regierungsstellen gehen ließ, um sicher zu sein, daß sie größtmögliche Wirkung zeigte und Nasser auch bestimmt erreichte. So wurde die Meldung vom sowjetischen Botschafter in Kairo an das ägyptische Außenministerium übermittelt; sie wurde in Moskau dem Leiter einer ägyptischen Parlamentsdelegation, die dort auf Besuch weilte, mit auf den Rückweg gegeben; und auch Anwar as-Sadat erhielt sie, als er auf einem Rückflug aus dem Fernen Osten einen Zwischenstopp in Moskau einlegte.

Es überrascht daher nicht, daß Nassers anfängliche Maßnahmen im Sinai, die den Status quo von vor 1956 wiederherstellten, von Moskau voll gedeckt wurden. Aus Moskauer Sicht war dieser politische Sieg Nassers ausreichend. Es galt jetzt, den Sieg zu konsolidieren. Anläßlich des Besuchs des ägyptischen Kriegsministers Badran in Moskau am 28. Mai wandte der Kreml größte Mühe auf, diesen von der Notwendigkeit der Zurückhaltung zu überzeugen. Angeblich soll der ägyptische Oberkommandierende Feldmarschall Amer für den 27. Mai einen Luftschlag gegen Israel geplant haben, der aber von Nasser gestoppt wurde. Der Kreml hatte am selben Tag an die Regierungen in Kairo und Tel Aviv appelliert, keinen Krieg zu beginnen. Die Entwicklungen im Sinai und im Golf von Aqaba drohten offenbar, der sowjetischen Kontrolle zu entgleiten.

Für die dramatische Entwicklung bis zum Kriegsausbruch gibt es noch immer keine verläßlichen Aufschlüsse darüber, ob es in Moskau unterschiedliche Auffassungen in der Regierung und in der militärischen Führung gab und wie sich diese auf die Rivalität zwischen Nasser, der nur nominell den militärischen Oberbefehl hatte, und Feldmarschall Amer, der sich als Oberbefehlshaber auf eine eigene Hausmacht im Offizierskorps stützte, auswirkten. Im Falle Moskaus lassen Analysen der maßgeblichen Presseorgane die Vermutung zu, daß es in der Beurteilung der Nahostkrise, vor allem nach der Schließung der Straße von Tiran, einen Dissens gab, wobei die ›Prawda‹, also das Organ der politischen Führung, eher einem Kurs der Mäßigung zu folgen schien, während das Sprachrohr der Streitkräfte, die ›Krasnaia zvezda‹ – und auch die ›Iswestija‹ –, deutlich proarabische Positionen bezog und sich von der Überlegenheit der ägyptischen und syrischen Streitkräfte überzeugt gab.[33] Die ›Prawda‹, die die ökonomische Bedeutung der Straße von Tiran, die angeblich nur von zwei bis vier Schiffen binnen 24 Stunden passiert wurde, herunterzuspielen suchte, zeigte sich aber von den Bewegungen der 6. US-Flotte im Mittelmeer alarmiert.

Ein Kriegsausbruch lag nicht im sowjetischen Interesse. Die Versionen, daß Moskau Nasser zu einem verlustreichen Krieg verleitet habe, um ihn anschließend langfristig in noch größerer Abhängigkeit halten zu können, oder aber daß der Kreml die in Vietnam verstrickten USA in einen weiteren Krieg ziehen wollte, erscheinen bei Berücksichtigung aller sowjetischen Interessen im Nahen Osten absurd. Im Verlauf des Krieges und insbesondere angesichts der sich rasch abzeichnenden Niederlage der arabischen Seite ging es Moskau vorrangig um Schadensbegrenzung. Die am 8. Juni auf dem Luftweg wieder aufgenommenen Waffenlieferungen an Ägypten dienten demonstrativen Zwecken, und sie erfolgten parallel zu den noch stärkeren Bemühungen um einen frühzeitigen Waffenstillstand gerade auch an der syrischen Front.

Auch nach dem Krieg war Moskau in erster Linie bemüht, Ägypten und Syrien wieder verteidigungsfähig zu machen. Vor allem Kairo fürchtete, daß Israel, dessen Streitkräfte nur 100 Kilometer vor Kairo standen, im Falle des Scheiterns einer Nahost-Friedensresolution in der UNO-Vollversammlung den Vormarsch fortsetzen würde. Die Reise des sowjetischen Präsidenten Podgorny und Marschall Zakharow, Stabschef der Roten Armee, an den Nil knapp zwei Wochen nach Kriegsende sollte in der Nahostregion, aber auch international, die sowjetische Entschlossenheit signalisieren, einen Zusammenbruch des Nasser-Regimes zu verhindern.[34]

Die sowjetische Delegation erlebte jetzt einen Nasser, der alles darauf anlegte, auf dem Gebiet der Luftverteidigung einen Militärpakt mit der Sowjetunion zu bekommen, und der neben Militärberatern erstmals auch eine sowjetische Militärpräsenz – etwa durch Stationierung sowjetischer Piloten – in Ägypten dulden wollte. Podgorny wollte allerdings die ägyptische Souveränität gewahrt sehen. Die Sowjetunion sollte, so meinte er, das ägyptische Haus, das die Briten unlängst durch die Tür verlassen hätten, jetzt nicht durch das Fenster betreten. Nasser schien in seiner Not sogar bereit zu sein, seinen Kurs der Blockfreiheit völlig aufzugeben. Um ihm entgegenzukommen, verbürgte sich Podgorny für ein umfangreiches Lieferprogramm an Waffen und Nahrungsmitteln.

Die sowjetische Hilfsbereitschaft täuschte aber nicht darüber hinweg, daß es auch in Moskau Mißtrauen und wohl auch Vorbehalte gegenüber Ägyptens Einstellung zu Israel gab. Als Nasser Kampfflugzeuge mit einem größeren Aktionsradius forderte, die auch das israelische Kerngebiet angreifen konnten, verlangte Podgorny eine Erklärung darüber, ob damit die Auslöschung Israels beabsichtigt sei. Nasser entgegnete, daß es im Krieg keine wirkliche Unterscheidung zwischen defensiven und offensiven Waffen gäbe, ihm ginge es nur darum, alle israelischen Flugplätze erreichen zu können. Gegen Ende von Podgornys Aufenthalt am Nil besann sich Nasser wieder auf sein früheres außenpolitisches Credo: Ägypten würde jeder Form von Allianz zustimmen, die seinen Ruf und seine Führungsstellung in der Dritten Welt respektierte. Es klang wie beißende Ironie, als Podgorny um Nassers Meinung bat, ob er auf seiner Rückreise nach Moskau nicht einen Zwischenstopp bei Tito einlegen solle. Müsse man ihm nicht die Details der politischen und militärischen Lage erläutern, obwohl er sicherlich zornig werden würde, wenn auch das Thema von Blockzugehörigkeit und Blockfreiheit zur Sprache käme?

Es dauerte weitere drei Wochen, bis der Kreml seine Verärgerung über das leichtfertige ägyptische Spiel mit dem Krieg und über die hohen Verluste an sowjetischen Militärgütern zum Ausdruck brachte. Am 17. Juli flogen unter größter Geheimhaltung der irakische Präsident Abdur-Rahman Arif und der algerische Präsident Houari Boumedienne im Auftrag eines kleinen arabischen Gipfeltreffens, das zuvor in Kairo stattgefunden hatte, zu zweitägigen Gesprächen mit der sowjetischen Regierung nach Moskau. Danach sollten sie unverzüglich der Versammlung in Kairo über den sowjetischen Kurs im Nahostkonflikt und die sowjetische Unterstützung der arabischen Positionen in der UN-Vollversammlung Bericht erstatten. Das Treffen in Moskau war sehr unterkühlt.[35] Kaum hatte Arif seine und Boumediennes Mission erläutert, ritt Breschnew eine erste Attacke gegen diejenigen, die den Krieg angezettelt hatten. Er wollte wissen, warum der Krieg stattgefunden hatte, wer ihn geplant hatte und welche Ziele dahinterstanden. Der sowjetische Präsident rechnete beiden Staatsführern die Abenteuerlichkeit der arabischen Ausgangsposition vor und geißelte die generelle Laxheit und Inkompetenz der militärischen Ausbildung, die darin gipfelte, daß Panzerfahrer häufig über nicht mehr als eine sechsstündige Fahrpraxis verfügten. Besonders zornig war er darüber, daß modernes sowjetisches Militärgerät von den Israelis intakt erbeutet worden war und jetzt von Amerikanern und Westdeutschen getestet würde.

Noch schroffer ging Breschnew mit der jüngsten arabischen Diplomatie ins Gericht, der er Illusionen vorhielt, wenn sie glaube, sich einer Beendigung des Kriegszustands verweigern zu können. Die militärische Schwäche lasse eine solche Haltung einfach nicht zu. Auch Kossygin schaltete sich ein. Vergeblich erteilte er beiden Präsidenten Lektionen über die Prinzipien und die Taktik des antiimperialistischen Kampfes im Marxismus-Leninismus. Doch weder Arif noch Boumedienne schienen zu verstehen, daß ein kurzfristig gebotener taktischer Rückzug nicht die Aufgabe eines längerfristigen Zieles bedeuten mußte und daß es im politischen Kampf keine endgültigen Resultate gab; hinter jedem Rückzug, hinter jeder Niederlage könne sich Fortschritt verbergen.

Was Kossygin von der arabischen Diplomatie erwartete, war vor allem Flexibilität. Schließlich würde es Jahre dauern, bis die arabische Seite die nötige Kompetenz und Schlagkraft für erfolgreiche Auseinandersetzungen im Nahostkonflikt besäße. Sturheit und der aussichtslose Einsatz von Kriegsmaterial dagegen wären sinnlos. Kossygin empfahl auch, auf den amerikanischen Präsidenten Johnson zuzugehen und die Chancen zu nützen, die in dessen eigenem Zielkonflikt lagen. Er berichtete von seinem jüngsten Treffen mit Johnson, aus dem er den Eindruck gewonnen hatte, daß Johnson Israel zwar mit aller Macht unterstützen wolle, daß er aber gleichzeitig Angst habe, die arabische Welt zu verprellen. Letztlich wolle der amerikanische Präsident die Beziehungen zu den Arabern nicht abbrechen, auch weil er wüßte, daß er dann ebenfalls Afrika verlieren würde. Genau dieses Dilemma der amerikanischen Politik müßten die Araber ausnützen.

Am 18. Juli wurde Marschall Grechko zu den Besprechungen hinzugezogen. Er rechnete beiden Staatsführern vor, wie lange es dauern würde, die im Sechs-Tage-Krieg erlittenen Verluste an Offizieren und Mannschaften wieder zu ersetzen. Auch jetzt konnte Breschnew nicht umhin, noch einmal die Schludrigkeiten der militärischen Ausbildung unter Marschall Amer zu geißeln, von denen man zu spät erfahren hätte.

Ein weiteres Thema in den sowjetisch-arabischen Gesprächen am Ende des Sechs-Tage-Krieges betraf die chinesische Propaganda, die um die arabische Gunst buhlte und Sowjets und Amerikaner in einen Korb warf. Die Sowjets wurden nicht müde, auf diese perfide Strategie hinzuweisen. Indirekt bekundeten sie damit aber auch ihre eigene Neigung zu mehr Flexibilität gegenüber der in den Vietnamkonflikt verstrickten amerikanischen Regierung. Wären beide Großmächte militärisch im Sechs-Tage-Krieg aufeinander geprallt, wäre China der lachende Dritte gewesen. Erstaunlich ist auch, daß der brisante nukleare Aspekt des Krieges nach den Protokollnotizen über die Moskauer Gespräche offenbar wenig sowjetische Aufmerksamkeit fand. Oder wurde in den Korridoren der Macht doch darüber beraten? In ihrer Ausgabe vom 4. Juli 1967 gratulierte die ›Krasnaia zvezda‹ der sowjetischen Führung zu ihrem Einschreiten gegen die israelische Aggression, die die Menschheit vor der Zerstörung bewahrt habe. Im Atomzeitalter könne ein Funke den gesamten Erdball in Brand setzen. Es bleibt offen, ob dieser Hinweis eine politische Substanz hatte, ob dabei überhaupt an die israelische Nuklearanlage von Dimona gedacht wurde oder ob nur die erfolgreiche Androhung eines sowjetischen Atomeinsatzes in der Endphase oder in den kritischen Wochen nach dem Ende des Sechs-Tage-Krieges gemeint war.

Die Rolle der amerikanischen Politik in der Vorgeschichte, im Verlauf und im Gefolge des Sechs-Tage-Krieges ist im Vergleich zur sowjetischen aufgrund der besseren Quellenlage transparent.[36] Für die amerikanische Bewertung Nassers vor Ausbruch der Krise bilden die Gespräche anläßlich des Staatsbesuchs des saudischen Monarchen Faisal in Washington im Juni 1966 einen guten Ausgangspunkt. Wie schon Kennedy, so hatte auch Johnson König Faisal zu einem Ausgleich mit Nasser im Jemenkonflikt geraten. Washington hatte denn auch das im Vorjahr unterzeichnete Übereinkommen von Dschidda als optimalen Kompromiß gutgeheißen. Zehn Monate später aber hatte Faisal allen Grund, sich beim amerikanischen Präsidenten über eine ägyptische Hinhaltetaktik und das Aufflammen neuer Kämpfe zu beschweren. Offenbar hatten die Unruhen im Südjemen am Vorabend des britischen Rückzugs aus Aden zumindest bei Marschall Amer, der die ägyptischen Interventionsstreitkräfte im Jemen kommandierte, zu einem Umdenken geführt, das sich auch in vermehrten militärischen Aktionen niederschlug. Schon bald sollte Amer aber auch amerikanische Dienststellen im Jemen provozieren, die natürlich das amerikanisch-ägyptische Verhältnis störten. Faisal hatte schon 1966 damit begonnen, einen Pakt der islamischen Solidarität zu schmieden, um den Panarabismus Nassers in die Schranken zu weisen. Washington zeigte sich besorgt, daß der Faisal-Nasser-Gegensatz zu einer gefährlichen Polarisierung zwischen konservativ-reaktionären und fortschrittlich-revolutionären Kräften im gesamten Nahen Osten führen könnte. Eine solche Entwicklung würde nur den Sowjets in die Hände spielen, während die USA Gefahr liefen, langfristig auf die falsche Karte zu setzen. Ein internes Strategiepapier für die Gespräche Johnsons mit Faisal unterstrich die entscheidende Bedeutung der amerikanischen Beziehungen zu Nassers Ägypten. Ein Land mit einer Bevölkerung von 30 Millionen und einer unabhängigen Machtbasis könne nicht einfach ignoriert werden. Die USA bräuchten einen Dialog, in dem versucht werden solle, auf möglichst vielen Gebieten Übereinstimmung zu erzielen und Kontroversen zu verringern.

Eine weitere Maxime amerikanischer Ägyptenpolitik schon seit Eisenhower war die Eindämmung des Panarabismus und der expansiven Außenpolitik Nassers. Washingtons Idealvorstellung war, am Nil einen Atatürk mit Westbindung zu haben. Vieles wurde unternommen, um Nasser zu ökonomischen und gesellschaftspolitischen Reformen zu veranlassen und seine außenpolitischen Ambitionen zu bremsen. Ein derart gezähmter Nasser würde nach außen weniger mächtig erscheinen; die arabischen Ölmonarchien und das Schah-Regime im Iran, auf die der Westen angewiesen war, könnten besser mit ihm auskommen, und auch die amerikanische Nahostpolitik würde durch ihn nicht gestört. Doch in der Vergangenheit hatten amerikanische Regierungen mehr als einmal die Geduld mit Nasser verloren und ihn dann stets außenpolitisch zu isolieren gesucht. Damit brach jedoch ebenfalls die Kommunikation ab – wie auch am Vorabend des Sechs-Tage-Krieges: Im März hatte Washington seinen Botschafter Lucius Battle aus Kairo abberufen. Battle, der im State Department befördert wurde, hatte ein gutes persönliches Verhältnis zu Nasser. Im Mai berief Nasser seinen Botschafter aus Washington vermutlich deswegen ab, weil es diesem nicht gelungen war, die amerikanischen Weizenlieferungen nach Ägypten wieder in Gang zu bringen. Kamil war neun Jahre am Potomac gewesen, galt dort als einer der tüchtigsten arabischen Botschafter und hatte viel getan, um die amerikanisch-ägyptischen Beziehungen in ruhigem Fahrwasser zu halten.

Battles Nachfolger Richard Nolte traf am 21. Mai in Kairo ein. Einen Tag später ging ein ungewöhnlich versöhnlich gehaltenes Telegramm Johnsons an Nasser ab, in dem der amerikanische den ägyptischen Präsidenten dazu aufrief, im Interesse seines Volkes, seiner Region und der Weltgemeinschaft Kriegshandlungen zu vermeiden. Für den Fall, daß die kritischen Tage ohne Feindseligkeiten verstrichen, kündigte Johnson eine Reise seines Vize-Präsidenten Hubert Humphrey zu Gesprächen mit Nasser, mit anderen arabischen Staatsführern und auch mit den Verantwortlichen in Israel an. Da Johnson entschlossen war, sich bei der Lösung dieser neuerlichen Nahostkrise der UNO zu bedienen, setzte er große Hoffnung in die Sondierungsreise U Thants, der Ende Mai in Kairo erwartet wurde. Neben seinem Telegramm an Nasser sollten weitere diplomatische Maßnahmen für ein günstiges Klima sorgen. Johnson bat Kossygin, Nasser von weiteren Provokationen abzuhalten, so wie Washington Eschkol von einseitigen Aktionen abhielt. Eschkol wurde über Johnsons Appelle an Nasser und auch an al-Atasi informiert. Dabei verwies Johnson auf die rege Korrespondenz und die vielen Botschaftergespräche der letzten Tage, die alle in dem Vertrauen geführt würden, daß Israel seinen Teil dazu beitrage, ein »Chaos« in dieser schwierigen Zeit zu vermeiden. Washingtons diplomatische Offensive kam aber zu spät: U Thant war noch unterwegs, und Johnsons Telegramm noch nicht überreicht, als Nasser die Schließung der Straße von Tiran verkündete.

Obwohl Tel Aviv auf eine politische Absicherung seitens der USA bedacht sein mußte, war sich das Weiße Haus sofort der Schwierigkeiten bewußt, die es dabei haben würde, die israelische

Regierung von militärischen Aktionen an der Straße von Tiran und im Sinai abzuhalten. Den Israelis war das Fiasko des Suezkrieges, als Eisenhower Israel gezwungen hatte, den Sinai zu räumen, und Nasser zum politischen Sieg verhalf, noch in guter Erinnerung. Die amerikanisch-israelischen Beziehungen gestalteten sich nach dem 23. Mai deutlich enger. Wie die Sitzung des Nationalen Sicherheitsrats (NSC) am 24. Mai zeigte, war Johnson aber auch weiterhin fest entschlossen, die Möglichkeiten des UN-Instrumentariums auszuschöpfen. Ihm gefiel der britische Plan, einen multinationalen Schiffskonvoi mit militärischem Geleitschutz durch die Straße von Tiran zu schicken. Von Verteidigungsminister McNamara und General Wheeler ließ er sich die militärische Situation erläutern. Dabei wurde festgestellt, daß entgegen der Ansicht einiger Senatoren die USA durchaus beide Krisen in Vietnam und im Nahen Osten meistern könnten. Ein Einsatz an der Straße von Tiran käme jedoch wegen der Präsenz zweier ägyptischer U-Boote im Roten Meer frühestens in zwei Wochen in Frage, weil sich die nächstliegende amerikanische Einheit zur U-Boot-Bekämpfung in Singapur befand. Zur Möglichkeit eines israelischen Militärschlags aus der Luft wurde angemerkt, daß er sich nicht auf die Straße von Tiran lokalisieren ließe.

Auch über die mögliche Präsenz unkonventioneller Waffen wurde diskutiert. Dabei gab es einen erstaunlichen Dissens. CIA-Direktor Helms bekräftigte, daß es keine nuklearen Waffen im Aufmarschgebiet gäbe, worauf General Wheeler, Vorsitzender des Generalstabes, lakonisch antwortete, daß er »weniger gut informiert, aber ›skeptischer‹ sei«.[37] Johnson ließ sich von den militärischen Sachverständigen auch die möglichen Folgen für die USA erklären, falls man sich zunächst auf die israelischen Streitkräfte verließe. Wheeler deutete an, daß die USA nur in einem längeren Krieg mit ernsten Folgen für die israelische Wirtschaft zu einer direkten Konfrontation mit Nasser gezwungen sein würden. McNamara prognostizierte für den Kriegsbeginn einen grimmigen Kampf um die Luftherrschaft, wobei die beiderseitigen Verluste zur Forderung nach Luftunterstützung durch die Großmächte führen könnten. Was die sowjetische Seite angehe, sei mit dem Einsatz sowjetischer Piloten in ägyptischen Flugzeugen zu rechnen.

Mit diesem Horrorszenario dürfte McNamara bereits das Desinteresse des Pentagon an einem militärischen Einsatz signalisiert haben. Johnson war sich offensichtlich auch noch nicht sicher, ob die UdSSR mit der von ihr herbeigeführten Krise im Nahen Osten nicht letztlich die USA von Vietnam abzulenken suchte. Seine Experten verneinten dies zwar, gestanden allerdings ein, daß Moskau die Nahostkrise als Geschenk des Himmels betrachten würde. Was die Handlungsmotive Nassers betraf, bekannte Battle, daß er wie auch Helms zunächst nur mit einer Propagandaschlacht gerechnet habe, nach der Schließung der Straße von Tiran aber keine andere Erklärung mehr wisse, als daß Nasser entweder größeren sowjetischen Rückhalt habe, als Washington vermute, oder daß er wahnsinnig geworden sei. Völlig uncharakteristisch für Nasser sei auch, daß er sich keine Hintertür offengelassen habe. Darüber hinaus wies er auf die von ihm bereits früher mitgeteilten Probleme Nassers hin: interne ökonomische Schwierigkeiten, insbesondere bei der Versorgung der Bevölkerung mit Nahrungsmitteln; Ehrgeiz, die Führung in der arabischen Welt zurückzugewinnen, und sein Bedürfnis, auf der Weltbühne zu agieren.

Das Weiße Haus hatte nach Nassers Schlag im Golf von Aqaba Eschkol ein 48stündiges Stillhalteabkommen abgerungen und auf Konsultationen mit Außenminister Abba Eban »insistiert«, der am 25. Mai nach Stationen in Paris und London in Washington erwartet wurde. Johnson hoffte, dabei schon den Bericht U Thants über seine Unterredung mit Nasser vorliegen zu haben. Washington war sich aber auch im klaren, daß Israel eigene militärische Pläne hatte. In den intensiven amerikanisch-israelischen Beratungen der letzten Maiwoche hoben Tel Avivs Emissäre immer wieder vier Punkte hervor: erstens, daß es sich bei der Straße von Tiran um eine israelische Lebensader handele, daß zweitens die Zeit für eine Lösung des Problems dränge, drittens, daß Israel eine amerikanische Sicherheitsgarantie brauche und viertens, daß sich Israel durchaus in der Lage sähe, das Problem militärisch allein zu lösen. Johnson entging nicht, daß die israelische Militärführung Druck machte und den Handlungsspielraum der Diplomatie einzuengen suchte.

Als Abba Eban am 25. Mai seine Gespräche in Washington

aufnahm, hatte ihm Tel Aviv die Hiobsbotschaft nachgesandt, daß Rabin Geheiminformationen über einen bevorstehenden ägyptischen Angriff auf Israel vorlägen. Der israelische Stabschef wollte die Frage einer amerikanischen Sicherheitsgarantie schnell geklärt haben. Levi Eschkol hoffte, damit das Militär zu beruhigen und eine Alternative zum Krieg finden zu können. Um die Militärführung zufriedenzustellen und gleichzeitig Ägypten auch wirklich abzuschrecken, müsse die Erklärung so ausfallen, daß ein Angriff auf Israel als Angriff auf die USA betrachtet und von der Anordnung begleitet werde, daß die amerikanischen Streitkräfte im Mittelmeerraum ab sofort mit den israelischen Truppen gemeinsame Aktionen gegen einen Angriff vorbereiteten.

Johnson ließ sich aber nicht zu derart weitreichenden Erklärungen und Anordnungen hinreißen. Sein Sicherheitsberater, Walt Rostow, hielt dem israelischen Außenminister entgegen, daß der CIA zufolge keine unmittelbare Gefahr für Israel bestehe; weder Ägypten noch Syrien wollten militärisch losschlagen. Er ließ sich diese Einschätzung zusätzlich von den Analytikern des Pentagon bestätigen. Erst später sollte sich die Warnung Rabins vor einem bevorstehenden Schlag der ägyptischen Luftwaffe als korrekt herausstellen.[38] Gegenüber den israelischen Motiven verbreitete sich jetzt Argwohn im Weißen Haus. Abba Eban müsse eigentlich wissen, so meinte man, daß eine amerikanische Sicherheitsgarantie, wenn sie denn überhaupt in Betracht gezogen würde, die Hürden der zuständigen Verfassungsorgane zu nehmen und auch angesichts des Vietnamkonflikts im Kongreß nur geringe Aussicht auf Erfolg hätte.

Auch bei Außenminister Dean Rusk kam der Verdacht auf, daß Abba Eban lediglich ausloten wollte, wie weit im Notfall mit amerikanischer Hilfsbereitschaft gerechnet werden konnte und wie die USA die Haltung Moskaus zu einer israelischen Militäraktion einschätzten. Den Druck, den die israelische Militärführung auf die Gespräche ausübte, versuchte das Weiße Haus am nächsten Tag weiter zu mildern, indem es Abba Eban durch das Pentagon die militärische Überlegenheit Israels vorrechnen ließ. Israel würde es mit jeder Kombination arabischer Armeen aufnehmen können; es würde einen Krieg innerhalb einer Woche gewinnen, gleichgültig, wer den ersten Schuß abgegeben hätte. Allerdings nahm man an, daß die israelischen Verluste über denen des Suezkrieges von 1956 liegen würden.

Die amerikanische Bewertung der militärischen Stärke Israels konnte sich auch auf die Verhandlungen über Rüstungslieferungen an Israel stützen, die unter Kennedy begonnen hatten und unter Johnson verstärkt worden waren. 1962 waren unter anderem fünf Batterien von Hawk-Boden-Luft-Abwehrraketen zum Schutz Dimonas geliefert worden. 1965 wurden 210 Panzer – zum Teil über Westdeutschland und Italien – an Israel verkauft; ein Jahr später wurde die Lieferung von 48 A4F-Skyhawk-Düsenjägern vereinbart, und noch am 23. Mai 1967 wurde unter höchster Geheimhaltung ein sogenanntes Hilfspaket für Israel geschnürt, das unter anderem die Lieferung von hundert gepanzerten Mannschaftswagen und Ersatzteilen für Panzer und Hawkraketen im Wert von 16 Millionen Dollar einschloß.[39] Mit diesem Abkommen hatte Washington Israel von einem für den selben Tag geplanten Schlag gegen Scharm asch-Scheich abhalten können. Washington hatte sich auch vergewissert, daß im Falle eines Krieges der französische Materialnachschub für die weitgehend von Frankreich ausgerüsteten israelischen Streitkräfte funktionierte. Auf israelische Bitte hin überflogen französische Luftgeschwader jetzt dreimal am Tag Israel, um den Luftraum über den städtischen Ballungszentren – und wohl auch Dimona – zu schützen.

Johnson wußte seit der Sitzung des NSC vom 24. Mai, daß die UdSSR einen gemäßigten Kurs in der Krise verfolgte, wenn sie auch öffentlich mit harter Kritik an Israel nicht sparte. Am 26. Mai erhielt Washington dann auch ein erstes Ergebnis der U-Thant-Mission in Kairo. Nasser hatte versprochen, keinen Präventivschlag auszuführen. Er schien auch zu Modifikationen in der Blockade der Straße von Tiran bereit zu sein. Das hinderte ihn allerdings nicht daran, am selben Tag vor einer Delegation der Föderation Arabischer Gewerkschaften zu prahlen, daß er Israel zerstören könne. Johnson muß am 26. Mai gespürt haben, daß Abba Eban mehr mit nach Tel Aviv zurückbringen mußte, als vage Andeutungen über eine internationale Flottendemonstration in der Straße von Tiran. Was der israelische Außenminister forderte, war eine Alternative, die besser war als ein israelischer Präventivschlag.

Vergeblich versuchte das Weiße Haus, Abba Eban zur Verlängerung seines Aufenthalts in Washington zu bewegen. U Thant wurde am 27. Mai zurückerwartet. Ohne seinen Bericht anzuhören, wollte und konnte Johnson keine Entscheidung treffen. Abba Eban aber legte größten Wert darauf, zur israelischen Kabinettssitzung am 28. Mai in Tel Aviv zu sein. Welche Ironie, wenn dort über Krieg oder Frieden entschieden würde, obgleich am selben Tag das britische Kabinett über das Projekt einer multinationalen Demonstration in der Straße von Tiran beraten würde. Johnson konnte zu diesem Zeitpunkt nicht ahnen, daß U Thants Empfehlungen darauf hinausliefen, das Rad der Geschichte des Nahostkonflikts auf den Status quo von 1949 zurückzudrehen. Abba Eban hatte auf seinem Rückflug nach Tel Aviv während eines Zwischenstopps in New York davon erfahren und fand seine Einschätzung bestätigt, daß Nasser einen großen politischen Sieg ohne Krieg einheimsen wollte. Er hatte aber schon am 26. Mai, einem Freitag, genügend Aufschluß über Washingtons Haltung zur kriegsreifen Situation im Golf von Aqaba gewonnen. Johnson hatte an diesem Tag noch einmal seine Berater versammelt. Walt Rostow hatte für den Präsidenten die Diskussionsstrategie entworfen und die Leitfragen formuliert, auf die es ankam. Im Kern ging es wiederum um die Doppelfrage, ob Washington eine bessere Alternative zu einem israelischen Präventivschlag habe und wie es zu handeln gedenke, wenn Israel nicht losschlüge und alle diplomatischen Mittel erschöpft seien. Auffallend an Rostows Strategiepapier ist die negative Charakterisierung der Nasser betreffenden vier Themenkomplexe, von denen vor allem die beiden letzten herausstachen: »Unordnung in der arabischen Welt und Nassers Streben nach Prestige, Führerschaft und Umsturz der Gemäßigten [...] Begierde, die US-UdSSR-Rivalität nach besten Kräften auszunutzen und tiefer Argwohn gegenüber den letztendlichen Absichten der USA, ihn für sich zu gewinnen.«[40]

Rostows Handlungsanleitung für die Krisensitzung am 26. Mai verdeutlicht das Dilemma, in dem sich die amerikanische Politik befand. Die Alternative zum Krieg war eigentlich nur die

Wahl eines anderen Übels, das die breitgestreuten amerikanischen Interessen im Nahen Osten – vor allem am Öl – nicht minder gefährdete. Ein politischer Sieg Nassers konnte nicht wirklich im amerikanischen Nationalinteresse sein. Doch der amerikanische Präsident blieb dabei, daß alle diplomatischen Mittel ausgeschöpft werden müßten. Er bekräftigte mit einem klaren Ja Abba Ebans Formulierung – die dieser Eschkol mitteilen würde –, daß es »seine Disposition sei, jede mögliche Anstrengung zu unternehmen, um sicherzustellen, daß die Straße und der Golf offen für die freie und friedliche Schiffahrt blieben«[41].

Dean Rusk hatte schon zuvor dem israelischen Wunsch nach einer amerikanischen Sicherheitserklärung die ziemlich wolkige Absage beschieden, daß »Israel nicht allein sein würde, es sei denn, es handele allein«[42]. Auch Johnson, der von den Israelis ein weiteres Stillhalten für zwei Wochen forderte, um der Diplomatie eine letzte Chance zu geben, bediente sich jetzt häufiger dieser unverbindlichen Formulierung, die das Dilemma der amerikanischen Politik zu verschleiern suchte. Er hatte Abba Eban weder eine Sicherheitserklärung noch ein eindeutiges Plazet zu einem militärischen Alleingang Israels mit auf den Rückweg gegeben. Die amerikanische Befürchtung, daß Eschkol es mit den Falken in seiner Regierung schwer haben werde, wurde bereits am 27. Mai – am Vortag der israelischen Kabinettssitzung – zur Gewißheit, als Moskau Johnson über einen israelischen Angriffsplan informierte.

Washington startete umgehend seine zweite diplomatische Initiative. Wieder wurden Telegramme nach Moskau und Tel Aviv gesandt. Zwei Emissäre begaben sich nach Kairo, um Nasser persönlich zu umwerben und den Besuch Humphreys in Kairo und den Gegenbesuch Mohieddins in Washington vorzubereiten. Unter starkem amerikanischen Druck konnte Eschkol am 28. Mai eine Entscheidung zum Krieg nochmals aufschieben. In Kairo ließ Nasser zwar wenig Kompromißbereitschaft erkennen, aber der Besuch Mohieddins in Washington wurde erst für den 7. Juni vorgemerkt. Johnsons Initiative war diesmal zwar nicht zu spät gekommen, aber sie versprach wenig Erfolg.

Am 29. Mai sprach Nasser vor der Nationalversammlung über den bevorstehenden Kampf, den er mit sowjetischer Rückendeckung führen wollte. War es für ihn ein politischer Kampf, oder legte er den israelischen Kabinettsbeschluß vom Vortag als Schwäche aus, und wollte er weiter zum Krieg reizen? Er warf dem Westen vor, den Konflikt auf die Auseinandersetzung um die Straße von Tiran einengen zu wollen, während es doch um die vollen Rechte der Palästinenser gehe. Wie schon erwähnt, war das jordanisch-ägyptische Militärbündnis zwangsläufig. Washington konnte auch bei seiner zweiten Friedensinitiative ein unheilvolles Fait accompli nicht abwenden.

Johnson, der keine amerikanische Sicherheitserklärung abgeben konnte und Vietnam nie aus dem Blick verloren hatte, konnte angesichts dieser dramatischen Zuspitzung Israel weder gute Ratschläge geben noch Vorhaltungen machen. Die israelische Regierung war inzwischen zu der Überzeugung gelangt, daß sie nur noch handeln könne, wenn sie allein handelte. Ohne förmlichen Beschluß des erweiterten Kabinetts der nationalen Einheit mit Mosche Dayan, dem Sieger des Suezkrieges, im Verteidigungsressort einigte man sich am 28. Mai darauf, weitere zwei Wochen bis zum Losschlagen abzuwarten. Bis dahin sollte bei Johnson um Verständnis geworben werden, um sich wenigstens der amerikanischen politischen Unterstützung nach dem Krieg zu vergewissern.

Das war die Stunde der Lobbyisten und Geheimdienstler, die jede Gemütsregung des Präsidenten registrierten und analysierten. Abraham Fortas, ein enger Freund Johnsons, Richter am Obersten Gerichtshof, Mitglied des NSC und ein bewährter Förderer Israels wurde jetzt zu einer Art Schaltstelle zwischen dem Weißen Haus und der israelischen Botschaft. Meir Amit, der Chef des Mossad, traf in Washington ein, wo er mit dem Pentagon und dem CIA konferierte.[43] Am 1. Juni unterrichtete die israelische Botschaft Abba Eban, daß sich bei Johnson eine Wandlung zu mehr Verständnis für einen Alleingang Israels abzeichne. Die nächsten Tage brachten weitere Hinweise, die in diese Richtung gingen. Auf Dean Rusk und das State Department brauchte man keine Rücksicht zu nehmen, dafür aber um so mehr auf Johnsons Sicherheitsberater Walt Rostow. Seine Ratschläge an den Präsidenten waren am Vorabend des Krieges wenig erbaulich gewesen, was die Position Nassers anging. Dieser befinde sich nicht in einem Aufwärtstrend, sondern sei ungefähr in der gleichen Situation wie Chruschtschow in der Kuba-Raketen-Krise. Er versuche, seinen Untergang abzuwenden. Die gemäßigten Araber und buchstäblich alle Araber, die eine Stärkung Nassers in der derzeitigen Krise fürchteten, würden es vorziehen, wenn Israel – und keine mit ihnen verbündete auswärtige Macht – ihn zu Fall brächte. Der radikale arabische Nationalismus sei im Untergang begriffen. Der arabische Sozialismus sei nicht erfolgreich gewesen, vielmehr gehe es den gemäßigten Staaten der Region besser als Ägypten, Syrien und dem Irak. Nassers Expansionspläne seien ebenfalls gescheitert. Unter der Oberfläche aber liege das Potential für eine neue Epoche im Nahen Osten: eine Phase der Mäßigung, der Konzentration auf wirtschaftliche Entwicklung, der regionalen Zusammenarbeit und der Akzeptanz Israels als Teil des Nahen Ostens, falls eine Lösung des Flüchtlingsproblems gefunden werden könnte. All dies aber hinge ab von »Nasser's being cut down to size«[44].

Johnson schien dem Frieden noch eine Frist bis zum 11. Juni eingeräumt zu haben, obwohl er sich vom Besuch Mohieddins offenbar nicht mehr viel versprach. Jedenfalls unternahm der amerikanische Präsident nichts mehr, als er 24 Stunden vor Kriegsausbruch über eine glaubhafte Quelle von der israelischen Entscheidung zum Präventivschlag erfuhr.

Im Verlauf des Krieges geriet die amerikanische Diplomatie nur zweimal in Turbulenzen: Die Herbeiführung des Waffenstillstands zwischen Israel und Ägypten sowie Syrien verlangte viel Rücksicht auf Moskau, mit dem Washington auch in Vietnam konfrontiert war. Der gezielte israelische Angriff auf das amerikanische Spionageschiff Liberty am 8. Juni, bei dem 34 amerikanische Marines ihr Leben verloren und 171 verwundet wurden, forderte ein erhebliches Maß an Zurückhaltung von den Amerikanern gegenüber Tel Aviv.[45] Wollte der israelische Generalstab damit vermeiden, daß sein Funkverkehr überwacht wurde? Oder sollte der israelische Angriff spätere Vorwürfe einer israelisch-amerikanischen militärischen Zusammenarbeit entkräften helfen? Dieser Vorgang, der das amerikanisch-israelische Verhältnis kurzzeitig belastete, gehört bis heute zu den bestgehüteten Geheimnissen des Sechs-Tage-Krieges.

Der überwältigende israelische Sieg und sicherlich auch das von Walt Rostow gezeichnete Szenario einer neuen Epoche im Nahen Osten erklären, warum Washington nach dem Krieg zunächst zuversichtlich in die Region blickte und der israelischen Diplomatie viel Freiheit einräumte. Israel befand sich mit einem Mal in einer echten Verhandlungsposition. Es konnte Besatzungsland gegen Frieden tauschen. Die moderaten arabischen Länder waren vom Würgegriff des Nasserschen Panarabismus befreit und würden eine friedliche Nachkriegsordnung nicht stören. Die Friedenswonnen dauerten jedoch nicht lange an. Die Khartoum-Konferenz der arabischen Staaten am 1. September 1967, auf der jegliche Verhandlungen mit Israel abgelehnt wurden, sowie der israelische Appetit auf die Annexion der eroberten Gebiete bildeten eine riesige Herausforderung für die amerikanische Vermittlungsdiplomatie im Nahen Osten.

Kapitel 7

Erdöl im nahöstlichen Pulverfaß

Öl regiert die Welt. Die Schlüsselstellung des Nahen Ostens

Blickt man nun auf die industrielle Entwicklung und den Massenkonsum, dürfte das 20. Jahrhundert als die Epoche der Erdölwirtschaft und der petrochemischen Produkte, vor allem Treibstoff und Plastik, in die Weltgeschichte eingehen. Begonnen hatte diese Entwicklung im späten 19. Jahrhundert. Bis dahin war Öl als Heilmittel, als Dichtungs- und Schmiermasse, vor allem aber für Beleuchtungszwecke verwendet worden. Die große Errungenschaft war die Petroleumlampe. Doch damals entwickelten sich schon die weltweiten Marktstrukturen der großen Ölkonzerne, die auch den Ölhandel und die -konzessionen im 20. Jahrhundert bestimmten. Um 1900 wurde der weltweite Bedarf von 20 Millionen Tonnen zu fast gleichen Teilen aus amerikanischen und russischen Ölquellen gedeckt, aber es war die amerikanische Standard Oil Company, die nach einem heftigen Konkurrenzkampf um Absatzmärkte und nach äußerst ergiebigen amerikanischen Bohrungen in Texas den Preis diktierte. Da die Standard Oil dafür garantierte, mit ihrem Vertriebsnetz jeden Winkel der Welt beliefern zu können, wurden die Förderkosten am Golf von Mexiko plus einer Frachtkostenpauschale Grundlage für den Weltmarktpreis des Öls.

Die Erfindung des Verbrennungsmotors und des Kraftwagens sowie des Dieselmotors für den Antrieb von Lokomotiven und Schiffen war nicht nur eine technologische Revolution, sondern auch eine bedeutende Zäsur für die Ölwirtschaft und der Startpunkt für die Ölentwicklung im Nahen Osten. Gewaltige Anstrengungen der Ölgesellschaften waren nötig, um den rasant gestiegenen Bedarf zu befriedigen. Bis 1910 hatte sich die weltweite Rohölproduktion des Jahres 1900 auf 43,8 Millionen Tonnen mehr als verdoppelt. Die starke militärische Nachfrage vor und während des Ersten Weltkrieges trug zu einer weiteren Verdoppelung bis zum Jahre 1920 bei. Eine fieberhafte Suche nach Öllagerstätten hatte begonnen.[1]

Die Selbstversorgungsstrategien im Rüstungswettlauf und besonders in der Flottenpolitik Großbritanniens und des Deutschen Reiches hatten die Blicke der Militärs in den Nahen Osten gelenkt, nachdem die Ölgeologen des australischen Investors und Glücksritters d'Arcy im Jahre 1908 im südlichen Iran ein sehr reiches Ölfeld entdeckt hatten. Es sollen die Diplomaten und Empirestrategen Seiner Majestät des Königs von England und Kaisers von Indien gewesen sein, die den schwerreichen Untertanen auf die Fährte gelockt hatten. Seine Konzessionsgebühr für drei Viertel des persischen Staatsgebiets hatte den überschuldeten Kadscharen-Schah gegen russische Avancen abgesichert. Für d'Arcy, dessen berufliche Anstrengung hauptsächlich darin zu bestehen schien, das viele Geld möglichst sicher anzulegen, war es eine Erleichterung, daß sich die britische Admiralität mit einem Mehrheitsanteil der Aktien in die neugegründete Anglo-Persian Oil Company einkaufte.[2] Treibende Kraft dabei war Sir Winston Churchill, Erster Lord der Britischen Admiralität, der alles daran setzte, die Überlegenheit der Royal Navy über die bedrohlich wachsende deutsche Marine zu behaupten. Weitsichtig hatte er angeordnet, die übliche Kohlefeuerung der britischen Flotte auf den Treibstoff Öl umzustellen. Der Nachteil, der sich aus dem Wegfall der zusätzlichen Panzerung durch Kohleschoten ergab, würde durch größere Schnelligkeit und Wendigkeit mehr als wettgemacht. Anstelle der heimischen Kohle von Cardiff mußte allerdings das überseeische Öl politisch gesichert werden. Doch dafür war das Britische Empire mit seinen maritimen Verbindungswegen, vor allem seit es die neue Suezroute gab, bestens ausgestattet.

Im Deutschen Kaiserreich gab es Admiräle und Banker, die dem britischen Beispiel folgen wollten. Besonders die Deutsche Bank erhoffte sich große Gewinne aus einem Reichs-Petroleum-Monopol, das die deutsche Regierung zum Hauptaktionär in der Türkischen Petroleumgesellschaft und damit zum Schutzgaranten für das finanziell und politisch riskante Geschäft in Mesopotamien machen würde. Die Angelegenheit wurde jedoch zu einer Monopol-Affäre, aus der sich die Berliner Regierung schließlich zurückzog.[3] Der deutsche Ölmarkt wurde seit der Einführung der Petroleumlampe und der Gaslaterne von der Standard Oil Company beziehungsweise deren Tochtergesellschaft, der Deutsch-Amerikanischen Petroleumgesellschaft (DAP), kontrolliert, was die Absatzchancen für eine neue deutsche Ölfördergesellschaft minderte. Die DAP erhoffte sich auch Geschäfte aus der deutschen Flottenrüstung. In Berlin kam man jedoch zu der Einsicht, daß das Deutsche Reich eher eine kontinentale als eine maritime Macht sei. Eine überseeische Ölversorgung bot dem Gegner einfach zu viele Angriffsziele. Der Deutschen Bank, die sich ebenfalls große Gewinne aus einer Treibstoffbelieferung der deutschen Flotte versprochen hatte, blieb beim mesopotamischen Konzessionserwerb nach einem Kompromiß mit der Anglo-Persian Oil Company und der zu 40 Prozent britischen Royal Dutch Shell lediglich ein Anteil von 25 Prozent, der nach dem Ersten Weltkrieg eine Beute der Franzosen wurde.

Als sich in der deutschen Orientpolitik der dreißiger Jahre zeitweise eine zweite deutsche Bagdadbahn-Ära anzubahnen schien, wollte sich Berlin auch diesmal nicht von den mittelmeerischen Ölversorgungsrouten abhängig machen. Aber auch die Briten waren auf der Hut und hatten mit der Übernahme der italienisch-deutsch geführten Konkurrenzgesellschaft im Irak ihr Ölimperium im Nahen Osten vor Ausbruch des Zweiten Weltkrieges abgesichert. Allerdings gelang es den britischen Ölgesellschaften und London trotz entschlossener Abwehr nicht, den Nahen Osten vor amerikanischen Ölgesellschaften zu verschließen. Das Vordringen amerikanischer Ölgesellschaften im Irak, in Kuwait und Saudi-Arabien und nach dem Zweiten Weltkrieg im Iran und in Libyen bedeutete zugleich die Verschiebung des Erdölförderschwerpunkts vom Golf von Mexiko in den Arabisch-Persischen Golf.

Die Ursachen für diese Verschiebung, die zugleich die neue Schlüsselstellung des Nahen Ostens auf dem Erdölmarkt in der zweiten Hälfte des 20. Jahrhunderts ergab, lagen in einem Geflecht wirtschaftlicher und sicherheitspolitischer Strategien. Nach dem Ersten Weltkrieg hatten sich die USA zwar aus der Weltpolitik zurückgezogen, ihr selbstgewählter Isolationismus konnte aber eine wichtige Erfahrung aus dem Krieg nicht verdrängen: Der Sieg war mit amerikanischem Erdöl errungen worden, aber es gab Alarmsignale, denn eine baldige Erschöpfung der amerikanischen Ölfelder deutete sich an. Dagegen hatte der britische Verbündete sein Ölimperium im Nahen Osten gefestigt und sogar vom Iran in den Irak hinein ausgeweitet. Washington war entschlossen, amerikanischen Ölgesellschaften die Tür ins irakische Ölgeschäft aufzustoßen. Seinen Diplomaten kam dabei die türkische Ablehnung des Friedensvertrags von Sèvres sowie die britische Hilflosigkeit an vielen Enden des Nahen Ostens sehr entgegen. Am 1. Februar 1922 informierte der ehemalige Erste Lord der Britischen Admiralität und jetzt amtierende Kolonialminister Churchill resigniert den ehemaligen Vizekönig von Indien und amtierenden Außenminister George Nathaniel Curzon, er sei zu dem Schluß gekommen, daß Großbritannien im Mittleren Osten nie aus den Schwierigkeiten herauskommen werde, wenn es die Amerikaner weiter vom Erdölgeschäft im Irak ausschlösse.[4]

London blieb nichts anderes übrig, als die Hälfte des Anteils der Anglo-Persian Oil Company an der Türkischen Petroleumgesellschaft einem amerikanischen Konsortium aus sieben Ölfirmen zu verkaufen. Damit war auch der Weg zur Lösung der Mossulfrage, wo reiche Öllagerstätten vermutet wurden, geebnet. 1926 wurde die von der Türkei beanspruchte Provinz Mossul dem Irak zugeschlagen. Zuvor hatte sich Bagdad dem Druck der britischen Mandatsverwaltung beugen müssen und die Konzession für die jetzt neu konstituierte Irakische Petroleumgesellschaft (IPC) unterschrieben. Die Konzession umfaßte das gesamte irakische Staatsgebiet. Es gab keine irakische Aktienbeteiligung und damit keine irakische Mitsprache in der Konzernpolitik. Die Aktien gehörten zu je 25 Prozent der Anglo-Persian Oil Company, der Royal Dutch Shell, der Compagnie Française des pétroles sowie dem amerikanischen Konsortium, an dem die Standard Oil beteiligt war. Der Präsident der Gesellschaft mußte ein Brite sein. Die irakische Regierung wurde mit einem Gewinnanteil von vier Shilling pro Tonne Rohöl abgefunden.

Die folgenden Jahre waren die Tochtergesellschaften der IPC damit beschäftigt, ihr Verhältnis untereinander sowie gegenüber Calouste S. Gulbenkian, dem armenischen Vermittler beim Zustandekommen der Türkischen Petroleum Gesellschaft – er besaß 5 Prozent der Aktien –, zu klären. Dabei wurde die berühmte rote Linie gezogen, die mit Ausnahme Kuwaits den gesamten arabischen Osten mit der Türkei und Teilen der Ägäis umfaßte. Bei Konzessionsausschreibungen innerhalb dieses Gebietes sollte die IPC meistbegünstigt sein, und ihren Mitgliedsgesellschaften sollte untersagt sein, miteinander zu konkurrieren.

Während Mitte der zwanziger Jahre in Mesopotamien jährlich kaum mehr als 2500 Tonnen Öl gefördert wurden, stieg nach der Erschließung des ersten großen Ölfeldes bei Kirkuk und dem Einsatz modernen Bohrgeräts das Volumen zwischen 1928 und 1932, dem Jahr der Unabhängigkeit des Irak, von 45000 auf 115000 Tonnen. Nach der Eröffnung der Pipeline nach Haifa im Jahre 1934 – und der Überwindung der weltweiten Absatzflaute in den Jahren der Weltwirtschaftskrise – kam es zu einem großen Förderschub von 1 Million Tonnen auf über 4 Millionen Tonnen im Jahr 1938. Im benachbarten Iran wurden im selben Jahr bereits über 10 Millionen Tonnen gefördert. Zwölf Jahre später betrug die irakische Förderung 6,4 Millionen Tonnen, die iranische jedoch fast 27 Millionen Tonnen.

Für die Erklärung dieser erheblichen Diskrepanz im Jahre 1950, das eine bedeutsame Zäsur in der Ölpolitik im Nahen Osten darstellt, reichen Faktoren wie die begrenzte Kapazität der IPC-Pipeline zum Mittelmeer, der irakische Boykott der Zweiglinie nach Haifa nach dem arabisch-israelischen Krieg von 1948 oder der Ausbau der iranischen Großraffinerie von Abadan nicht aus. Ausschlaggebend für die stärkere Ölförderung im Iran war vielmehr das fiskalische Kalkül des britischen Schatzamtes, die leeren Kassen der Regierung in London zu füllen. Die Voraussetzung für eine solche Nutzung der staatlichen britischen Mehrheitsbeteiligung an der Anglo-Persian Oil Company zum Schaden des Irak und weiterer nahöstlicher Konzessionsgebiete der IPC war im sogenannten Achnacarry-Kartell aus dem Jahre

1928 geschaffen worden, das die nahöstlichen Ölländer bis Mitte des Jahrhunderts der Weltmarktpolitik und der Macht der im Nahen Osten tätigen westlichen Ölkonzerne ziemlich hilflos auslieferte.

Der Vorsitzende der mächtigen Shell Company, Lord Henry Deterding, hatte die Bosse der führenden Ölkonzerne nach Achnacarry, einem schottischen Jagdschloß, eingeladen[5], und nur Moskau verweigerte die Entsendung seines Ölkommissars. Es sollte Ordnung in den sich so rasant entwickelnden Erdölmarkt gebracht werden, wobei es auf den Nahen Osten bezogen vorrangig um die Koordination und Verteilung der Produktionsquoten ging. Gemessen am Stand der lokalen Fördertätigkeit und der wachsenden Nachfrage in der Region selbst, aber auch auf dem Weltmarkt, sollte irakisches oder kuwaitisches Öl erst dann für den Markt erschlossen und gefördert werden, wenn ein der Nachfrage näher liegendes Fördergebiet nicht liefern konnte oder wenn andere Frachtdistanzen ungünstiger waren.

Dieses nach dem Ist-Zustand der Marktstellung der Ölgesellschaften benannte »As-Is-Agreement« war schon angesichts des Vordringens weiterer amerikanischer Ölgesellschaften in den Nahen Osten nicht mehr zeitgemäß. Es führte zu jener bizarren Praxis britisch dominierter Konzerne, denen es offenbar auch darum zu gehen schien, das Öl im Boden zu belassen und seine Erschließung durch andere zu unterbinden. Das sollte in den dreißiger Jahren Kuwait und vor allem Saudi-Arabien, die nicht zum Konzessionsgebiet der IPC gehörten, aber von ihr umworben wurden, so argwöhnisch machen, daß amerikanische Neuankömmlinge zum Zuge kamen. Dennoch wurde in Kuwait unter dem starken Einfluß des britischen Residenten und der übermächtigen Anglo-Persian Oil Company, die sich zwar ihre Konzession mit der amerikanischen Gulf Oil Company teilen mußte, ein fast schon groteskes Marktabkommen durchgesetzt, das das Einkommen des Britischen Schatzamtes mehren sollte. Danach mußte für den kuwaitischen Eigenverbrauch Öl aus dem iranischen Fördergebiet der Anglo-Persian Oil Company eingeführt werden. Für den Irak gab es ähnliche Regelungen. Südirak und vor allem die Hafenstadt Basra waren für kuwaitisches Öl gesperrt und wurden ausschließlich mit iranischem Öl der Anglo-

Persian Oil Company beliefert. Als die irakische Ölförderung im nördlichen Kirkuk einsetzte, mußte die kleine staatseigene Raffinerie der Bagdader Regierung ihr Öl aus dem Konzessionsgebiet der Anglo-Persian Oil Company aus Khanikin beziehen, einem schmalen Grenzstreifen, der ehemals zum Iran gehört hatte. Auf Grund der 51prozentigen Mehrheitsbeteiligung der Londoner Regierung an der Anglo-Persian Oil Company bezog das Britische Schatzamt aus der Förderung und Vermarktung persischen Öls von 1932 bis 1950 fast doppelt so viel Geld wie die Regierung in Teheran: 194,1 Millionen gegenüber 100,5 Millionen Pfund Sterling.[6]

Die öffentlichen Statistiken der Ölbranche betreffen in der Regel den zivilen Sektor des Ölmarkts und übergehen die militärischen und sicherheitsstrategischen Bereiche, die gewöhnlich staatlich verfügter Geheimhaltung unterliegen. Die beiden Weltkriege des 20. Jahrhunderts haben die ausschlaggebende Bedeutung einer reibungslosen Treibstoffversorgung des Militärs verdeutlicht. Seitdem gehört die Treibstofflogistik zu allen militärischen Vorsorgemaßnahmen und strategischen Sandkastenspielen für den Ernstfall. Auch in dieser Hinsicht kommt den Ölfeldern des Nahen und Mittleren Ostens eine Schlüsselstellung zu.

In der Ära der britischen Hegemonialstellung in der ersten Hälfte des 20. Jahrhunderts, als die reichen Ölfelder Libyens und Algeriens noch nicht erschlossen waren, legte der mit der Verteidigung des Britischen Empires beauftragte Regierungsausschuß (Committee of Imperial Defence) seiner strategischen Treibstofflogistik zwei Szenarien zugrunde: einen Krieg östlich und einen westlich des Suezkanals. Im Falle eines Krieges im Mittelmeerraum und in Europa würde hinsichtlich der Treibstoffversorgung vieles von der amerikanischen Einstellung zu einem solchen Krieg abhängen. Ein Stopp der Öllieferungen aus Amerika würde das Schicksal Großbritanniens vom Ausmaß seiner Kontrolle über die Kapazitäten und Routen der Treibstoffversorgung aus dem Nahen Osten abhängig machen. Im Falle eines britisch geführten Krieges östlich von Suez würde kein europäischer Gegner die britische Treibstoffversorgung aus dem Mittleren Osten oder aus Südostasien gefährden können und auch eine Unterbrechung amerikanischer Öllieferungen würde weniger dramatisch sein.

Das strategische Kalkül der Briten läßt auch die enorme sicherheitspolitische Bedeutung erahnen, die der Suezkanal und die mittelmeerischen Terminals der Ölpipelines aus den mittelöstlichen Ölgebieten in der zweite Hälfte des 20. Jahrhunderts einnehmen. In der Epoche des Kalten Krieges waren diese Versorgungsrouten besonderen Gefährdungen nicht nur seitens der Sowjetunion, sondern auch seitens antiwestlich eingestellter arabischer Regime oder Terrorgruppen ausgesetzt. Die Entdeckung und Erschließung der hochwertigen nordafrikanischen Ölfelder verbesserten die westliche Sicherheitsstrategie nur vorübergehend, denn in Algerien und Libyen kamen neue Regime zum Zuge, die die Situation wieder verschärften. Hinzu traten die Positionierungen der sowjetischen Mittelmeerflotte, die vor allem bei einer Eskalation im arabisch-israelischen Konflikt eine große Rolle spielte. Überhaupt gefährdete der arabisch-israelische Konflikt die Ölversorgungsrouten in besonderer Weise. Das Ringen um eine Westorientierung Syriens seit Beginn des Kalten Krieges hat in diesem Kontext enorme strategische Bedeutung. Über syrisches Territorium erreichten die Pipelines aus dem Irak, vor allem aber die aus Saudi-Arabien kommende große Pipeline der Arabian-American Oil Company (ARAMCO) das Mittelmeer. Auch die ursprünglichen britischen Pläne für den Negev und einen breiten jordanischen Korridor zum Mittelmeer in den späten vierziger Jahren hatten eine ausschließlich britisch kontrollierte Pipeline (MEPCO) vorgesehen, die kuwaitisches und iranisches Öl transportieren sollte. Wegen ihrer enormen strategischen Bedeutung für die NATO verdient auch die iranisch-türkische Pipeline aus der Schahzeit Erwähnung.[7] Beide Länder gehörten westlichen Verteidigungsbündnissen an.

Von besonderer sicherheitspolitischer Relevanz am Vorabend des Sechs-Tage-Krieges war – nicht zuletzt aus amerikanischer Sicht – die starke Abhängigkeit vor allem der europäischen Staaten vom Erdöl arabischer Staaten. Neun von zwölf der bedeutenderen Öleinfuhrstaaten bezogen mehr als 60 Prozent ihres Bedarfs aus der arabischen Welt. Bei Italien, Großbritannien, der Bundesrepublik und Frankreich lagen diese Rohölimporte sogar über 69 Prozent, im Falle Japans, Australiens und Indiens lag der Anteil der Rohölimporte aus arabischen Ländern knapp über 60 Prozent. Tabelle 1 zeigt diese besondere Abhängigkeit Europas vom arabischen Öl am Vorabend des Sechs-Tage-Krieges.

Im Gegensatz dazu deckten die USA unmittelbar vor dem Sechs-Tage-Krieg lediglich 3 Prozent ihres heimischen Ölbedarfs aus dem Mittleren Osten; in gleicher Höhe lag die Menge an Öl von der Arabischen Halbinsel, die die USA für die Kriegführung in Vietnam bezogen.[8] Für die USA selbst war es also kein großes Problem, den Ausfall arabischer Öllieferungen infolge von Kriegseinwirkungen oder eines arabischen Ölboykotts zu kompensieren. Die USA würden aber ihren europäischen Verbündeten und Japan mit ihren Ressourcen aushelfen müssen, was die Gefahr von Preiserhöhungen auf dem amerikanischen Binnenmarkt implizierte. Die amerikanischen Hilfsmaßnahmen mußten eine Erhöhung der einheimischen Ölförderung, die Inanspruchnahme von Vorräten, eine logistische Umverteilung der Transportkapazitäten und wahrscheinlich Kredithilfen für einige europäische Staaten zur Deckung der höheren Importkosten zur Folge haben.

Am 10. Juni 1967 fiel die arabische Ölförderung auf 40 Prozent des Normalstands. Die über syrisches und libanesisches Territorium führenden Pipelines sowie der Suezkanal waren geschlossen. Angesichts der heftigen Anschuldigungen Nassers und vieler arabischer Nationalisten, daß die USA und auch England zum überwältigenden israelischen Sieg beigetragen hätten, konnte sich auch Saudi-Arabien den Aufrufen zum Ölboykott nicht entziehen. In Washington wurde überlegt, wie in dieser Situation die für Europa sehr günstige Ölförderung in Libyen gesteigert werden könnte, ohne die gemäßigten Ölstaaten auf der Arabischen Halbinsel und am Golf zu verprellen.[9] Vermutlich trug diese Alternative mit dazu bei, daß das arabische Ölembargo schon nach wenigen Monaten zusammenbrach. Allerdings plädierten in Washington auch manche Stimmen dafür, die Interessen amerikanischer Ölgesellschaften im Nahen Osten nicht italienischen und französischen Konkurrenten zu opfern. Es war kennzeichnend für die amerikanisch-europäische Zusammenarbeit im Nahen und Mittleren Osten in der zweiten Hälfte des 20. Jahrhunderts, daß auf dem Feld der nationalen Öl- und

Tabelle 1:
Die Abhängigkeit europäischer Staaten vom arabischen Öl am Vorabend des Sechs-Tage-Krieges (in Tausend Faß pro Tag)

Importeur	Saudi-Arabien	Kuwait	Irak	Libyen	Algerien	Andere arab. Staaten *	Gesamteinfuhr aus arab. Staaten	Gesamte Öleinfuhr	Anteil des arabischen Öls in %
Italien	340	536	172	172	32	50	1302	1584	82,2
England	130	314	208	200	32	88	972	1408	69,0
Deutschland	182	40	80	526	92	76	996	1354	73,6
Frankreich	62	168	208	146	370	90	1044	1260	82,9
Holland	145	130	88	104	4	25	496	599	82,8
Spanien	130	34	42	54	6	–	266	326	81,6
Belgien	32	61	34	53	5	6	191	327	58,4
Japan	435	492	92	–	–	27	1046	1701	61,5
Australien**	80	61	22	–	–	35	198	322	61,5
Indien	53	38	–	–	–	–	91	149	61,1
Brasilien	44	26	41	–	–	–	111	227	48,9
Argentinien	2	–	11	–	7	–	20	71	28,2

* Schließt Abu Dhabi, Bahrain, Katar, Oman und Ägypten ein.
** 1. Juli 1965–30. Juni 1966.
Quelle: ›Petroleum Intelligence Weekly‹ vom 19. Juni 1967

Geschäftsinteressen die für die erste Jahrhunderthälfte so charakteristische Konkurrenz weiter bestehen blieb.

Ein Intermezzo eigener Art stellte der Versuch Israels dar, sich nach dem Sechs-Tage-Krieg – und angesichts der neuen arabischen Waffe des Ölboykotts – dem Westen als sicheres Erdöldurchgangsland zu offerieren. Das Vorhaben erscheint bizarr, aber schon ein Jahrzehnt zuvor, kurz nach dem Suezkrieg, hatte Howard Page, der Direktor der Standard Oil Company of New Jersey, dem amerikanischen Außenministerium einen Vorschlag über eine Pipeline vom Golf von Aqaba nach Gaza gemacht.[10] Diese Pipeline sollte durch einen UN-Korridor verlaufen, der je zur Hälfte auf israelischem und ägyptischem Gebiet lag und als Pufferzone zwischen den Streitkräften der beiden Staaten gedacht war. Neben der reduzierten Abhängigkeit der Öltransporte von instabilen Ländern wie Syrien und Ägypten bestünde ein weiterer Vorteil darin, daß am Golf von Aqaba ein Freihafen mit einer UN-Hafenbehörde Ägypten, Israel, Jordanien und Saudi-Arabien als neutraler Durchgang dienen könne. Es sei dahingestellt, ob Ben-Gurion von solchen Überlegungen wußte und deshalb um so hartnäckiger eine Präsenz der UNO im Negev beziehungsweise auf der israelischen Seite der Sinaigrenze zu vereiteln suchte.

»Öl nach Eilat«: Ein israelisches Kriegsziel im Sechs-Tage-Krieg?

Die Entwicklung einer Energiewirtschaft gehörte zu den Fundamenten der Staatsgründung in Israel. Schließlich sollte der neue Staat wirtschaftlich überlebensfähig sein. Um die Energiewirtschaft anzukurbeln, erwarb in den zwanziger Jahren der russisch-jüdische Ingenieur Pinchas Ruthenberg Konzessionen für die hydroelektrische Energieerzeugung am Jordanfluß. Dann wurden aber zur Versorgung der mittelmeerischen Küstenstädte Haifa und Tel Aviv kostengünstigere Kohlekraftwerke bevorzugt. Seit Mitte der dreißiger Jahre bot auch die IPC-Pipeline vom Irak nach Haifa die Option von Öllieferungen zur Energieerzeugung. Die Pipeline wurde jedoch nach dem Zweiten Weltkrieg ein Opfer des Nahostkonflikts, und Israel mußte sich mit amerikanischen Öllieferungen über das Mittelmeer begnügen.[11] Hinzu trat eine vermutlich provisorische dünne Pipeline, die während des Zweiten Weltkrieges von den Briten zur Versorgung ihrer Streitkräfte von Eilat zur Raffinerie von Haifa verlegt worden sein soll.

1957 wurde eine neue Pipeline von 150 Meilen Länge mit einem Durchmesser von 8 Inches von Eilat nach Beer Sheva gelegt. Von dort wiederum wurde eine 16 Inches dicke Pipeline über Ashdod nach Haifa gebaut und danach auch das erste Teilstück durch die größeren Röhren auf den neuesten Stand gebracht. Die insgesamt 257 Meilen lange Pipeline von Eilat über die südlich von Tel Aviv beziehungsweise Jaffa gelegene aufstrebende Hafenstadt Ashdod hatte eine anfängliche Transportkapazität von 35 000 Faß pro Tag. Je nach Nachfrage der Raffinerien konnte die Kapazität – mittels Pumpstationen – auf das Dreifache gesteigert werden. Ende 1965 konnte die Pipeline bereits 4,9 Millionen Tonnen Rohöl im Jahr transportieren. Der israelische Eigenverbrauch belief sich auf 2,9 Millionen Tonnen.

In den beiden letzten Jahren vor dem Sechs-Tage-Krieg wurde dann auch der Hafen von Eilat so ausgebaut, daß Tanker von 50 000 Tonnen Ladegewicht anlegen konnten. Ferner wurde eine kleine Raffinerie mit einer Verarbeitungskapazität von 250 000 Tonnen pro Jahr errichtet. Zur selben Zeit bekam Haifa einen Unterwasserverladeterminal, der Tanker mit einem Fassungsvermögen von 80 000 Tonnen abfertigen konnte. Mit diesen Erweiterungen von Pipeline und Hafenkapazitäten ging der Aufbau einer israelischen Tankerflotte einher, die auf eine Gesamttonnage von über 200 000 Tonnen ausgelegt war. Die Öltransporte nach Eilat und von dort nach Haifa stammten aus Indonesien und – zum weitaus größeren Teil – aus dem Iran.[12]

Angesichts dieser stürmischen Entwicklung gewinnt die Frage nach den ägyptischen Motiven für die Schließung der Straße von Tiran beziehungsweise des Zugangs nach Eilat besondere Relevanz. War der neue industrielle Stellenwert Eilats ein unmittelbarer Anlaß für Nassers Maßnahme? Verfolgte er damit als verdecktes Kriegsziel die Beeinträchtigung der Entwicklung einer leistungsfähigen Öl- und Chemieindustrie in Israel, und –

was noch näherliegen dürfte – wollte er die Schaffung einer Öltransportroute alternativ zum Suezkanal verhindern?

Für die Annahme, daß Nasser der Ausbau des Ölhafens bei Eilat nicht gleichgültig sein konnte, spricht auch die offizielle amerikanische Perzeption. In den einschlägigen Archivalien der Johnson-Administration zum Komplex »Straße von Tiran« wird an oberster Stelle von Israels Recht auf »Oil to Eilat« gesprochen. Die Geschichtsschreibung über den Sechs-Tage-Krieg hat dieses konkrete energie- und sicherheitspolitische Anliegen Israels kaum beachtet und sich statt dessen mit der kategorischen Feststellung begnügt, daß die Schließung der Straße von Tiran ein Wahnsinnsakt Nassers und für Israel aus grundsätzlichen Erwägungen ein Casus belli gewesen sei, so als handele es sich um einen Verstoß gegen geltendes Seerecht und nicht um ein ägyptisches Kriegsziel, das Israel auch als Erdöldurchgangsland treffen sollte.

Demgegenüber spricht vieles dafür, daß die israelischen Maßnahmen in Eilat und vermutlich auch die weiteren Planungen insbesondere für die Pipeline nach Ashdod und Haifa zur Vorgeschichte des Sechs-Tage-Krieges gehören. Bereits wenige Monate nach dem Krieg billigte das israelische Kabinett die weitere Kapazitätserhöhung der Pipeline, die weit über der israelischen Binnennachfrage lag. Israel bot sich damit nachdrücklich als ein Erdöldurchgangsland in Richtung Mittelmeer und Europa an.

Tatsächlich sollte die Pipeline vor allem Öl aus dem mit Nasser verfeindeten Iran befördern. Die Röhren stammten aus westdeutscher Fertigung, was auch mit einem weltweit konkurrenzlosen Schweißverfahren zu tun hatte.[13] Die Transportkapazität der Transitölleitung war auf jährlich 42 Millionen Tonnen ausgelegt, die damit zu den größeren nahöstlichen Pipelines gehörte. Israel trat als ernsthafter Konkurrent Ägyptens bei den mittelmeerischen Versorgungslinien Europas auf. Das galt in besonderer Weise für den Fall von Blockaden oder längeren Schließungen des Suezkanals. »Oil to Eilat« mußte auch für den Iran attraktiv sein, denn der Schah betrachtete Israel als willkommenes Bollwerk im Westen gegen den Panarabismus Nassers im Osten. Bei größeren innerarabischen Auseinandersetzungen, wie sie sich bereits zwischen Ägypten und Saudi-Arabien sowie Ägypten und dem Irak abzeichneten und wie sie auch innerhalb der

OPEC keimten, müßten sich auch die gemäßigten arabischen Ölmonarchien im Golf auf die Suche nach alternativen und konkurrenzfähigen Transportrouten begeben.

Die Trends auf dem Erdölmarkt ab Mitte der sechziger Jahre bestätigen, daß das nahöstliche neben dem nordafrikanischen Öl vor allem in Europa eine immer begehrtere Ware wurde. Interessanter als die bekannten Konsumsteigerungen in den westeuropäischen Industriestaaten sind die weniger zur Kenntnis genommenen Entwicklungen in der Sowjetunion und in Osteuropa. Die UdSSR hatte durch den Verkauf eigenen Öls auf dem Weltmarkt immer schon wertvolle Devisen zu erwirtschaften gesucht. Jetzt war Moskau aber so unersättlich[14], daß es die COMECON-Staaten veranlaßte, eigene Ölbezugsstrukturen zum Mittelmeer hin oder zu Tankerrouten auf den Weltmeeren und Spotmarkets zu entwickeln. In diesen Zusammenhang gehört der Hafenbau an der jugoslawischen Küste, von wo aus auch der steigende Ölbedarf Ungarns und der Tschechoslowakei mitberücksichtigt werden sollte. Auch in Polen und in Ostdeutschland schaute man nach Westen. Polen orientierte sich am Raffineriestandort Schwedt an der deutsch-polnischen Grenze, der über einen Pipeline-Verbund mit Leuna und Dresden vom neuen Ölhafen Rostock beliefert werden sollte.[15]

Von Moskaus Nahostpolitik ging also keine Gefahr für die Integration des COMECON in das System nahöstlicher Öltransportstrukturen aus. Die neuen sowjetisch-iranischen Kooperationsprojekte, sowjetische Mithilfe bei der Entwicklung südirakischer Öllagerstätten und eine stärkere Präsenz sowjetischer Schiffe im Indischen Ozean signalisierten vielmehr, daß Moskau dabei war, die Ölinteressen des COMECON zu wahren. Es schien an allgemeinen stabilen Ölbezugsstrukturen interessiert.

Für »Oil to Eilat« – eine vergleichsweise sehr kurze, vom Suezkanal und etwaigen Boykottmaßnahmen unabhängige Pipeline – gab es im östlichen Mittelmeer, in Richtung Triest und auch in Richtung Schwarzes Meer alles in allem hervorragende Marktchancen. Die Ära der Supertanker, die ganz Afrika umfuhren, hatte gerade erst begonnen. Im Jahre 1966 bewältigten Großtanker von mehr als 45 000 Tonnen Fassungsgewicht 44 Prozent der weltweiten Öltransporte – mit steigender Tendenz. Ohnehin aber waren kurze Pipeline-Strecken, die kontinentale Umfahrungen ersparten, vor allem zeit- und kostensparend. Im vorliegenden Fall verbanden sich mit den Terminalstandorten der Ölleitungen aber auch noch vielversprechende industrielle Entwicklungsvorhaben. Die Produktionspalette dieser Raffinerien lieferte die petrochemischen Grundstoffe für allerlei Industrien und Warenexporte.

Die Pipeline Eilat-Ashdod blieb auch nach dem Sechs-Tage-Krieg für Nasser eine solch große wirtschaftliche und strategische Herausforderung – zumal der Suezkanal inzwischen infolge von Schiffsversenkungen unpassierbar war und Israel die ägyptischen Ölfelder auf dem Sinai erobert hatte –, daß er schon bald die Planung einer Ersatz- und Konkurrenz-Pipeline über ägyptischem Territorium vorantrieb. Diese SUMED-Pipeline, die den Golf von Suez mit dem alexandrinischen Hafen am Mittelmeer verband, sollte aber erst Ende der siebziger Jahre realisiert werden.[16]

Das ägyptische Konkurrenzunternehmen kann auch als ein gutes Beispiel dafür herangezogen werden, daß sich im hochpolitisierten Krisenherd des Nahen Ostens die üblichen Gesetze von Rentabilität und marktwirtschaftlicher Logik häufig relativieren. Skeptiker aus der Ölbranche hatten das israelische Pipeline-Unternehmen, das schätzungsweise 120 Millionen Dollar verschlingen würde, als »pipe dream« bezeichnet. Die Betriebskosten an beiden Enden der Pipeline sowie bei den Pumpstationen im gebirgigen Negev würden einfach zu hoch sein. Zitiert wurde ein früheres ägyptisches Beispiel. Danach hatte Ägypten schon einmal den Bau einer Pipeline parallel zum Suezkanal erwogen, aus Kostengründen dann aber doch die Vertiefung des Kanals für größere Tankschiffe vorgezogen.

Diese Skeptiker führten auch politische Argumente ins Feld. Die multinationale Zusammensetzung der meisten Ölgesellschaften werde zur Folge haben, so hieß es, daß es sich kaum einer der Konzessionäre leisten könnte, arabische Ölländer zu brüskieren und auf die israelische Pipeline umzusteigen. Selbst im Falle der Iranian National Oil Company war – neben der Indiana Standard – eine Gruppe kleinerer amerikanischer Ölfirmen, sogenannte Independents, mit einem Geschäftsanteil von 5 Prozent vertreten. Ihr Anteil an der Gesamtfördermenge belief sich zwar nur auf 180000 Faß pro Tag. Doch diese Iricon-Gesellschaften würden wegen ihrer Interessen in den arabischen Ölländern als Benutzer der Eilat-Ashdod-Pipeline fortfallen.[17] In solchen Prognosen blieben die ölwirtschaftlichen Interessen orientalischer Anteilgesellschaften oder Ölstaaten zumeist unberücksichtigt, so als hätte die Gründung der OPEC nie stattgefunden. Allerdings war auch deren Geburt in der westlichen Ölbranche zunächst kaum wahrgenommen oder allenfalls belächelt worden.

Auch die SUMED-Pipeline wurde vornehmlich aus strategischen und politischen Gründen gebaut. Mußte eine Konvergenz iranischer, israelischer und moderat-arabischer Öltransportinteressen wirklich für alle Zeiten (und Engpässe) ausgeschlossen werden? Wer am Tropf des Öls hing, war sicherlich nicht zum politischen Selbstmord bereit. Zumindest auf der ideologischen und ordnungspolitischen Ebene war am Vorabend des Sechs-Tage-Krieges eine Konvergenz der Eindämmungsstrategien gegenüber dem drohenden Flächenbrand des Nasserismus längst vorhanden, wobei allerdings die Probleme ihrer politischen Koordination von Israel unterschätzt worden sein dürften.

Die OPEC und Nassers Griff nach der Ölmacht

Der Untergang des Nasserismus im Sechs-Tage-Krieg und der weitere Aufstieg der am 14. September 1960 in Bagdad gegründeten Organisation der Erdöl exportierenden Länder (OPEC) dürften dazu beigetragen haben, daß Nassers Kampf und Niederlage auf dem Felde arabischer Ölpolitik in der Öffentlichkeit kaum wahrgenommen wurden. Das Scheitern von Nassers Strategie, das arabische Öl unter panarabische Kuratel zu stellen, wurde aber nicht erst 1967, sondern schon anläßlich des von Nasser selbst geforderten ersten Arabischen Petroleumkongresses in Kairo im April 1959 besiegelt.

Ägypten durfte für sich beanspruchen, unter den arabischen Ölländern nicht nur das älteste Erdölförderland, sondern auch das Land mit den ersten Plänen für eine erdölverarbeitende Industrie gewesen zu sein.[18] Trotz systematischer Suche nach Ölfeldern auf seinem Staatsgebiet und in seinen Küstengewässern und trotz vermehrter Anstrengungen nach 1952 konnte Ägypten nicht zu einem Ölexportland aufsteigen. Dafür waren die Ölfunde zu gering und die einheimische Nachfrage zu groß.

Ägyptische Versuche, dirigistisch in die Entwicklung arabischer Ölpolitik einzugreifen, fanden zuerst im Rahmen der Arabischen Liga statt. Am 22. September 1951 empfahl der Politische Ausschuß der Arabischen Liga dem Generalsekretariat die Bildung eines Ausschusses arabischer Ölexperten, damit der 1949 verhängte Wirtschaftsboykott gegen Israel besser koordiniert werden könnte.[19] An der ersten Sitzung am 14. Juni 1952 – einen Monat vor Nassers Revolution – nahmen Vertreter des Irak, Saudi-Arabiens, Syriens, Ägyptens und des Libanon teil. Der Ausschuß empfahl im Jahr darauf nicht nur die Einrichtung eines Ständigen Ölbüros der Arabischen Liga, sondern auch die Erweiterung seines Aufgabenbereichs, der stärker auf die Planung einer allgemeinen arabischen Ölpolitik gerichtet sein sollte. Generalsekretär Abdur-Rahman Azzam, ein glühender Panarabist, folgte der Empfehlung nur allzu gern und beauftragte im Juni 1954 den irakischen Ingenieur und arabischen Nationalisten Muhammad Salman mit dem Aufbau des Büros. Es waren Salman und seine Mitarbeiter, die ein Jahr nach dem Suezkrieg den weitsichtigen Entschluß faßten, einen Arabischen Ölkongreß zu organisieren, zu dem auch andere Ölländer wie Iran und Venezuela, die ähnliche Entwicklungsprobleme hatten, eingeladen werden sollten.

Der erste Arabische Ölkongreß wurde am 16. April 1959 in Kairo eröffnet. Präsident und Vizepräsident waren Muhammad Salman und Abdallah Tariqi, der saudische Direktor für Ölangelegenheiten. Das Ereignis erfüllte den Technokraten Salman mit Genugtuung, dürfte den Nationalisten Salman aber eher enttäuscht haben. Ausgerechnet seine eigene Regierung in Bagdad boykottierte die Konferenz. Der neue starke Mann am Tigris, Abdel-Karim Qasim, hatte sich mit Nasser überworfen, der ihm sein Paktieren mit den Kommunisten vorwarf. Qasim meinte, daß Kairo der falsche Ort für Diskussionen und Planungen von Konzepten und Strategien arabischer Ölpolitik sei.

Bezeichnend für diese erste Phase arabischer Koordinierungsversuche auf dem Erdölsektor waren politische Querelen und ideologische Richtungskämpfe. Das betraf nicht nur zwischenarabische nationale Empfindlichkeiten, sondern noch stärker Auseinandersetzungen über das Für und Wider einer gesamtarabischen oder panarabischen Entwicklungsstrategie, die den Rohstoff Öl als ein arabisches Gemeingut ansah. Vorherrschend waren nationalistische Argumente wie nationale Souveränität über das Erdöl, Aussetzung der Erdölkonzessionen, Verstaatlichung der Bohranlagen, Pipelines und Raffinerien, autonome Preispolitik und Entwicklung einer integrierten Erdölindustrie und Erdölwirtschaft zum Nutzen einer gesamtarabischen Wirtschaftsentwicklung.

Vor allem Abdallah Tariqi, der von den Panarabisten gefeiert und von den westlichen Ölgesellschaften gehaßt wurde, machte seinem Spitznamen »Roter Scheich« alle Ehre.[20] Schlau wie er war, ließ er auf dieser und auf weiteren Konferenzen den in saudischen Regierungsdiensten stehenden texanischen Rechtsexperten Franck Hendryx darüber dozieren, daß die bestehenden Ölkonzessionen und Marktabkommen derart seien, daß die Regierungen der Ölländer im sozialen Interesse ihrer Bevölkerungen die moralische Pflicht hätten, die Verträge zu ändern, wozu sie alle legale Handhabe hätten.[21]

Jetzt rächte sich die Taktik der Anglo-Persian Oil Company. Die Ölgesellschaften waren eingeladen worden, anläßlich der Kairoer Konferenz eine Erdölindustrieschau auszurichten. Auch die Tochtergesellschaft der Anglo-Persian Oil Company, die sich mit der amerikanischen Gulf Oil Company die Ölkonzession in Kuwait teilte, hatte schließlich zugesagt, ihren eigenen Angestellten und Beobachtern am Konferenzort aber auferlegt, sich bei Diskussionen bedeckt zu halten. Der kuwaitische Palast – Kuwait wurde erst 1961 unabhängig – hatte gezögert, der Einladung aus dem nationalistischen Kairo zu folgen und eigene Vertreter zu entsenden. Die Anglo-Persian Oil Company hatte das kuwaitische Zaudern für falsch gehalten und für eine Entsendung geeigneter Kuwaitis gesorgt. Diese waren darauf eingeschworen worden, die Erfolgsgeschichte der Anglo-Persian zu betonen. Andere Gesellschaften verfuhren offensichtlich ähnlich. So gab es schließlich in Kairo niemanden, der dem Donnergrollen des

Amerikaners Hendryx etwas entgegensetzen konnte. Die anwesenden Kuwaiter waren keine Rechtsexperten, und die Vertreter der Ölgesellschaften mußten sich bedeckt halten, wenn sie nicht ohnehin nur als Beobachter fungierten.

Davon abgesehen verlief die Konferenz mit ihren mehr als siebzig Vorträgen eher sachlich und so ruhig, daß bei den Ölgesellschaften Entwarnung gegeben wurde. Der »Rote Scheich« war kein arabischer Mosaddeq. Die Lektion, die dem iranischen Premier, der 1953 die Verstaatlichung der Anglo-Persian Oil Company gewagt hatte, erteilt worden war, schüchterte die arabischen Aktivisten offensichtlich noch immer ein.

Dennoch wurden wie so häufig bei Konferenzen bedeutsame Entscheidungen in ihrem Schatten getroffen. Verborgen vor der Öffentlichkeit und den Beobachtern der Ölgesellschaften hatten die »Vertreter« der Öl exportierenden Länder Irak, Iran, Kuwait, Saudi-Arabien und Venezuela eine Absichtserklärung darüber unterschrieben, ihre Regierungen zu bewegen, ein gemeinsames Beratungsgremium für Ölangelegenheiten zu schaffen und staatliche Ölgesellschaften zu gründen. Der Keim für die Gründung der OPEC war jetzt gesetzt.[22] Die Inspiratoren für dieses von der Arabischen Liga völlig getrennte und umfassendere Projekt waren Pérez Alfonso aus Venezuela und Abdallah Tariqi aus Saudi-Arabien. Ein Ägypter war nicht mit von der Partie.

Der Ausschluß Ägyptens vom weiteren Gründungsprozeß der OPEC war nicht ideologisch bedingt, sondern erklärt sich aus dem damals unüberbrückbaren Gegensatz zwischen den Machthabern am Nil und am Tigris. Er war das Ergebnis eines von Tariqi eingebrachten taktischen Kompromisses, bei dem der nach Iran, Saudi-Arabien und Kuwait viertplazierte nahöstliche Ölexporteur Irak einfach die besseren Karten hatte: Bagdad hatte nicht nur die Initiative ergriffen und zur Gründungskonferenz der OPEC eingeladen. Es konnte eine solche Initiative auch mit allem Nachdruck begründen, der sich aus dem dramatischen Preisverfall auf dem Ölmarkt ergab.

Wie wenig die Entwicklung der sogenannten arabischen Ölwaffe inzwischen mit dem arabisch-israelischen Konflikt zu tun hatte, zeigt sich darin, daß der Iran, dessen Israelpolitik zwar gerügt wurde, sich dennoch gegenüber Nassers Ägypten durchsetzen konnte. Anders als Ägypten teilte der Iran die Probleme der ölexportierenden Länder, deren Finanzlage und soziale wie politische Stabilität vom Verkaufserlös und Ölpreis abhängig waren.

Venezuela hatte nach dem Zweiten Weltkrieg als erstes Ölexportland die dramatischen Folgen eines plötzlichen Verfalls des Erdölpreises zu spüren bekommen.[23] Vor und vor allem während des Krieges hatte die starke Nachfrage der dort tätigen amerikanischen Ölgesellschaften für einen Boom gesorgt, der aber nicht allen gesellschaftlichen Schichten zugute kam. Um die wachsenden Probleme der Sozial- und Entwicklungspolitik in den Griff zu bekommen, war viel Geld in Modernisierungsmaßnahmen gesteckt worden. In den Nachkriegsjahren senkten die amerikanischen Gesellschaften dann aber jäh den Ölpreis und brachten alle entwicklungspolitischen Projekte und Strategien in Gefahr.

Die Preissenkungen standen im Zusammenhang mit der nachlassenden Nachfrage, den Problemen der großen Ölkonzerne mit der Antitrustpolitik auf dem amerikanischen Binnenmarkt, aber auch mit der Attraktivität der nahöstlichen Fördergebiete, die so nahe am kriegszerstörten Europa lagen. Das Wiederaufbauprogramm des Marshallplans schuf zusätzliche steuerliche Anreize für die Ölgesellschaften. Dem venezuelischen Ölminister Pérez Alfonso gelang schließlich ein Kompromiß mit den Ölgesellschaften, der auf einer Gewinnteilung von 50 zu 50 beruhte. Die Berechnungen waren in steuerlicher Hinsicht äußerst kompliziert, und es scheint nicht einmal festzustehen, wer auf diese Formel verfallen war. Doch Pérez Alfonso ahnte, daß sie nur Bestand haben würde, wenn sie auch für die nahöstlichen Ölländer Gültigkeit erhielt. Deshalb bereisten bald venezuelische Delegationen den Orient, berieten Regierungen und versuchten sogar in den Auseinandersetzungen der Anglo-Persian Oil Company mit dem iranischen Premier Mosaddeq, der eine kompromißlose Verstaatlichungspolitik betrieb, zu vermitteln.

Die amerikanischen Ölgesellschaften am Golf machten gute Miene zum bösen Spiel von Pérez Alfonso, und so setzte sich auch hier die Teilung von 50 zu 50 durch. Als jedoch zu Beginn der sechziger Jahre die Ölgesellschaften im Nahen Osten wieder die Preise senkten, fanden sie sich mit einer neuen Entschlossenheit der Ölländer konfrontiert. Dies war der Anlaß für die irakische Einladung zu einer zweiten Konferenz der nahöstlichen Ölländer, die im September 1960 in Bagdad eröffnet wurde und als Gründungskonferenz der OPEC in die Geschichte des 20. Jahrhunderts eingehen sollte.

Das beherrschende Thema der Konferenz waren die Ölpreissenkungen und die Krise der Staatsfinanzen sowie Maßnahmen zur weiteren Koordination der Politik gegenüber den Ölgesellschaften. Die Ausgangsbasis für die zukünftigen Auseinandersetzungen war klar und schuf ein neues kollektives Bewußtsein: die fünf OPEC-Länder Irak, Iran, Kuwait, Saudi-Arabien und Venezuela vereinigten ungefähr 82 Prozent der Weltrohölexporte auf sich, wobei 30 Prozent auf Venezuela entfielen. Dagegen kontrollierten die acht größten Ölkonzerne der Welt 94 Prozent der Rohölreserven, 90 Prozent der Ölförderung und 75 Prozent der Raffineriekapazitäten in der westlichen (nichtkommunistischen) Welt. Zielpunkte der Politik der OPEC, wie sie sich schon in der irakischen Nationalisierungspolitik gegenüber der IPC angekündigt hatten, waren die Reduzierung der Konzessionen auf die tatsächlichen Fördergebiete sowie die Änderung des Gewinnteilungsprinzips. Es war ein offenes Geheimnis, daß aufgrund günstiger geologischer Bedingungen und der außergewöhnlichen Größe der Ölfelder die Förderkosten in der Golfregion erheblich unter den Kosten auf dem amerikanischen Kontinent lagen. Schon die britische Royal Navy hatte auf dieser Basis ihre Discountpreise für iranisches Öl festgelegt. Konkurrenten der amerikanischen Ölgesellschaften wie die italienische staatseigene Ente Nazionale Idrocarburi (ENI) mit ihrem Vorsitzenden Enrico Mattei rechneten den nahöstlichen Regierungen vor, daß Gewinnteilungen zu ihren Gunsten von 60 zu 40 und sogar 75 zu 25 den anglo-amerikanischen Ölgesellschaften immer noch satte Gewinne brächten.

Dennoch kam es vor dem Sechs-Tage-Krieg zu keiner krisenhaften Zuspitzung zwischen der OPEC und den Ölkonzernen, die die OPEC sogar eher als einen Debattierclub zu betrachten schienen.[24] Unabhängig von den folgenden OPEC-Konferenzen in Caracas (Januar 1961), Teheran (Oktober 1961) und Genf (April 1962) fanden auch die Petroleumkongresse der Arabischen Liga weiter statt. Der Flirt Saudi-Arabiens mit Ägypten, den König Saud begonnen und dessen Nachfolger König Faisal zunächst fortgesetzt hatte, nährte bei Nasser bis Mitte der sechziger Jahre wohl die Illusion, daß der Griff nach der Ölmacht im Namen seines Panarabismus vielleicht doch noch gelingen könnte. Er setzte große Hoffnungen in die Ölexplorationen im Golf von Suez und in der zur libyschen Grenze hin gelegenen Qantara-Senke. Aber erst in den neunziger Jahren sollte Ägypten nennenswerte Erlöse aus dem Ölexport erwirtschaften, wenn auch die Ertragsdauer der Felder insgesamt als kurz eingeschätzt wird.

Kurz vor dem Sechs-Tage-Krieg tauchte für Nassers ehrgeizige Ziele noch einmal ein Hoffnungsschimmer auf. Im März 1967 tagte der sechste Arabische Petroleumkongreß in Bagdad, wo jetzt ein Nasser-freundliches Regime herrschte. Ein Hauptdiskussionspunkt des Kongresses war die Gründung einer gesamtarabischen Ölgesellschaft unter dem Schutz der Arabischen Liga. Nasser sah in der staatseigenen ägyptischen General Petroleum Company die geeignete Plattform für ein solches Unternehmen.[25] Schon zuvor hatte er sich einige Forderungen der OPEC zu eigen gemacht, so als wollte der ägyptische Herrscher ihr die Schau stehlen. In Erinnerung bleibt auch seine Brandrede vom 25. Mai in Sachen Straße von Tiran, in der er die Ölpolitik der islamischen Allianzländer Saudi-Arabien und Iran heftig attackiert hatte.

Den Todesstoß erhielten Nassers Ölpläne dann doch durch die arabischen Golfländer – ein halbes Jahr nach Ende des Sechs-Tage-Krieges! Welche Motive der Gründung der Organisation Arabischer Erdöl exportierender Länder (OAPEC) am 9. Januar 1968 in Beirut zugrunde lagen, ließ sich schon an den Staaten ablesen, die bei der Gründung beteiligt waren. Das Drei-Königs-Bündnis zwischen Kuwait, Libyen und Saudi-Arabien bekräftigte ausdrücklich den Primat der Ökonomie vor jeder nationalistischen Politik und Ideologie.[26]

Ende der sechziger Jahre konnte noch kein Ölminister der OPEC den bevorstehenden revolutionären Machtzuwachs der Ölstaaten auf dem Erdölmarkt vorhersehen. Sie mögen davon geträumt haben, waren aber pragmatisch genug, sich bei der schwierigen Umsetzung der OPEC-Resolutionen auf einen steinigen Weg einzustellen. Als vorrangig galt die Revision bestehender oder der Abschluß neuer, besserer Konzessionsverträge mit den Ölkonzernen. Der von Abdel-Karim Qasim im Irak beschrittene Weg, die IPC-Konzession auf die tatsächlichen Fördergebiete der Gesellschaft zu reduzieren und die freiwerdenden 99 Prozent des Staatsterritoriums einer eigenen staatlichen Gesellschaft zu überlassen, hatte zwar zur Gründung einer Nationalen Irakischen Ölgesellschaft (NIOC) geführt, aber bis zum Ende des Jahrzehnts keinen durchschlagenden wirtschaftlichen Erfolg gebracht. Die mächtige IPC stellte nämlich den Ausbau ihrer Pipelines mit Röhren größeren Durchmessers zum Mittelmeer ein und verlagerte ihre Investitionen in die Golfemirate.[27]

Die Taktik der Investitions- und Produktionsverlagerung konnte die IPC dann aber doch nicht vor ganz neuen Entwicklungen im Golf schützen. Denn nun wurden Erdöl und bald auch Erdgas außerhalb der Konzessionsgebiete in den Gewässern der arabischen Golfküste entdeckt. Neue Konzessionen, die sich an OPEC-Leitlinien orientierten, wurden ausgeschrieben, und neue Ölgesellschaften der Industriestaaten wurden im Golf tätig. Einen Präzedenzfall für die Revision der traditionellen Konzessionspraxis stellte die erste kuwaitisch-saudische Offshore-Konzession in der gemeinsamen Neutralen Zone für eine japanische Ölgesellschaft dar.[28] Saudi-Arabien räumte dort außerdem der amerikanischen Getty Oil Company eine Konzession ein.

Doch endgültig erschüttert wurden die Fundamente des anglo-amerikanischen Erdölimperiums im Nahen Osten erst durch die Politik Muammar al-Qaddafis, der nach seinem Staatsstreich und der Beseitigung der Monarchie in Libyen im Dezember 1969 sofort auf Konfrontation mit den großen Ölkonzernen ging. Nasser sollte noch den Machtantritt des zornigen jungen Mannes erleben, aber nicht mehr dessen Triumph über die westliche Erdölindustrie; der ägyptische Herrscher erlag am 28. September 1970 einem Herzversagen. Wie Nasser, so gehörte auch der erst 28jährige al-Qaddafi einer Bewegung freier Offiziere an, die soziale und wirtschaftliche Reformen und den Panarabismus auf ihre Fahnen geschrieben hatten. Al-Qaddafi wollte das Erbe des Nasserismus antreten. Was ihm fehlte, war die Bevölkerungsmasse des Niltals. Dafür hatte er aber Erdöl, und zwar von besonders hoher Qualität.

Ausschlaggebend für den Erfolg der von Libyen eingeleiteten Ölpreisrevolution waren zum einen die für al-Qaddafis offensive Ölpolitik günstige Struktur der im Lande tätigen Ölgesellschaften und zum anderen die kompetente Beratung durch arabische Nationalisten. Es war dem Umstand ihrer fünfjährigen Verwaltung als UN-Treuhandschaftsgebiet nach dem Zweiten Weltkrieg zu verdanken[29], daß die von italienischer Kolonialherrschaft befreite Kolonie bei ihrer Unabhängigkeit im Jahre 1951 eine Ölkonzessionsstruktur aufwies, bei der neben einigen großen Gesellschaften wie ENI, ESSO und Shell viele kleinere amerikanische und europäische – darunter drei deutsche[30] – Ölgesellschaften auf parzellierten Konzessionsgebieten tätig waren. Die Anti-Trust-Aktivitäten des amerikanischen Kongresses nach dem Zweiten Weltkrieg, die sich besonders gegen die im Nahen Osten tätigen großen amerikanischen Ölkonzerne richteten, sowie Lehren aus der Mandatspraxis des Völkerbunds waren dafür maßgeblich. Eine begrenzte Kapitaldecke und die Tatsache, daß viele dieser Ölgesellschaften nicht auf andere Gegenden des Nahen Ostens und der Welt ausweichen konnten, machten die sechzehn kleineren Gesellschaften für eine »aggressive« Preispolitik besonders gefügig.

An aggressiven Marktstrategien im besten Sinne des amerikanischen liberalen Wirtschaftskapitalismus fehlte es den Ölberatern al-Qaddafis nicht. Den Vorsitz im Preisausschuß des libyschen Ölministeriums nahm der in den USA ausgebildete Jurist Mahmud Suleiman al-Maghrabi ein. Der gebürtige Palästinenser galt auf seinem Gebiet als Kapazität. Er hatte sich in den Dienst des libyschen Monarchen begeben, doch als er im Juni-Krieg 1967 einen Streik der libyschen Ölarbeiter organisierte und nach dem Krieg radikal die Fortsetzung des Ölembargos gegen die

USA und Europa forderte, hatte ihn der Monarch inhaftieren lassen. Al-Qaddafi hatte ihn aus der Haft befreit und zu seinem ersten Premierminister ernannt.

Al-Maghrabi ließ sich in seiner Preisstrategie von Abdallah Tariqi, dem »Roten Scheich«, und von Nicolas Sarkis beraten, die beide ein Institut für Arabische Entwicklungspolitik in Beirut leiteten. Die libysche Preisoffensive im Frühjahr 1970 wurde auch von Algerien, Irak, Kuwait und Saudi-Arabien unterstützt. In der ökonomischen Begründung für höhere Preise wurde auf den zu niedrigen Listenpreis für die ersten Ölexporte seit 1961, auf die Frachtkostenvorteile des libyschen Öls gegenüber der Suezroute sowie auf den geringen Schwefelgehalt des libyschen Öls hingewiesen. Al-Maghrabi hatte sicherlich auch schon das enorme Einkommensgefälle zwischen den arabischen Ölländern und den westeuropäischen Ölverbraucherstaaten im Blick. In einer 1966 in Beirut erschienenen Studie zum Thema ›Permanent Sovereignty over Oil Resources. A Study of Middle East Oil Concessions and Legal Change‹ waren die verschiedenen Einkommensposten durchgerechnet worden mit dem Ergebnis, daß Verbraucherländer wie England, Frankreich und Holland aus jedem Dollar der Ölrechnung Einnahmen von 74,1 Prozent bezogen, während den Ölländern selbst nur 6,7 Prozent verblieben.[31]

Libyen griff zu vielen Mitteln, um die Ölgesellschaften unter Druck zu setzen. Dazu zählten die ostentative Reise des Ölministers nach Moskau; Forderungen nach rückwirkenden Preiserhöhungen, getrennte Verhandlungen und, seit Mai 1970, die Verstaatlichung von Tankstellenketten sowie Produktionsdrosselungen in einem für die verschiedenen Gesellschaften unterschiedlich schmerzhaften Ausmaß.

Im Sommer 1970 brachte die Strategie einen ersten Erfolg, als der zwielichtige Armand Hammer[32], der Besitzer der amerikanischen Occidental Petroleum Land and Development Corporation, persönlich die Anhebung des Listenpreises von 2,23 US-Dollar um 30 Cents in Tripoli aushandelte. Hammer, der Sohn eines amerikanischen Kommunistenführers und ein Intimus der Kreml-Größen, war in Panik verfallen, weil er meinte, al-Qaddafi könnte seinem maroden Mischkonzern den Ölhahn abdrehen. Der libysche Herrscher und Vorsitzende des Revolutionären Kommandorats geizte jetzt aber nicht mit dem Zuckerbrot. Hammer durfte die auf 425 000 Faß pro Tag gedrosselte Förderung auf 700 000 Faß anheben. Die beabsichtigte Wirkung solcher Maßnahmen gegenüber den kleineren Ölgesellschaften, die mehr als 50 Prozent der libyschen Ölexporte abwickelten, war, daß die Regierung mehr Geld einnahm und zugleich die an der Erhöhung der Fördermenge interessierten Konzerne zufriedenstellte. Boykottmaßnahmen seitens eines großen Konzerns mußten so nicht befürchtet werden oder waren wirtschaftlich zu überstehen.[33]

Ein weiterer beabsichtigter Nebeneffekt war die Befolgung einer neuen OPEC-Maxime: die Konservierung der Ölvorräte. Die libyschen Ölpreisforderungen waren stets auch allgemeinen Vorgaben der Ölminister-Runden der OPEC gefolgt, wobei die besondere Güte des libyschen Öls Abweichungen rechtfertigte. Als 1972 der amerikanische Markt mit Dollarabwertungen reagierte, wurde in die neuen Preisforderungen der OPEC ein Ausgleich für die Wechselkursverluste einkalkuliert. Weitere Maßnahmen bis zur 35. OPEC-Konferenz in Wien Ende Juni 1973 waren die Festlegung eines monatlich zu überprüfenden Währungsindexes auf der Basis der Landeswährungen der wichtigsten Ölverbraucherländer, die automatische Anpassung der Öllistenpreise bei Schwankungen des Indexes und die Festlegung einer Inflationsgleitklausel von jährlich 2,5 Prozent.

Die Orchestrierung der OPEC-Politik auf der Wiener Konferenz setzte drei neue entwicklungspolitische Akzente. Die OPEC-Länder sollten Zugang zu den Technologien der Industriestaaten bekommen, ihre eigenen Raffinerie- und Ölchemieprodukte in den Industriestaaten absetzen können und die Kooperation mit erdölimportierenden Entwicklungsländern verstärken.

Danach waren es vor allem die Golfstaaten und Libyen, die unter Hinweis auf die steigenden Inflationsraten in den Industrieländern und die Verteuerungen ihrer Importe von dort an der Ölpreisschraube drehten. Am 16. Oktober schufen die Ölminister der Golfstaaten anläßlich der Zusammenkunft des OPEC-Ministerausschusses in Kuwait einen neuen Präzedenzfall, in dem sie unter Geltendmachung souveränen Rechts den Preis für arabisches Leichtöl von 2,59 US-Dollar auf 5,12 US-Dollar pro Faß verdoppelten. Der Preis für ein Faß libysches Öl, der bereits bei Jahresbeginn 3,78 US-Dollar erreicht hatte, wurde auf 8,92 US-Dollar angehoben.[34]

Als sich am 22. Dezember 1973 die Ölminister der sechs Golfstaaten in der OPEC in Teheran erneut versammelten und den bereits dramatisch gestiegenen Ölpreis von 5,12 US-Dollar pro Faß nochmals auf mehr als das Doppelte anhoben, hatte sich der von Franck Hendryx 1959 angekündigte Donner mit größter Wucht entladen. In seinen Memoiren schildert der damalige amerikanische Sicherheitsberater Henry Kissinger die epochalen Dimensionen dieses revolutionären Ereignisses: »Heute wissen wir, daß diese Entscheidung eines der wichtigsten Ereignisse in der Geschichte unseres Jahrhunderts gewesen ist [...] Innerhalb von achtundvierzig Stunden erhöhte sich die Ölrechnung für die Vereinigten Staaten, Kanada, Westeuropa und Japan um jährlich vierzig Milliarden Dollar – ein unerhörter Schlag gegen die Zahlungsbilanzen, das wirtschaftliche Wachstum, die Beschäftigungslage, die Preisstabilität und den sozialen Zusammenhalt dieser Länder. [...] Es ist in der Geschichte bisher noch niemals vorgekommen, daß eine Gruppe von relativ so schwachen Nationen gegen so geringen Widerstand dramatische Veränderungen dieses Ausmaßes im Leben der überwältigenden Mehrheit der übrigen Weltbevölkerung hat erzwingen können.«[35] Fast trotzig und abwertend klingt Kissingers Urteil über den sozialen Wandel in Saudi-Arabien vom Feudalismus zur Technokratie: »Sie mögen ein Monopol auf das Öl haben, aber wir haben ein Monopol auf politischen Fortschritt.«[36]

In Kissingers Memoiren klingt auch die Enttäuschung über den saudischen Verbündeten an, der diesen Preisschock maßgeblich mitverursacht hatte. Der amerikanische Sicherheitsberater und Außenminister verschweigt allerdings die »Kompromißsignale«, die von Tariqis Nachfolger, dem gemäßigten saudischen Ölminister Scheich Yamani, ausgesandt, von der amerikanischen Ölindustrie aber offenbar ignoriert worden waren.

Yamani hatte bereits im Oktober 1972 in einem Vortrag am renommierten Middle East Institute in Washington einen saudisch-amerikanischen Ölpakt vorgeschlagen, der Saudi-Arabien

Investitionsmöglichkeiten in der amerikanischen erdölverarbeitenden Industrie eröffnen sollte. Im Gegenzug würde Saudi-Arabien Rohöllieferungen garantieren. Hinter diesem Konzept verbarg sich die in der OPEC viel diskutierte Frage, wie die Ölländer an der Produktenkette der in den Industriestaaten konzentrierten Raffinerieanlagen und Chemieindustrien beteiligt werden könnten. Die Philosophie lautete, daß erst die Endprodukte den wahren Wert des Rohölpreises bestimmten.

Die vermutlich vom Amerikanischen Petroleum-Institut mit der Analyse der Vorschläge Yamanis beauftragten Sachverständigen von Burnham & Company rieten jedoch aus geschäfts- und sicherheitspolitischen Überlegungen von einem solchen Pakt ab. Das nationale Sicherheitsinteresse würde am ehesten durch diversifizierte Ölbezugsstrukturen geschützt werden, und dazu seien allein die großen Ölkonzerne in der Lage. Vereinbarungen über Lieferquoten, wie sie von Yamani vorgeschlagen wurden, würden die Stellung der Konzerne gefährlich aushöhlen. Das Weiße Haus täte besser daran, sich für die Belange der amerikanischen Ölindustrie und für die weitere Diversifizierung der Ölbezugsstrukturen einzusetzen.[37]

Die Grenzen der »special relationship« zwischen Saudi-Arabien und den USA am Vorabend der Ölpreisrevolution waren im allgemeinen bezeichnend für eine Weltwirtschaftsordnung, die eine Trennung zwischen Industriestaaten und Rohstoffländern aufrechtzuerhalten suchte. Die Ironie im Verhältnis beider Länder bestand jedoch seit den frühen siebziger Jahren darin, daß die USA in eine immer stärkere Abhängigkeit von Ölimporten gerieten und daß Saudi-Arabien mit dem Angebot eines Ölpaktes der Schutzmacht durchaus zu Hilfe kommen wollte. Was war gegen den Preis einer Teilnahme am industriellen Fortschritt einzuwenden?

Gewiß erklärte sich der Schock, der von der zweiten dramatischen Verdoppelung des Ölpreises im Winter 1973/74 verursacht wurde, auch aus dem Umstand, daß er in die Zeit des arabischen Ölembargos nach dem Oktober-Krieg von 1973 fiel. Der Schock saß aber in den mit Energieplanung befaßten Regierungsbehörden der Industriestaaten noch tiefer, weil man sich dort unabhängig von der Preispolitik bereits mit einer drohenden Energiekrise beschäftigte. Wegen ihrer unmittelbaren Auswirkung auf die Nahostpolitik der westlichen Führungsmacht lohnt ein Blick auf die Lage in den USA.

In den siebziger Jahren umfaßte die amerikanische Bevölkerung weniger als 6 Prozent der Weltbevölkerung, verbrauchte aber über 34 Prozent der Weltenergieleistung. 54 Prozent der amerikanischen Energie stammten aus Öl. 52 Prozent des amerikanischen Öls wurde allein auf dem Transportsektor verbraucht; die Vergleichszahlen für Japan und Westeuropa betrugen 22 Prozent und 26 Prozent. Seit den fünfziger Jahren hatte sich der amerikanische Energieverbrauch verdoppelt. Eine weitere Verdoppelung würde bis 1985 eintreten. Mengenmäßig würde der Verbrauch von 31,8 Millionen Faß pro Tag auf 62 Millionen Faß steigen. Zu Beginn der siebziger Jahre wurden 22 Prozent des amerikanischen Ölverbrauchs durch Einfuhren gedeckt; bis 1975 und 1980 wurde ein Anstieg der Ölimporte auf 41 Prozent und 49 Prozent vorausgesagt. Aufgrund des schneller steigenden Energieverbrauchs vor allem in Westeuropa und in Japan würde der Wettbewerb um Öleinfuhren schärfer werden. Wegen des Rückstands der Entwicklung nuklearer Energie würden bis 1980 Öl und Erdgas 70 Prozent des amerikanischen Energieverbrauchs zu decken haben. Vermutlich war der militärische Bedarf in den Zahlen dieser Spezialanalyse, die für Präsident Nixons Ansprache an die Nation zur Energiefrage im April 1973 angefertigt worden war, nicht eingerechnet.[38]

Henry Kissingers verzweifelte »Shuttle«-Diplomatie um ein Entflechtungsabkommen zwischen den israelischen und ägyptischen Streitkräften und eine Aufhebung des arabischen Ölembargos nach dem Oktober-Krieg war von der schwelenden Energiekrise geprägt. Die Ölpreisrevolution verschärfte die dramatische Entwicklung, die erheblichen Einfluß auf die Friedensinitiativen Jimmy Carters haben sollte, die schließlich den Weg nach Camp David ebneten. Tabelle 2 zeigt die Entwicklung der besonderen amerikanischen Abhängigkeit von Ölimporten aus der OPEC und besonders aus arabischen OPEC-Ländern zwischen dem Sechs-Tage-Krieg 1967 und dem ägyptisch-israelischen Separatfrieden 1979.

Tabelle 2:
Die Abhängigkeit der USA von Ölimporten aus den arabischen Ländern der OPEC (in Tausend Faß pro Tag)

Jahr	US-Importe	Importe aus Saudi-Arabien	Anteil aller OPEC-Länder an US-Importen %	Anteil aller US-Importe am Verbrauch %	Anteil der OPEC-Importe am Verbrauch %
1967	2230	92	56,4	17,8	10,0
1968	2609	74	49,9	19,5	9,7
1969	2933	65	45,5	20,8	9,4
1970	3161	30	42,5	21,5	9,1
1971	3701	128	45,2	24,3	11,0
1972	4519	189	45,6	27,6	12,6
1973	6025	485	49,6	34,8	17,3
1974	5892	461	55,6	35,4	19,7
1975	5846	714	61,6	35,8	22,0
1976	7090	1229	71,4	40,6	29,0
1977	8565	1379	72,3	46,5	33,6
1978	8002	1142	71,8	42,5	30,5
1979	7985	1354	70,5	43,1	30,4

Quelle: Franklin Tugwell, The Energy Crisis and the American Political Economy. Politics and Markets in the Management of Natural Resources. Stanford 1988, S. 121

Im Öldorado. Vom Segen und Fluch des Schwarzen Goldes

Erdöl hat im Nahen und Mittleren Osten eine tiefe kulturgeschichtliche Bedeutung. Religionsgeschichtliche Überlieferungen erwähnen ewige Feuer im heutigen Irak und Iran, die Anbetungsstätten für Göttinnen und Götter waren. Die Arche Noah wie das Binsenkörbchen, in dem der kleine Moses ausgesetzt wurde, waren mit Bitumen bestrichen, um ihren Untergang zu vermeiden. In der Antike wurden aus Öl und Erdpech Bindemittel für den Hausbau, aber auch Substanzen für Beleuchtungs-, Heizungs- und Heilzwecke gewonnen. Öl galt als Wohltat der Götter für die Menschen, was nicht ausschloß, daß ölgespeistes Feuer vermutlich auch als Kriegswaffe eingesetzt wurde.[39]

Zu den Segnungen des Erdöls für die nahöstlichen Ölländer des 20. Jahrhunderts gehören zweifellos die Milliarden sogenannter Petrodollars, die erst die gewaltigen infrastrukturellen Entwicklungsprojekte im Städtebau, auf dem Transport- und Verkehrssektor, in der Bodenkultivierung und Meerwasserentsalzung, im Gesundheitswesen sowie im Bildungsbereich finanzierbar machten. Vor der Erschließung des Öls war der größte Teil der Arabischen Halbinsel ein einziges Armenhaus. Selbst an den wohlhabenderen Küsten am Roten Meer, in Südarabien und am Arabisch-Persischen Golf hatte mit dem Niedergang des Weihrauch- und Kaffeehandels, der Perlenfischerei und des Schiffbaus wirtschaftlicher Ruin eingesetzt. Die klassischen Reiseberichte von Charles M. Doughty und Julius Euting aus dem 19. Jahrhundert[40], aber auch so mancher europäische und amerikanische Konsularbericht aus der ersten Hälfte des 20. Jahrhunderts machen klar, daß die meisten der heutigen Ölländer ohne das Schwarze Gold den Anschluß an die technische Zivilisation des 20. Jahrhunderts verpaßt hätten. Vorwürfe islamischer Eiferer, daß von dieser Zivilisation eine kulturelle Subversion ausgehe, lenken eher von den zunehmenden Schwierigkeiten des Islam ab, seine Allmacht in diesen Ländern zu behaupten.[41]

Anderer Art ist die Kritik vieler westlicher Entwicklungssoziologen und Politologen. Sie monieren, daß das Vorherrschen autoritärer und absolutistischer Herrschaftsformen – und die Unterentwicklung der Zivilgesellschaft – in den nahöstlichen Ölländern durch die Öleinnahmen mitverursacht ist. Danach orientiere sich in den sogenannten Erdöl-Rentier-Staaten des Nahen und Mittleren Ostens das staatliche Interesse an hohen Erdölpreisen primär am Überlebenskalkül der Staatsbürokratien und der Regime – gleichgültig, ob sich diese traditionalistisch-dynastisch oder revolutionär legitimieren.[42] Da das Bruttosozialprodukt nicht durch vieler Hände Arbeit erwirtschaftet wird und es keinen Steuerstaat gibt – der für seine Haushaltspolitik rechenschaftspflichtig wäre –, sind in den Ölstaaten Herrschaft und Gesellschaft voneinander abgeschottet. Die Ölrente beziehungsweise das Monopol auf alle Einkünfte aus der Erdölwirtschaft, den Ölkonzessionen, dem Ölverkauf und Ölproduktenhandel macht den Staat von der Gesellschaft unabhängig.

Die scharfsinnigen Analysen über das wirtschaftliche und politische Verhalten etwa in Kuwait, Saudi-Arabien, Irak, Iran und Libyen, gerade auch in Krisenzeiten, haben gleichzeitig einen beachtlichen, wenn auch uneinheitlichen Politisierungsgrad der Rentier-Staaten erkennen lassen.[43] Das eigentlich erstaunliche daran ist aber, daß trotz der saudisch-iranischen Interessendivergenzen in der Frage einer Hochpreispolitik oder der ideologischen Gegensätze zwischen Saudi-Arabien und Libyen sowie Kuwait und Irak die Kooperation der OPEC-Staaten in den siebziger und den für sie schwieriger werdenden achtziger Jahren alles in allem gut funktionierte. Nicht minder erstaunlich ist die Flexibilität, mit der sich die OPEC auf dem Erdölmarkt nach der Ölpreisrevolution bewegte. Die von Henry Kissinger in Paris aus der Taufe gehobene Internationale Energieagentur (IEA)[44] der westlichen Ölverbraucherstaaten verbreitete in der OPEC keineswegs Angst und Schrecken. Besorgt zeigte sich die OPEC nur, wenn im Umfeld der IEA verkündet wurde, daß die Ölenergie etwas für die unterentwickelten Länder auf der südlichen Erdhalbkugel sei, während die Nuklearenergie dem Norden vorbehalten werden müsse. Zu welchen Preisen könnte die OPEC im Süden verkaufen, und welche Gegenwerte gab es dort? Ansonsten kamen die rigiden Energieeinsparungsrichtlinien der IEA und auch die Investitionsverlagerungen der Ölkonzerne nach Alaska und in die Nordsee den Konservierungsplänen der OPEC entgegen.

Das Rentier-Staats-Modell erklärt nur die eine Hälfte der Wirklichkeit in der OPEC – und das nicht einmal vollkommen. Die ausgeprägte staatsinterventionistische Komponente in der Ölpolitik der westlichen Industriestaaten bleibt in den Analysen über die OPEC-Politik auf dem Weltmarkt gewöhnlich unberücksichtigt, obwohl eine vergleichende Untersuchung der staatlichen Akteure auf beiden Seiten aufschlußreich für das Gefüge der internationalen Politik sein könnte. Noch problematischer sind Versuche, den nahöstlichen Öl-Rentier-Staat kulturgeschichtlich in eine sogenannte orientalisch-islamische Mentalität einzubetten, in der es vermeintlich keinen kapitalistischen Wirtschaftsgeist und infolgedessen kein tatkräftiges Unternehmertum gäbe. Hinweise darauf, daß schon osmanische Sultane Rentiers gewesen seien, weil sie den Karawanenfernhandel schröpften, übersehen die Gesellschaft, in der es die größten Karawanen-Spediteure und Ausrüster aller Zeiten gegeben hat. Waren sie etwa keine Muslime? Warum aber ist in der Erdölindustrie der nahöstlichen Ölstaaten das private Unternehmertum tatsächlich kaum präsent?

Die Geschichte der Erdölentwicklung im Nahen Osten liefert für diese Frage einige Antworten. Die Ölkonzessionsverträge erstreckten sich zumeist auf das gesamte Staatsterritorium, und sie kamen unter der Dominanz europäischer Staaten und der USA zustande. Die Regierungen der Ölländer mußten die Einhaltung der Konzessionen und den Schutz der gewaltigen Investitionen garantieren, für die es weder einheimisches Kapital noch anfänglich professionelle Unternehmen gab. Andererseits genügte vor allem den Herrschern am Golf zunächst die Höhe der Gebührenzahlungen und Öltantiemen seitens der Ölgesellschaften, um sie aus dem Kreis der traditionell wohlhabenden, aber plötzlich von Wirtschaftskrisen geschüttelten Kaufmannsfamilien herauszuheben.

Die Beunruhigung der alten Handelseliten in den Golfemiraten über diese Machtverschiebung mündete in den dreißiger und fünfziger Jahren in eine Verfassungsbewegung, die größere Mitsprache in wirtschaftlichen Belangen forderte.[45] Die Unruhe wurde in den fünfziger Jahren von den anglo-amerikanischen Ölgesellschaften für so bedrohlich gehalten, daß sie bestimmte Servicebereiche wie Tranporte, Bauausführungen oder Verpflegung an einheimische Subunternehmen abtraten.[46] Einige der großen Kaufmannsfamilien drängten allerdings in den ihnen am besten vertrauten Seehandel und wollten – bisweilen auch mit libanesischer Kapitalbeteiligung und in Zusammenarbeit mit griechischen oder italienischen Reedern – Tankergesellschaften gründen. Im Falle Saudi-Arabiens war ein solcher Vertrag bereits abgeschlossen worden, aber auf amerikanischen Druck hin mußte er aufgelöst werden.[47] Abgesehen vom Frachtkostenanteil am Ölpreis hatten die Logistik von Öltransporten und das Öl selbst eine eminent wichtige strategische Dimension, die das nationale Sicherheitsinteresse der amerikanischen Hegemonialmacht im Nahen Osten tangierte.

Da andererseits arabische Kaufmannseliten aber in der Abwicklung von Zwischen- und Fernhandel bewandert waren und – abgesehen von den Erträgen der Perlenfischerei und der reichen Dattelernten im Südirak – keine eigenen Waren transportierten, war es für die industriellen Heimatländer der Ölgesellschaften naheliegend, dieser Handelselite attraktive Lizenzen für die Vertretung und den Verkauf eigener Produkte anzubieten. Die Versöhnung zwischen der Herrscherfamilie und den Kaufmannseliten war gewöhnlich der krönende Abschluß dieser Strategie[48], bei der aber das Öl in der Hand der Herrschenden blieb.

Der Nahe und Mittlere Osten stellte für europäische und amerikanische Unternehmen ein unbekanntes Terrain dar. Hinsichtlich der geschäftspolitischen Ethik stießen zwei völlig verschiedene Welten aufeinander.[49] Geschäftliche Abschlüsse waren im Nahen Osten von jeher personalisiert. Das Wort, die Umarmung und der Kuß auf die Wangen – zusätzlich ein Tee oder Kaffee – besiegelten ein Geschäft. Bei größeren Geschäften, vor allem mit den Mächtigen, war eine Mittelsperson für den günstigen oder raschen Abschluß von Vorteil. Die sogenannte Wasta, die persönliche Beziehung – eigentlich keine genuin orientalische Funktion – mußte kultiviert und belohnt werden. Mancher juristische Firmenberater aus dem Westen war sich sicher, daß es sich hier um Bestechung handelte. Traditionsgemäß orientierte sich jedoch die Honorierung von Wasta am Wert des Geschäfts, und meist hielten sich solche Werte in Grenzen.[50] Im Öldorado vor allem der siebziger Jahre wurden aber Geschäftsabschlüsse in bis dahin kaum gekannter Höhe getätigt. Für manchen zweitklassigen Prinzen oder schlauen palästinensischen oder pakistanischen Buchhalter war damit Wasta – 5 Prozent oder das Doppelte – das Entree in den Club der Millionäre. Wasta war ein lukratives Geschäft. Der zumeist ostentative Reichtum und die Ämterpfründe wurden aber allmählich zum Anstoß für die Postdorado-Generation.

Wenn die geschilderten historischen, kulturellen und politischen Rahmenbedingungen sicherlich die zentrale Rolle des Staates in der Entwicklung der nahöstlichen Erdölindustrie begünstigten, so muß andererseits auch berücksichtigt werden, daß einige Ölländer alles daran setzten, um durch den Einsatz von Öl ihre außenpolitischen Ziele zu erreichen. Welcher Fluch auf einer solchen Politisierung der nationalen Ölökonomie lag, sollte vor allem das irakische Volk unter dem Regime Saddam Husseins erfahren. Schon vor ihrem Machtantritt hatte die irakische Baath-Partei spätestens seit Oktober 1960 ihre kurz- und langfristigen erdölpolitischen Ziele konkret formuliert:[51] Die Machtübernahme auf dem Erdölsektor sollte in acht Stufen erfolgen – ein taktischer Meisterplan, bei dem die Lehren aus dem Scheitern der Nationalisierungspolitik des iranischen Premiers Mosaddeq berücksichtigt waren. Hauptsächlich ging es darum, die IPC langfristig vollständig zu »irakisieren«. Parallel zur Reduzierung des IPC-Konzessionsgebiets sollte eine zukünftige Baath-Regierung den Eintritt in die IPC durch eine Verstaatlichung des 25prozentigen französischen Anteils erzwingen, was durch den heroischen algerischen Aufstand gegen die französische Verwaltung legitimiert sei. Die weiteren Details dieser aus dem Untergrund verteilten Flugschrift sind hier nicht relevant. Ironischerweise war es nach der Machtergreifung der Baath im Irak und nach der Ölpreis-Revolution von 1973 aber ausgerechnet Frankreich, das sich Saddam Hussein bei seiner macht- und außenpolitisch geleiteten Ölpolitik als Partner anbot. Anders als Washington, das ein vermutlich von anderen Absichten getragenes Ölpaktangebot Saudi-Arabiens ausgeschlagen hatte, ging Paris auf das von Bagdad gewünschte Waren-Koppelungsgeschäft ein. Saddam Hussein konnte jetzt gegen Öllieferungen französische Rüstungsgüter und Nukleartechnologie beziehen.

Die Absichten Saddam Husseins konnten Paris nicht verborgen geblieben sein, denn der irakische Diktator und Öldespot sorgte in überheblicher Weise selbst dafür, daß die internationale Öffentlichkeit Kenntnis von seinem Einsatz der Ölmacht erhielt. So wurden seine diesbezüglichen programmatischen Reden und Interviews von den irakischen Botschaften in Europa in Übersetzungen in Umlauf gebracht. Unter dem bezeichnenden Titel ›Unser Kampf und die internationale Politik‹ wurden in den späten siebziger Jahren drei solcher Schlüsseldokumente über Saddam Husseins politische Weltsicht verbreitet.[52] Der Tyrann am Tigris erscheint darin fasziniert von der Détente zwischen den Supermächten und dem Heraufziehen einer neuen multipolaren Welt. »Wir glauben«, so hieß es in seiner Ansprache vor Iraks Botschaftern in Europa und Japan, »daß China zu einem wichtigen und einflußreichen Pol wird. In gleicher Weise wird Europa, innerhalb dessen Frankreich eine wichtige Rolle spielt, einen Gegenpol zu Amerika bilden. Auch Japan wird eine wesentliche Rolle bei der Umgestaltung Südostasiens zukommen, vor allem wenn es sich entschließt, bestimmte strategische Waffen auf weltweiter Ebene zu produzieren. Die arabische Welt wird von einer ähnlichen Bewegung ergriffen werden.«

Für Saddam gab es in dieser arabischen Welt – nach Nasser – nur noch eine irakische Mission. »Wir dürfen den Bereich, in dem wir stehen, das heißt den Irak, nicht als Endziel unseres Kampfes ansehen [...] Unser Volk mit seinen 12 Millionen ist nur ein Teil eines Volkes von 140 Millionen Menschen. Wir halten die augenblickliche Zerstückelung für einen anormalen Zustand. Wir wollen die Einheit erreichen. Dafür dürfen wir aber zwei wesentliche Faktoren nicht außer acht lassen: die für die Einheit angestrebte wirtschaftliche Aktivität und die Wechselbeziehung zwischen unserem nationalen Kampf und den Strömungen der internationalen Politik.« Der Hinweis auf die Verfügbarkeit japanischer Rüstungstechnologie wird wenig später entschlüsselt, wenn Saddam von der Berücksichtigung zweier voneinander abhängiger Faktoren für die politische Entwicklung spricht: »eine solide wirtschaftliche Grundlage und eine ernstzunehmende militärische Schlagkraft«. Schließlich verweist er auf die Politik Amerikas, das sein Erdöl nicht nur als Garant der Selbstversorgung, sondern auch »als Instrument seiner Weltpolitik, vor allem als Druckmittel in seinen Beziehungen zu Europa und Japan« eingesetzt habe. Im Oktober-Krieg 1973 habe die arabische Welt analog dazu ebenfalls das Erdöl zur Waffe in ihrem Kampf erklärt.

In dem irakischen Dokument ist auch das Interview einer ägyptischen Journalistin mit Saddam Hussein vom 19. Januar 1977 enthalten, in dem dieser in der heraufziehenden neuen multipolaren Welt den Handlungsspielraum für sein sogenanntes »freies arabisches Öl« umreißt. Nach seiner Überzeugung sahen die USA den Nahen Osten nicht nur wegen des Öls als strategisch kritische Zone an, sondern der amerikanische Schutzschirm für die europäische und japanische Ölversorgung aus dem Golf war zugleich das Unterpfand amerikanischer Suprematie. Direkte Verhandlungen zwischen den Arabern und Japanern um einen bilateralen Ölpakt würden folglich die amerikanische Vormacht beschneiden. Der vom Antiamerikanismus geprägte französische Sonderweg innerhalb des westlichen Bündnisses mußte Paris zwangsläufig in die Arme Saddam Husseins führen. Der irakische Diktator ließ seinerseits keinen Zweifel daran, daß er einen Krieg zur Bereinigung des Palästina- und des Kurdenproblems für unvermeidbar hielt und daß in seinem Vorfeld politische Aktionen einfach zur Vorbereitung gehörten. Eine solche Aktion stellte die irakische Ölpolitik gegenüber Tokio und Paris dar. Beide von Saddam Hussein begonnenen Golfkriege gehören zum Fluch einer Erdölpolitik im Dienste blanker Machtpolitik – mit tragischen Implikationen für mehrere Generationen in den betroffenen Ländern.

Kapitel 8

Der steinige Rückweg nach Palästina seit 1967

Der Juni-Krieg von 1967 leitete eine epochale Wende im arabisch-israelischen Konflikt ein. Darüber konnten weder das kategorische arabische Nein auf der Konferenz von Khartoum im August zu Friedensverhandlungen auf der Basis der Anerkennung Israels noch der wenig später von Nasser entfachte mehrjährige Abnutzungskrieg am Suezkanal hinwegtäuschen. Die gegenseitigen Beschießungen mit weitreichender Artillerie, die wiederum den Einsatz der Luftwaffe nach sich zogen und Kollisionen zwischen den Großmächten heraufbeschworen, überzeugten am Ende Moskau und Washington, daß ihre Bemühungen um eine weltweite Entspannung vom arabisch-israelischen Konflikt in gefährlicher Weise beeinträchtigt wurden.[1]

Dabei war allen Beteiligten klar, daß die Lösung des lästigen Nahostproblems mit der zentralen Formel »Land gegen Frieden« in der UN-Resolution 242 vom 22. November 1967 nicht so einfach sein würde; das unterstrichen schon die weiteren Klauseln, in denen das Recht aller Staaten, in sicheren Grenzen leben zu können, sowie eine gerechte Regelung des Flüchtlingsproblems eingefordert wurden. Man wird annehmen müssen, daß dieser Bezug auf das Schicksal der Palästinenser den kleinsten gemeinsamen Nenner in der Haltung der Großmächte zu den politischen Forderungen der Palästinenser darstellte und daß zumindest Moskau in diesem Punkt rein taktisch eingelenkt hatte.

Die Palästinensische Befreiungsorganisation (PLO) hatte gegen die Behandlung der Flüchtlingsfrage – eines ihrer großen Anliegen – protestiert und ihren Kampf gegen die UN-Resolution 242 angekündigt. Die PLO stützte sich dabei auf die Beschlüsse der arabischen Staaten auf der Konferenz von Khartoum, wo die Rückgabe ganz Palästinas an die nichtjüdischen Palästinenser zum Prinzip gemeinsamer Politik erklärt worden war. Auch Jordanien war auf dieser Konferenz vertreten gewesen, hatte aber die Ablehnungsfront vermutlich nur deshalb unterstützt, um ebenfalls in den Genuß der Hilfsgelder der Ölstaaten zu kommen. König Hussein konnte sicher sein, daß die USA – ganz zu schweigen von Israel – eine Rückgabe der Westbank an eine eigenständige palästinensische Instanz beziehungsweise an die PLO verhindern würden.

Nachdem beide Großmächte im Verlauf des israelisch-ägyptischen Abnutzungskrieges an den Rand einer direkten Konfrontation gebracht worden waren und nach Wegen einer Umsetzung der UN-Resolution 242 suchten, sich dabei jedoch nicht einig wurden, startete der amerikanische Außenminister William Rogers im Dezember 1969 eine Vermittlungsmission, in der Israel unmißverständlich klargemacht wurde, daß die Rückgabe von Gebieten auch die jordanische Westbank betraf.

Inzwischen hatte die PLO ihren eigenen Kampf um Palästina begonnen. Da palästinensische Fidaiyun nicht vom Suezkanal aus durch den von Israel besetzten Sinai – wie früher – in das jüdische Staatsgebiet eindringen konnten, konzentrierte die PLO ihre Aktionen auf die lange jordanisch-israelische Grenze. Amman war inzwischen auch Dreh- und Angelpunkt der amerikanischen Politik, die, wie zuvor schon Eisenhower, die palästinensische Flüchtlingsfrage im Jordantal beziehungsweise auf der von Jordanien zu kontrollierenden Westbank lösen wollte. Jordanien war damit nach 1967 ein wichtiger Faktor im arabisch-israelischen Konflikt, der sich nach dem Sechs-Tage-Krieg langsam zum ursprünglich lokalen Konfliktherd Palästina zurückzubilden begann.

Israel im Heiligen Land

Die Rückkehr vieler Juden nach Zion nach fast 2000 Jahren Zerstreuung und größter Heimsuchungen, die Errichtung Israels und die Wiederbelebung des Hebräischen zur Amts- und Alltagssprache gehören zu den »Weltwundern« des 20. Jahrhunderts. Im Sechs-Tage-Krieg hatte Israel den heiligen Bezirk der Klagemauer zurückerobert und mit ihm die gesamte Altstadt Jerusalems. Darüber hinaus waren das biblische Judäa und Samaria bis zum Jordanfluß wieder unter jüdischer Kontrolle, ferner Gaza, der Sinai und ein großer Teil des Golan. Israel hatte also fast die 1919 vergeblich geforderten Grenzen seiner Nationalheimstätte erreicht; es kontrollierte im Sinai weiteres Territorium und konnte in einem Gefühl der Sicherheit arabische Friedensofferten abwarten. Was die Palästinenser betraf, so mögen General Yigal Allons Hoffnungen eine neue Politik Jerusalems zum Ausdruck gebracht haben, daß man mit so vielen Palästinensern unter israelischer Kontrolle die Chance habe, das leidige Flüchtlingsproblem und die penetranten Vorhaltungen Washingtons loswerden zu können.

Die israelische Politik hatte jedoch die tieferen Auswirkungen des Juni-Krieges auf die Situation der Palästinenser in der Westbank und in der Diaspora noch gar nicht erfaßt. Ein palästinensisches Identitätsgefühl war zumindest im kulturellen und kommunalen Rahmen immer vorhanden gewesen.[2] Das schwächer ausgebildete Nationalbewußtsein war dagegen in den fünfziger Jahren in den Sog des von Nasser propagierten Panarabismus geraten und darin aufgegangen. Erst nach der Niederlage Nassers im Sechs-Tage-Krieg trat der palästinensische Selbstbehauptungswille wieder deutlicher zutage.

Die Eroberung des biblischen Bodens westlich des Jordan – zu dem der Sinai nicht gehörte – wurde aber für Israel zum Dilemma. Die Palästinenser aus der Westbank und aus Gaza konnten erstmals nach zwei Jahrzehnten wieder direkten Kontakt miteinander aufnehmen.[3] Palästinensische Flüchtlinge aus der Westbank konnten ihre Heimatstädte Haifa, Jaffa, Lydda und Ramle besuchen – und andere Stätten der Erinnerung. Sollte Israel die neu eroberten Gebiete tatsächlich unter seiner Kontrolle behalten und den Versuch machen, die Bevölkerung zu integrieren, dann hätte das die arabische Minderheit im jüdischen Staat beträchtlich vergrößert und schwerwiegende Folgen für das politische System und die Innenpolitik gehabt.

Diese Dimension der Ergebnisse des Juni-Krieges erklärt die Propaganda-Offensiven der PLO in den sechziger und frühen siebziger Jahren für ein pluralistisches und demokratisches Palästina. Nach israelischer Auffassung mißbrauchte die PLO die

Formel der Demokratie mit dem Ziel, den jüdischen Staat damit aus den Angeln heben zu können. Tatsächlich beschäftigte sich die von Yasir Arafat angeführte stärkste Fraktion innerhalb der PLO, die al-Fatah, nie ernsthaft mit der Ausarbeitung einer Verfassung für ein arabisch-jüdisches demokratisches Palästina.[4]

Die israelische Palästinenser-Politik konnte ihr Dilemma in der besetzten Westbank zunächst für länger als ein Jahrzehnt verdrängen. Zwei Faktoren der internationalen Diplomatie im Nahostkonflikt kamen ihr dabei entgegen. Die amerikanische Favorisierung der jordanischen Option für die Westbank – sie wurde noch von der Reagan-Administration (1981–1989) hartnäckig aufrechterhalten – gestattete es, die Westbank bis zu einem Friedensvertrag unter militärischer Besatzung mit eingeschränkten Rechten und Freiheiten für die Bevölkerung zu halten. Die unbestimmte Formulierung der UN-Resolution 242 bezüglich des israelischen Rückzugs aus den besetzten Gebieten räumte die Möglichkeit von Kompromissen und Grenzkorrekturen ein, was Yigal Allon zum Anlaß nahm, seinen Sicherheitsplan für die Westbank zu entwickeln und umzusetzen.

Der Allon-Plan sah vor, 60 Prozent der besetzten Westbank an Jordanien abzutreten. An der dortigen Grenze sollte eine starke israelische Verteidigungslinie in der Jordansenke und auf den Höhen am Westufer des Jordanflüßchens errichtet werden, mit einem Korridor bei Jericho zum israelischen Staatsgebiet. Die zur Annexion bestimmten 40 Prozent der Westbank waren nur von 5 Prozent der palästinensischen Bevölkerung bewohnt. Dennoch lehnten der israelische Verteidigungsminister Mosche Dayan und Schimon Peres den Plan in dieser rigiden Form ab. Sie befürchteten Unruhen unter den Palästinensern und eine Verstimmung Washingtons. Der aus Südafrika stammende israelische Außenminister Abba Eban malte sogar die Gefahr einer Apartheid-Politik an die Wand.

Mosche Dayan war nicht grundsätzlich gegen Allons Sicherheitskordon, hielt aber eine schrittweise Annexionspolitik für opportuner. Unter seinem Einfluß wurde bis 1974 in der Westbank eine Besatzungspolitik durchgeführt, die palästinensischen Protest erst gar nicht aufkommen ließ, gleichzeitig aber repressiv genug war, um die Bevölkerung von einer Unterstützung der

PLO-Kommandos abzuschrecken. Israel versuchte, sich vor der Weltöffentlichkeit als eine humane Besatzungsmacht im Heiligen Land darzustellen. Es hoffte, damit – ungeachtet des Sicherheitskalküls – die besetzten Gebiete rasch in das israelische Wirtschaftssystem zu integrieren und über Modernisierungsmaßnahmen eine Harmonisierung zwischen den sozioökonomisch unterschiedlich entwickelten Bevölkerungsteilen herbeizuführen.

Die frühen siebziger Jahre schienen Mosche Dayan Anlaß zum Optimismus zu geben. Die Kommandos der PLO waren im September 1970 von den Truppen Husseins dezimiert und mitsamt ihrer politischen Führung aus Jordanien vertrieben worden. Ein erster israelischer Überfall auf die neue PLO-Basis in Beirut im Jahre 1973 sollte der Bevölkerung in der Westbank die Illusion nehmen, daß sie mit Hilfe von außen rechnen konnte, obwohl es sich in erster Linie um einen Vergeltungsschlag für den Überfall palästinensischer Terroristen auf die israelische Olympia-Mannschaft in München im September 1972 handelte.

Nach dem ägyptischen Überraschungsangriff und dem 16 Tage andauernden Ramadan- oder auch Yom-Kippur-Krieg im Oktober 1973 scheiterte die Regierung Golda Meir mit Verteidigungsminister Dayan. Sie sah sich dem schwerwiegenden innenpolitischen Vorwurf ausgesetzt, die Sicherheit Israels vernachlässigt zu haben.[5] Am 3. Juni 1974 bildete Yitzhak Rabin mit Verteidigungsminister Peres und Vize-Premier und Außenminister Allon ein neues Kabinett. Innenpolitisch sah sich diese neue Regierung mit dem von Menachem Begin angeführten Likud-Block konfrontiert, der die Annexion der 1967 eroberten Gebiete wollte. Außenpolitisch befand sie sich nach dem Oktober-Krieg nicht mehr in der komfortablen Situation wie am Ende des Sechs-Tage-Krieges. In der neuen UN-Resolution 338 waren nicht nur die Punkte der Resolution 242 wieder aufgeführt, sondern alle Kriegsparteien waren zu sofortigen Verhandlungen um einen gerechten und dauerhaften Frieden aufgerufen. Die außenpolitischen Programme der regierenden israelischen Arbeiterpartei unter Rabin und des oppositionellen Likud-Blocks unter Begin mußten diesen neuen Rahmenbedingungen Rechnung tragen. Hinter der kompromißlos erscheinenden Annexionslinie des Likud verbargen sich durchaus manche Kompromißmöglichkeiten, mit Sicherheit jedoch nicht bezüglich Judäas und Samarias, die das biblische Kernland des jüdischen Volkes gewesen waren. Anders als die laizistische Arbeiterpartei oder als die Militärstrategen Allon und Dayan bemaß der Likud das israelische Interesse am besetzten Westjordanland primär nach ideologischen Grundsätzen und den Vorgaben der Bibel.[6]

Bis zum Wahlsieg des Likud und der Bildung einer von Begin und seiner Cherut-Partei geführten Koalitionsregierung im Juni 1977 verfolgte die Regierung Rabin konsequent die Schwächung und internationale Ächtung der PLO und die Isolierung der unter militärischem Ausnahmerecht lebenden palästinensischen Bevölkerung im Westjordanland (780 000) und in Gaza (420 000). Positive Wirkungen erhoffte sich Rabin von der Abhaltung von Bürgermeisterwahlen im Westjordanland; um so größer war die Enttäuschung, als dabei PLO-nahe Kandidaten die meisten Stimmen auf sich vereinten. Die israelische Militärverwaltung reagierte darauf mit einer Taktik, die den Rückhalt der neuen nationalistischen Bürgermeister in der Bevölkerung schmälern sollte. Mit Budgetkürzungen und Kompetenzbeschneidungen wurden ihre kommunalen Aufgaben drastisch und willkürlich erschwert.

Inzwischen verwischten sich die Parteilinien in den Debatten über die Zukunft der Westjordanlands und Gazas. Die besetzten Gebiete wurden jetzt immer häufiger als »befreit« deklariert, deren »Anschluß« an Israel[7] durch Besiedlung sowie wirtschaftliche und verwaltungsmäßige Integration beschleunigt werden sollte. Selbst die Gegner einer Integration und Verfechter einer Reduzierung der Besatzung auf ein militärstrategisch erforderliches Minimum ließen jetzt Kompromißbereitschaft durchblikken. Ihnen ging es ohnehin weniger um die palästinensische Bevölkerung als um die Bewahrung des zionistisch-demokratischen Staatsverständnisses. Noch in den neunziger Jahren verwiesen Angehörige der Pioniergeneration der Arbeiterzionisten stolz darauf, daß sie die besetzten Gebiete stets gemieden hatten. Jüdischen Privatpersonen wurden jetzt immer häufiger Landkauf und Wohnungsbau in den »befreiten« Gebieten gestattet, und bald wurden auch steuerliche Erleichterungen gewährt. Alles in allem wurde der Allon-Plan bereits unter Rabin soweit revidiert, daß das eigentlich Neue an den Maßnahmen der späteren Regierung Begin nur noch die gesetzliche Verankerung einer bereits begonnenen flächendeckenden Siedlungstätigkeit war. Diese orientierte sich am expansiven Scharon-Plan, der für einen palästinensischen Kleinstaat im Westjordanland kein zusammenhängendes Territorium mehr vorsah. Aus Sicht Scharons besaßen die Palästinenser bereits ihren Staat östlich des Jordan beziehungsweise in Jordanien. Schon vor 1977 lagen über ein Drittel aller Siedlungen außerhalb des sogenannten Allon-Gürtels.

Zur Ausweitung der Siedlungstätigkeit unter Rabin hatten verschiedene Faktoren beigetragen. Der Allon-Plan war daran gescheitert, daß er für Siedler offenbar nicht attraktiv war. Bis Mitte der siebziger Jahre hatten sich hinter der vordersten Verteidigungslinie in der Jordan-Senke lediglich 1 800 Siedler niedergelassen, die hoch verschuldet und wirtschaftlich nicht eigenständig waren. Bis Ende 1985 stieg ihre Zahl auf 4 000 an, was aber weniger als 10 Prozent aller Siedler im besetzten Westjordanland ausmachte. Das Gros der Siedler stellten offenbar nicht Pioniere, sondern Pendler aus den Großräumen von Tel Aviv und Jerusalem.

Ein weiterer Faktor war die Wiederentdeckung der politischen Bedeutung des Bodens. Die Erklärung dafür lag zum einen in den UN-Resolutionen 242 und 338, die territoriale Entscheidungen unumgänglich machten, zum anderen in der sicherheitspolitischen Strategie, arabische Ballungszentren durch jüdische Siedlungen abzuschotten.[8] Auch bei den Entscheidungen zum UN-Teilungsbeschluß im Jahre 1947 hatte sich die geographische Streuung und – vor allem im Negev – die Beschleunigung von Siedlungsgründungen als richtungsgebend und opportun erwiesen.

Im nordisraelischen Galiläa mit seiner mehrheitlich arabischen Bevölkerung wurden ebenfalls Maßnahmen zur Stärkung des jüdischen Bevölkerungsanteils erörtert. Sie waren vermutlich vom Ausbruch des Bürgerkrieges im angrenzenden Libanon mit beeinflußt. Der geheime und brisante ›König-Report‹, der dann 1976 doch an die Öffentlichkeit gelangte, hatte demographische Korrekturen und Enteignungen arabischen Grundbesitzes auf dem Verwaltungsweg empfohlen.[9] Erste Solidaritätsbekundungen zwischen Palästinensern aus dem besetzten Westjordanland und israelischen Arabern beziehungsweise Palästinensern aus Galiläa waren die Folge. Für Annexionisten unter den israelischen Politikern und auch für solche, die sich mit territorialen Kompromissen zufriedengeben wollten, signalisierte die innenpolitische Unruhe die Dringlichkeit, vollendete Tatsachen in den »befreiten« Gebieten zu schaffen.

Das Repertoire der staatlichen Zugriffe auf strategisch wichtige Gebiete umfaßte Verordnungen über die Einrichtung militärischer Sperrbezirke und sogar Rückgriffe auf altes osmanisches Bodenrecht. Danach war das bäuerlich bewirtschaftete Land meistens Sultansland beziehungsweise Staatsland (miri) gewesen, das ein Landpächter auf Zeit und mit gewissen Kultivierungsauflagen zur Effizienz und Ertragssteigerung erworben hatte. Bei Nichteinhaltung solcher Auflagen konnte das Land vorzeitig an den Staat zurückfallen.

Die erste Likud-Regierung unter Begin – der einst von den Arbeiterzionisten verfehmte Extremist hatte schon am Vorabend des Sechs-Tage-Krieges dem Kabinett der nationalen Einigung angehört – war sich von Anfang an sicher, daß die Zukunft Judäas und Samarias weniger durch äußeren militärischen oder politischen Druck, sondern eher durch forcierte Siedlungspolitik bestimmt würde. Sie spielte deshalb diese innenpolitische Karte, nachdem sie bei der Räumung des Sinai im Gefolge der Camp-David-Vereinbarungen auch die blühende Siedlung Yamit hatte aufgeben müssen. Der für Israel schmerzliche Verlust – auch wegen der gewaltsamen Entfernung der jüdischen Siedler durch israelisches Militär – hatte die Glaubwürdigkeit der Regierung Begin zwar noch nicht erschüttert – denn auf keiner Karte der Zionismusbewegung oder der Revisionisten war der Sinai jemals zum jüdischen Staat gezählt worden –, aber Begin wußte, daß über kurz oder lang auch im Westjordanland Kompromisse unabänderlich sein würden, die ihn ernstlich gefährden konnten. Mit dem Slogan »Yamit darf nie wieder fallen« sollte ein Signal gesetzt werden, und durch eine beschleunigte Besiedlung des Westjordanlandes sollte die israelische Position im bevorstehenden Verhandlungspoker gestärkt werden.

Die Siedler aus Yamit und aus Ofira beziehungsweise Scharm

asch-Scheich sollten jedoch in Galiläa angesiedelt werden. Als am 9. Juli 1979 israelische Polizisten und Soldaten Ländereien des Dorfes Mi'ilya konfiszierten und die Proteste der arabischen Bevölkerung gewaltsam beendeten, wobei viele Verhaftungen vorgenommen wurden, war auch innerhalb Israels der arabisch-israelische Konflikt endgültig zu seinen Wurzeln zurückgekehrt.

Unter den Regierungen Begin und Schamir wurde im besetzten Heiligen Land weiter experimentiert. Die bereits von jüdischen Terrorbanden geschundenen PLO-Bürgermeister wurden entlassen. Die größeren palästinensischen Städte wie Ramallah, Dschenin, Nablus und Hebron wurden als eigentliche Unruheherde, ihre nationalistischen Intellektuellen als Brandstifter bezeichnet. Die Militärverwaltung verfiel auf die skurrile Idee, den renommierten Orientwissenschaftler und Osmanisten Menachem Milson als Berater anzuheuern, der so viel über die Geheimnisse türkischer Verwaltungspraxis in arabischen Provinzen wußte. Um die städtischen Nationalisten und Extremisten in der traditionell bäuerlichen Masse der palästinensischen Bevölkerung zu isolieren, setzte Milson seine finanziellen Sondermittel ein, um sogenannte Dorf-Ligen mit einem ländlichen Patron beziehungsweise Notabeln an der Spitze zu gründen und in kommunalen Angelegenheiten der Militärverwaltung zu engagieren. Die auserkorenen Befehlsempfänger scheiterten aber so kläglich, daß die Likud-Regierung zu einer »Politik der Eisernen Faust« Zuflucht nahm.

Auf dem internationalen Parkett hatte Begin inzwischen nach den Camp-David-Verhandlungen, wo es auch um die Autonomie der Palästinenser in den besetzten Gebieten ging, seinen vermeintlichen Joker aus dem Ärmel gezogen. Sein Konzept lautete: Autonomie für die Bevölkerung ohne Autonomie für das Land.

Konsequent wurden nun private und staatliche Subventionen über jährlich 100 Millionen US-Dollar in die besetzten Gebiete gepumpt.[10] Zwischen 1977 und 1987 stieg die Zahl der jüdischen Siedler im Westjordanland von 5 000 auf 65 000. Es gab jetzt über hundert Siedlungen. Für die neunziger Jahre wurde eine Verdoppelung der Siedlerzahl angestrebt. Bezogen auf die palästinensische Bevölkerung von 1,3 Millionen im Westjordanland und in Gaza lag der prozentuale Anteil der Siedler immer noch unter

4 Prozent, und nur einer von vier Siedlern war ideologisch motiviert und der fundamentalistischen Siedlerbewegung der Gusch Emunim zuzurechnen. Für Pendler war es unter den Likud-Regierungen finanziell noch attraktiver geworden, sich unweit des Arbeitsplatzes im Palästinensergebiet niederzulassen. Mancher konnte mit der verbilligten Miete und der gleichzeitigen Vermietung seiner »Eigentumsetage« im teueren Tel Aviv seine Hypotheken besser bedienen.

Wenn die Siedlungspolitik der Likud-Regierung im Heiligen Land also in ideologischer Hinsicht wie eine Seifenblase zu platzen drohte – Pendler würden auch alternativen finanziellen Anreizen folgen –, so zahlten sich wirtschaftlich gesehen die Maßnahmen in den besetzten Gebieten für Israel aus. Im Jahre 1974 stammten 90 Prozent der Einfuhren Gazas und des Westjordanlands aus Israel. Ihr Wert entsprach dem der israelischen Ausfuhren in die USA. Einfuhren aus anderen Ländern kamen nicht zum Zuge, weil die israelische Regierung hohe Importzölle erhob. Mehr als die Hälfte der Exporte des Westjordanlands und 80 Prozent der Exporte Gazas gingen in den israelischen Markt. In den achtziger Jahren stiegen diese Ziffern weiter an.

Die steigende Warenproduktion in den besetzten Gebieten war jedoch nicht mit palästinensischem Wirtschaftswachstum gleichzusetzen. Der Anteil des Agrarsektors am Bruttosozialprodukt fiel zwischen 1970 und 1986 von 34 Prozent auf 23 Prozent. Auf dem Industriesektor waren es vor allem Subunternehmer israelischer Gesellschaften, die jetzt noch billiger Waren produzierten, für die es eine größere Nachfrage in Israel gab. Dazu gehörten Baumaterialien wie behauene Steinquader, Betonkies und Zement sowie Textilien, Näharbeiten und Schuhzeug. Andere traditionelle Branchen waren unausgelastet. Moderne Industriebetriebe aus den Bereichen Elektrotechnik, Maschinenbau oder Chemie wurden nicht angesiedelt. Die besetzten Gebiete waren Billiglohn-Enklaven im israelischen Wirtschaftsraum, sie stellten Tagelöhner und unterbezahlte Arbeitskräfte für jüdische Unternehmer. Bezeichnend war denn auch, daß der Dienstleistungssektor und vor allem das Transportwesen zu Wachstumsbranchen wurden.[11]

Als die Militärverwaltung im Jahre 1976 die in Israel erhobene

Mehrwertsteuer in den besetzten Gebieten einführte, kam es zu schweren Unruhen. Ein anderer Konfliktpunkt war die Übertragung der gesamten Wasserverwaltung an die Israelische Wassergesellschaft Mekorot im Jahre 1982. Bohrgenehmigungen für palästinensische Antragsteller wurden kaum noch erteilt, die Palästinenser wurden in bezug auf die Wasserrechte gegenüber den Siedlern stark benachteiligt. Palästinensische Grundeigentümer, die schließlich keinen anderen Ausweg mehr wußten, als ihr Land zu verkaufen, in die Stadt zu ziehen oder auszuwandern, waren der Versuchung ausgesetzt, das lukrative Angebot eines staatlich subventionierten jüdischen Aufkäufers oder eines amerikanisch-jüdischen Millionärs anzunehmen.

Was den Beschäftigungssektor insgesamt betraf, so fanden zwischen 30 und 40 Prozent der Palästinenser aus dem Westjordanland Arbeit in Israel. Auf die Gesamtbeschäftigungszahl Israels bezogen schwankte dieser Anteil zwischen 3 und 7 Prozent. Allerdings waren über 50 Prozent davon allein im Bausektor beschäftigt. Die schiere Not zwang viele Palästinenser, ausgerechnet auf dem Sektor zu arbeiten, der ihre Entrechtung und Erniedrigung symbolisierte. Sie potenzierte aber auch die Bereitschaft zur Rebellion. Die Kombination der ökonomischen Ausbeutung mit einer Politik der brachialen Gewalt brachte das Faß in den besetzten Gebieten schließlich zum Überlaufen.

Der Funke zum Ausbruch des Aufstands, der Intifada, am 8. Dezember 1987 – ein von einem israelischen Militärfahrzeug in Gaza in der Nähe des Flüchtlingslagers Dschabalia verursachter Verkehrsunfall, bei dem drei Palästinenser getötet wurden – mutet auf den ersten Blick bizarr an, aber die Nerven der Palästinenser waren bis auf das äußerste strapaziert. Daß der Lastkraftwagen in eine Gruppe wartender Lagerbewohner gerast war, wurde als Vergeltung für einen am Vortag im Stadtkern von Gaza erstochen aufgefundenen israelischen Geschäftsmann gesehen.[12] Der tödliche Militärtransporter wurde als Symbol der nicht mehr erträglichen Demütigung und Repression im Gazastreifen empfunden. Der sich rasch auch auf das Westjordanland ausweitende Aufstand in Gaza war die zwangsläufige Konsequenz der unheilvollen israelischen Besatzungs- und Siedlungspolitik.

Für Israel wurde dieser Aufstand oder der »Krieg der Steine«, in dem palästinensische Kinder und Jugendliche die Phalanx bildeten und ihre Mütter, Großmütter und Väter in zahllosen geheimen Ortskomitees erfindungsreich das Überleben und die Koordination kommunaler Grundversorgung organisierten[13], äußerst gefährlich. Abgesehen vom politischen Schaden der um die Welt gehenden Bilder, die ein »inhumanes« Israel zeigten, mußten die regulären Kräfte der Militärverwaltung und des Inland-Geheimdienstes trotz brachialer Bekämpfungsmethoden immer stärker auf das Reservesystem der israelischen Armee zurückgreifen. Familienväter, die im Sechs-Tage-Krieg und im Yom-Kippur-Krieg gegen Soldaten gekämpft hatten, mußten jetzt in ihrem Reservedienst in den besetzten Gebieten gegen Kinder antreten. Sie brachten Eindrücke mit nach Hause, die Debatten über die Legitimation der Besatzungspolitik und den Einsatz staatlicher Gewalt auslösten. Der israelische Premier und einstige Generalstabschef Rabin hatte allen Grund, die Folgen einer Demoralisierung der Armee zu fürchten. Die Befehlsverweigerungen israelischer Reserveoffiziere und Desertationen anläßlich der unrühmlichen, von Ariel Scharon befohlenen, Libanon-Invasion im Juni 1982 waren noch in frischer Erinnerung.[14]

Im Verlauf der Intifada sollten sich bei der israelischen Regierung allerdings auch die Verdachtsmomente erhärten, daß Arafats Revolutionsstratege, der in Peking ausgebildete Khalil al-Wazir alias Abu Dschihad, vom fernen Tunis aus begonnen hatte, die Intifada politisch zu instrumentalisieren. Die Komitees der Intifada sollten Basisarbeit für einen langen Marsch und eine totale wirtschaftliche Abkoppelung der besetzten Gebiete von Israel leisten. Um diese Strategie zu unterlaufen, förderte die israelische Militärverwaltung anfänglich die islamischen Kräfte in der palästinensischen Bevölkerung[15], die sich in der Islamischen Widerstandsbewegung (HAMAS) formiert hatten und sich nicht vor den Karren der laizistischen und vermeintlich sozialistisch orientierten PLO spannen lassen wollten. Diese Maßnahmen zur Spaltung der Intifada erwiesen sich für die israelische Besatzungspolitik – vorübergehend – insofern als erfolgreich, als sich jetzt Palästinenser gegen Palästinenser kehrten und die dramatisch ansteigende Zahl von Fememorden die neuen Bilder und Schlagzeilen der Medien bestimmte.

Die PLO: Bewaffneter Kampf, Terror, Diplomatie

Der PLO kommt zweifellos das Verdienst zu, bei der Entwicklung und internationalen Akzeptanz der Existenz einer palästinensischen Staatsnation, wenn auch noch nicht eines Staates mit uneingeschränkter Souveränität, die entscheidenden Weichen gestellt zu haben. Ihre Entwicklung ist freilich alles andere als geradlinig. Schon die erste Kurskorrektur hatte der eigenen Organisation gegolten. Dafür war das arabische Desaster im Sechs-Tage-Krieg der Auslöser gewesen.

Die Gründung der PLO im Juni 1964 war eigentlich ein verlogener Akt des Nasserschen Panarabismus gewesen. Nasser wollte sich nicht in einen aussichtslosen Krieg mit Israel begeben, zu dem Syrien und Jordanien drängten, weil die Regierung in Jerusalem jetzt das Jordanwasser aus dem See Genezaret in den Negev leitete. Zugleich bekümmerten ihn die verschiedenen vom Sinai aus gegen Israel operierenden palästinensischen Banden und Kommandos, weil sie häufig israelische Gegenschläge provozierten. Mit Hilfe einer zentralen palästinensischen Organisation unter indirekter ägyptischer Kontrolle würde Nasser seine Grenze zu Israel beruhigen und sich am Jordan entlasten können. Die PLO sollte – unter Aufsicht der ägyptisch dominierten Arabischen Liga – für die Befreiung Palästinas zuständig sein. Ihre politische und militärische Schwäche beunruhigten Nasser nicht weiter, verhießen sie doch eine komfortable Ruhezeit, in der er sich um den Krieg im Jemen und die wirtschaftlichen Probleme am Nil kümmern konnte. Es entsprach genau diesem Kalkül, als Nasser auf dem zweiten palästinensischen Nationalkongreß in Kairo am 31. Mai 1965 unterstrich, daß Ägypten keinen Plan zur Befreiung Palästinas habe.[16]

Der erste Kongreß hatte zwölf Monate zuvor unter der Schirmherrschaft König Husseins und der Arabischen Liga in Ost-Jerusalem stattgefunden. Neben den 242 palästinensischen Repräsentanten aus Jordanien saßen 146 palästinensische Delegierte aus Syrien, Libanon, Irak, Kuwait, Katar und Gaza. Ahmad Schuqairi wurde zum Vorsitzenden gewählt. Der palästinensische Anwalt war vor seinem Amt als Assistierender Generalsekretär der Arabischen Liga Delegationsmitglied der syrischen Vertretung bei der UNO und saudischer Delegierter bei der UNO gewesen. Seine Wahl erschien opportun, weil ihm die Türen zu den arabischen Potentaten offenstanden. Tatsächlich fügte er aber mit seiner gewaltsamen Sprache der PLO längerfristig großen Schaden zu.[17]

Der Sechs-Tage-Krieg hatte Schuqairi als Großredner und Maulhelden entlarvt. Sein Nachfolger, Yahya Hammuda, vormals Präsident des Jordanischen Anwaltsvereins – der dann als Kommunist verdächtigt und aus Jordanien verbannt wurde –, war nur ein Übergangskandidat. Im Februar 1969 wurde auf dem 5. Palästinensischen Nationalkongreß in Kairo der Ingenieur, Sprengexperte und Bauunternehmer Yasir Arafat zum Vorsitzenden der PLO gewählt. Niemand ahnte, daß er das Amt auch noch drei Jahrzehnte später innehaben würde.

Arafat, der ebenso geniale wie skrupellose Taktiker, war von einer vaterländischen Mission des bewaffneten Kampfes – als Schule der Nation – beseelt. Der Sieg der Front de Libération Nationale (FLN) im algerischen Befreiungskrieg im Jahre 1962 hatte ihn in seiner Sichtweise bestärkt. Der Ausgang des Juni-Krieges war eine weitere Lehre dafür, daß die Palästinenser ihre Sache in eigene Hände nehmen müßten. Das war am Vorabend der Rogers-Mission im Winter 1969 um so dringlicher, als die UN-Resolution 242 eine tödliche Gefahr für die nationalen Bestrebungen der PLO bedeutete, weil darin nur von Flüchtlingen, nicht aber von einem palästinensischen Volk, geschweige denn von nationalen Rechten die Rede war.

Anders als seine beiden Vorgänger konnte Arafat eine starke Hausmacht mit in die PLO bringen, die al-Fatah.[18] Diese Organisation nahm nicht nur stets die meisten Sitze im Exekutivausschuß der PLO ein, sie beherrschte auch die palästinensischen Nationalkongresse. Der Name der Organisation war bereits Programm: »al-Fath« heißt arabisch »der Sieg«, in umgekehrter Reihenfolge bedeuten die Buchstaben: Bewegung zur Befreiung Palästinas (harakat tahrir Filastin). Die Ursprünge der al-Fatah gingen auf die von Arafat geleitete Vereinigung Palästinensischer Studenten an der Universität Kairo zurück. Es war kennzeichnend für den Aktivismus des jugendlichen Arafat und aufschlußreich für seine spätere Strategie gegenüber der UNO, daß er von

Anfang an auch außerarabisch-islamische Foren aufsuchte, um so, etwa auf internationalen Studentenkongressen in Europa, für die nationalen palästinensischen Anliegen zu werben. In den frühen fünfziger Jahren soll er auch an bewaffneten Aktionen der ägyptischen Muslimbrüder gegen den britischen Suez-Stützpunkt teilgenommen haben. Während der fetten Jahre seiner Tätigkeit als Bauaufsichtsleiter in Kuwait kristallisierte sich der Kern der al-Fatah um seine suggestive Persönlichkeit, und er sammelte Gelder für patriotische palästinensische Flugblätter, die er in der arabischen Presse-Metropole Beirut drucken und verteilen ließ.

Doch trotz seiner beachtlichen Hausmacht in der PLO brachte es Arafat nicht fertig, die vielen ideologischen Richtungskämpfe zwischen den verschiedenen Spielarten des Sozialismus, des arabischen Nationalismus und des Baathismus zu verhindern; spätestens seit den achtziger Jahren sollte der Islamismus hinzutreten. Es kam zu Spaltungen innerhalb der PLO. Mancher Nationalist, wie der Mediziner Georges Habasch, der in den fünfziger Jahren die zweite arabische Nahda wesentlich mitbegründet hatte, wandelte sich zum Marxisten, für den die Befreiung Palästinas nur über eine revolutionäre Umgestaltung der arabischen Ölmonarchien auf der Arabischen Halbinsel erfolgen konnte.[19] Andere wiederum fanden bei den Baathisten in Damaskus und Bagdad ihre ideologische Heimat. Die unterschiedlichen ideologischen Orientierungen bestimmten häufig auch die Kampfmittel und die Feindbilder. Für Antiimperialisten und marxistische Ultras, die sich am sowjetischen oder chinesischen Vorbild orientierten, waren jüdische Siedlungen im Westjordanland und Gaza sowie israelische Grenzdörfer und Kibbuzim Speerspitzen eines Siedlungskolonialismus im Dienste kapitalistischer Interessen, so wie es die »colons«, die französischen und italienischen Siedler in Libyen, Tunesien und in Algerien, gewesen waren. Wer den Zionismus im Bündnis mit dem westlichen Imperialismus sah, der glaubte, ihn auch weltweit – in Zusammenarbeit mit Rote-Armee-Fraktionen japanischer oder europäischer Herkunft – durch Flugzeugentführungen und Terrorismus bekämpfen zu können.

Arafats persönliche Verstrickung in den palästinensischen

Terrorismus scheint sich darauf beschränkt zu haben, daß er anfänglich Terror gegen Israel, gegen israelische Zivilisten und vor allem gegen Zionisten gelten ließ – als Gegengewalt zur Entrechtung und Demütigung der palästinensischen Bevölkerung, wie sie insbesondere in den zahlreichen Flüchtlingslagern im Libanon und Syrien, in Jordanien und in Gaza zu beobachten waren.[20] In anderen Fällen mag er Terroraktionen widerwillig gedeckt haben, um ein Auseinanderbrechen der PLO in kritischen Phasen zu verhindern.

Arafats internationale Glaubwürdigkeit war durch die Palästinensische Nationalcharta belastet, die aber in ihrer gültigen Form ein gutes Jahr vor seiner Amtszeit als Vorsitzender der PLO entstanden war. Die insgesamt 33 Artikel der Charta[21] ließen keinen Zweifel daran, daß es zwischen der PLO und Israel nichts zu verhandeln gab, denn einen jüdischen Staat würde es nach der Befreiung Palästinas nicht mehr geben. In Artikel 9, dem auch die al-Fatah zugestimmt hatte, war der bewaffnete Kampf als der einzige Weg zur Befreiung Palästinas und als umfassende Strategie und nicht nur taktische Phase deklariert worden. Laut Artikel 1 war Palästina »das Heimatland des arabisch-palästinensischen Volkes«, und seine Staatsgrenzen würden – so Artikel 2 – die unteilbaren Grenzen des britischen Mandats sein. Nur Juden, die – nach Artikel 6 – vor der zionistischen Invasion in Palästina residiert hatten, würden als Palästinenser anerkannt werden. Artikel 15 sprach von der nationalen Pflicht, den Zionismus in Palästina auszulöschen. In Artikel 19 wurden die Teilung Palästinas und die Errichtung des Staates Israel als illegal bezeichnet. Nicht zuletzt die Charakterisierung des Zionismus in Paragraph 22 als eine dem internationalen Imperialismus organisch verbundene politische Bewegung, die ihrer Natur nach rassistisch und aggressiv, in ihren Zielen expansionistisch und kolonial und in ihren Methoden faschistisch sei, mußte jegliche Chance einer diplomatischen Annäherung und eines politischen Kompromisses zunichte machen. Offensichtlich hatte sich die PLO selbst in ein politisches Abseits gebracht, ein erstaunlicher Vorgang in Anbetracht ihrer militärischen Ohnmacht und der arabischen Schwäche nach dem Juni-Krieg.

Die Militanz der Charta erklärt sich zu einem großen Teil aus dem unmittelbaren Erlebnis des arabischen Desasters im Sechs-Tage-Krieg. Sie sollte Macht verkörpern, wo es keine Macht mehr gab, so wie Nasser durch gewaltsame Rhetorik seine Machtlosigkeit im Vergleich zu Präsident Johnson zu kompensieren gesucht hatte. Natürlich gab es innerhalb der PLO auch Fanatiker, die vom Haß gegen Israel getrieben waren; ihre Haltung spiegelt sich im Vernichtungswillen und in der Kompromißlosigkeit der Nationalcharta wider. Allerdings sah Artikel 33 auch die Möglichkeit einer Abänderung (amendment) der Charta vor, bei einer Zweidrittelmehrheit in einer eigens zu diesem Zweck einzuberufenden Sondersitzung.

Die Artikel der Nationalcharta lieferten den Falken in den israelischen Regierungen optimale Propagandahilfe. Diese Propaganda trug neben der schlechten palästinensischen Selbstdarstellung wesentlich mit dazu bei, daß in der Öffentlichkeit – vor allem in Israel, in Westeuropa und in den USA – zu wenig über das Innenleben und die Richtungsstreitigkeiten innerhalb der PLO bekannt wurde. Politisch unabhängigen Analytikern entging es indes nicht, daß Arafat schon vor dem Oktober-Krieg 1973 öffentlich für ein pluralistisch-demokratisches beziehungsweise bi-nationales Palästina ohne Zionismus plädierte, gleichzeitig jedoch Möglichkeiten einer Zwei-Staaten-Lösung durch gemäßigte PLO-Vertreter wie den renommierten Herzspezialisten Dr. Issam Sartawi oder den Repräsentanten in London, Said Hammami, sondieren ließ.[22] Am 10. Oktober 1973 erhielt der amerikanische Außenminister Henry Kissinger zu seinem Erstaunen sogar eine Botschaft Arafats, die Verhandlungs- und Kompromißbereitschaft gegenüber Israel anzudeuten schien. Auf der anderen Seite sind die Morde an Hammami und Sartawi – durch den PLO-Abtrünnigen Abu Nidal[23] – ein deutlicher Hinweis auf die Schwierigkeiten innerhalb der PLO, einen Kompromißkurs gegenüber Israel zu steuern.

Yasir Arafat war äußerst geschickt dabei, prekäre politische Situationen innerhalb der PLO oder auf internationalem Parkett durch eine brillante Multistrategie oder den Einsatz vieler Begriffe mit fein abgestuften semantischen Bedeutungen zu meistern und damit eine politische Botschaft zu verbinden. So scheint ihm schon 1969 die Unhaltbarkeit des Artikels 6 der Nationalcharta klar geworden zu sein. Während einige PLO-Vertreter für den Verbleib aller Juden in Palästina plädierten, sprach Arafat jetzt plötzlich von den 1,26 Millionen Arabern jüdischen Glaubens in Palästina, womit er die vielen jüdischen Einwanderer aus den arabischen Ländern meinte.[24] Der PLO-Vorsitzende war offensichtlich bemüht, zwischen Juden und Zionisten zu differenzieren und dem vom Zionismus so erfolgreich instrumentalisierten Vorwurf des Antisemitismus zu entgehen. In der Sitzung des Palästinensischen Nationalrats im Jahre 1971 wurde ausdrücklich auf die Bedeutung dieser Unterscheidung – auch für die richtige Lesart des Artikels 6 der Nationalcharta – hingewiesen.

Doch für viele Politiker in Israel – ganz zu schweigen von den Regierungen in Europa und in den USA – war es nicht leicht, Vertrauen in die Kompromißbereitschaft des PLO-Vorsitzenden zu haben, der so penibel auf sein martialisches Konterfei achtete: die Pistole im Halfter, der immer gleiche olivfarbige Uniformrock, das in Form der geographischen Umrisse Palästinas geschlungene Kopftuch. Natürlich sollte das alles die wilde Entschlossenheit des palästinensischen Volkes oder zumindest seiner Führung demonstrieren. Doch wer konnte dafür garantieren, daß eine Teilstaatlösung in Israel/Palästina für die PLO nicht nur eine Etappe war? Für die neue Likud-Regierung der späten siebziger Jahre hatte eine solche Frage jedoch ohnehin alle Brisanz verloren. Für sie würde es nie eine Teilstaatlösung geben.[25] Es kam nur darauf an, die PLO zu verteufeln, damit ein solcher für Israel gefährlicher Kompromiß abgewendet werden konnte.

Tatsächlich gelang es Israel, den amerikanischen Verbündeten im Vorfeld der von beiden Großmächten favorisierten Genfer Nahost-Friedenskonferenz im Dezember 1973 darauf festzulegen, jeglichen Kontakt mit der PLO zu meiden, solange diese die UN-Resolution 242 nicht akzeptiert und das Existenzrecht Israels nicht anerkannt hatte. Die Vereinbarung beinhaltete ferner, daß Washington seine Strategie in Genf mit Israel koordinierte und an bilateralen Verhandlungen mit den arabischen Staaten festhielt.

Die Hände der USA waren derart gebunden, daß Henry Kissinger später der Vorwurf gemacht wurde, einen »Akt kolossaler Dummheit« begangen zu haben.[26] Vor allem in den achtziger

Jahren wurden in den USA kritische Stimmen laut, die vor einer allzu engen, einseitigen Liaison mit Israel und vor einer Vernachlässigung des amerikanischen Nationalinteresses warnten.[27] Der Kritik lag der Argwohn zugrunde, daß Israel mit bilateralen Verhandlungen vorrangig die arabischen Staaten gegeneinander auszuspielen suchte und daß die USA zum Komplizen würden. Doch diese Warnungen ließen mehrere Faktoren außer acht: Die arabischen Staaten einschließlich der PLO hatten unterschiedliche Nationalinteressen, zu denen sie sich in kollektiven Verhandlungen als arabischer Block kaum bekennen würden. Auch Washington war wie Moskau in der Phase der übergreifenden Détente-Politik eher an bilateralen Verhandlungen interessiert, weil es auf dieser Basis auch die eigenen Ansprüche in der Region besser zur Geltung bringen konnte.

Tatsächlich scheinen die USA den größeren sowjetischen Einfluß in Syrien und im Irak respektiert zu haben. Auch resultierte das israelische Beharren auf bilateralen Verhandlungen weniger aus machiavellistischer Machtgier als aus einem schon seit Ben-Gurion postulierten Sicherheitsbedürfnis. Verhandlungen mit einem arabischen Block würden Israel lediglich mit einem arabischen Tribunal konfrontieren. Schließlich lieferten sich die USA in der Kissinger-Vereinbarung nicht israelischen Positionen aus; Washington verschaffte sich durch verstärkte Finanz- und Rüstungshilfen gleichzeitig Möglichkeiten, die israelischen Sicherheitsbedenken zu beeinflussen und Kompromisse zu erzwingen. Dieses amerikanische Kalkül sollte auch in den Camp-David-Verhandlungen seine Geltung behalten.

Der PLO-Vorsitzende spürte nach Sadats strategisch erfolgreichem Ramadan-Krieg im Oktober 1973 den diplomatischen Aufwind. Die politische Stagnation seit dem Sechs-Tage-Krieg war durchbrochen, das Gefühl arabischer Ohnmacht gewichen. Die ägyptische Erstürmung des israelischen Bar-Lev-Festungsgürtels am Ostufer des Suezkanals wurde als großer Sieg gefeiert. Die israelischen Streikräfte waren nicht mehr unbesiegbar. Euphorie breitete sich in den arabischen Metropolen aus. Allerdings flammte innerhalb der PLO auch der Richtungsstreit zwischen Pragmatikern und Ideologen, zwischen Gemäßigten und Maximalisten wieder auf.

Mit Hilfe seiner al-Fatah-Mehrheit im Exekutivkomitee der PLO konnte Arafat zwar den Kurs in Richtung Diplomatie noch einhalten, er konnte jedoch nicht verhindern – wenn er es denn wollte –, daß der Terror palästinensischer Extremisten neu entbrannte. Im Dezember 1975 nahm ein palästinensisch-deutsches Kommando im Wiener Verwaltungssitz der OPEC die dort tagende Ministerrunde in Geiselhaft. Der saudische Ölminister Scheich Yamani glaubte, den sicheren Tod vor Augen zu haben.[28] Weitere spektakuläre Terroraktionen waren die Entführung eines französischen Airbus nach Entebbe am 27. Juni 1976 sowie die Entführung einer Lufthansa-Maschine nach Mogadischu am 13. Oktober 1977. Es handelte sich um die Taten abtrünniger PLO-Gefolgschaften wie der Volksfront zur Befreiung Palästinas (PFLP) sowie das PFLP-Generalkommando. Interessant ist, daß sich der extremistische Vorsitzende der PFLP, der Kinderarzt Habasch, gegen Flugzeugentführungen aussprach, weil Zivilisten betroffen seien, die mit Palästina nichts zu tun hätten. Habasch brachte aber auch die diplomatische Alternative zum bewaffneten Kampf auf den Punkt: Ein palästinensischer Teilstaat, eingezwängt zwischen Israel und Jordanien, würde die endgültige Lösung der Palästinafrage sein.[29] Mit dieser ernüchternden Voraussage riet Habasch von der Teilnahme der PLO an der von den Großmächten im Dezember 1973 einberufenen Genfer Friedenskonferenz ab. An der zweitägigen Konferenz nahmen von den Konfliktparteien nur Ägypten, Jordanien und Israel teil. Die PLO war nicht einmal eingeladen worden, Syrien und Libanon hatten eine Teilnahme abgelehnt.

Unklar ist, ob die Warnungen von Habasch einfach ein »worst case scenario« darstellten oder ob sie den Trend einer PLO-internen Diskussion reflektierten. Arafat selbst schien noch an einem binationalen demokratischen arabisch-jüdischen Palästina ohne Zionisten festhalten zu wollen. Die spektakulären Terrorakte kamen ihm für seinen großen Auftritt vor der UN-Vollversammlung höchst gelegen, als er die Weltöffentlichkeit aufforderte, zwischen Ölzweig und Kalaschnikow zu wählen. Arafats Debüt in New York war gut vorbereitet. Am 29. Oktober 1974 war die PLO auf der arabischen Gipfelkonferenz von Rabat zur alleinigen legitimen Vertreterin des palästinensischen Volkes erklärt worden. Am 13. November folgte Arafat der Einladung der UN-Vollversammlung und hielt eine vielbeachtete Rede, die der PLO den Beobachterstatus in der UNO und dem palästinensischen Volk die Anerkennung seines Selbstbestimmungsrechts eintrugen. Am Tag darauf pries der libanesische Staatspräsident Suleiman Frandschiya das Modell des ethnisch-konfessionell gemischten und wohlhabenden Libanon als Staatsmodell für ein demokratisches christlich-muslimisch-jüdisches Palästina.

Die PLO war auf dem Höhepunkt ihrer Popularität in den Staaten der Dritten Welt und des Ostblocks. Die Einladung an Arafat, vor der UNO zu sprechen, war mit einer Mehrheit von 120 Stimmen bei vier Gegenstimmen und zwanzig Enthaltungen beschlossen worden. Dem PLO-Vorsitzenden erschien die Chance einer weltweiten Ächtung des Zionismus zum Greifen nahe. Ein UN-Resolutionsentwurf vom Sommer 1975, der Israels UN-Mitgliedschaft annullieren sollte, scheiterte jedoch am amerikanischen Veto. Dagegen erhielt der alternative Resolutionsentwurf, in dem der Zionismus als eine »Form von Rassismus oder rassistischer Diskriminierung« bezeichnet wurde, eine Mehrheit. Aus der Sicht Israels und der meisten westlichen Staaten hatte sich die UN-Vollversammlung moralisch diskreditiert. Die Kolumne »dry bones« in der liberalen Zeitung ›Jerusalem Post‹ kommentierte die Vorgänge lakonisch mit den Worten: »Die Palästinenser haben die UNO, wir haben das Territorium!«

Die Initiativen zur Ächtung Israels und zu seiner Verbannung aus der UNO störten die diplomatischen Bemühungen zur Lösung der Palästinafrage und zur Regelung des israelisch-arabischen Konflikts. Wieder einmal hatte die PLO ihren Gegnern, die die nationalen palästinensischen Ansprüche ignorierten, reichlich Munition für Propagandazwecke geliefert. Auch als die PLO im Gefolge des libanesischen Bürgerkrieges, der Erschütterung des schönen Koexistenzmodells und nach ihrem Hinauswurf aus Beirut und Tripolis auf einen Kompromißkurs und schließlich auf eine Zwei-Staaten-Lösung in Palästina einschwenkte, konnte sie den Verdacht nicht ausräumen, nur einen Etappenplan zu verfolgen. Dieser Verdacht schien auf dramatische Weise seine Bestätigung zu erfahren, als sich nach Saddam Husseins Überfall auf Kuwait zum Entsetzen vieler Wegbereiter und Sympathisanten eines palästinensischen Teilstaats Arafat in höchst zwielichtiger – für die meisten Beobachter aber überdeutlichen – Weise auf die Seite des irakischen Diktators schlug. Nicht auszuschließen ist jedoch, daß sich Arafat für französische oder italienische Vermittlungsversuche in Szene setzen wollte.[30]

Von Kairo über Jerusalem nach Camp David

Der amerikanische Präsident Jimmy Carter hatte sich nach seinem Wahlsieg am 2. November 1976 das ehrgeizige Ziel gesetzt, Frieden im Nahen Osten und besonders im Heiligen Land zu stiften. Er wollte damit auch das von Richard Nixon infolge des Watergate-Skandals moralisch stark beschädigte Amt des amerikanischen Präsidenten – es war von dessen Vizepräsidenten Gerald Ford nach dem Rücktritt Nixons verwaltet worden – wieder zu Ansehen und Würden bringen. Vielleicht brachte ihm diese doppelte Mission das Image des Idealisten ein, das den Technokraten in ihm, für den jedes Problem eine Lösung hatte, nach außen wenig zum Vorschein kommen ließ. In Carters Vision einer besseren Welt nahmen aufstrebende Führungsmächte und reformfreudige Staatsmänner der Dritten Welt – ähnlich wie bei Präsident Kennedy – einen besonderen Platz ein. Sein Sicherheitsberater Zbigniew Brzezinski teilte diese Weltsicht. Das Verhältnis zur Sowjetunion sah Carter als entspannt an. Größere Sorge als der Kommunismus bereitete ihm das amerikanische Energieproblem. So hatte er bei seiner Amtseinführung als 39. Präsident der Vereinigten Staaten von Amerika am 20. Januar 1977 die Vorlage eines Nationalen Energieplans binnen drei Monaten angekündigt.

Carter, der weder in der Außenpolitik noch im Umgang mit dem Kongreß Erfahrungen hatte, stand bezüglich der amerikanischen Nahostpolitik unter Zugzwang. Nach den Entflechtungsabkommen zwischen Israel und Ägypten auf dem Sinai und zwischen Israel und Syrien auf dem Golan hatte sich die Schritt-für-Schritt-Diplomatie Henry Kissingers erschöpft.[31] Die Wiederbelebung der gescheiterten Genfer Nahost-Friedenskonferenz vom Dezember 1973 gelang nicht. Zum Stillstand hatten die

PLO-Initiativen in der UNO und Israels Reaktionen darauf beigetragen.

Carter hielt nicht viel von Teillösungen: Er war überzeugt, bei einer Konzentration aller Anstrengungen und Ressourcen eine umfassende Lösung des Nahostkonflikts finden zu können. Die in den amerikanischen Präsidentschaftswahlen zum Ritual gewordenen proisraelischen Plattformen hatte er zur Zufriedenheit der jüdischen Wähler absolviert. Aber schon früh in seiner Amtszeit wurde deutlich, daß er die Palästinafrage als das Kernproblem des Nahostkonflikts erkannt hatte. Die Dringlichkeit einer umfassenden Konfliktlösung war durch das amerikanische Energieproblem geboten. Ein neuer Nahostkrieg und ein weiteres arabisches Ölembargo würden für die amerikanische und westliche Wirtschaft noch katastrophaler sein als die Folgen des Oktober-Krieges 1973.

Es kam Carters Engagement im Nahostkonflikt zugute, daß er neben seinem Sicherheitsberater auch im Nationalen Sicherheitsrat und im State Department einen Stab von Nahostexperten hatte, die am selben Strang zogen. Ferner stand ihm mit Hamilton Jordan ein weiterer Berater zur Seite, der gegenüber dem Kongreß die neue Nahostpolitik Carters innenpolitisch absicherte.

Die Bemühungen des amerikanischen Außenministers Cyrus Vance im Frühjahr 1977 zur Wiederbelebung der glücklosen Genfer Nahostkonferenz scheiterten, wie angedeutet, am Widerstand Israels und der PLO. Die Regierung Yitzhak Rabin war gegen eine wie auch immer geartete PLO-Vertretung und weigerte sich kategorisch, an Verhandlungen teilzunehmen, die zu einem palästinensischen Staat führen konnten. Sadat hatte vorgeschlagen, statt eines offiziellen PLO-Vertreters einen hochkarätigen palästinensischen Intellektuellen[32] wie den in Amerika lehrenden Soziologen Ibrahim Abu Lughod einzuladen. Doch die PLO schloß eine palästinensische Teilnahme wegen ihrer prinzipiellen Ablehnung der UN-Resolution 242 aus. An Stelle einer endgültigen Lösung des Nahostkonflikts blieb Carter nur noch die Möglichkeit, Teillösungen zu suchen, auch wenn er dafür noch kein Konzept hatte. Er setzte seine Hoffnung auf den ägyptischen Präsidenten, der bei den Sondierungen den stärksten Friedenswillen gezeigt hatte.

Sadat war entschlossen, Ägypten aus seiner wirtschaftlichen Misere herauszuführen. Er hatte die noch unter Nasser vorsichtig begonnene Öffnung des ägyptischen Marktes für westliche Investitionen weiter forciert, was die Weltbank mit neuen Krediten und Umschuldungen honorierte. Besonders belastend war für den ägyptischen Fiskus die enorm hohe Auslandsverschuldung, die über 20 Milliarden US-Dollar betragen haben soll.[33] Hinzu traten die horrenden Verteidigungsausgaben, die im Jahre 1976 mehr als ein Drittel des Bruttosozialprodukts verschlangen.[34] Wenn auch ein Teil der Kosten vermutlich von Saudi-Arabien getragen wurde, so war Sadat dennoch entschlossen, das ägyptische Volk nicht mehr länger die Hauptbürde für die immer wiederkehrenden Nahostkriege tragen zu lassen. Die außenpolitische Kehrtwende, die sich bereits mit der brüsken Verabschiedung der sowjetischen Militärberater vor dem Oktober-Krieg angekündigt hatte, enthielt auch ein innenpolitisches Pendant, wie in der Lockerung der Pressezensur deutlich wurde. Ägypter und Presseattachés ausländischer Botschaften lasen erstaunt in der offiziösen Tageszeitung ›al-Ahram‹ Artikel, in denen die nationalen Vorteile einer Neutralitätspolitik erörtert wurden.

In der amerikanischen Administration wurden die Chancen erkannt, die sich mit dem Kurswechsel Kairos eröffneten. Darüber sprach man auch bei Sadats Visite in Washington im April 1977. Carter war zuversichtlich, daß der ägyptische Friedenskurs die Verhandlungen mit Israel erleichtern würde und eine Wende zum Besseren in der zentralen Palästinafrage einleiten könnte. Offensichtlich hatte ihn die saudische Diplomatie darin bestärkt, daß die Lösung der Palästinafrage auch die Lösung der amerikanischen Energieprobleme erleichtern würde.

Wie ein Blitz traf deshalb im Juni 1977 in Washington und Kairo die Nachricht vom unerwarteten Sieg des Likud-Bündnisses aus den vorgezogenen Neuwahlen in Israel ein. Gewiß war auch Rabin ein schwieriger Partner für Friedensverhandlungen, aber von dem fanatischen Anhänger der »Groß-Israel«-Ideologie, Menachem Begin, waren in der Palästinafrage kaum größere Konzessionen zu erwarten.

Die amerikanische und ägyptische Neubewertung der israelischen Position und der politischen Konstellation im Vorderen

Orient, eine erneute Nahostmission von Cyrus Vance, der Besuch Begins in Washington vom 19. bis 20. Juli und die Aufwartungen nahöstlicher Außenminister in Washington im September brachten keinen erfolgverheißenden Fortschritt und die Welt einer neuen Genfer Friedenskonferenz nicht näher. Es gab sogar Irritationen über das amerikanisch-sowjetische Kommuniqué über den gemeinsamen Vorsitz bei der Konferenz. Sadat, der sich vor dem Oktober-Krieg von Moskau gelöst hatte, wollte nicht von »arabischen Brüdern« in die Pflicht genommen werden, die sich sowjetischer Rückendeckung erfreuten, und Freunde Israels in den USA denunzierten Jimmy Carter als Steigbügelhalter des Kommunismus im Nahen Osten![35]

Es gehörte wegen der mächtigen Pro-Israel-Lobby in Amerika zu den Besonderheiten und Belastungen amerikanischer Nahostpolitik, daß das Palästinaproblem und Waffenlieferungen in den Nahen Osten seit der Staatsgründung Israels nicht nur im Nahen Osten, sondern stets auch sehr leidenschaftlich auf dem Kapitol ausgefochten werden mußten. Henry Kissinger hatte Carter nicht nur eine ins Stocken geratene Nahostdiplomatie, sondern auch ein noch nicht abgeschlossenes kompliziertes Waffengeschäft mit Israel, Saudi-Arabien und Ägypten hinterlassen. Es ging dabei vor allem um die Lieferung der hochmodernen Düsenjäger der Typen F-15 und F-16. Israel zeigte sich besorgt über die saudischen Bestellungen von sechzig Flugzeugen, obwohl es selbst hundertfünfzig F-16 und 25 F-15 haben wollte. Auf der ägyptischen Einkaufsliste standen hundertzwanzig F-5Es-Kampfflugzeuge.

Für Israels Lobby im amerikanischen Kongreß war es eine bittere Erfahrung, daß in dem Waffengeschäft letztlich die energie- und sicherheitspolitischen Interessen der USA den Ausschlag gegenüber den israelischen Bedenken gaben.[36] Das Weiße Haus dagegen hatte wegen des monatelangen Streits auf dem Kapitol Mühe, die Genfer Konferenz zustande zu bringen. Auch waren die Aussichten auf eine allseitige Konzessionsbereitschaft eher schlechter geworden.

In der zweiten Oktoberhälfte 1977 erschien Carter eine Neuauflage der Genfer Nahost-Friedenskonferenz aussichtsloser denn je. Nach saudischen Vorstellungen sollte die Palästinafrage unter Hinzuziehung der PLO zentrales Verhandlungsthema sein.[37] Dagegen stand die Entschlossenheit der Regierung Begin, nicht einmal die UN-Resolution 242 für Judäa und Samaria beziehungsweise die Westbank gelten zu lassen. Eine internationale Konferenz in Genf war nur sinnvoll, wenn die Teilnehmer zu Konzessionen bereit waren. Geradezu hilfesuchend wandte sich Carter am 28. Oktober an Sadat. Es ist strittig, ob er zu diesem Zeitpunkt über die ägyptische Bereitschaft zu bilateralen Verhandlungen mit Israel voll informiert war, wieviel er über die geheimen Treffen ägyptischer und israelischer Diplomaten in Marokko wußte und ob er in vorgezogenen ägyptisch-israelischen Verhandlungen eine Alternative zur Genfer Konferenz sah. Daß er letztere immer noch im Blick hatte, belegt sein Schreiben an Sadat.[38] Dieser hatte umgehend geantwortet und einen »kühnen Schritt« angekündigt.

Sadat spielte damit auf seinen Plan an, nach Jerusalem zu reisen. Auf dem Rückflug von einem Kurzbesuch beim rumänischen Staatspräsidenten hatte er sich von Ceauşescu, einem Intimus Begins, versichern lassen, daß der Likud-Hardliner wirklich zum Frieden mit Ägypten bereit war.[39] Wie weit Begins Konzessionsbereitschaft in der Palästinafrage gehen würde, konnte der Rumäne ihm aber nicht sagen. Doch in diesem Punkt lag das Risiko für Sadats Politik. Er wollte Frieden für Ägypten, aber auch dessen Platz und Rang in der arabischen Welt behaupten, was ohne eine Solidarität mit dem nationalen Anliegen der Palästinenser – die UNO hatte ihr Selbstbestimmungsrecht inzwischen anerkannt – unmöglich war.

Der ägyptische Außenminister Fahmi, der wesentlich zum Erfolg der von Kissinger vermittelten Entflechtungsabkommen und zur Neuorientierung der ägyptischen Außenpolitik beigetragen hatte, versuchte Sadat von seiner Idee abzubringen. Er hielt sie für undurchdacht und gefährlich, weil Ägypten völlig unnötig und leichtfertig auf einen großen Vorteil im bevorstehenden Verhandlungspoker verzichten würde. Fahmi schlug statt dessen eine Friedenskonferenz im von Israel besetzten arabischen Ost-Jerusalem vor. Dazu sollten auch die Führer der ständigen Mitgliedsstaaten des UN-Sicherheitsrats eingeladen werden. Schon der Konferenzort würde die Palästinafrage zwangsläufig zum Thema machen, und in Anwesenheit der Vertreter der mächtigsten Staaten der Welt würde sich Israel substantiellen Konzessionen nicht entziehen können.

Sadat ließ den Vorschlag in Washington prüfen, wo er laut Carters Nahostsachverständigem William Quandt vom Sicherheitsberater als »drollig« bezeichnet und von allen als undurchführbar bewertet wurde.[40] Carters höfliche Ablehnung war mit der Bitte an Sadat verbunden, weiter auf Genf hinzuarbeiten. Es ist mehrfach überliefert, daß dieser inzwischen den Eindruck gewonnen hatte, Carter könne – auch infolge einer neuen Terrorwelle an Israels Nordgrenze – dem stärker werdenden Druck der Pro-Israel-Lobby auf dem Kapitol nicht mehr standhalten.[41] Der ägyptische Präsident befürchtete, daß Carter in Genf die Hände gebunden seien und die ägyptische Bereitschaft zum Frieden mit Israel nicht den Preis erbrächte, der für Ägyptens herausgehobene Stellung in der arabischen Welt so wichtig war.

Sadat mußte also handeln. In einer sensationellen Rede legte er am 9. November vor der ägyptischen Nationalversammlung und in Anwesenheit Arafats das Bekenntnis ab, daß er, um den Frieden im Nahen Osten zu erreichen, sogar zu den Israelis in der Knesset sprechen würde. Dies brachte ihm binnen einer Woche die Einladung Begins ein. Sadat hatte ohne Rücksprache mit Carter gehandelt. Sein Außenminister war aus Protest zurückgetreten – ein schlechtes Omen.

Am 20. November 1977, am islamischen Opferfest, hatte Sadat seinen großen Auftritt in der Knesset. Er wählte das öffentliche Forum, weil er so auch die israelische Bevölkerung, die parlamentarische Opposition, die außerparlamentarischen Friedensaktivisten, die Pro-Israel-Lobby in den USA und Millionen Fernsehzuschauer in aller Welt erreichen konnte. Wo hätte er eindrucksvoller und mutiger für die Rechte der Palästinenser eintreten können als in der israelischen Knesset, deren Mitverantwortung für das Zustandekommen eines umfassenden Friedens im nahöstlichen Krisenherd er zugleich einforderte? Sadat mußte allerdings auch auf die Lösung der Palästinafrage pochen, um seine Entschlossenheit zu einem Separatfrieden für Ägypten gegenüber den arabischen Staaten legitimieren zu können.

In seiner Rede[42] beschwor er in vielen Varianten den Segen, den ein Friede Israel, den arabischen Staaten und der Entwicklung der Nahostregion bringen würde. Er betonte, daß er nicht wegen eines Separatfriedens zwischen Ägypten und Israel gekommen sei. Selbst ein Friede Israels mit allen arabischen Konfrontationsstaaten würde ohne eine gerechte Lösung des Palästinaproblems nicht von Dauer sein. Sein Fünf-Punkte-Programm für ein Friedensabkommen sprach von der Beendigung der israelischen Besetzung in den 1967 eroberten arabischen Gebieten; vom Selbstbestimmungsrecht der palästinensischen Bevölkerung einschließlich des Rechts, einen eigenen Staat zu errichten; dem Recht aller Staaten der Region, in Frieden und sicheren Grenzen mit internationalen Garantien zu leben; der Gestaltung der zwischenstaatlichen Beziehungen und der Lösung von Differenzen auf der Grundlage der UN-Charta und der Beendigung des Kriegszustands in der Region. Bei der starken Akzentuierung des palästinensischen Faktors war auffallend, daß Sadat die PLO mit keinem Wort erwähnte. Sein Konflikt mit ihr, die seine Reise schärfstens verurteilte, hatte am Vorabend mit der Schließung des PLO-Senders »Stimme Palästinas« in Kairo einen ersten Höhepunkt erreicht. Nach seiner Rückkehr wurden der ständige PLO-Repräsentant in Kairo, Dschamal Surani, sowie der der al-Fatah angehörende Vorsitzende des Palästinensischen Studentenverbandes ausgewiesen.

Begin sprach ebenfalls über den Segen eines allgemeinen Friedens im Nahen Osten.[43] Er unterstrich, daß das jüdische Volk nicht in ein fremdes Land gekommen, sondern in seine Heimat zurückgekehrt sei. Die Erfahrung des Holocaust habe zum heiligen Schwur der Generation der Überlebenden geführt, das jüdische Volk niemals mehr in Gefahr zu bringen. Anders als Sadat spielte er unüberhörbar, wenn auch indirekt, auf einen vorgezogenen israelisch-ägyptischen Frieden an, dem weitere Friedensschlüsse Israels mit Jordanien, Syrien und Libanon folgen könnten. Auch eine Genfer Konferenz wollte er nicht grundsätzlich ausschließen. Begin vermied es, von Palästinensern, geschweige denn von einem palästinensischen Volk, zu sprechen. Seine einzige Verwendung des Wortes Palästina bezog sich auf das Abkommen vom 3. Januar 1919 zwischen Chaim Weizmann, der Palästina vertrat, und Emir Faisal, der für den arabischen Staat (damals Syrien) sprach. Palästina war also die Jüdische Nationalheimstätte. Palästinenser gab es nur als »Araber von Eretz Yisrael«, mit deren »echten Vertretern« sich Begin über die gemeinsame Zukunft, »freedom of man«, soziale Gerechtigkeit, Frieden und gegenseitigen Respekt unterhalten wolle. Am Ende seiner Rede verwies Begin noch auf das vereinigte Jerusalem, dessen Heilige Stätten erst unter israelischer Kontrolle wieder allen Religionsgemeinschaften frei zugänglich seien – ein Status, den Israel verteidigen würde.

Was der ägyptische Außenminister befürchtet hatte, war jetzt vor aller Augen eingetreten. Bezüglich des Kernproblems im Nahostkonflikt mußten Sadat und die Welt zur Kenntnis nehmen, daß die Regierung Begin weder nationale Rechte der Palästinenser noch das von den arabischen Staaten anerkannte Vertretungsrecht der PLO akzeptieren würde. Begin hatte auch nicht zu erkennen gegeben, ob er an einen vollständigen Rückzug aus dem Sinai dachte. Sadat hatte seine Überzeugung geäußert, daß die psychologische Barriere zwischen Israelis und Arabern 70 Prozent des Nahostkonflikts ausmachte, wozu natürlich auch sein eigenes Mißtrauen gegenüber dem Friedenswillen Begins gehörte, das dieser auch nicht ausgeräumt hatte.

Die deutlichen Verstimmungen und Verkrampfungen zwischen Sadat und Begin auf ihrem Folgetreffen in Ismailia einen Monat später, die Protesterklärung der Gipfelkonferenz der Arabischen Liga im libyschen Tripoli vom 5. Dezember; die ergebnislosen Treffen ägyptischer und israelischer Unterhändler in Kairo, Jerusalem und in England, ein neu entbrannter Krieg der Worte in ägyptischen und israelischen Zeitungen, die Errichtung neuer Siedlungen im Sinai durch den extremistischen Agrarminister Scharon, der Terroranschlag palästinensischer Freischärler auf einen israelischen Bus, der über dreißig Zivilisten das Leben kostete, und nicht zuletzt die hektischen amerikanischen Sondierungen und Vermittlungsversuche in den Monaten bis zu den Verhandlungen in Camp David im September 1978 – dies alles zeigte eines mit aller Deutlichkeit: Das Projekt einer Genfer Friedenskonferenz mit allen Konfliktparteien war nach Sadats Alleingang zerstört.

Der ägyptische Präsident hatte nach dem enttäuschenden

Gipfeltreffen in Ismailia sogar an Rücktritt gedacht. Eine großmütige Geste Begins hinsichtlich der Sadat so wichtigen vollständigen Räumung des Sinai war ausgeblieben. Nur in bezug auf die Palästinenserfrage – die Sadat weniger interessierte – hatte Begin den kryptischen Satz seiner Knesset-Rede erläutert. Am 28. Dezember stellte er seinen 26 Punkte umfassenden Autonomie-Plan für die Einwohner Judäas, Samarias und des Gaza-Distrikts vor.[44]

Die wesentlichen Maßnahmen in Begins Plan betrafen die Aufhebung der Militärverwaltung und die Errichtung einer autonomen Verwaltung unter einem Verwaltungsrat mit Sitz in Bethlehem; eine Option für die Einwohner, entweder die israelische oder die jordanische Staatsangehörigkeit zu erwerben, und das Recht für Einwohner Israels, in Judäa, Samaria und im Gaza-Distrikt Boden zu erwerben und zu siedeln. Arabische Einwohner, die sich für die israelische Staatsangehörigkeit entschieden, konnten nun in Israel ansässig werden und Boden erwerben. Ferner setzte sich Begin ein für die israelische Zuständigkeit für Sicherheit und öffentliche Ordnung sowie die Bildung eines Ausschusses aus Vertretern Israels, Jordaniens und des Verwaltungsrats, der die Normen festlegen sollte, nach denen arabische Flüchtlinge von außerhalb Judäas, Samarias und des Gaza-Distrikts einwandern könnten. Im bedeutsamen Punkt 24 hieß es, daß Israel zu seinem Recht und Anspruch auf Souveränität in Judäa, Samaria und im Gaza-Distrikt stehe. Wohl wissend, daß es andere Ansprüche gebe, schlage Israel, um des Abkommens und des Friedens willen, vor, die Frage der Souveränität offenzulassen. In bezug auf Jerusalem wurde ein spezieller Vorschlag zur Regelung des Zugangs zu den religiösen Stätten angekündigt. Der letzte Punkt sah die Überprüfung der Autonomie-Prinzipien nach fünf Jahren vor.

Verglichen mit den Vorstellungen der PLO von einem demokratischen Gesamtpalästina ohne Zionisten und mit lediglich 1,2 Millionen »Arabern jüdischen Glaubens« oder mit den von Carter benutzten vagen Begriffen von »nationalen Rechten« und »home rule«, war Begins Plan als Arbeitspapier für Verhandlungen konkret und in einigen Punkten wie der Rückkehr von Flüchtlingen oder der Ansiedlung in Israel sogar überraschend flexibel. Auf der anderen Seite war die Unnachgiebigkeit Begins nicht zu übersehen: Die eingeschränkte Selbstbestimmung für die arabischen Bewohner im Westjordanland und im Gaza-Distrikt, die uneingeschränkte jüdische Siedlungsfreiheit in diesen Gebieten, das Schweigen darüber, ob auch Flüchtlinge und Vertriebene des Krieges von 1948 zurückkehren dürften, sowie die Aufrechterhaltung der Polizei- und Militärhoheit entsprangen der »Groß-Israel«-Ideologie des Likud. Souveränitätsfragen waren für fünf Jahre auf Eis gelegt, was wegen ihrer Problematik vielleicht den Beginn der übrigen Verhandlungen erleichtern konnte; allerdings galt für Begin die Souveränität historischen jüdischen Bodens beziehungsweise Judäas und Samarias längst als unanfechtbar.

Carter ließ sich von Begins Reaktionen auf Sadats Reise nach Jerusalem nicht beirren. In Washington war spürbar, daß die Pro-Israel-Lobby über die neuen Siedlungsbauten im Sinai und über Begins Versuche einer Neuinterpretation der UN-Resolution 242 verärgert war. Begin meinte, daß mit den noch unter Kissinger ausgehandelten Teilräumungen im Sinai die Resolution erfüllt sei und Israel neben dem Westjordanland und dem Gaza-Distrikt auch Scharm asch-Scheich, die Militärflugplätze und die Siedlungen im Sinai behalten könne. Alles kam jetzt darauf an, die von Sadat in der amerikanischen Öffentlichkeit und international ausgelöste Friedenseuphorie, die neue Phase im Nahostkonflikt – wie Brzezinski sie bezeichnete – zu nutzen. In diesem Sinne versuchte Carter im Frühjahr 1978, dem in der arabischen Welt isolierten Sadat zu helfen, indem er auf seiner Reise nach Saudi-Arabien und in den Iran einen Abstecher nach Assuan machte und dort in Anwesenheit des ägyptischen Präsidenten eine Erklärung abgab, daß die Palästinenser ein Recht darauf hätten, »an den Entscheidungen über ihre Zukunft beteiligt zu sein«. Carters Nahoststab hoffte, daß trotz einer solchen Erklärung auch Jordanien noch in Friedensverhandlungen einbezogen werden könnte.[45] Ein Separatfrieden zwischen Ägypten und Israel würde an den eigentlichen Eruptionszonen im Nahostkonflikt wenig ändern. Carter wollte in Verhandlungen mit Israel den ägyptischen Friedenswillen unterstreichen, um zu einer umfassenderen Lösung zu kommen. Sadat war damit einverstanden, wenn sein Friedenspreis – die vollständige Räumung des Sinai – dadurch nicht geschmälert würde. Sein Hauptproblem waren also weniger die arabischen Staaten, es war die Halsstarrigkeit Begins.

Sadat schockte daher Carter und seinen Arbeitsstab, als er in der ersten Februarwoche des Jahres 1978 bei Strategiebesprechungen in Camp David nach bitteren Beschwerden über Begin ankündigte, in den nächsten Tagen den Abbruch der in Ismailia vereinbarten, aber ergebnislosen politischen und militärischen Gespräche bekanntgeben zu wollen. Brzezinski fühlte, daß Sadat von Carter stärkeren Druck auf Begin erwartete. Der amerikanische Präsident dachte nicht anders, er war selbst dabei, die Geduld mit Begin zu verlieren, dem es offensichtlich um territorialen Erwerb unter dem Vorwand von Sicherheit ging.

Carters Stunde der Abrechnung mit Begin kam, als sich dieser vom 21. bis 22. März zu Vorbereitungsgesprächen für Verhandlungen mit Ägypten in Washington aufhielt. Wie versteinert saß Begin mit Dayan, Ezer Weizmann und Dinitz, dem israelischen Botschafter, im Kabinettssaal des Weißen Hauses, als ihm nach einem fruchtlosen ersten Tag Carter mit eisigem Lächeln seinen knappen Beschwerdekatalog vortrug, den er Mitgliedern des Kongresses am nächsten Tag überreichen wollte: »Nach seiner Ansicht war Begin nicht bereit, Expansion und Siedlungsneugründungen zu stoppen, die Siedlungen im Sinai aufzugeben, den UN-Schutz für die Sinai-Vereinbarungen zu akzeptieren, sich politisch aus der Westbank zurückzuziehen, die UN-Resolution 242 an allen vorgesehenen Fronten anzuerkennen, die Araber nicht zwischen drei verschiedenen Alternativen am Ende der fünfjährigen Übergangsregelung in der Westbank wählen zu lassen.«[46] Cyrus Vance lehnte die Abänderungsvorschläge Dayans für die Resolution 242 entschieden ab. Am nächsten Tag unterrichteten Vance und Carter die Fraktionsvorsitzenden des Senats.

Der Eklat im Weißen Haus war bahnbrechend für das Zustandekommen der Camp-David-Verhandlungen und vermutlich auch für deren Erfolg. Carter konnte sich die harte Gangart gegenüber Begin im März auf Grund mehrerer außergewöhnlicher Umstände leisten: Sadats Knesset-Rede hatte auf dem Kapitol und bei der amerikanischen Israel-Lobby einen großen und nachhaltigen Eindruck hinterlassen; damit verbunden war die Erkenntnis, daß es ohne Ägypten kaum noch einen arabischen Krieg gegen Israel geben würde. Die amerikanische Israel-Lobby betrachtete den Revisionisten Begin eher mißtrauisch, zumal auch sein Verhandlungsteam mit Dayan und Weizmann nicht einig erschien. Ferner gab es eine aktive, wenn auch stille diplomatische Unterstützung des Friedensprozesses durch Saudi-Arabien, das aus der Sicht Carters und Brzezinskis eine Schlüsselrolle bei der Lösung des amerikanischen Energieproblems spielte. Die Carter-Administration ließ sich auch nicht durch das territorial begründete israelische Sicherheitsbedürfnis bluffen, weil ein Separatfriede mit Ägypten die Sicherheit Israels im Nahen Osten fundamental verbesserte. Ferner waren die rein militärischen Fragen abgekoppelt und Unterhändlern überlassen worden. Schließlich gestattete es die Entspannung zwischen Washington und Moskau Carter – anders als Johnson während des Sechs-Tage-Krieges –, sich voll auf den Nahen Osten zu konzentrieren.

Carter brachte Israel nicht in Gefahr, eher in stärkere Abhängigkeit. Jedenfalls war er in den Rüstungsverhandlungen im Sommer 1978 sehr großzügig. Brzezinski zitiert in seinen Memoiren das Urteil von Ezer Weizmann, demzufolge Israel weit mehr amerikanische Militärhilfe erhalten habe, als es im Sechs-Tage-Krieg besessen habe. 20 Prozent der israelischen Verteidigungskosten würden vom amerikanischen Steuerzahler getragen, was der jährlichen Summe von 1 Millarde Dollar entspreche. Israel bekam bei den Waffenverhandlungen im Sommer 1978 vermutlich mehr Flugzeuge, als es erhofft hatte. Die an Saudi-Arabien gelieferten hochmodernen Jets waren, anders als die an Israel gelieferten Flugzeuge, nicht mit Zusatztanks, Bombenschächten und Vorrichtungen für Raketen ausgerüstet. Brzezinski zufolge hatte Saudi-Arabien eine solche Offensivausstattung nicht bestellt.[47] Aus Israels Sicht ging zwar von den saudischen »Bündnispartnern«, den Prinzen der Al Saud, keine Gefahr aus. Aber wer wollte einen Militärputsch nach dem Beispiel al-Qaddafis gegen den Idrisenkönig in Libyen ausschließen? Würde der große saudische Luftwaffenstützpunkt im 125

Kilometer entfernten Tabuk dann nur noch ausschließlich die Trassen und Terminals saudischer Pipelines beschützen?

Für die Camp-David-Verhandlungen im Herbst 1978, zu denen Carter am 30. Juli Sadat und Begin einlud, bleibt dennoch festzuhalten, daß es Israel und auch Ägypten gelungen war, eine Neuauflage der gescheiterten Genfer Konferenz von 1973 zu verhindern. Am Ende war Carter nicht unglücklich darüber, statt einer multilateralen Friedenskonferenz mit ungewissem Ausgang einen Friedensprozeß zwischen Ägypten und Israel in die Wege geleitet zu haben. Jordanien und Saudi-Arabien, so gab sich der amerikanische Präsident überzeugt, würden sich in naher Zukunft dem Prozeß anschließen – eine Illusion, wie sich schnell zeigen sollte.

Am 26. März 1979 wurde ein ägyptisch-israelischer Separatfrieden, der sich als dauerhaft erweisen sollte, geschlossen. Die Bemühungen bezüglich der vollen Umsetzung der Camp-David-Vereinbarungen für den nahöstlichen Krisenherd ergaben aber eine traurige Bilanz. Die große Chance, den für Israel strategisch bedeutsamen ägyptischen Friedenswillen zur Lösung des Kernproblems im Nahostkonflikt zu nutzen, wurde vertan. Der ägyptische Staatsminister Butros Ghali, der wichtigste Architekt der Neuorientierung der Außenpolitik, kämpfte um ein Junktim zwischen dem ägyptisch-israelischen Friedensvertrag und einem Abkommen, in dem die in Camp David vorgesehene Errichtung einer palästinensischen Autonomiebehörde in Gaza und in der Westbank verbindlich bis Ende 1979 geregelt war.[48] Während in den Camp-David-Vereinbarungen vom September der Friedensvertrag binnen drei Monaten beziehungsweise bis zu den für Carter wichtigen Gouverneurswahlen unter Dach und Fach sein sollte, war in der Autonomiefrage lediglich von einer fünfjährigen Übergangszeit nach Errichtung einer Selbstverwaltung die Rede, für die kein Termin festgelegt worden war. Dieser Umstand dürfte vor allem mit den Vorstellungen Carters zu tun haben, der hoffte, das – unter israelischen Sicherheitsauflagen – zu schaffende palästinensische Autonomiegebiet föderativ dem Vereinigten Jordanischen Königreich zuschlagen zu können.

Ghali, der hingegen einen palästinensischen Staat befürwortete, schlug für den Fall einer jordanischen Ablehnung der amerikanischen Offerte eine führende Rolle Ägyptens in der Entwicklung der palästinensischen Autonomie vor. Damit wollte er die vermeintlichen Vorbehalte Washingtons gegen einen schwer zu lenkenden palästinensischen Staat ausräumen, da auf Ägypten, den neuen Partner des Westens, vor allem auch in Hinblick auf die Störfaktoren Libyen und Südjemen, absolut Verlaß sei. Der Stratege Ghali wollte für Ägypten unbedingt eine Ordnungsrolle im Nahen Osten aufrechterhalten[49], hatte jedoch keine guten Karten gegenüber Israel, das noch Truppen und Siedlungen im Sinai hatte.

Die Regierung Begin war in bezug auf das Abkommen von Camp David zerstritten, Begin selbst stand den Kritikern der Vereinbarungen näher als ihren Befürwortern. In der Knesset war die Mehrheit für Camp David nur mit den Stimmen von Abgeordneten der Oppositionsparteien zustande gekommen. Begin war offenbar entschlossen, das schlechte Timing in der Autonomiefrage auszunutzen, um Tatsachen zu schaffen, denn von Carter war im amerikanischen Präsidentenwahljahr 1980 kaum Protest oder Druck zu erwarten.[50] Camp David hatte den gefährlichsten militärischen Herausforderer Israels neutralisiert und in der Nahostregion isoliert. Die Regierung in Jerusalem konnte sich jetzt ganz auf Judäa und Samaria sowie auf den Golan konzentrieren, den sie auch prompt im Dezember 1981 annektierte.

Zwei Monate zuvor, am 6. Oktober 1981, war Sadat bei einem Attentat islamischer Extremisten während einer Militärparade ums Leben gekommen. Er hatte die israelische Bombardierung des irakischen Atomreaktors im Juni 1981 noch erlebt, aber nicht mehr den Abzug Israels aus den Luftbasen und den Ölfeldern im Sinai, nicht mehr den Abriß der Siedlungen – und auch nicht die Scharon-Operation »Friede für Galiläa«, hinter der sich Kriegsziele im Libanon und gegenüber Syrien verbargen, die bei einem Erfolg den christlich geführten Libanon zum Juniorpartner einer israelischen Führungsmacht an der östlichen Mittelmeerküste gemacht hätten.[51]

Die arabischen Reaktionen auf Camp David waren für Carter und seine Nahostspezialisten enttäuschend, da sich Jordanien und auch Saudi-Arabien distanziert verhielten. In den Rahmenvereinbarungen war Jerusalem nicht enthalten, und die öffentlichen Äußerungen Begins waren alles andere als vertrauenstiftend. Der saudische Kronprinz Fahd legte am 6. August 1981 einen 8-Punkte-Friedensplan vor, der indirekt das Recht Israels anerkannte, mit allen Ländern der Region in Frieden zu leben, und in dem Jerusalem gleich dreimal erwähnt wurde. Israel sollte sich aus dem arabischen Sektor Jerusalems zurückziehen, die Freiheit der Religionsausübung in Jerusalems Heiligen Stätten sollte garantiert und ein palästinensischer Staat mit Ost-Jerusalem als Hauptstadt errichtet werden.

Die PLO hingegen war gespalten. Ihre Reaktionen reichten vom Vorwurf des Verrats bis zu vorsichtigen Sondierungen in Washington, um mehr über die Konzepte zu erfahren, die sich hinter dem Text der Vereinbarungen verbergen könnten.

Nach Camp David standen alle israelischen Autonomieexperimente für ein weiteres Jahrzehnt unter dem Diktum, daß die Selbstbestimmung der Palästinenser bestenfalls nur Selbstverwaltung bedeuten konnte und auf keinen Fall zu einem eigenen Staat führen dürfe. Nichts unterstrich die israelische Entschlossenheit stärker, als die Intensivierung der Siedlungstätigkeit, vor allem im westlichen Samaria und im östlichen Teil von Jerusalem. Die Likud-Regierung mußte nach der Wahlniederlage Jimmy Carters keine neuen politischen Interventionen aus Washington befürchten. Im Gegenteil, die israelische Politik profitierte von den dramatischen Veränderungen der Machtkonstellation im Mittleren Osten, die sich seit Januar 1979, also noch vor Abschluß des ägyptisch-israelischen Separatfriedens am 26. März, angekündigt hatten.

Der Sturz des Schah-Regimes im Iran, die Konsolidierung der von Ayatollah Khomeini ausgerufenen Islamischen Republik und die sowjetische Invasion in Afghanistan im Dezember 1979 brachten die amerikanische Position im Arabisch-Persischen Golf ins Wanken. Ihr iranischer Stützpfeiler war weggebrochen, ein sowjetischer Vormarsch in Richtung der Ölfelder in der Golfregion konnte nicht mehr ausgeschlossen werden. Im Januar bekräftigte Jimmy Carter unter Verweis auf die lebenswichtigen amerikanischen Rohstoffinteressen die amerikanische Golfdoktrin, derzufolge sich Washington jedem Versuch einer anderen Macht, dort die Kontrolle zu übernehmen, widersetzen würde.

Der Fehlschlag, das in Teheran in Geiselhaft genommene amerikanische Botschaftspersonal zu befreien – der amerikanische Präsident hatte sogar einen Krieg gegen Iran erwogen[52] –, demonstrierte die Ohnmacht Washingtons und kostete Carter vor Jahresende die Wiederwahl. Inzwischen hatte auch der seit September 1980 tobende irakisch-iranische Krieg die Lage am Golf weiter kompliziert.

Unter dem neuen amerikanischen Präsidenten Ronald Reagan besann sich das Pentagon schnell wieder auf den israelischen Stützpfeiler seiner Nahoststrategie. Der amerikanische Außenminister und ehemalige NATO-Generalsekretär Alexander Haigh soll sogar Scharons Libanonstrategie gedeckt haben.[53] Für Reagan kam das sowjetische Vorgehen in Afghanistan einer Aufkündigung der Détente gleich. Im neu entbrannten Kalten Krieg konnte es für die PLO, einen potentiellen Parteigänger Moskaus, erst recht keinen eigenen Staat geben. Für Reagan – noch deutlicher als für Carter – war nur eine föderative Verbindung eines palästinensischen Autonomiegebietes mit Jordanien innerhalb einer strategischen Allianz zwischen Israel und Jordanien vorstellbar.[54]

Das Fiasko der PLO im Libanon im Jahre 1982 kam der Strategie Reagans entgegen. Ihre vollständige Vernichtung, wie sie von Scharon und Rafael Eytan, dem Befehlshaber der israelischen Belagerungstruppen in Beirut, intendiert war, lag aber wegen der Gefahr einer politischen Destabilisierung in den arabischen Staaten nicht im amerikanischen Interesse. Die PLO, die nun machtpolitisch am Ende war, mußte fortan alles auf die Karte der Diplomatie setzen, was ihr jedoch wegen der Unabänderlichkeit der UN-Resolution 242 schwerfallen sollte. An ihr scheiterten die Versuche Arafats im März 1985, mit dem jordanischen König eine Zusammenarbeit im Friedensprozeß zu erreichen und damit die Strategien der USA und Israels zu unterlaufen. Hätte Hussein ihm ein Dokument mit einer ausdrücklichen amerikanischen Anerkennung des palästinensischen Selbstbestimmungsrechts vorlegen können, hätte Arafat sogar die Resolution 242 anerkannt.[55]

Als sein israelischer Gegenspieler, Schimon Peres, kurz darauf bei einem geheimen Treffen in London ein Abkommen mit König Hussein aushandelte, wurde pikanterweise der israelische Regierungschef Yitzhak Schamir zum Retter der Strategie Arafats. Der Erzfeind der PLO verweigerte nämlich seine Unterschrift. Wie übel der Alt-Terrorist Schamir dem PLO-Vorsitzenden gesonnen war, bewies der israelische Überfall auf dessen Hauptquartier in Tunis am 1. Oktober 1985. Abermals drehte sich die Spirale der Gewalt. Die palästinensische Antwort, die Entführung des italienischen Kreuzfahrtschiffes Achille Lauro sechs Tage später, brachte für die PLO einen schweren diplomatischen Rückschlag, besonders in bezug auf ihre Versuche einer Kontaktaufnahme mit Washington. Der Mord an dem amerikanisch-jüdischen Passagier Klinghoffer, der in seinem Rollstuhl über Bord geworfen wurde, schloß für den amerikanischen Außenminister George Shultz jegliche Beziehung zur PLO aus.

Über Madrid und Oslo zurück nach Jerusalem

Die umwälzenden Veränderungen in der internationalen Politik nach dem Zusammenbruch der Sowjetmacht, der verheerende politische Wirbelsturm im Nahen Osten im Gefolge des überraschenden irakischen Siegs über den Iran und Saddam Husseins neuerlicher Überfall, diesmal auf Kuwait, schufen völlig neue Rahmenbedingungen für die Wiederaufnahme des Friedensprozesses im Nahen Osten.

Die Eröffnung der Nahostkonferenz in Madrid am 30. Oktober 1991 glich auf den ersten Blick einer orientalischen Reconquista des christlichen Spanien. Araber und Juden saßen beieinander und berieten über ihre Zukunft. Über allem thronten George Bush und Michail Gorbatschow, der eine als strahlender Sieger des Golfkrieges, der andere als Konkursverwalter des Sowjetimperiums, das jetzt auf amerikanische Subsidien angewiesen war.

Unter den arabischen Delegationen erblickten die Fernsehreporter aus aller Welt sehr schnell die neuen Gesichter aus Palästina. Neben dem würdevollen Senior und Arzt Dr. Haidar Abdesch-Schafi aus Gaza stach die eloquente und charmante Literaturprofessorin Hanan Aschrawi hervor, als Christin eine wahre Vertreterin des Heiligen Landes. Einen mürrischen Eindruck machte der noch amtierende israelische Premier Yitzhak Schamir; sein gelegentlich verkniffenes Lächeln verriet aber Genugtuung darüber, daß er die Teilnahme Arafats, anderer PLO-Größen aus Tunis sowie Faisal Husseinis aus Ost-Jerusalem verhindert hatte. Zu seinem Team gehörte auch der spätere Ministerpräsident Benjamin Netanjahu.

Die Madrider Konferenz war der Startpunkt für einen multilateralen arabisch-israelischen Friedensprozeß, in dessen Verlauf Kommissionen und Foren institutionalisiert wurden, die sich der wichtigsten Aspekte des nahöstlichen Krisenherds annehmen sollten. Es herrschte eine Art Aufbruchstimmung. Die Brände auf den kuwaitischen Ölfeldern, die Einschläge irakischer Raketen in Riyad und Tel Aviv, die Giftgaseinsätze in den Kriegen Saddam Husseins gegen Kurden und Kindersoldaten im Iran hatten alle Anwesenden das noch schlimmere Inferno eines neuen großen Nahostkrieges erahnen lassen.

Die Logik der Camp-David-Vereinbarungen war der neuen Situation bereits angemessen gewesen. Die besten Lösungen für Konflikte ließen sich nicht in Konferenzen finden, sondern in vertrauensbildenden und intensiven Gesprächen, die vor allem auch der gegenseitigen Wahrnehmung dienten. Darin lag das Charakteristische der neuen Friedensbemühungen, nachdem sich die Ära von Konferenzen in Genf und anderswo als fruchtlos erwiesen hatte.

Die Versammlung in Madrid glich der Eröffnungsfeier einer Olympiade, wobei die meisten Mannschaften jedoch nicht auf den Favoriten, sondern auf die schwächste Abordnung, die Palästinenser, achteten. Das Konzept von Madrid unterschied zwischen bilateralen und multilateralen Verhandlungen. Von der Parallelität der Verhandlungen wurden synergetische Impulse erwartet. Die bilateralen Verhandlungen betrafen einen separaten Frieden Israels mit Jordanien, Syrien, dem Libanon und den Palästinensern, wobei es bei den Palästinensern um die Substanz und den Zeitplan von Autonomievereinbarungen ging. Auf die Regelung einer vorübergehenden Selbstverwaltung würden spätestens ab dem dritten Jahr der Übergangsphase, 1996, die Verhandlungen über den endgültigen Status folgen, dessen Inkrafttreten auf Mai 1999 datiert war.

Hinsichtlich der multilateralen Verhandlungen hatten die Diplomaten auf der Moskauer Folgekonferenz im Januar 1992 fünf Arbeitsgruppen gebildet. Sie sollten sich unter einem Lenkungsausschuß mit den Themen Wasser, Flüchtlinge, Umwelt, Regionale Wirtschaftsentwicklung sowie Regionale Sicherheit und Rüstungskontrolle beschäftigen. Neben den unmittelbaren Konfliktparteien – Israel und seine arabischen Nachbarstaaten – waren auch die anderen arabischen, ferner die europäischen Staaten sowie China und Japan und einige internationale Organisationen wie die UNO, die Weltbank und die Europäische Union vertreten. Das gesamte Konzept war durchweht vom Hauch einer neuen Weltordnung, wie sie George Bush und den amerikanischen Golfkriegsveteranen vorgeschwebt haben mag, unter dem Konfetti der grandiosen Siegesparade in Manhattan.

Doch dem republikanischen Ölkaufmann aus Texas mißlang die Wiederwahl ins Präsidentenamt. Schamir hatte ihn als einen Alptraum für Israel bezeichnet, aber auch er lenkte inzwischen nicht mehr die Regierungsgeschäfte in Israel. An seine Stelle war Israels Sicherheitschef Yitzhak Rabin getreten. Das Manko dieses tadellosen Soldaten bestand darin, daß er in der Knesset von den Stimmen arabisch-israelischer Abgeordneter abhängig war. Unterdessen war auch im Weißen Haus ein Wechsel eingetreten. Der neue demokratische Präsident William Jefferson Clinton, Geburtsjahr 1946, ein Baptist aus Little Rock mit akademischen Ambitionen, hatte als Gouverneur im wirtschaftlich schwachen Arkansas beachtliche Leistungen vollbracht. Assistiert von seiner klugen Frau Hillary sollte Bill Clinton wie kein Präsident zuvor im Rampenlicht nahöstlicher Friedensschlüsse stehen, obwohl seine Aufmerksamkeit stärker der amerikanischen Innenpolitik galt.

In Madrid entging den Schirmherren der Konferenz ebensowenig wie den Delegationen Israels und der arabischen Staaten, daß die Palästinenser offenbar keine Handlungsfreiheit hatten. Sie erhielten ihre Anweisungen aus Tunis, wo Arafat die Fäden zog. Die PLO hatte ihr Trojanisches Pferd in die Madrider Arena gerollt, und Schamir, den ohnehin nur amerikanischer Druck in die spanische Metropole gezwungen hatte, verhandelte indirekt mit der ihm verhaßten PLO. Spätestens seit Madrid waren die israelischen Versuche, die PLO diplomatisch zu eliminieren und über die Zukunft der besetzten Gebiete nur mit »echten Vertretern« der Palästinenser zu sprechen, gescheitert. Die Wahlniederlage Schamirs, der nie ernsthaft verhandeln und soviel Zeit wie möglich für seine Siedlungspolitik gewinnen wollte, ersparte der neuen Friedenssuche im Nahen Osten ein frühes Fiasko.

Die nächste Station auf dem Rückweg nach Palästina war Norwegen. Oslo, das über genug eigenes Öl verfügte, um nicht vom Nahen Osten abhängig zu sein, war das Domizil eines politisch engagierten norwegischen Paares mit Palästina-Erfahrung. Mona Juul und Terje Larsen, sie eine junge linkslastige und vielversprechende Diplomatin, die einer norwegischen Bauernfamilie entstammte, er ein gewerkschaftlich orientierter Sozialwissenschaftler, der ein Friedensinstitut leitete, hatten im Verlauf von Larsens Forschungsprojekt über die schier unmöglichen Lebensbedingungen im israelisch-kontrollierten Gaza-Streifen beschlossen, die Ergebnisse nicht in die verstaubten Regale akademischer Expertisen zu verfrachten, sondern sie politisch umzusetzen.[56] Aus den vielen Feldkontakten in Gaza, in Jerusalem und in Kairo erwuchs ein Netz von Freundschaften und Beziehungen, das mit dem eigenen Netzwerk im norwegischen Außenministerium verknüpft werden konnte. Damit war der Boden für die hochgeheimen Treffen zwischen PLO-Vertretern und israelischen Unterhändlern bereitet, deren Ergebnisse den Stillstand in den israelisch-palästinensischen Verhandlungen beendeten.

Für die PLO lag das Interesse an einem Treffen mit Emissären oder Vertretern der israelischen Regierung auf der Hand. Es brachte quasidiplomatische Anerkennung, es vertrieb die Angst davor, daß die Sache der Palästinenser immer nur von Palästinensern aus den besetzten Gebieten vertreten werden könnte, und es bot vielleicht sogar einen Ausweg aus der desolaten und existenzgefährdenden Finanzlage.

Die Aufgeschlossenheit der israelischen Arbeiterpartei war neueren Ursprungs und reflektierte auch die weitreichenden strukturellen Veränderungen im Parteienspektrum des jüdischen Staates. In den achtziger Jahren und in Reaktion auf die militärischen und außenpolitischen Abenteuer der Likud-Regierung, die Israels Sicherheitslage nur verschlimmert hatten, wurden erstmals öffentlich Kosten-Nutzen-Analysen verschiedener Szenarien israelisch-palästinensischer Konfrontation oder Koexistenz erstellt. Bahnbrechend für ein neues sicherheitspolitisches Denken auf dem linken Flügel der israelischen Arbeiterpartei war die Studie des kanadischen Gelehrten Mark A. Heller, die am Zentrum für Strategische Studien der Universität Tel Aviv durchgeführt wurde.[57] Danach würde unter bestimmten Sicherheitsauflagen ein palästinensischer Kleinstaat unter Führung einer domestizierten PLO an der Seite Israels für den jüdischen Staat kostengünstiger und diplomatisch vernünftiger sein als alle politischen und militärischen Alternativen. Eine ähnliche Bedeutung für ein neues Denken in den liberalen Kreisen des amerikanischen Judentums kam der Studie von Jerome M. Segal zu.[58] Eine weitere Studie, die Mark Heller zusammen mit dem prominenten palästinensischen Philosophen Sari Nusseibeh von der Birzeit-Universität im Westjordanland verfaßt hatte, zeigt, daß es möglich und fruchtbar war, mit Palästinensern zusammenzuarbeiten.[59] Larsen, der norwegische Feldforscher, traf auf Intellektuelle der israelischen Arbeiterpartei, die unter dem Einfluß dieser Studien bereit waren, neue Wege zu gehen. Natürlich war ihnen ebenso wie der neuen Regierung Rabin die machtpolitische Abhängigkeit der israelischen Arbeiterpartei von den arabischen Stimmen in der Knesset bewußt. Arabische Abgeordnete in der Knesset, die über Rabins Vorgehen gegen die Intifada entsetzt waren, hatten ihrerseits die PLO auf die neuen politischen Chancen aufmerksam gemacht.

Die in Oslo getroffenen israelisch-palästinensischen Vereinbarungen, die am 13. September 1993 zur Unterzeichnung des Gaza-Jericho-Abkommens und zum berühmten Handschlag zwischen Arafat und Rabin in Anwesenheit eines strahlenden Clinton auf dem Rasen des Weißen Hauses führten, hatten in einem jovialen Tête-à-tête erste Gestalt angenommen, ihre endgültige Form aber erst in beinharten Verhandlungen gewonnen, für die Israels stets besorgter Sicherheitschef Rabin eigens den Starjuristen und ehemaligen Leutnant der israelischen Armee Joel Singer eingeflogen hatte.[60] Viele der sogenannten Verletzungen des Gaza-Jericho-Abkommens durch die neue Likud-Regierung unter Netanjahu werden auf die juristischen Kunststücke Singers zurückgeführt, wobei der Geist der beiden norwegischen Enthusiasten geopfert wurde.[61]

Die in Washington unterzeichnete Prinzipienerklärung über die palästinensische Selbstverwaltung der Gebiete in Gaza und Jericho scheint der Politik des neuen Likud-Führers Netanjahu jedenfalls alle Handhaben geliefert zu haben, um den Friedensprozeß zu bremsen und durch eine neue Siedlungspolitik zu gefährden. Deshalb fordern palästinensische Kritiker der fortgesetzten israelischen Siedlungstätigkeit auch nicht die strikte Befolgung, sondern eine Umgestaltung der Oslo-Vereinbarungen.

Wie nach jeder Friedensinitiative folgten auch diesmal unselige Störaktionen von Fanatikern auf beiden Seiten: Am 25. Februar 1994 erschoß der israelische Siedler und Arzt Baruch Goldstein 29 Muslime, die sich zum Gebet in die Abraham-Moschee in Hebron begeben hatten; über hundert weitere wurden verletzt. Am 2. Juni verloren bei einem israelischen Luftangriff auf Stellungen der Hizbullah im Libanon 45 Menschen ihr Leben. Ein Anschlag der HAMAS auf einen Bus in Tel Aviv am 19. Oktober hinterließ 22 Tote. Im November gab es erstmals zahlreiche Tote bei Zusammenstößen zwischen der palästinensischen Polizei und Demonstranten. Das Jahr 1995 begann mit einem Bombenanschlag zweier palästinensischer Selbstmordattentäter auf eine von israelischen Soldaten frequentierte Bushaltestelle, wobei es 21 Tote und über sechzig zum Teil schwerverletzte Israelis gab. Am 4. November wurde der israelische Regierungschef Rabin am Ende einer Friedenskundgebung von dem jüdischen Extremisten Yigal Amir erschossen. Noch blutiger verlief das Frühjahr 1996. Die HAMAS bekannte sich im Februar und März zu insgesamt fünf Anschlägen, bei denen es 49 Tote und nahezu zweihundert Verletzte gab. Die Terrorwelle setzte sich auch 1997 fort und dürfte sich noch in dem Maße verstärken, wie Netanjahu die Judaisierung des arabischen Ost-Jerusalem vorantreibt.

Kapitel 9

Die Herausforderung durch den Fundamentalismus

Zum Ausklang des 20. Jahrhunderts mehren sich im Nahen Osten die schrillen Töne von Gewaltandrohung, Terror und Greueltaten, die vor allem muslimischen, aber neuerdings auch jüdischen Fundamentalisten zugeschrieben werden. Die westlichen Medien konstruieren aus solchen Schreckensnachrichten eine vor allem vom Islam ausgehende Bedrohung des Westens. Unbeachtet bleibt dabei, daß die meisten Opfer des sogenannten fundamentalistischen Terrors Muslime sind und daß das Entsetzen in jenen Ländern mindestens ebenso groß wie im Westen ist.

Allein in Algerien soll die Blutspur der letzten Jahre mehr als 60 000 Tote zählen, darunter ganze Dorfgemeinschaften, Familien, Frauen und Kinder mit durchschnittener Kehle. Im Juni und Juli 1997 fielen siebenhundert Algerier dem Terror zum Opfer. Seit die Militärelite am 11. Januar 1992 den kompromißbereiten Staatspräsidenten Schadli Bendschedid zum Rücktritt zwang und den Siegeszug der Islamischen Heilsfront bei den Wahlen zur neuen Nationalversammlung stoppte, wird das Land von einem heimtückischen Feldzug zweier fundamentalistischer Kampforganisationen heimgesucht, der Islamischen Armee des Heils (Armée Islamique du Salut = AIS) und der Bewaffneten Islamischen Gruppen (Groupes Islamiques Armés = GIA). Gelegentlich liest man auch, daß zum harten Kern der insgesamt mehr als 15 000 Kämpfer arabisch-fundamentalistische Söldner gehören sollen, die ihr blutiges Handwerk im Kampf gegen die sowjetischen Invasionstruppen in Afghanistan erlernten.

Tunesien hat unter den Maghrebstaaten nicht nur die längste Tradition einer fundamentalistischen Opposition, sondern in der Person Scheich Ghannouchis, der seit dem 13. August 1993 als Asylant in England lebt, auch den führenden Kopf der nordafrikanischen Islambewegung. Allerdings beruhte ihre Einheit in Tunesien stärker auf der Gegnerschaft zum Säkularismus Bourgibas, des am 7. November 1987 abgesetzten Staatspräsidenten, als auf einem festen islamistischen Programm für Staat und Gesellschaft. Das auch heute noch westlich orientierte Regime konnte sich jedenfalls nicht ohne gesellschaftliche Akzeptanz, aber auch nicht ohne Repressionen und periodische ideologische Säuberungen der Armee mit erstaunlicher Effizienz behaupten.

In Libyen scheint sich angesichts des antiwestlichen Radikalismus al-Qaddafis eine islamistische Bewegung fast erübrigt zu haben. Der seit 1969 amtierende Revolutionsführer, der zuweilen mit unorthodoxen Interpretationen von Aussprüchen des Propheten Muhammad (Hadith) bei islamischen Würdenträgern in Mekka und Kairo für Furore sorgt, manipuliert die Volkskomitees seiner »Demokratie der Massen« derart geschickt, daß für die Entwicklung einer oppositionellen islamistischen Infrastruktur kaum Freiraum bleibt. Sein Argwohn gegenüber islamischen Tendenzen im eigenen Land erklärt sich auch aus der Zeit seiner Machtergreifung – schließlich war der von ihm vertriebene Idrisenkönig das religiöse Oberhaupt der islamischen Sanusiya-Bruderschaft gewesen, die sich unter ihrem militärischen Anführer Umar al-Mukhtar im Kampf gegen den italienischen Kolonialismus zwischen den beiden Weltkriegen ausgezeichnet hatte.

Ägypten hat alles Potential, eine islamische Republik zu werden. Die harten und langjährigen Repressionen Nassers gegen die Muslimbruderschaft hatten viele ihrer Anführer und Mitglieder ins Exil nach Syrien, Saudi-Arabien und in die Golfstaaten getrieben. Die Hinrichtung ihres bedeutendsten Ideologen Saiyid Qutb im Jahre 1966 hat die Verbreitung seiner programmatischen Schriften nicht verhindern können. Sie gehören seit den siebziger Jahren neben den Schriften des Pakistaners Abul-Ala al-Maududi zur Standardlektüre muslimischer Eiferer.[1]

Die Anschläge ägyptischer Islamisten gegen westliche Touristen, ob im Kairoer Café Groppi (26. Februar 1993) oder bei Assiut und im Bezirk Minya in Oberägypten, sind nicht primär gegen Repräsentanten des Westens gezielt; es soll der Tourismus als einzige nennenswerte Wachstumsbranche des Mubarak-Regimes getroffen werden. Tatsächlich richteten sich die meisten

Terroranschläge gegen Repräsentanten des Regimes, gegen Polizisten und sogar gegen Vertreter des religiösen Establishments sowie gegen Journalisten und Intellektuelle. So hatten fanatische ägyptische Muslime 1977 den Minister für Religiöse Stiftungen Scheich Muhammad Husain adh-Dhahabi hingerichtet, nachdem sich Sadat geweigert hatte, im Austausch inhaftierte Gesinnungsgenossen freizulassen. Schließlich fiel Sadat im Oktober 1981 selbst einem islamistischen Attentat zum Opfer. Zwischen 1991 und 1994 forderte die Attentatswelle 571 Tote. Der Literatur-Nobelpreisträger Nagib Mahfuz wurde bei einem Mordanschlag schwer verletzt. Trotz der zahlreichen Verhaftungen und Hinrichtungen von Rädelsführern nach jedem Attentat scheinen die militanten ägyptischen Islam-Organisationen wie die »Sühne und Hidschra« und der »Islamische Dschihad« über eine große personelle Basis zu verfügen.

Weiter südlich, im Sudan, hatten die dortigen Muslimbrüder nicht nur eine mitgliederstarke und wirtschaftlich machtvolle Partei[2], die »Nationale Islamische Front«, aufgebaut, sondern auch die mittleren Ränge des Offizierskorps der Armee so gründlich infiltriert, daß ihr Putsch in dem Augenblick gelang, als die gewiß nicht islamfeindliche Regierung Sadiq al-Mahdi Ende Juni 1989 den Bürgerkrieg gegen den christlichen Süden mit einem Kompromiß beenden wollte. Seit der Zeit gilt Khartoum als Drahtzieher und Finanzier islamistischer Destabilisierungs- und Umsturzversuche in Nordafrika. Ein erster Verdacht fiel auf das Regime von Hasan at-Turabi, als der ägyptische Präsident Mubarak anläßlich des Gipfeltreffens der Organisation für Afrikanische Einheit (OAU) am 26. Juni 1995 nur haarscharf einem Attentat entging. Der Sudan dementierte jedoch jede Mittäterschaft, und ein Jahr später erhob der ägyptische Präsident Vorwürfe gegenüber dem Iran.

Östlich von Suez setzt sich die Blutspur des fundamentalistischen Terrors und der gnadenlosen Gegenmaßnahmen der herausgeforderten Machthaber fort. In den achtziger Jahren trat die Hizbullah im Südlibanon mit einigen verheerenden Autobomben gegen amerikanische und französische Truppenunterkünfte in Beirut in Aktion. Es gab über dreihundert Tote, Washington und Paris zogen ihre Ordnungskräfte ab. Auf das Konto der Hizbullah, der HAMAS und des Islamischen Dschihad an der Nordgrenze und innerhalb Israels sowie der besetzten palästinensischen Gebiete gingen seitdem mehrere hundert Tote. Die direkten israelischen Vergeltungsschläge und Abschreckungsmaßnahmen vervielfachten die Zahl der Opfer in diesen Auseinandersetzungen.

In den achtziger Jahren gab es erstmals auch Terroropfer durch zwei im Untergrund operierende jüdisch-fundamentalistische Gruppierungen, die unter dem Einfluß der Rabbiner Zvi Yehuda Kook, Mosche Levinger und Meir Kahanes entstanden waren.[3] Ihre Bomben richteten sich gegen arabische Bürgermeister in der Westbank und gegen das Islamische College. Als der Arzt Baruch Goldstein am 24. Februar 1994 seine Schreckenstat in Hebron beging, bekannten viele religiös-fundamentalistische Siedler, daß sie alle Goldsteins seien. Auch dem Jura-Studenten und Mörder Rabins, Yigal Amir, schlugen Sympathien religiöser Fanatiker entgegen.

Im benachbarten Syrien hatten es die Muslimbrüder seit 1979 mehrmals gewagt, das alawitische Regime von Hafiz al-Asad und den Atheismus-verdächtigen Baathismus herauszufordern. Bis 1981 kamen allein in Aleppo in Attentaten auf Baathisten und Alawiten mehr als dreihundert Menschen ums Leben, dazu gehörten die Offiziersanwärter der Kadettenschule. Den Strafmaßnahmen der Regierung fielen 2000 muslimische Oppositionelle zum Opfer. 1982 geriet eine syrische Militärkolonne in Hama in einen Hinterhalt muslimischer Rebellen. Das bedrängte Alawiten-Regime entschloß sich, ein Exempel zu statuieren. 30000 Soldaten umzingelten die Altstadt, die dem Boden gleichgemacht wurde. Unter den Trümmern lagen die Leichen von annähernd 10000 Muslimen, viele Tausende waren verletzt und zwischen 60000 und 70000 obdachlos.[4]

Allein Jordanien, das Land des Haschemitenfürsten und Prophetennachfahren Hussein, wurde lange von Anschlägen extremistischer Fundamentalisten verschont. Vermutlich lag das an der umsichtigen Politik des Königs, der den Muslimbrüdern erstaunlich viel Bewegungsfreiheit einräumte, auch wenn sie andernorts in Bedrängnis gerieten. Zugeständnisse an den Fundamentalismus waren ein geeignetes Mittel zur Neutralisierung des Einflusses der PLO. Die seit den schweren Rückschlägen in

Ägypten auf Mäßigung und Evolution statt Revolution setzenden Muslimbrüder waren für die jordanische Monarchie sicherlich auch ein Gegengewicht zur umstürzlerischen Islamischen Befreiungspartei. Diese wurde Anfang der fünfziger Jahre in Ost-Jerusalem von dem bis 1948 am Scharia-Gerichtshof in Haifa und später in Nablus tätigen Richter und Rechtsgelehrten Taqi ad-Din an-Nabhani gegründet.[5] Die schon früh in die Illegalität gedrängte Partei war trotz ihrer vielen Zweigstellen in anderen islamischen Ländern von der Mitgliedschaft her zwar nicht mit der Muslimbruderschaft zu vergleichen, aber wegen ihrer klaren Zielvorstellungen und ihres Engagements für einen supranationalen islamischen Staat mit Kalifat und Verfassung – seit 1955 gab es einen ersten Verfassungsentwurf – für fundamentalistische Religionsstudenten attraktiv.

Die innenpolitische Situation Jordaniens änderte sich jedoch schlagartig nach dem Friedensschluß mit Israel am 26. Oktober 1994. Jetzt ging die Muslimbruderschaft auf Konfrontationskurs und schloß mit zehn der 23 offiziell zugelassenen Parteien in dem 4-Millionen-Volk eine Oppositionsallianz. Fundamentalistische Fanatiker der verbotenen Islamischen Widerstandspartei sowie der Armee Muhammads, ein im Untergrund operierendes Kommando ehemaliger Afghanistankämpfer, wurden bei der Vorbereitung von Terroranschlägen und eines Attentats auf den König festgenommen und vor Gericht gestellt, das am 21. Dezember 1994 in ungewöhnlicher Härte elf Todesurteile fällte.

Im streng islamischen saudischen Königreich haben fundamentalistischer Terror und Gegengewalt ebenfalls Spuren hinterlassen. Die Besetzung der Großen Moschee in Mekka am 20. November 1979 durch eine bewaffnete Gruppe von über zweihundert islamischen Eiferern – darunter auch Frauen –, die sich um den Anführer Dschuhaiman scharten, ließ das saudische Herrscherhaus erzittern.[6] Von den überlebenden Besetzern wurden später 63 in den größeren Städten des Königreichs öffentlich durch das Schwert hingerichtet. Die islamisch begründete Legitimität der saudischen Herrschaft wurde noch ein weiteres Mal gefährlich herausgefordert, als fanatisierte schiitische Pilger aus dem Iran, wo auf das Schah-Regime am 16. Januar 1979 eine Islamische Republik gefolgt war, in Mekka politische Demonstrationen durchführten. Saudi-Arabien galt als heimlicher Verbündeter Iraks im Ersten Golfkrieg. Bei der gewaltsamen Auflösung der Demonstrationen verloren 402 Schiiten ihr Leben. Auch im Gefolge des Zweiten Golfkrieges, der durch den Überfall des Irak auf Kuwait ausgelöst wurde, rührte sich fundamentalistischer Widerstand in Saudi-Arabien, als das Land zum Aufmarschgebiet der von den USA geführten internationalen Streitmacht wurde. Die im Sommer 1996 gegen amerikanische Armee-Einrichtungen bei Riyad (fünf Tote) und Dhahran (neunzehn Tote) gerichteten gewaltigen Anschläge zweier mit Sprengstoff beladener Transporter sollten die Schutzmacht der Al Saud treffen, um das Land des Propheten und der islamischen Heiligen Stätten von Ungläubigen zu reinigen.

Auch in einigen Golfemiraten rührten sich fundamentalistische, zumeist schiitische Oppositionsbewegungen. In Bahrain, wo die Ölquellen allmählich versiegen und die größtenteils schiitische Arbeiterschaft kaum noch Beschäftigung findet, führte die Festnahme eines populären schiitischen Geistlichen am 5. Dezember 1994 zu größeren Unruhen, die in den beiden nächsten Jahren weiterschwelten. Am 1. Juli 1996 wurden drei Todesurteile gegen militante Schiiten verhängt. Kuwait war innenpolitisch von den beiden Golfkriegen gezeichnet. Doch schon 1978 hatte es erste schiitische Demonstrationen gegeben. Das Herrscherhaus der Sabah hatte Khomeini nach seiner Abschiebung aus dem irakischen Exil ein Aufenthaltsrecht verweigert. Im nächsten Jahrzehnt verging kein Jahr ohne einen schiitischen Terrorakt, dazu gehörte neben der Entführung von Flugzeugen der Kuwait Airlines mindestens ein Attentatsversuch auf den Emir. Kuwaitische Schiiten wurden auch angeklagt, an der Besetzung der Moschee in Mekka beteiligt gewesen zu sein.[7]

Im Irak prallte der schiitische Islamismus auf den säkularistischen arabischen Baathismus. Der Sturz des Schah-Regimes hatte im südlichen Abschnitt der iranisch-irakischen Grenze unweit der schiitischen Heiligen Stätten von Kerbala und Nadschaf Unruhen ausgelöst. Es hatte gezielte Attentate auf baathistische Funktionäre gegeben, auf die Bagdad drakonisch antwortete. Im April 1980 wurden 20000 irakische Schiiten über die Grenze nach Iran abgeschoben; dann folgten Anklagen gegen prominente schiitische Geistliche, die mit der Exekution des Oberhaupts der schiitischen Gemeinde Iraks, Baqir Sadr, im April 1980 einen skandalösen Höhepunkt erreichten. Auch Sadrs in islamischer Kulturarbeit engagierte Schwester Amina Saiyid Haidar Al Sadr und zahlreiche weitere Familienmitglieder wurden hingerichtet.[8] Die Zahl der Toten in den Kriegen Saddam Husseins gegen Schiiten und Kurden im eigenen Land und gegen den Iran der Ayatollahs, die mit paradiesischen Versprechungen Kindersoldaten über irakische Minenfelder trieben, ist mit 1 Million vielleicht noch zu niedrig angesetzt.

Noch weiter östlich, in Afghanistan, kämpfen die Taleban-Milizen für ihre fundamentalistischen Ordnungsvorstellungen und setzen sich über die Grundrechte der Bewohner eroberter Städte und Provinzen hinweg. Im südlich gelegenen Pakistan, das 1947 als islamischer Modellstaat geschaffen wurde, sind seit Beginn der neunziger Jahre blutige Fehden zwischen zwei radikalen sunnitischen und schiitischen Parteien an der Tagesordnung.

Seit einer Reihe von Jahren bleibt selbst die seit Atatürk säkularistische Türkei nicht vom fundamentalistischen Terror verschont. Am 24. Januar 1993 wurde der prominente türkische Journalist Mumcu, ein Symbol des Kemalismus, ermordet. Am 1. Juli verloren bei einem Anschlag türkischer Fundamentalisten in Sivas 36 Schriftsteller und Intellektuelle ihr Leben. Im vorwiegend von Aleviten bewohnten Istanbuler Stadtteil Gazi Osman Pascha verübten radikale Islamisten am 12. März 1995 einen Feuerüberfall.

Diese keineswegs vollständige Bilanz des vom Fundamentalismus seit den siebziger Jahren ausgehenden Terrors und der durch ihn provozierten Gegengewalt im Krisenherd Naher und Mittlerer Osten ist nicht nur leidvoll und auf dem Hintergrund des seit 1977 in Camp David begonnenen Friedensprozesses ernüchternd. Die damit verbundenen Schlagzeilen in den Medien haben bei vielen Menschen – vor allem in Europa – Ängste, Vorurteile und Mißverständnisse besonders hinsichtlich des Islam geschaffen. In einer jüngsten seriösen Untersuchung über Gewalt und Terrorismus im Islam wird sogar von einer »Kultivierung von Feindbildern und eurozentrischen Projektionen« gesprochen. Das dort gezeichnete Gesamtpanorama politischer Gewalt im Nahen und Mittleren Osten einschließlich Nordafrikas schließt mit dem Urteil, daß das ganze Ausmaß der Gewalt nicht in erster Linie auf religiöse Faktoren, sondern auf »die gewaltfördernde Wirkung autoritärer Herrschaftsstrukturen« zurückzuführen sei.[9]

Im globalen Rahmen hatte es dem Terrorismusbericht des amerikanischen Außenministeriums für das Jahr 1995 zufolge insgesamt 441 terroristische Aktionen gegeben, die in 51 verschiedenen Ländern geschahen und in der Mehrzahl nicht von fundamentalistischen Muslimen begangen wurden.[10] Derartige Bilanzen rücken die quantitativen Maßstäbe zurecht, aber sie erklären hinsichtlich des Nahen Ostens noch nicht das Auftreten, die Ideologie und die Militanz des Fundamentalismus in seiner islamischen und jüdischen Variante.

Die Bezeichnung »Fundamentalismus« enthält nichts spezifisch Islamisches oder Jüdisches. Es handelt sich um einen wissenschaftlichen Begriff, mit dem ein bestimmtes, zumeist kollektives politisches Verhalten vor religiösem oder auch weltanschaulichem Hintergrund erfaßt werden soll.[11] Historisch geht diese Bezeichnung auf die Reaktionen amerikanischer protestantischer Christen zu Beginn des Jahrhunderts gegen moderne Theologie und Wissenschaft zurück. Sie begründeten ihre Abwehr mit dem Argument, daß sie an einigen »fundamentals« wie zum Beispiel der »buchstäblichen Unfehlbarkeit der Heiligen Schrift« festhalten wollten. Ähnliche Abwehrhaltungen unter Berufung auf unverzichtbare »Fundamente« beziehungsweise deren Wiederherstellung sind gegenwärtig bei allen großen Religionen und Kulturen zu beobachten. Schon deshalb ist Fundamentalismus nicht gleichbedeutend mit Terrorismus oder Totalitarismus, wie manchmal behauptet wird. Die im nahöstlichen Krisenherd jedoch besonders ausgeprägte Gewaltbereitschaft bei islamischen wie jüdischen Fundamentalisten dürfte sich primär aus einer als politisch prekär und vielleicht sogar existentiell bedrohlich empfundenen Krisensituation erklären, die von Land zu Land anderen Rahmenbedingungen unterliegt und damit auch unterschiedliche Dimensionen aufweisen kann.

Auch für diese Krisensituation gilt der Epocheneinschnitt des Juni-Krieges 1967. In der Fachliteratur ist man sich ziemlich einig, darin das Ausgangsdatum für das Wiedererwachen islamischen

Bewußtseins an Stelle des zerschmetterten Panarabismus zu sehen. Diese sogenannte »Renaissance des Islam« oder »Re-Islamisierung« ist jedoch nicht gleichbedeutend mit »Islamischem Fundamentalismus«, für den häufig auch der Begriff »Islamismus« verwendet wird, der ähnlich wie der jüdische Fundamentalismus etwas später einsetzte. Scharfe Kritiker der von Nasser verantworteten arabischen Katastrophe wie der syrische Philosoph Sadiq al-Azm[12] sprechen sogar von einem großen ideologischen Vakuum, in dem bloßer islamischer Ritualismus ohne erfülltes Leben als Ideologieersatz einem Nihilismus nahe käme, dem die jüngere Generation anheimfallen könnte. Ein so erstarrter Islam wäre, mit Karl Marx zu sprechen, nichts anderes als Opium für das Volk, eine narkotische Substanz, die die Vernunft lähmt.

Auf der anderen Seite wird man die Bedeutung der Zäsur des Sechs-Tage-Krieges für die Auswechslung der Ideologien im Nahen Osten – Arabismus durch Islamismus, Zionismus durch Judaismus – auch nicht überbewerten dürfen. Der amerikanische Sicherheitsberater Walt Rostow hatte Anfang Juni 1967 betont, daß sich der Stern Nassers bereits im Sinken befand.[13] Zuvor hatte Washington vergeblich versucht, die offensive Islampolitik des saudischen Königs Faisal zu zügeln. Der Ausgangspunkt oder einer der frühen Höhepunkte dieser gegen den Panarabismus Nassers gerichteten saudischen Ordnungspolitik für den Nahen Osten war die Gründung der Liga der Islamischen Welt anläßlich einer allgemeinen Islamkonferenz in Mekka im Mai 1962 gewesen. Faisal fungierte damals noch als Premierminister unter König Saud. Diese Islamische Weltliga errichtete auch eine Art Schutzschirm und Schatzamt für die mannigfachen sozial-, kultur- und bildungspolitischen Aktivitäten der Muslimbruderschaft in allen arabischen Ländern. In Anbetracht der sprunghaften Entwicklung der Erdöleinnahmen, vor allem in den frühen siebziger Jahren, tauchte das Wort vom Petro-Islam auf.[14] Ein Nahostexperte sprach von der stillen Revolution, die sich in der Vielzahl von neuen Schulen und Kliniken vollziehe.[15] Jedenfalls wuchs hier eine Generation von Schülern und Studenten heran, für die neben dem Koran die Klassiker der Muslimbruderschaft, allen voran Saiyid Qutb, aber auch al-Maududi und an-Nabhani, eine fesselnde Lektüre waren.

Die Altersstruktur der ersten Generation der islamischen Fundamentalisten, die zwischen achtzehn und 22 Jahren und bei Führungskadern gewöhnlich unter dreißig lag, läßt die Vermutung zu, daß es sich hier um die ersten »Kinder« der stillen Revolution handelte. Diesbezüglich aufschlußreich sind auch amerikanische Konsularberichte der fünfziger Jahre aus den arabischen Golfstaaten; sie zeigen, daß die Amerikaner die Tätigkeit der von Nasser ins Exil getriebenen ägyptischen Muslimbrüder im dortigen Schulsystem argwöhnisch observierten.[16] Diese islamisch-nationalistisch indoktrinierte neue Generation von Absolventen löste die frühere panarabisch orientierte »Effendiya« der nationalistischen städtischen Jugend der fünfziger und frühen sechziger Jahre ab. Die islamischen Fundamentalisten der neunziger Jahre waren die zweite Generation, die von den islamischen Hochschullehrern – häufig Natur- und Wirtschaftswissenschaftler – sowie von sozialrevolutionär gestimmten jüngeren Moscheepredigern der ersten Generation geprägt worden war. Allerdings hatte sich das Sozialprofil verändert. Die eher gewaltbereite fundamentalistisch orientierte zweite Generation des »islamischen Exils« stammte nicht mehr vorwiegend aus dem »Bildungsbürgertum« und dem landbesitzenden »Großbürgertum« der Städte, sondern eher aus der ländlichen Provinz. Im Falle Ägyptens sind die Probleme einer solchen mit Sozialaufstieg gekoppelten Bildungsmigration einleuchtend beschrieben worden:[17] Enttäuschung, Vereinsamung, Protest und Sehnsucht nach kollektiver Geborgenheit in der Anonymität der Dritte-Welt-Metropolen.

Viele dieser Kulturschocks und Frustrationen konnten durch den Umstand gelindert werden, daß sich schon bald nach der großen Katastrophe des Juni-Krieges die Einnahmen der arabischen Ölförderländer sprunghaft vermehrten und auch die Schatztruhe der Islamischen Weltliga füllten. Um so dramatischer wirkten sich die plötzlichen Wirtschaftsprobleme der OPEC in den achtziger Jahren auf die politischen Bestrebungen und Strategien der Islamisten aus, die nun noch radikaler wurden. Während der »Börsenkrach« in Kuwait im Jahre 1982 eher ein lokales Ereignis war, stellte die Talfahrt des Ölpreises Mitte der achtziger Jahre einen tiefen Einschnitt für das eben erst gewonnene Selbst- und Machtbewußtsein der neuen islamischen Ordnungskräfte im Nahen Osten dar.[18] Ungeduld über das ausbleibende wirtschaftliche Wachstum regte sich. Man wollte sich nicht damit zufriedengeben, daß die Ölmonarchien die Krise durch eine stärkere Inanspruchnahme von finanziellen Rücklagen zu meistern suchten. Für die zweite islamistische Generation war das krasse entwicklungspolitische Gefälle zwischen armen und ultrareichen arabischen Staaten ohnehin ein Skandal – um so mehr, als sich die eigenen Zukunftschancen verdüsterten.

Fundamentalistischer Protest gegen eine ideologische beziehungsweise wirtschaftsphilosophische Westbindung bedeutete in diesem Zusammenhang auch Einspruch gegen die Verschleuderung des Nationaleinkommens für Waffenlieferungen zur Aufrechterhaltung unislamischer autoritärer Regierungsmacht und zur Befriedigung westlicher Sicherheitsinteressen. Schon seit den fünfziger Jahren hatte die Muslimbruderschaft aus denselben Gründen für einen neutralen Kurs im Ost-West-Konflikt plädiert. Im Exil erlebte sie statt dessen Nassers Kurs der »positiven Neutralität«, der sich infolge der amerikanischen Verweigerungshaltung prosowjetisch entfaltete. Vier Jahrzehnte später, nach dem Zweiten Golfkrieg, ist es für Islamisten, die als islamische Nationalisten bezeichnet werden können, unannehmbar, daß sich die Mitgliedstaaten der Islamischen Weltliga am Golf als westliche Militärstützpunkte benutzen lassen. Die längerfristigen ideologischen Auswirkungen der politischen Spaltung der islamisch-arabischen Welt im Gefolge des Golfkrieges dürften sich aber erst im 21. Jahrhundert bemerkbar machen.[19]

Zwischen dem islamischen und dem jüdischen Fundamentalismus gab es trotz einer gewissen Zeitgleichheit ihres Auftauchens keine kausale Verbindung. Der ideologisch und politisch radikale jüdische Fundamentalismus in Israel[20] zeigt sich am deutlichsten bei der 1974 gegründeten Gusch Emunim, bei Mitgliedern der religiösen politischen Parteien, bei den extremistischen Parteien Moledet und der inzwischen verbotenen Kach sowie bei der rechtsextremen Vereinigung EYAL (Organisation Jüdischer Kämpfer), der auch der Mörder Rabins angehörte. Bei der religiös motivierten Siedlerbewegung und ihren Förderern und Sympathisanten – in den Wahlen des Jahres 1996 gaben

40 Prozent der Wahlberechtigten in den besetzten Gebieten ihre Stimme religiösen Parteien – wurde die seit den siebziger Jahren zunehmende internationale Bereitschaft, die nationalen Rechte der Palästinenser anzuerkennen, zur großen Krise, als der Rückzug Israels aus dem biblischen Kernland Judäa und Samaria beziehungsweise die Rückgabe des Westjordanlands an die Palästinenser durch den Friedensprozeß seit Camp David und Madrid zur Gewißheit wurde.

Für die jüdischen Fundamentalisten und ihren ideologischen Lehrmeister Rabbiner Kook folgten – anders als für die laizistischen Zionisten – die Wiedererrichtung des jüdischen Staates, die Eroberung und Besiedlung von Eretz Jisrael (Land Israel) sowie die Rückkehr zum Tempelberg einem messianischen Plan, in dem die Siedler und Feldherren Werkzeuge Gottes waren. Bei dieser Auffassung lag es nahe, daß sich religiöse Eiferer zuweilen berufen fühlten, den Heilsplan eigenhändig voranzubringen, wenn sich dafür eine günstige Gelegenheit bot. Unter diese Kategorie fielen die beiden Thora-Studenten und Gusch-Emunim-Mitglieder Yehuda Etzion und Menachem Livni sowie ihre Mitverschwörer, von denen der erstere die Moschee auf dem Tempelberg zerstören wollte und der andere die Attentate auf arabische Bürgermeister beging. Andererseits ist es für die Fundamentalisten der Gusch Emunim unvorstellbar, den messianischen Plan zurückzudrehen oder Bestandteile davon, wie die jüdische Niederlassung in Hebron, aufzugeben.

Für jede israelische Regierung stellt die fundamentalistische Gusch-Emunim-Bewegung ein kaum lösbares innenpolitisches Problem dar, weil deren national-religiöse Siedlungspolitik auch von den immer stärker werdenden religiösen Parteien unterstützt wird, vor allem von der National-Religiösen Partei (NRP), die inzwischen eine Schlüsselrolle bei Regierungskoalitionen einnehmen. Das Problem findet seinen Ausdruck in Hebron, wo die Regierung es nicht wagt, vierhundert radikale Siedler zum Rückzug zu bewegen und sie statt dessen inmitten von 120 000 Palästinensern durch 4 000 Soldaten schützen läßt. Es hilft ihr auch nicht, daß die Gusch-Emunim-Siedler zu 82 Prozent aschkenasischer Herkunft, die religiösen Parteien aber mehrheitlich sephardisch sind. Denn das gesamte Spektrum der religiösen, der fundamentalistischen und der nationalistischen Kräfte bekennt sich politisch inzwischen zu einer ethnozentrischen Ideologie.

Im für den Friedensprozeß dramatischen Ausgang der israelischen Wahlen vom 29. Mai 1996 stellten diese Kräfte bereits 52 Prozent der jüdischen Wählerstimmen. Der von der sephardischen Mehrheit getragene religiös gestimmte Ethnozentrismus ist offensichtlich dabei, den klassischen säkularen Zionismus in den Hintergrund zu drängen.[21] Diese tiefe ideologische Wende könnte für den jüdischen Staat schicksalhaft werden. Der Zionismus der Gründer und Pioniere wollte durch die Errichtung eines modernen säkularen Staates den jüdischen Menschen von all seinen Problemen in der Diaspora befreien. Dazu gehörten neben dem europäischen Antisemitismus einerseits die jüdische Mystik und die Versuchungen eines falschen Messianismus, andererseits der gefährliche Hang zur Assimilation. Dieser Zionismus war im Namen der Aufklärung angetreten, und er mußte sich über innerjüdische Vorwürfe, selbst ein falscher Messianismus zu sein, und über seinen politischen Erfolg keine Sorgen mehr machen, als er die Protektion der demokratischen Staaten des Westens, allen voran der USA, gewann.

Seit sich der aufklärerische Zionismus auf dem Rückzug vor dem ethnozentristischen, religiös orthodoxen Nationalismus befindet, droht die Allianz Israels mit den Demokratien in Europa und in den USA ausgehöhlt zu werden. Schimon Peres hatte in seiner Vision eines Neuen Nahen Ostens, den Netanjahu bezeichnenderweise kategorisch ausschließt, diese gefährdete Allianz durch eine gemeinsame Ausrichtung gegen den antiaufklärerischen Islamismus und Fundamentalismus neu festigen wollen. Nicht nur ihn dürften inzwischen die neuen Töne im breiten, proisraelischen amerikanischen Spektrum besorgt machen. Die USA und Israel verfolgten, so ist zu hören, im nahöstlichen Krisenherd keine gemeinsamen geopolitischen Interessen mehr.[22] Auch auf der ökonomischen Ebene und hinsichtlich der Einwanderung gibt es Alarmsignale. Der starke Zustrom aschkenasischer Juden aus Osteuropa und Rußland nach dem Zusammenbruch der Sowjetunion hatte vor allem mit Hoffnungen auf einen höheren Lebensstandard zu tun. Zur Enttäuschung der Zionisten beziehungsweise der israelischen Arbeiterpartei zeigte die Partei der GUS-Neueinwanderer, die es auf acht Sitze in der Knesset brachte, keine Skrupel, mit der Likud und den National-Religiösen zu koalieren. Unterdessen wanderten – ebenfalls zur Enttäuschung der säkularen Zionisten – die stets zionistisch engagierten und wohlhabenden Juden der südafrikanischen Diaspora im Verlauf der Rassenunruhen in den achtziger Jahren und nach Ende der »weißen« Herrschaft nicht nach Israel ein, sondern sie ließen sich in den USA, in Kanada sowie in Australien nieder.[23]

Im Krisenfeld des Nahen und Mittleren Ostens vollzieht sich auf den kultur- und ordnungspolitischen Ebenen ein Paradigmenwechsel, der einer Ironie der Geschichte gleichkommt. In Israel verfestigt sich die Wende vom aufklärerischen Zionismus zur ethnozentrisch-religiös-orthodoxen Richtung des Judentums als staatstragender Ideologie. Währenddessen mehren sich in den islamischen Ländern die Anzeichen, daß der Fundamentalismus politisch das Gegenteil von dem bewirken könnte, was er ursprünglich beabsichtigte. Die dortigen Regierungen belassen es nicht bei Gegengewalt, sondern sie antworten zunehmend mit vorsichtigen Liberalisierungs- und Demokratisierungsmaßnahmen und hoffen, damit dem Fundamentalismus den Wind aus den Segeln nehmen zu können.

Am mutigsten war bisher der marokkanische Monarch Hassan II. Am 13. September 1996 wurde durch ein Referendum eine tiefgreifende Verfassungsänderung beschlossen. Auch in der Vergangenheit hatte es hin und wieder Volksabstimmungen gegeben, aber diesmal wurde erstmals die direkte Wahl der Abgeordnetenkammer des Parlaments beschlossen, was im Oktober 1997 geschehen ist.[24] In Jordanien scheint es gelungen, die Proteste der Muslimbruderschaft gegen Regierungsmaßnahmen durch parlamentarische Gremien zu kanalisieren. Zumindest hält die gemäßigtere Mehrheit der Islamisten die Spielregeln ein.[25] Im libanesischen Parlament ist inzwischen die radikale Hizbullah als eigene Partei mit mehreren Abgeordneten vertreten. Experimente mit der Einrichtung von Institutionen zur politischen Willensbildung und zu mehr Mitsprache werden in den Golfstaaten und in Saudi-Arabien über Beratungsgremien (madschlis asch-schura) veranstaltet. Mit ihnen soll vor allem die neue, kompetente Technokratie-Elite in die Gestaltung von Wirtschaft und Gesellschaft eingebunden werden.

Während diese Demokratisierungsmaßnahmen zugegebenermaßen jüngeren Ursprungs sind und noch stärker von taktischen als von staatsphilosophischen Gesichtspunkten geleitet sein mögen, gilt dennoch zu berücksichtigen, daß in der islamischen Welt der Diskurs über das Verhältnis von Religion und Staat eine mehr als hundertjährige Tradition hat und eine große Zahl inzwischen klassischer Werke und verfassungspolitischer Experimente hinterlassen hat, die neuesten Fortschrittsversuchen Leitlinien an die Hand geben.

Im Zusammenhang mit der Herausforderung durch den Fundamentalismus kommt Ägypten und dem Iran eine Schlüsselrolle zu, nicht zuletzt deshalb, weil in beiden Ländern – anders als in der laizistischen und »verwestlichten« Türkei – stets die Option einer Symbiose zwischen Islam und Demokratie, wenn auch nie ungefährdet, erhalten blieb.[26] Sollte die Islamische Republik Iran, die auf eine wirkliche Revolution zur Beseitigung des autoritären Schah-Regimes folgte, den neuesten Wegabschnitt einer Liberalisierung und auch einer stärkeren politischen Mitbestimmung der Frauen erfolgreich bewältigen und nicht in einem Korruptionsmorast und Nationalitätenkonflikt wie in Pakistan enden, könnten von diesem Land noch stärkere Auswirkungen auf die islamischen Länder ausgehen, als dies unter Khomeini geschah.

Ende des 20. Jahrhunderts gibt es also, trotz aller Mißklänge, durchaus hoffnungsvolle Indizien für einen neuen Aufbruch, so wie er auch zu Beginn des Jahrhunderts vom damals ziemlich radikalen jungen Arnold Toynbee ohne jede Schwärmerei für die Islamische Welt weitsichtig vorhergesehen wurde. Seine vertieften Studien über die internationalen Beziehungen hatten ihn zu der Überzeugung gebracht, daß nach dem ewigen Wechsel von »challenge« und »response« der islamische Orient genügend innere Spannkraft besäße, um dem Schicksal der abgestorbenen Kultur Kretas zu entrinnen.

Anmerkungen

Kapitel 1

1 Incoming Telegram. Department of State. From American Embassy London. Brown's May 31 Statement in Commons on Middle East Situation. Middle East Crisis, Bd. 14, App. S, Nr. 208. Lyndon B. Johnson Library. Austin/Texas (= LBJL).

2 Memorandum to the President, The White House, from Walt W. Rostow, May 23, 1967. NSF Middle East Crisis 1967, Bd. I, Tab. 21–30. LBJL.

3 Am 23. Mai wurde im State Department unter dem Namen »Middle East Control Group« ein Krisenstab mit mehreren Arbeitsausschüssen unter dem Vorsitz von Under Secretary Eugene Rostow eingerichtet. Administrative History of the Dept. of State. Bd. I, Kap. 4, S. 74. LBJL.

4 Nach israelischer Version unterlag Eilat dem jordanisch-israelischen Waffenstillstand. Vgl. Rosalin Higgins, United Nations Peacekeeping, 1946–1967. Bd. I: The Middle East. Oxford 1969, S. 200 f. Zum ägyptischen Anspruch vgl. Ilan Pappé, The Making of the Arab-Israeli Conflict, 1947–1951. London 1994, S. 225 f.

5 Für den neuesten Forschungsstand zum Thema s. Avner Cohen, Cairo, Dimona, and the 1967 War. In: The Middle East Journal, Bd. 50, Nr. 2. Spring 1996, S. 190–210.

6 Yoel Cohen, Die Vanunu Affäre. Israels geheimes Atompotential. Heidelberg 1995, S. 23.

7 Shimon Peres, Shalom. Erinnerungen. Stuttgart 1995, S. 145 ff.

8 Avner Cohen, Nuclear Weapons, Opacity, and Israeli Democracy. In: Avner Yaniv (Hg.), National Security and Democracy in Israel. London 1993, S. 197–225.

9 Vgl. William B. Quandt, Peace Process. American Diplomacy and the Arab-Israeli Conflict since 1967. Berkeley 1993, S. 26, 508.

10 Ina M. Vallianatos-Grapengeter, Der Nahostkonflikt im Prisma der Wasserproblematik. Wasserpolitik im Jordantal 1882–1967. Hamburg 1996, S. 92 ff.

Kapitel 2

1 Hierzu James P. Jankowski, Egypt and Early Arab Nationalism, 1908–1922. In: Rashid Khalidi u. a. (Hg.), The Origins of Arab Nationalism. New York 1991, S. 243–270.

2 Alexander Schölch, Ägypten den Ägyptern! Die politische und gesellschaftliche Krise der Jahre 1878–1882 in Ägypten. Zürich 1972.

3 Nach James P. Jankowski, Egypt and Early Arab Nationalism, S. 260.

4 Hierzu G. Kampffmeyer, Egypt and Western Asia. In: H.A.R. Gibb (Hg.),

Whither Islam? A Survey of Modern Movements in the Moslem World. London 1932, S. 101–170.

5 Hierzu Yehoshua Porath, In Search of Arab Unity 1930–1945. London, S. 39 ff.

6 Ein Auszug ist abgedruckt in I.C. Hurewitz (Hg.), The Middle East and North Africa in World Politics. A Documentary Record. Bd. 2: British-French Supremacy, 1914–1945. New Haven 1979, S. 628–630.

7 FO 371/45241.E 9471/3/65 Material for a History of the Arab Union 1939 to 1945, S. 32 f.

8 Hierzu Ahmed M. Gomaa, The Foundation of the League of Arab States. Wartime Diplomacy and Inter-Arab Politics 1941 to 1945. London 1977, S. 217 ff. Die Regierung an-Nahhas wurde allerdings infolge eines Korruptionsskandals am 9. Oktober abgelöst.

9 Gamal Abdel Nasser, Die Philosophie der Revolution. In: Fritz René Allemann (Hg.), Die arabische Revolution. Nasser über seine Politik. Frankfurt a.M. 1958, S. 10–56.

10 Pappé, The Making of the Arab-Israeli Conflict, S. 122 ff.

11 Anwar El Sadat, Die ägyptische Revolution. Köln 1970, S. 139 ff.

12 Mahmoud Abdel Fadil, Development, Income Distribution and Social Change in Rural Egypt (1952–1970). Cambridge 1975, S. 116 ff. Zum grundsätzlichen Problem im Niltal, einen Ausgleich zwischen Landreformen und starkem Bevölkerungswachstum zu schaffen, vgl. Doreen Warriner, Land, Reform and Development in the Middle East. A Study of Egypt, Syria, and Iraq. 2. Aufl. Oxford 1962, S. 29–49.

13 Peter L. Hahn, The United States, Great Britain, and Egypt, 1945–1956. Strategy and Diplomacy in the Early Cold War. Chapel Hill 1991, S. 206 ff.

14 Peter Pawelka, Herrschaft und Entwicklung im Nahen Osten. Ägypten. Heidelberg 1985, S. 226–234.

15 Zu nennen sind hier vor allem die späten Schriften von Saiyid Qutb (1906 bis 1966), insbesondere die zum islamischen Aktivismus aufrufende Schrift Ma'alim fi 't-tariq (1964) (Wegweiser an der Straße), die von der Regierung verboten und 1966 gegen Qutb zur Begründung der Todesstrafe verwendet wurde. Vgl. Ahmad S. Moussalli, Radical Islamic Fundamentalism: The Ideological and Political Discourse of Sayyid Qutb. Beirut 1992, S. 52.

Kapitel 3

1 Zur regionalen Verbreitung und Bedeutung der Nahda siehe: Marwan R. Buheiry (Hg.), Intellectual Life in the Arab East, 1890–1939. Beirut 1981.

2 Eliezer Tauber, The Arab Movements in World War I. London 1993, S. 66–73.

3 Griechisch-orthodoxe Christen bevorzugten auch die eigenen Kloster-

schulen. Vgl. Donald M. Reid, The Odyssey of Farah Antun. A Syrian Christian's Quest for Secularism. Minneapolis 1975.

4 Zum Gesamtspektrum siehe Eliezer Tauber, The Emergence of the Arab Movements. London 1993. Zeine N. Zeine, The Emergence of Arab Nationalism with a Background Study of Arab-Turkish Relations in the Near East. Beirut 1966.

5 William L. Cleveland, Islam against the West. Sakib Arslan and the Campaign for Islamic Nationalism. Austin 1985. Majid Khadduri, 'Aziz 'Ali Al-Misri and the Arab Nationalist Movement. In: Albert Hourani (Hg.), Middle Eastern Affairs (St. Antony's Papers Nr. 17). Oxford 1965, S. 140 –163.

6 Hierzu Herbert Landolin Müller, Islam, gihad (»Heiliger Krieg«) und Deutsches Reich. Frankfurt a.M. 1991.

7 Als Ergänzungsabkommen zum 1915 mit dem zaristischen Rußland abgeschlossenen Konstantinopel-Abkommen über die Meerengen war das Sykes-Picot-Abkommen vom Zaren gegengezeichnet und eine Ausfertigung in seinem Archiv deponiert worden, wo es den Bolschewiki 1917 in die Hände fiel.

8 Zum Problem der Groß-Syrien-Ideologie siehe Thomas Philipp (Hg.), The Syrian Land in the 18th and 19th Century. The Common and the Specific in the Historical Experience. Stuttgart 1992.

9 Die Arbeit und Anhörungen der Kommission sind reich dokumentiert in der klassischen Studie von Harry N. Howard, The King-Crane Commission. An American Inquiry in the Middle East. Beirut 1963.

10 Hierzu Mary C. Wilson, King Abdullah, Britain and the Making of Jordan. Cambridge 1987.

11 Es gab am Völkerbundssitz in Genf keinen ständigen Minderheitenausschuß wie später bei der UNO in New York. Zur Rekrutierungspolitik der Briten im Irak siehe J. Gilbert Browne, The Iraq Levies 1915–1932. London 1932.

12 Zamir Meir, The Formation of Modern Lebanon. New York 1985, S. 218 ff.

13 S. Lee Hattis, The Bi-National Idea in Palestine during Mandatory Times. Haifa 1970.

14 Birgit Schäbler, Aufstände im Drusenbergland. Ethnizität und Integration einer ländlichen Gesellschaft Syriens vom Osmanischen Reich bis zur staatlichen Unabhängigkeit. Gotha 1996.

15 Zum regionalen Spektrum und den länderspezifischen Auswirkungen siehe Camilla Dawletschin-Linder, Die Türkei und Ägypten in der Weltwirtschaftskrise 1929–1933. Stuttgart 1989. Helmut Mejcher, Die Reaktionen auf die Krise in Westasien und Nordafrika (Syrien-Libanon, Irak, Tunesien, Französisch-Marokko). In: Dietmar Rothermund (Hg.), Die

Peripherie in der Weltwirtschaftskrise: Afrika, Asien und Lateinamerika 1929–1939. Paderborn 1982, S. 81–126.

16 Labib Zuwiyya Yamak, The Syrian Social Nationalist Party. An Ideological Analysis. Cambridge/Mass. 1966.

17 Marion Farouk Sluglett und Peter Sluglett, Der Irak seit 1958. Von der Revolution zur Diktatur. Frankfurt a. M. 1991. Zu den Eigenarten der irakischen Gesellschaft siehe Ali Al-Wardi, Soziologie des Nomadentums. Studie über die iraqische Gesellschaft. Darmstadt 1972.

18 American Consulate, Kuwait to Department of State, Washington, June 16, 1958. Nuri's Paroxysm over Kuwait. National Archives (=NA) 786.00/6-1658. Washington.

19 FO 371/141061 EQ 1533/4 Nationalization of I.P.C. Report of Impending Iraqi Move to Nationalize I.P.C. and Seize Kuwait. 4. 4. 1959. Public Record Office (=PRO). London.

20 Die Unterstützung des Staatsstreichs im Irak geschah durch Gründung eines »Syrischen Komitees zur Hilfe für den Irak«. Kamel S. Abu Jaber, The Arab Ba'th Socialist Party. New York 1966, S. 12.

21 Der Begriff »Arabischer Kalter Krieg« bezieht sich auf das Buch des amerikanischen Politologen Malcolm H. Kerr, The Arab Cold War. Gamal 'Abd al-Nasir and His Rivals, 1958–1970. 3. Aufl. Oxford 1971 (1. Aufl. 1965). Weitere Klassiker zu diesem komplexen Thema sind Patrick Seale, The Struggle for Syria. A Study of Post-War Arab Politics, 1945–1958. Oxford 1965. Andrew Rathmell, Secret War in the Middle East. The Covert Struggle for Syria, 1949–1961. London 1995.

22 Ein lesenswerter Versuch zur Erklärung der Rolle arabischer Offiziere in der Politik ist Eliezer Be'eri, Army Officers in Arab Politics and Society. Jerusalem 1969.

23 William L. Cleveland, The Making of an Arab Nationalist. Ottomanism and Arabism in the Life and Thought of Sati Al-Husri. Princeton 1971.

24 Ulrich H. Brunnhuber, Die Libanonkrise 1958. U.S. Intervention im Zeichen der Eisenhower Doktrin? Hamburg 1997.

25 Hierzu Walid Kazziha, Revolutionary Transformation in the Arab World. Habash and His Comrades from Nationalism to Marxism. London 1975.

Kapitel 4

1 Der Klassiker zu diesem Thema ist H. St. John Philby, Sa'udi Arabia. London 1955.

2 Istanbul hatte auch die Nebenabsicht verfolgt, mit Hilfe der Al Raschid und ohne das britische Empire direkt zu brüskieren, Kuwait wieder in osmanisches Fahrwasser zu bringen. Vgl. Uwe Pfullmann, Politische Strategien Ibn Sa'uds beim Aufbau des dritten saudischen Staates. Frankfurt a. M. 1996, S. 64 ff.

[3] Zum Aufstieg und Niedergang der Al Raschid sowie zum Geflecht zwischen Stamm und Herrschaft siehe Madawi A. Rasheed, Politics in an Arabian Oasis.The Rashidi Tribal Dynasty. London 1991.

[4] Jill Crystal, Oil and Politics in the Gulf. Rulers and Merchants in Kuwait and Qatar. Cambridge 1990, S. 23.

[5] Briton Cooper Busch, Britain, India, and the Arabs, 1914–21. Berkeley 1971.

[6] Michael M. J. Fischer, Competing Ideologies and Social Structure in the Persian Gulf. In: Alvin J. Cottrell (Hg.), The Persian Gulf States. A General Survey. Baltimore 1980, S. 510–538.

[7] Die bisher beste Untersuchung hierzu ist John S. Habib, Ibn Sa'ud's Warriors of Islam. The Ikhwan of Najd and Their Role in the Creation of the Saudi Kingdom, 1910–1930. Leiden 1978. Der bedeutsame Stellenwert geographischer und ökologischer Rahmenbedingungen wird eindrücklich belegt von Christine Moss Helms, The Cohesion of Saudi Arabia. Cohesion of Political Identity. London 1981.

[8] Joseph Kostiner, The Making of Saudi Arabia, 1916–1936. From Chieftaincy to Monarchical State. Oxford 1993, S. 117 ff.

[9] Zu den völkerrechtlichen Aspekten der saudischen Ansprüche siehe Husain M. Albaharna, The Legal Status of the Arabian Gulf States. Manchester 1968, S. 225–238. Richard Schofield (Hg.), Territorial Foundations of the Gulf States. London 1994, S. 101–108.

[10] Die Besonderheiten und Probleme der Thronfolge bei den Al Saud wurden eingehend untersucht von Alexander Bligh, From Prince to King. Royal Succession in the House of Saud in the Twentieth Century. New York 1984, und Nadav Safran, Saudi Arabia. The Ceaseless Quest for Security. Cambridge / Mass. 1985.

[11] Zu den Hintergründen dieses Boykotts und seinen Rahmenbedingungen im heraufziehenden Ost-West-Konflikt siehe Helmut Mejcher, Die Politik und das Öl im Nahen Osten. Bd. 2: Die Teilung der Welt 1938–1950. Stuttgart 1990, S. 293–336, 358–380.

[12] Amerikanisches Konsulat, Kuwait, an Department of State, Washington, August 29, 1953. Subject: Dangers in Latest Influx of Teachers to Kuwait from Surrounding Arab Countries. NA 886D.43 / 9–1053.

[13] Stephen Duguid, A Biographical Approach to the Study of Social Change in the Middle East. Abdullah Tariki as a New Man. In: International Journal of Middle East Studies. Bd. 1, Nr. 1. Cambridge 1970, S. 195–220.

[14] Amerikanische Botschaft, Jidda, to Secretary of State, March 31, 1964. Department of State, Washington. Saudi Arabia. Vol. I. Cables. LBJL. Austin, Texas. Siehe auch David Holden und Richard Johns, The House of Saud. London 1981, S. 239.

[15] Reinhard Schulze, Islamischer Internationalismus im 20. Jahrhundert. Leiden 1990, S. 175.

Kapitel 5

1 Hierzu Egmont Zechlin, Die deutsche Politik und die Juden im Ersten Weltkrieg. Göttingen 1969.

2 Die wenig bekannte umfassende Denkschrift von Mark Sykes ist abgedruckt in Helmut Mejcher, Imperial Quest for Oil. Iraq 1910–1928. London 1976, S. 277–280.

3 Hierzu Joseph L. Grabill, Protestant Diplomacy and the Near East. Missionary Influence on American Policy, 1810–1927. Minneapolis 1971, S. 220 ff.

4 Adam Garfinkle, War, Water, and Negotiation in the Middle East. The Case of the Palestine-Syrian Border, 1916–1923. Tel Aviv 1994.

5 Memorandum by Winston Churchill, 23 March 1920, CAB 1/29 Mesopotamian Oilfields. PRO, London.

6 Aaron S. Klieman, Foundations of British Policy in the Arab World. The Cairo Conference of 1921. Baltimore 1970.

7 Draft Report of Amery's visit to Iraq. CO 730/82/22162. PRO.

8 Hierzu Michael J. Cohen, Fighting World War Three from the Middle East. Allied Contingency Plans, 1945–1954. London 1997.

9 Hierzu David R. Devereux, The Formulation of British Defence Policy in the Middle East, 1948–56. London 1990.

10 Michael Eppel, The Palestine Conflict in the History of Modern Iraq. The Dynamics of Involvement, 1928–1948. London 1994, S. 161 ff.

11 Phebe Marr, The Modern History of Iraq. Boulder 1985, S. 101 ff.

12 Hierzu Yaacov Ro'i, Soviet Decision Making in Practice. New Brunswick 1980, S. 76 ff.

13 Cohen, Fighting World War Three, S. 195 ff.

Kapitel 6

1 Peter Freimark, Zum Selbstverständnis jüdischer Nationalität und Staatlichkeit in Palästina . In: Helmut Mejcher (Hg.), Die Palästina-Frage 1917–1948. 2. Aufl. Paderborn 1993, S. 50.

2 Vgl. Arthur Ruppin, Das Verhältnis der Juden zu den Arabern. In: Der Jude. Eine Monatsschrift. 3. Jahrg. Berlin 1918–19, S. 453–457. J. H. Castel, Die Araber in Palästina. In: Der Jude. 4. Jahrg., S. 414–418. Der deutsch-jüdische Agrarsoziologe Ruppin war Leiter des mit der Entwicklung Palästinas befaßten Palästinaamts, das 1908 in Jaffa gegründet wurde.

3 Vgl. Alexander Schölch, Drittes Reich, zionistische Bewegung und Palästina-Konflikt. In: Vierteljahrshefte für Zeitgeschichte 30/3 (1982), S. 646–674.

4 Freimark, Selbstverständnis, S. 67 f. Michel Bar-Zohar, David Ben-Gurion. Der streitbare Prophet. Eine Biographie. Hamburg 1968, S. 80 ff.

5 Minutes of Meeting of the American Emergency Committee for Zionist

Affairs, Sept. 20, 1943, S. 2. Rabbi Silver Archives, The Temple. Cleveland/Ohio, USA.

6 Vgl. Vallianatos-Grapengeter, Der Nahostkonflikt im Prisma der Wasserproblematik, S. 59 ff.

7 Zu nennen sind hier vor allem Avi Shlaim, Collusion across the Jordan: King Abdallah, the Zionist Movement and the Partition of Palestine. Oxford 1988. Benny Morris, The Birth of the Palestinian Refugee Problem, 1947–1949. Cambridge 1988. Benny Morris, 1948 and After. Israel and the Palestinians. Oxford 1990. Benny Morris, Israel's Border Wars, 1949–1956. Oxford 1993. Zu dieser Kategorie gehört auch als einziges deutschsprachiges Werk Simcha Flapan, Die Geburt Israels. Mythos und Wirklichkeit. München 1988.

8 Es handelt sich vor allem um die Werke von Itamar Rabinovich, The Road Not Taken. Early Arab-Israeli Negotiations. Oxford 1991; sowie von Efraim Karsh, Fabricating Israeli History. The »New Historians«. London 1997.

9 Michael J. Cohen, Palestine and the Great Powers, 1945–1948. Princeton 1982, S. 354 ff.

10 Bar-Zohar, David Ben-Gurion, S. 153.

11 Der Streit israelischer Historiker über diesen Punkt ist noch nicht abgeschlossen.

12 Karsh, Fabricating, S. 91.

13 Cohen, Fighting World War Three, S. 112.

14 Bar-Zohar, David Ben-Gurion, S. 177.

15 Zum Hintergrund dieser Anschuldigungen vgl. Klaus Gensicke, Der Mufti von Jerusalem. Amin el-Husseini und die Nationalsozialisten. Frankfurt a. M. 1988.

16 David Horovitz (Hg.), Yitzhak Rabin, Feldherr und Friedensstifter. Die Biographie. Berlin 1996, S. 44 f.

17 Karsh, Fabricating, S. 22.

18 Ausführlich hierzu Morris, Israel's Border Wars, S. 28–68.

19 Neil Caplan, The Lausanne Conference, 1949. A Case Study in Middle East Peacemaking. Tel Aviv 1993.

20 Morris, Israel's Border Wars, S. 246 ff., 325 ff.

21 Ebd., S. 316 ff.; Gabriel Sheffer, Moshe Sharrett. Biography of a Political Moderate. Oxford 1996, S. 744 ff.

22 David Th. Schiller, Palästinenser zwischen Terrorismus und Diplomatie. Die paramilitärische palästinensische Nationalbewegung von 1918 bis 1981. München 1982, S. 247.

23 Keith Kyle, Suez. New York 1991, S. 314 ff.

24 Mordechai Bar-On, David Ben-Gurion and the Sèvres Collusion. In: William Roger Louis und Roger Owen (Hg.), Suez 1956. The Crisis and Its Consequences. Oxford 1991, S. 158.

25 Vallianatos-Grapengeter, Der Nahostkonflikt im Prisma der Wasserproblematik, S. 75 ff.

26 Vgl. Moshe Gat, The Connection between the Bombings in Baghdad and the Emigrations of the Jews from Iraq, 1950–51. In: Middle Eastern Studies, Bd. 24, Nr. 3, London Juli 1988, S. 321 ff.

27 Ausführlicher hierzu Shabtai Teveth, Moshe Dayan. Politiker, Soldat, Legende. Hamburg 1973, S. 311–337.

28 Kenneth Love, Suez. The Twice-Fought War. New York 1969, S. 481 ff.

29 Morris, Israel's Border Wars, S. 109 ff, S. 121.

30 Gat, The Connection, S. 320.

31 Zum innerisraelischen Problem im Umgang mit solchen Bezeichnungen siehe Ilan Halévi, Auf der Suche nach dem Gelobten Land. Die Geschichte der Juden und der Palästina-Konflikt. Hamburg 1986, S. 272 ff.

32 Vgl. Richard B. Parker, The Politics of Miscalculation in the Middle East. Bloomington 1993, S. 22 ff.

33 Ilana Kass, Soviet Involvement in the Middle East. Policy Formulation, 1966–1973. Boulder 1978, S. 25–46.

34 Abdel Magid Farid, Nasser. The Final Years. Reading 1996, S. 19–40.

35 Ebd.

36 Es handelt sich hier vor allem um die Archivalien des Weißen Hauses unter der Johnson-Administration in der Lyndon B. Johnson Library in Austin / Texas.

37 Record of National Security Council Meeting held on May 24, 1967 at 12 noon – Discussion of Middle East Crisis. NSF Middle East Crisis 1967, Bd. II, Tab. 60–80. LBJL.

38 Quandt, Peace Process, S. 512, Fn. 38.

39 Outgoing Telegram. American Embassy Tel Aviv, May 23, 1967. Israeli Aid Package. NSF Middle East Crisis 1967, Bd. I, Tab. 21–30. LBJL.

40 Memorandum by Walt W. Rostow. Meeting on the Middle East, Friday, May 26, 1:30 pm. Agenda. NSF Middle East Crisis 1967, Bd. II, Tab. 31–42. LBJL.

41 Memorandum of Conversation, 26. 5. 1967. NSF Middle East Crisis 1967, Bd. II, Tab. 43–59. LBJL.

42 Vgl. Donald Neff, Warriors for Jerusalem. The Six Days That Changed the Middle East in 1967. Brattleboro 1988, S. 143.

43 Quandt, Peace Process, S. 43–48.

44 Memorandum by Walt W. Rostow, June 4, 1967. NSF Middle East Crisis 1967, Bd. III, Tab. 96–110. LBJL.

45 Vgl. James M. Ennes Jr., Assault on the Liberty. The True Story of the Israeli Attack on an American Intelligence Ship. New York 1979.

Kapitel 7

1 Einen hervorragenden Überblick über alle Bereiche der Erdölwirtschaft und deren Anfänge geben Karl Krüger und G. R. Poschardt, Die Erdöl-Wirtschaft der Welt. Stuttgart 1926.

2 Zur frühen Geschichte der Anglo-Persian Oil Company siehe Ronald W. Ferrier, The History of the British Petroleum Company. Bd. 1: The Developing Years 1901–1932. Cambridge 1982.

3 Zu den Anfängen der deutschen Erdölpolitik im Nahen Osten und zur Reichs-Petroleum-Monopol-Affäre ausführlich Ulrich Brack, Deutsche Erdölpolitik vor 1914. Hamburg (Phil. Diss.) 1977.

4 Winston Churchill an George N. Curzon, 1. 2. 1922. C.O.730/27 PRO.

5 Ausführlich hierzu Daniel Yergin, Der Preis. Die Jagd nach Öl, Geld und Macht. Frankfurt a. M. 1991, S. 338 ff.

6 Ronald W. Ferrier, The Anglo-Iranian Oil Dispute. A Triangular Relationship. In: James A. Bill und William Roger Louis (Hg.), Musaddiq, Iranian Nationalism, and Oil. London 1988, S. 170 f.

7 Amerikaniche Botschaft, Ankara, an Department of State, Washington, April 15, 1957. Visit to Turkey of President of TAPLINE. 887.2553/4–1557 NA Washington.

8 Memorandum from Joe Califano for the President (Johnson), June 10, 1967. LBS President, 1963–69, EX CM/O. LBJL.

9 Memorandum for Marvin Watson from Walt Rostow, April 22, 1968 (Limited Official Use). WHCF EX CM/O. LBJL.

10 Department of State. Memorandum of Conversation: Pipeline Problems. Dec. 21, 1956. 887.2553/12–2156. NA.

11 Ausführlicher hierzu Helmut Mejcher, Die Politik und das Öl. Bd. 2: Die Teilung der Welt, S. 348 ff.

12 Yehuda Karmon, Israel. Eine geographische Landeskunde. 2. Aufl. Darmstadt 1994, S. 272. Zu den technischen Details der Pipeline siehe Stephen Hemsley Longrigg, Oil in the Middle East. Its Discovery and Development. Oxford 1968, S. 333, 451.

13 Petroleum Times, Feb. 13, 1970, S. 16. Ferner Petroleum Intelligence Weekly (=P.I.W.), Dec. 11, 1967. Israel Lines up German Steel for Its Big Oil Pipeline.

14 Soviet Oil Export Drive in High Gear Again. In: P.I.W., Sept. 28, 1964, S. 6. Robert W. Campbell, The Economy of Soviet Oil and Gas. Baltimore 1968, S. 226 ff.

15 Russia May Cut Crude Exports to Its Satellites. In: P.I.W., Aug. 1, 1966, S. 6.

16 SUMED Pipeline-operational Details. In: Petroleum Times, Jan. 29, 1971, S. 13.

17 Israel Pipeline Just a Pipe Dream, Oil Experts Say. In: P.I.W., Nov. 20, 1967, S. 3 f.

[18] Ausführlicher hierzu Helmut Mejcher, Die Politik und das Öl. Bd. 1: Der Kampf der Mächte und Konzerne vor dem Zweiten Weltkrieg. Stuttgart 1980, S. 47–61. Vgl. auch Helmut Fischer, Bank Misr und ökonomischer Nationalismus in Ägypten (1811–1939). Hamburg 1994.

[19] Pierre Terzian, OPEC. The Inside Story. London 1985, S. 21.

[20] Ausführlicher hierzu Stephen Duguid, A Biographical Approach to the Study of Social Change in the Middle East, S. 195–220.

[21] Text of Speech by F. Hendryx to First Arab Petroleum Congress: »A Sovereign Nation's Legal Ability to Make and Abide by a Petroleum Concession Contract.« American Embassy Cairo to Department of State, Washington, April 25, 1959. 886.2553/4–2559. NA. Vgl. auch Terzian, OPEC, S. 24 f.

[22] Yergin, Der Preis, S. 640 f.

[23] Ausführlicher dazu Ian Seymour, OPEC. Instrument of Change. London 1980, S. 19–36.

[24] Die OPEC schloß, wie die Nationalisierungspolitik des Qasim-Regimes im Irak zeigt, Alleingänge einzelner Regierungen nicht aus.

[25] Petroleum Times, March 17, 1967. Siehe auch Petroleum Times, Oct. 30, 1964. »Nasser's Shadow on OPEC«.

[26] Abdelkader Maachov, OAPEC. New York 1982.

[27] Wanda M. Jablonski, Petroleum Comments. Iraq Facing Major Losses in Oil Growth. In: P.I.W., March 26, 1962, S. 5.

[28] American Consulate, Kuwait, an Department of State, Washington, Oct. 15, 1957. 886 D. 2552/10–1557. NA.

[29] Vgl. Adrian Pelt, Libyan Independence and the United Nations. A Case of Planned Decolonization. New Haven 1970.

[30] Es handelte sich um die Deutsche Erdöl AG Libya, die Wintershall AG Libya und die Gelsenberg Benzin AG.

[31] Muhamad A. Mughraby, Permanent Sovereignty over Oil Resources. A Study of Middle East Oil Concessions and Legal Change. Beirut 1966, S. 134 f.

[32] Vgl. Carl Blumay und Henry Edwards, The Dark Side of Power. The Real Armand Hammer. New York 1992.

[33] P.I.W., April 22, 1974.

[34] Ausführlicher zur Ölpreispolitik Farid Akhtarekhavari, Die Ölpreispolitik der OPEC-Länder. München o.J. Ferner Steven A. Schneider, The Oil Price Revolution. Baltimore 1983.

[35] Henry A. Kissinger, Memoiren 1973–1974. Bd. 2, München 1982, S. 1035.

[36] Ebd., S. 1031.

[37] Petroleum Industry Note. Sheikh Yamani's Proposal. Joel Fischer. Oct. 6, 1972. Nixon Project. WHCF Subject Files CO Box 65. NA. Ferner Schneider, The Oil Price Revolution, S. 213.

[38] Lionel D. Edie & Company Incorporated. Confidential Economic Analysis. May 7, 1973. The President's Energy Message. »Energy Crisis or Challenge?« Gary L. Seevers Files, CEA 1974–77, Box 66. Gerald R. Ford Library (=GRFL). Ann Arbor/Michigan.

[39] Hierzu mehr bei Walther Schweer, Die türkisch-persischen Erdölvorkommen. Hamburg 1919 (Abhandlungen des Hamburgischen Kolonialinstituts Bd. XXXX).

[40] Lesenswert sind die neu herausgegebenen Fassungen: Uwe Pfullmann (Hg.), Charles Montague Doughty, In Arabiens Wüsten. Ein Christ zieht durch den Vorderen Orient. Berlin 1996.

[41] Grundsätzliches zu diesem Aspekt des Islam bei Johann Christoph Bürgel, Allmacht und Mächtigkeit. Religion und Welt im Islam. München 1991.

[42] Vgl. Claudia Schmid, Das Konzept des Rentier-Staates. Hamburg 1991; Hazem Beblawi und Giacomo Luciani (Hg.), The Rentier State. London 1987. Peter Pawelka, Der Vordere Orient und die Internationale Politik. Stuttgart 1993.

[43] Vgl. Martin Beck, Die Erdöl-Rentier-Staaten des Nahen und Mittleren Ostens. Interessen, erdölpolitische Kooperation und Entwicklungstendenzen. Hamburg 1993.

[44] Die französische Regierung lehnte allerdings eine Mitgliedschaft ab.

[45] Vgl. Crystal, Oil and Politics, S. 36–109. Frauke Heard-Bey, From Trucial States to United Arab Emirates. A Society in Transition. London 1982, S. 294 ff.

[46] Amerikanisches Konsulat, Kuwait, an Department of State, Washington, July 15, 1959. 836D. 2553/7–1559 NA.

[47] Der Vertrag stieß auch bei amerikanischen Ölgesellschaften auf Ablehnung, und zwar wegen seiner »monopolistischen und restriktiven« Tendenzen. Department of State. Memorandum of Conversation. Subject: Pacific Western Oil Co. and the Onassis Agreement. July 16, 1954. 886A. 2553/7–1654 NA.

[48] Ausführlicher über die größten arabischen Kaufmannsfamilien Michael Field, The Merchants. The Big Business Families of Arabia. London 1984.

[49] Vgl. John A. Shaw und David Long, Saudi Arabian Modernization. The Impact of Change on Stability. Washington 1982 (The Washington Papers 89, Vol. X), S. 49 ff.

[50] Grundlegend zu diesem im Westen wenig verstandenen Aspekt Robert B. Cunningham und Yasin K. Sarayrah, Wasta. The Hidden Force in Middle Eastern Society. London 1993.

[51] The Ba'ath Arab Socialist Party, Baghdad, October 1960. British Embassy Baghdad, November 10, 1960. (10138/7/60). Im Kommentar der Britischen Botschaft hieß es u. a.: »You will see that it is written by someone

not wholly ignorant of oil affairs and it may be regarded as a fairly clear account of what the extreme Arab nationalists would like to do about oil if they get power.«

52 Saddam Hussein, Unser Kampf und die internationale Politik. Lausanne, Bagdad o.J. Die Ausgabe wurde ohne Jahresangabe in der Schweiz gedruckt. Die weiteren Zitierungen beziehen sich auf diese Ausgabe.

Kapitel 8

1 Für eine andere bzw. kontroversere Beurteilung sowjetischer Motive vgl. Robert O. Freedman, Soviet Policy toward the Middle East since 1970. (Neubearbeitung) New York 1978, S. 30 ff.

2 Vgl. Rashid Khalidi, Palestinian Identity. The Construction of Modern National Consciousness. New York 1997.

3 Ausführlicher hierzu Alexander Schölch (Hg.), Palestinians over the Green Line. Studies on the Relations between Palestinians on Both Sides of the 1949 Armistice Line since 1967. London 1983.

4 Vgl. M. Said Nasser, PLO-Theorie und Praxis. Versuch einer kritischen Analyse. Frankfurt a. M. 1985, S. 219 ff.

5 Ausführlicher hierzu Khalil Nakleh, The Political Effects of the October War on Israeli Society. In: Naseer H. Aruri (Hg.), Middle East Crucible. Studies on the Arab-Israeli War of October 1973. Wilmette/Ill. 1975, S. 156–172. Peres, Erinnerungen, S. 193.

6 Zum dennoch nicht spannungsfreien Verhältnis zwischen Begin und der vom jüdischen Fundamentalisten Mosche Levinger gegründeten Siedlerbewegung Gusch Emunim (Block der Getreuen) siehe Gideon Aran, Jewish Zionist Fundamentalism. In: Martin E. Marty und R. Scott Appleby (Hg.), Fundamentalisms Observed. (The Fundamentalism Project. Bd. 1) Chicago 1991, S. 280 f.

7 Eine vom Berater für Information in Übersee im Büro des Ministerpräsidenten am 23. September 1977 herausgegebene Leitlinie für Öffentlichkeitsarbeit hatte festgelegt, daß der Begriff »Annexion« unbedingt gemieden werden sollte, weil er völkerrechtlich fremdes Territorium impliziere. Statt dessen sollten je nach den Umständen die Begriffe »Anschluß« oder »Anwendung israelischen Rechts« verwendet werden. Vgl. Jan Metzger, Martin Orth und Christian Sterzing, Das ist unser Land. Westbank und Gaza-Streifen unter israelischer Besatzung. Bornheim-Mertin 1980, S. 41.

8 Zum sogenannten »Scharon-Plan«, in dem demographische Gesichtspunkte und breitflächige Sicherheitsgürtel auf einen Nenner gebracht wurden, vgl. Metzger, Orth und Sterzing, Das ist unser Land, S. 45.

9 Baruch Kimmerling und Joel S. Migdal, Palestinians. The Making of a People. New York 1993, S. 178 f.

10 Vgl. Meron Benvenisti, Conflicts and Contradictions. New York 1986, S. 142f.

11 Samir Abdallah Saleh, The Effects of Israeli Occupation on the Economy of the West Bank and Gaza Strip. In: Jamal R. Nassar und Roger Heacock (Hg.), Intifada. Palestine at the Crossroads. New York 1987, S. 47. Für eine ernüchternde Bilanzierung ferner: Jan Metzger, Auf dem Weg zur Annexion. Die Zukunft von Westbank und Gazastreifen nach zwei Jahrzehnten israelischer Besatzung. Berlin 1986.

12 Vgl. Alexander Flores, Intifada. Aufstand der Palästinenser. Berlin 1988, S. 67.

13 Über alle Aspekte der Intifada informieren neben Flores ausführlich Nassar und Heacock, Intifada; Joost R. Hiltermann, Behind the Intifada. Labor and Women's Movements in the Occupied Territories. Princeton 1991; John und Janet Wallach, Still Small Voices. Orlando 1989; Colin Shindler, Ploughshares into Swords? Israelis and Jews in the Shadow of the Intifada. London 1991.

14 Vgl. Yehoshafat Harkabi, Israel's Fateful Decisions. London 1988, S. 102–110. Susann Heenen-Wolff, Erez Palästina. Juden und Palästinenser im Konflikt um ein Land. Frankfurt a. M. 1990, S. 205–209. Ze'ev Schiff und Ehud Ya'ari, Israel's Lebanon War. New York 1984, S. 215, 305 f.

15 Vgl. Jean-François Legrain, The Islamic Movement and the Intifada. In: Nassar und Heacock, Intifada, S. 176, 188, Fn 4.

16 Vgl. Helena Cobban, The Palestinian Liberation Organisation. People, Power and Politics. Cambridge 1984, S. 28 f. Leila S. Kadi, Basic Political Documents of the Armed Palestinian Resistance Movement. Beirut 1969, S. 17ff.

17 Von Schuqairi stammte die Drohung, die Juden ins Meer zu werfen. Vgl. Cobban, The Palestinian Liberation Organisation, S. 31.

18 Ausführlicher hierzu die klassische Studie von Helga Baumgarten, Palästina: Befreiung in den Staat. Die palästinensische Nationalbewegung seit 1948. Frankfurt a. M. 1991.

19 Aufschlußreich ist die Biographie aus der Feder des früheren Mitstreiters Walid Kazziha, Revolutionary Transformation.

20 Vgl. Baumgarten, Palästina, S. 63. Zum palästinensischen Terror in Jordanien vgl. Andrew Gowers und Tony Walker, Arafat. Hinter dem Mythos. München 1994, S. 131.

21 Kadi, Basic Political Documents, S. 137–142. Die deutsche Übersetzung dieses Dokuments und weiterer programmatischer Schriften findet sich in Yehoshafat Harkabi, Das palästinensische Manifest und seine Bedeutung. Stuttgart 1980.

22 Jerome M. Segal, Creating the Palestinian State. Chicago 1989, S. 24 ff. Gowers und Walker, Arafat, S. 197 f.

23 Mark Tessler, A History of the Israeli-Palestinian Conflict. Bloomington 1994, S. 633. Gowers und Walker, Arafat, S. 265.

24 Segal, Creating the Palestinian State, S. 20.

25 Vgl. Harkabi, Israel's Fateful Decisions, S. 84–140.

26 Segal, Creating the Palestinian State, S. 29, spricht von einem »act of colossal stupidity«.

27 Vgl. Stephen Green, Taking Sides. America's Secret Relations with a Militant Israel 1948/1967. London 1984. George W. Ball und Douglas B. Ball, The Passionate Attachment. America's Involvement with Israel, 1947 to the Present. New York 1992.

28 Jeffrey Robinson, Yamani. The Inside Story. London 1988, S. 240 ff.

29 Segal, Creating the Palestinian State, S. 26.

30 Vgl. Lawrence Freedman und Efraim Karsh, The Gulf Conflict 1990–1991. Diplomacy and War in the New World Order. Princeton 1993, S. 270 f. Zu Arafats persönlichen Motiven vgl. die etwas andere Darstellung von Gowers und Walker, Arafat, S. 472 ff.

31 Dankwart A. Rustow, Oil and Turmoil. America Faces OPEC and the Middle East. New York 1982, S. 241.

32 Ebd., S. 242.

33 Colin Legum (Hg.), Middle East Contemporary Survey. Bd. 2: 1977–78. New York 1979, S. 401.

34 Michael N. Barnett, Confronting the Costs of War. Military Power, State, and Society in Egypt and Israel. Princeton 1992, S. 81.

35 Steven L. Spiegel, The Other Arab-Israeli Conflict. Making America's Middle East Policy, from Truman to Reagan. Chicago 1985, S. 338.

36 Ausführlich zur Modernisierung der saudischen Luftverteidigung und ihrer Auswirkung auf das arabisch-israelische militärische »Gleichgewicht« Anthony H. Cordesman, The Gulf and the Search for Strategic Stability. Saudi Arabia, the Military Balance in the Gulf, and Trends in the Arab-Israeli Military Balance. London 1984, S. 193–422, 943–982. Zu den amerikanisch-jüdischen Reaktionen und den Auseinandersetzungen im Kongreß Spiegel, The Other Arab-Israeli Conflict, S. 346 ff.

37 William B. Quandt, Camp David. Peacemaking and Politics. Washington 1986, S. 142.

38 Der handgeschriebene Brief ist abgedruckt in Quandt, Camp David, S. 140 f.

39 Anwar el-Sadat, In Search of Identity. An Autobiography. New York 1978, S. 307. Der ägyptische Außenminister behauptet, daß Sadat ihm die Idee seiner Jerusalem-Reise nicht auf dem Rückflug, sondern während eines Aufenthalts im Sinai mitgeteilt hatte. Ismail Fahmy, Negotiating for Peace in the Middle East. London 1983, S. 255.

40 Quandt, Camp David, S. 144 f.

[41] Vgl. Zbigniew Brzezinski, Power and Principle. Memoirs of the National Security Adviser 1977–1981. (Neubearbeitung) New York 1985, S. 235. Quandt, Camp David, S. 145.
[42] Die Rede ist abgedruckt in Yehuda Lukacs (Hg.), Documents on the Israeli-Palestinian Conflict 1967–1983. New York 1986, S. 44–54.
[43] Ebd., S. 55–61.
[44] Ebd., S. 61–63. Zu den amerikanischen Reaktionen vgl. Quandt, Camp David, S. 155 ff.
[45] Brzezinski, Power and Principle, S. 244.
[46] Jimmy Carter, Keeping Faith. Memoirs of a President. New York 1982, S. 312.
[47] Memorandum von Zbiegniew Brzezinski an Bob Lipshutz und St. Eizenstat. March 21, 1978. Subject: Arms Sales. WHCF-Countries CO-52. Jimmy Carter Library Atlanta (=JCLA).
[48] Quandt, Peace Process, S. 293.
[49] Itamar Rabinovich, The Autonomy Plan. In: Colin Legum (Hg.), Middle East Contemporary Survey. Bd. 3: 1978–79. New York 1980, S. 177.
[50] Quandt, Peace Process, S. 285 f.
[51] Ze'ev Schiff und Ehud Ya'ari, Israel's Lebanon War. New York 1984, S. 41 f.
[52] George Lenczowski, American Presidents and the Middle East. London 1990, S. 210.
[53] Itamar Rabinovich, The War for Lebanon, 1970–1983. London 1984, S. 126.
[54] Ausführlicher zum Reagan-Plan, Naseer Aruri, Fouad Moughrabi und Joe Stark, Reagan and the Middle East. Belmont 1983, S. 49–91.
[55] Vgl. Gowers und Walker, Arafat, S. 386.
[56] Ausführlicher hierzu Jane Corbin, Gaza First. The Secret Norway Channel to Peace between Israel and the PLO. London 1994.
[57] Mark A. Heller, A Palestinian State. The Implications for Israel. Cambridge/Mass. 1983.
[58] Segal, Creating the Palestinian State. Segal war Präsident des amerikanischen Politischen Aktionskomitees für einen Israelisch-Palästinensischen Frieden.
[59] Sari Nusseibeh und Mark A. Heller, No Trumpets, No Drums. A Two–State Settlement of the Israeli-Palestinian Conflict. London 1991.
[60] Ausführlicher hierzu Mahmoud Abbas (Abu Mazen), Through Secret Channels. Reading 1995.
[61] Vgl. Helga Baumgarten, Das »Gaza-Jericho-Abkommen«. Eine Zwischenbilanz des Friedensprozesses im Nahen Osten. In: Aus Politik und Zeitgeschichte B11/95, 10. März 1995, S. 3–12.

Kapitel 9

1 Eine Auswahl der Schriften in Auszügen und in deutscher Übersetzung befindet sich in dem umsichtig kommentierten Buch von Andreas Meier, Der politische Auftrag des Islam. Programm und Kritik zwischen Fundamentalismus und Reformen. Originalstimmen aus der islamischen Welt. Wuppertal 1994, S. 169–215.

2 Das wirtschaftliche Rückgrat bilden die breite Schicht mittlerer und kleiner Händler sowie sudanesische Gastarbeiter und Lehrer in den arabischen Ölstaaten, die ihr Geld vorwiegend auf islamischen Banken deponieren. Vgl. Khalid Medani, Funding Fundamentalism. The Political Economy of an Islamist State. In: Joel Beinin und Joe Stark (Hg.), Political Islam. Essays from Middle East Report. London 1997, S. 166–177.

3 Ausführlicher über die jüdischen Untergrund-Aktivitäten Shmuel Sandler, Religious Zionism and the State. Political Accomodation and Religious Radicalism in Israel. In: Bruce Maddy-Weitzman und Efraim Inbar (Hg.), Religious Radicalism in the Greater Middle East. London 1997, S. 133–154.

4 Syria Unmasked. The Suppression of Human Rights by the Asad Regime / Middle East Watch. New Haven 1991, S. 20.

5 Mehr zur Person und zum Programm der Partei bei Reinhard Schulze, Geschichte der Islamischen Welt im 20. Jahrhundert. München 1994, S. 179 f.; Meier, Der politische Auftrag, S. 204 ff.

6 Ausführlicher David Holden und Richard Johns, Die Dynastie der Sauds. Wüstenkrieger und Weltfinanziers. Düsseldorf 1983, S. 448–460.

7 Zur islamischen Opposition in Kuwait Jill Crystal, Kuwait. The Transformation of an Oil State. Boulder 1992, S. 111–116.

8 Samir Al-Khalil, Republic of Fear. Saddam's Iraq. London 1989, S. 106 f.

9 Thomas Scheffler, West-östliche Angstkulturen. Gewalt und Terrorismus im Islam. In: Kai Hafez (Hg.), Der Islam und der Westen. Anstiftung zum Dialog. Frankfurt a. M. 1997, S. 80–93.

10 Hilal Khashan, The New World Order and the Tempo of Militant Islam. In: British Journal of Middle Eastern Studies 24,1 (1997), S. 5–24.

11 Vgl. Thomas Meyer (Hg.), Fundamentalismus in der modernen Welt. Frankfurt a. M. 1989, S. 13–22.

12 Sadik Jalal al-Azm, Wider den fundamentalistischen Ungeist. In: Michael Lüders (Hg.), Der Islam im Aufbruch? Perspektiven der arabischen Welt. München 1992, S. 246–260.

13 Vgl. S. 147 ff.

14 Fu'ad Zakariya, Wahrheit und Wahn in der zeitgenössischen islamischen Bewegung. In: Meier, Der politische Auftrag, S. 454 ff.

15 John L. Esposito, Islam and Politics. 3. Aufl. New York 1991, S. 300.

16 Mimeographical Leaflet Circulated in Kuwait Authored by Al-Tahrir

Party of Jordan. American Consulate, Kuwait, August 27, 1957. 786D.00/8–2757 NA.

[17] Saadeddin Ibrahim, Sozialprofil und Ideologie militanter muslimischer Gruppen in Ägypten. In: Alexander Schölch und Helmut Mejcher (Hg.), Die ägyptische Gesellschaft im 20. Jahrhundert. Hamburg 1992, S. 171–190.

[18] Ausführlicher Ala'a Al-Yousuf, Kuwait and Saudi Arabia. From Prosperity to Retrenchment. (Oxford Institute for Energy Studies Papers on Oil and Finance) Oxford 1990. Shukri M. Ghanem, OPEC. The Rise and Fall of an Exclusive Club. London 1986.

[19] Eine erste Bilanz, in der auch das ambivalente Verhältnis zwischen islamischem Fundamentalismus und dem von Saddam Hussein inszenierten »islamischen Symbolismus« deutlich wird, findet sich in James Piscatori (Hg.), Islamic Fundamentalism and the Gulf Crisis. Chicago 1991.

[20] Über die tieferen religionsphilosophischen Wurzeln und das breite Spektrum von Lehrmeinungen informieren besonders gut Israel Idalovichi, Der jüdische Fundamentalismus in Israel. In: Meyer, Fundamentalismus, S. 101–120; Gideon Aran, Jewish Zionist Fundamentalism. The Bloc of the Faithful in Israel (Gush Emunim). In: Martin E. Marty und R. Scott Appleby (Hg.), Fundamentalism Observed. (The Fundamentalism Project Bd. 1.) Chicago 1991, S. 265–344; Samuel C. Heilman und Menachem Friedman, Religious Fundamentalism and Religious Jews. The Case of the Haredim. Ebd., S. 197–264; Charles S. Liebman, Jewish Fundamentalism and the Israeli Polity. In: Marty und Appleby (Hg.), Fundamentalisms and the State. (The Fundamentalism Project Bd. 3.) Chicago 1993, S. 68–87.

[21] Vgl. Moshe Zimmermann, Wende in Israel. Zwischen Nation und Religion. Berlin 1996, S. 19ff.

[22] Kenneth D. Wald, James L. Guth u. a., Reclaiming Zion. How American Religious Groups View the Middle East. In: Gabriel Sheffer (Hg.), U.S.-Israeli Relations at the Crossroads. London 1997, S. 165 f.

[23] Arthur Hertzberg, Israel and the Diaspora. A Relationship Reexamined. In: Sheffer (Hg.), U.S.-Israeli Relations, S. 181.

[24] Ausführlicher Gregory White, The Advent of Electoral Democracy in Morocco's Constitutional Monarchy? The Referendum of 1996. In: The Middle East Journal, 51,3 (1997), S. 389–404.

[25] Dazu ausführlich Glenn E. Robinson, Can Islamists Be Democrats? The Case of Jordan. In: Ebd., S. 373–387.

[26] Siehe dazu Gudrun Krämer, Islam und Demokratie. Das Spektrum der politischen Kräfte im nachnasseristischen Ägypten. In: Schölch und Mejcher (Hg.), Die ägyptische Gesellschaft, S. 191–220.

Abkürzungen

AIS	Armée Islamique du Salut
ARAMCO	Arabian-American Oil Company (Arabisch-Amerikanische Ölgesellschaft)
CIA	Central Intelligence Agency (Amerikanischer Geheimdienst)
COMECON	Council for Mutual Economic Assistance / Aid (Rat für gegenseitige Wirtschaftshilfe)
DAP	Deutsch-Amerikanische Petroleumgesellschaft
ENI	Ente Nazionale Idrocarburi (Nationale Italienische Ölgesellschaft)
Fatah	harakat at-tahrir al-filastini (Palästinensische Befreiungsbewegung)
GIA	Groupes Islamiques Armés
GRFL	Gerald R. Ford Library, Ann Arbor/Michigan
GUS	Gemeinschaft Unabhängiger Staaten (ehemals Sowjetunion)
HAMAS	harakat al-mukawama al-islamiya (Islamische Widerstandsbewegung)
IEA	International Energy Agency (Internationale Energieagentur)
IPC	Iraq Petroleum Company (Irakische Petroleumgesellschaft)
JCLA	Jimmy Carter Library, Atlanta / Georgia
LBJL	Lyndon Baine Johnson Library, Austin / Texas
MEPCO	Middle East Oil Pipeline Company (Mittelost-Ölpipeline-Gesellschaft)
NA	National Archives, Washington
NATO	North Atlantic Treaty Organization
NIOC	National Iraqi Oil Company (Nationale Irakische Ölgesellschaft)
NRP	National-Religiöse Partei
NSC	National Security Council (Nationaler Sicherheitsrat der USA)
OAPEC	Organization of the Arab Petroleum Exporting Countries (Organisation Arabischer Erdöl exportierender Länder)
OAU	Organisation für Afrikanische Einheit
OPEC	Organization of the Petroleum Exporting Countries (Organisation der Erdöl exportierenden Länder)
P.I.W.	Petroleum Intelligence Weekly

PLA	Palestine Liberation Army (Palästinensische Befreiungsarmee)
PLO	Palestine Liberation Organization (Palästinensische Befreiungsorganisation)
PRO	Public Record Office, London
SUMED	Suez Mediterranean Pipeline (Suez-Mittelmeer-Pipeline)
UN	United Nations (Vereinte Nationen)

Zeittafel

1744	Mit dem Abkommen von Deraiya zwischen Muhammad Ibn Abdel-Wahhab und Muhammad Ibn Saud beginnt die Verbreitung der Wahhabiya
1798–1801	Französische Expedition nach Ägypten unter Napoleon Bonaparte
1803	Die Al Saud erobern Mekka
1805–1848	Ägypten unter der Herrschaft Muhammad Alis
1882	Volksaufstände in Ägypten führen zur Besetzung des Landes durch die Briten
1897	
29.–31. August	Erster Zionistenkongreß in Basel; Theodor Herzl verkündet sein Programm zur Errichtung einer jüdischen nationalen Heimstätte in Palästina
1908/09	Jungtürkische Revolution
1914	
18. Dezember	Ägypten wird britisches Protektorat
1915	
14. Juli – 10. März 1916	Hussein-McMahon-Korrespondenz
1916	
9. Mai	Sykes-Picot-Abkommen teilt die arabischen Provinzen des Osmanischen Reiches unter den Alliierten auf
1917	
2. November	Balfour-Deklaration
1918	
8. Januar	14-Punkte Wilsons
30. Oktober	Nach der Einnahme von Damaskus Ausrufung einer arabischen Regierung unter Faisal (bis Juli 1920)
1919	
28. August	Vorschläge der King-Crane-Kommission bezüglich Syriens und Palästinas

1920	
25. April	Die Konferenz von San Remo verkündet die Aufteilung des Nahen Ostens in Mandatsgebiete
1921	
März	Konferenz von Kairo unter Vorsitz von Kolonialminister Winston Churchill
1922	
28. Februar	Ägypten wird formell von Großbritannien unabhängig
Juni	Churchill-Weißbuch
1923	
24. Juli	Unterzeichnung des Friedensvertrages von Lausanne mit der Türkei
1924	
März	Abschaffung des Kalifats durch Atatürk
1926	
8. Januar	Abdul-Aziz zum König des Hedschas proklamiert
1928	Gründung der Muslimbruderschaft in Ägypten durch Hasan al-Banna
1929	
August	Zusammenstöße zwischen Arabern und Juden in Jerusalem
1931	
Dezember	Allgemeiner Islamischer Kongreß in Jerusalem
1932	
22. September	Abdul-Aziz gibt seinem Reich den Namen Saudi-Arabien
3. Oktober	Der Irak wird in den Völkerbund aufgenommen und damit formell unabhängig
1934	
März–Mai	Saudisch-jemenitischer Krieg
1936	
April	Beginn des palästinensischen Aufstandes
26. August	Anglo-ägyptischer Vertrag und Ende der englischen Militärbesetzung Ägyptens (mit Ausnahme der Suezkanalzone)

1937	
7. Juli	Teilungsvorschlag der Peel-Kommission für Palästina
1939	
Februar	Palästina-Konferenz in London
17. Mai	Britisches Weißbuch legt Beschränkungen für die jüdische Einwanderung und den Landerwerb in Palästina fest
1941	
April	Putsch Raschid Ali al-Gailanis im Irak
1942	
11. Mai	Das Biltmore-Programm wird in New York verabschiedet
1945	
22. März	Gründung der Arabischen Liga in Kairo
1946	
22. März	Anglo-transjordanischer Vertrag: Transjordanien wird unabhängig
17. April	Abzug der letzten französischen Truppen und Unabhängigkeit Syriens
1947	
April	Gründung der Arabischen Partei der Wiedergeburt (al-Baath) durch Michel Aflaq
17. November	Treffen zwischen Golda Meir und Abdallah von Transjordanien (zweites Treffen am 10. Mai 1948)
29. November	Die UN-Vollversammlung stimmt für den Palästina-Teilungsplan
1948	
14. Mai	Ende des Palästina-Mandats und Abzug der Briten; danach Proklamation des Staates Israel
15. Mai	Angriff von Ägypten, Jordanien, Irak, Syrien und Libanon auf Israel; erster Palästinakrieg
1949	Staatsstreiche in Syrien. Am 30. März ergreift Husni az-Zaim die Macht, der bereits am 14. August durch Sami al-Hinnawi gestürzt wird. Am 19. Dezember erneuter Putsch von Adib asch-Schischakli
Februar–Juli	Waffenstillstände Israels mit den arabischen Gegnern (Ausnahme: Irak)

April–September	Ergebnislose Friedenskonferenz von Lausanne
1952	
23. Juli	Staatsstreich der Freien Offiziere in Ägypten unter Nasser
26. Juli	Abdankung König Faruqs
1953	Verstaatlichung der Anglo-Persian Oil Company durch Mosaddeq
1955	
24. Februar	Irak unterzeichnet den Bagdadpakt mit der Türkei, zu dem im selben Jahr Großbritannien, Pakistan und Iran hinzutreten
1956	
26. Juli	Nasser verstaatlicht den Suezkanal
29. Oktober	Mit der Landung von israelischen Fallschirmeinheiten Beginn des Suezkrieges (bis 5. November)
1958	
1. Februar	Ägypten und Syrien schließen sich zur Vereinigten Arabischen Republik zusammen
14. Juli	Revolution im Irak, Machtübernahme durch Abdel-Karim Qasim
	Amerikanische Militärintervention im Libanon
1959	
16. April	Erster Arabischer Ölkongreß in Kairo
1960	
14. September	Gründung der Organisation Erdöl exportierender Länder (OPEC)
1961	
29. September	Rückzug Syriens aus der Vereinigten Arabischen Republik
1962	
September	Intervention Nassers im jemenitischen Bürgerkrieg
1964	
1. Juni	Gründung der Palästinensischen Befreiungsorganisation (PLO)

1965	
24. August	Abkommen von Dschidda zwischen Nasser und König Faisal beendet den Bürgerkrieg im Jemen
1966	
	Hinrichtung Saiyid Qutbs in Kairo
8. Februar	Putsch gegen Abdel-Karim Qasim im Irak
1967	
März	Sechster Arabischer Ölkongreß in Bagdad
22. Mai	Sperrung der Straße von Tiran durch Nasser
5. Juni	Israelischer Präventivschlag gegen die ägyptische Luftwaffe im Sinai, Beginn des Sechs-Tage-Krieges
7. Juni	Waffenstillstand Israel-Jordanien
8. Juni	Waffenstillstand Israel-Ägypten
	Israelischer Angriff auf das amerikanische Spionageschiff Liberty
10. Juni	Waffenstillstand Israel-Syrien beendet den Sechs-Tage-Krieg
1. September	Gipfeltreffen der arabischen Staatschefs in Khartoum
22. November	UN-Resolution 242
1968	
	Beginn der Terroranschläge durch die Palästinenser
9. Januar	Gründung der Organisation Arabischer Erdöl exportierender Länder (OAPEC)
1969	Vermittlungsmission zum Palästinakonflikt unter US-Außenminister Rogers
Dezember	Staatsstreich Muammar al-Qaddafis in Libyen. Beendigung der Monarchie
1970	
28. September	Tod Nassers, Ägypten verliert Führungsanspruch in der arabischen Welt
	»Schwarzer September« in Jordanien: Vertreibung der PLO
1972	
September	Überfall palästinensischer Terroristen auf die israelische Olympia-Mannschaft in München

1973

	Israelischer Überfall auf die PLO-Basis in Beirut
Oktober	Oktober-Krieg (vierter Palästinakrieg); Ölembargo gegenüber dem Westen
Dezember	Die Großmächte berufen die Genfer Friedenskonferenz ein
22. Dezember	Treffen der Ölminister der sechs Golfstaaten in der OPEC in Teheran: dramatische Anhebung des Ölpreises

1974

	Die PLO wird auf der arabischen Gipfelkonferenz in Rabat zur einzig legitimen Vertreterin des palästinensischen Volkes erklärt
13. November	Rede Arafats vor der UN-Vollversammlung

1975

	»Friedensmarsch« Marokkos an die Grenze Spanisch-Saharas
	Überfall auf die OPEC-Tagung in Wien durch Terroristen
	Bürgerkrieg im Libanon

1976

	Konflikt zwischen Marokko und Algerien wegen Spanisch-Sahara
6. Juni	Entführung eines französischen Airbusses durch palästinensische Terroristen
7. September	Aufnahme der PLO in die Arabische Liga
Oktober	Konferenz der arabischen Staaten in Riyad und Kairo zur Beendigung des Bürgerkrieges im Libanon

1977

	Amerikanische Versuche zur Neuauflage der Genfer Friedenskonferenz scheitern
13. Oktober	Entführung einer Lufthansa-Maschine durch palästinensische Terroristen nach Mogadischu
November	Friedensinitiative Sadats gegenüber Israel
20. November	Sadat redet vor der Knesset
28. Dezember	Autonomie-Plan Begins

1978

	Konflikt zwischen Nord- und Südjemen
17. September	Ägyptisch-israelische Abkommen von Camp David

1979	
Januar	Schah Reza Pahlewi verläßt den Iran
Februar	Ayatollah Khomeini kehrt aus dem Exil zurück
26. März	Ägyptisch-israelischer Separatfrieden
April	Ausrufung der Islamischen Republik Iran
20. November	Besetzung der Großen Moschee in Mekka
Dezember	Sowjetische Invasion in Afghanistan
1980	
September	Irakisch-iranischer Krieg (erster Golfkrieg)
1981	
Juni	Israel bombardiert einen irakischen Atomreaktor
6. Oktober	Ermordung Sadats
Dezember	Israel annektiert den Golan
1982	
Juni	Libanon-Invasion Israels
Juli–August	Israel bombadiert Beirut
August–September	Die PLO verläßt Beirut, die israelische Armee marschiert ein
16.–18. September	Massaker in den palästinensischen Flüchtlingslagern von Sabra und Schatila
1985	
1. Oktober	Israelischer Überfall auf PLO-Hauptquartier in Tunis
7. Oktober	Entführung des italienischen Kreuzfahrtschiffes Achille Lauro durch palästinensische Terroristen
1987	
7. November	Absetzung des tunesischen Staatspräsidenten Habib Bourgiba
8. Dezember	Beginn der Intifada
1988	Waffenstillstand zwischen Iran und Irak
1989	Tod Khomeinis
1990	Irak besetzt Kuwait
1991	
	Zweiter Golfkrieg
30. Oktober	Eröffnung der Friedenskonferenz von Madrid

1992

11. Januar	Erzwungener Rücktritt des algerischen Staatspräsidenten Schadli Bendschedid und Stopp der Wahlen zur Nationalversammlung

1993

13. September	Unterzeichnung des Gaza-Jericho-Abkommens in Washington (Oslo I) und Handschlag zwischen Arafat und Rabin

1994

25. Februar	Ermordung von 29 Muslimen in der Abraham-Moschee in Hebron durch einen israelischen Terroristen
4. Mai	Unterzeichnung des Gaza-Jericho-Abkommens in Kairo
2. Juni	45 Menschen sterben bei israelischem Luftangriff im Libanon
19. Oktober	HAMAS-Anschlag in Tel Aviv mit 22 Toten
26. Oktober	Friedensvertrag zwischen Israel und Jordanien

1995

22. Januar	Palästinensischer Bombenanschlag mit 21 Toten
28. September	Unterzeichnung des israelisch-palästinensischen Zwischenabkommens über die Westbank und den Gaza-Streifen (Oslo II)
4. November	Ermordung Yitzhak Rabins

1996

Februar–März	Anschlagserie von HAMAS in Israel
29. Mai	Wahlsieg Netanjahus in Israel
Sommer	Anschläge gegen amerikanische Armee-Einrichtungen in Saudi-Arabien
13. September	Referendum für eine demokratische Verfassungsänderung in Marokko

1997

	Anschlagserien der Islamisten in Algerien
25. September	Mordanschlag des israelischen Geheimdienstes (Mossad) auf den Vorsitzenden des HAMAS-Politbüros, Khaled Maschal, in Amman
1. Oktober	Der in Israel zu lebenslanger Haft verurteilte Gründer der HAMAS, Scheich Ahmed Yassin, wird nach acht Jahren Haft freigelassen

Karten

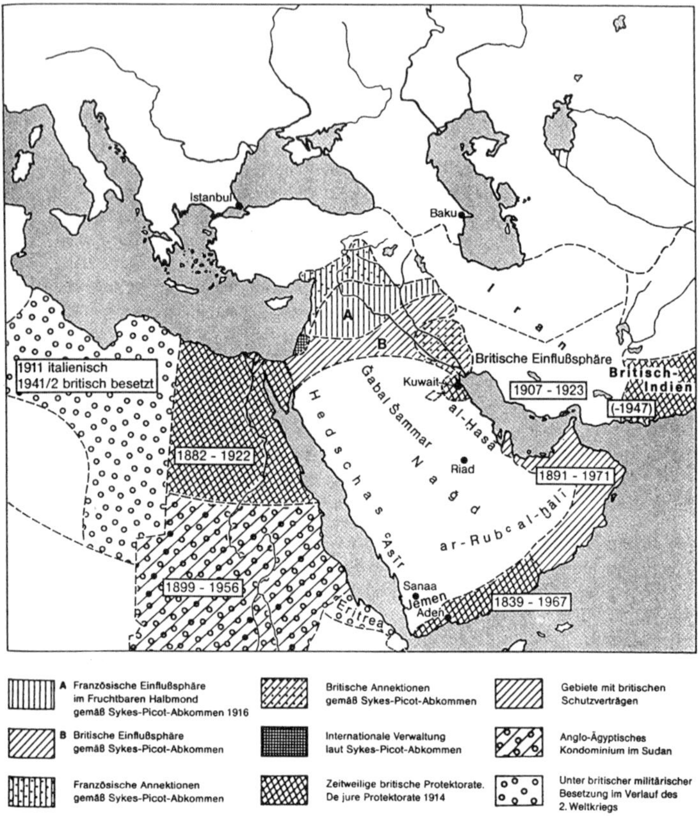

Der Nahe Osten in der ersten Hälfte des 20. Jahrhunderts. Imperiale Bestrebungen und Präsenz europäischer Mächte. Quelle: Ulrich Haarmann (Hg.), Geschichte der arabischen Welt. 3., erw. Aufl. München 1994, S. 439

Rechts: Der Nahe Osten aus der Londoner Perspektive.
Die Vorlage dieser Karte wurde der in Berlin erscheinenden Zeitschrift ›Der Nahe Osten‹, 2. Jahrgang 1941, Heft 6/7 entnommen. Nach der verlorenen »Luftschlacht über England« im Sommer 1940 wandte sich die deutsche Kriegführung der für das Britische Empire wichtigen mittelmeerischen Verbindungsroute zu. Wie schon im Ersten Weltkrieg gerieten die Türkei und der Nahe Osten ins Visier europäischer Kriegsstrategen.

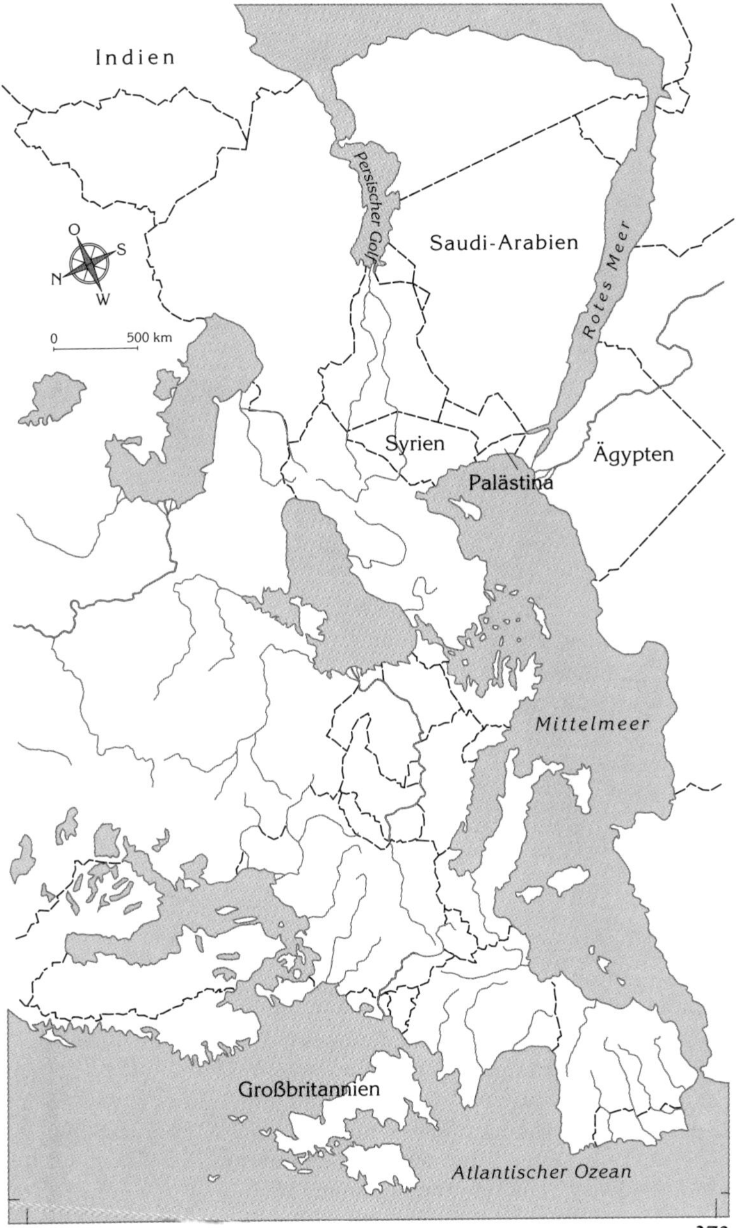
Indien
Persischer Golf
O
S
N
W
0
500 km
Saudi-Arabien
Rotes Meer
Syrien
Ägypten
Palästina
Mittelmeer
Großbritannien
Atlantischer Ozean

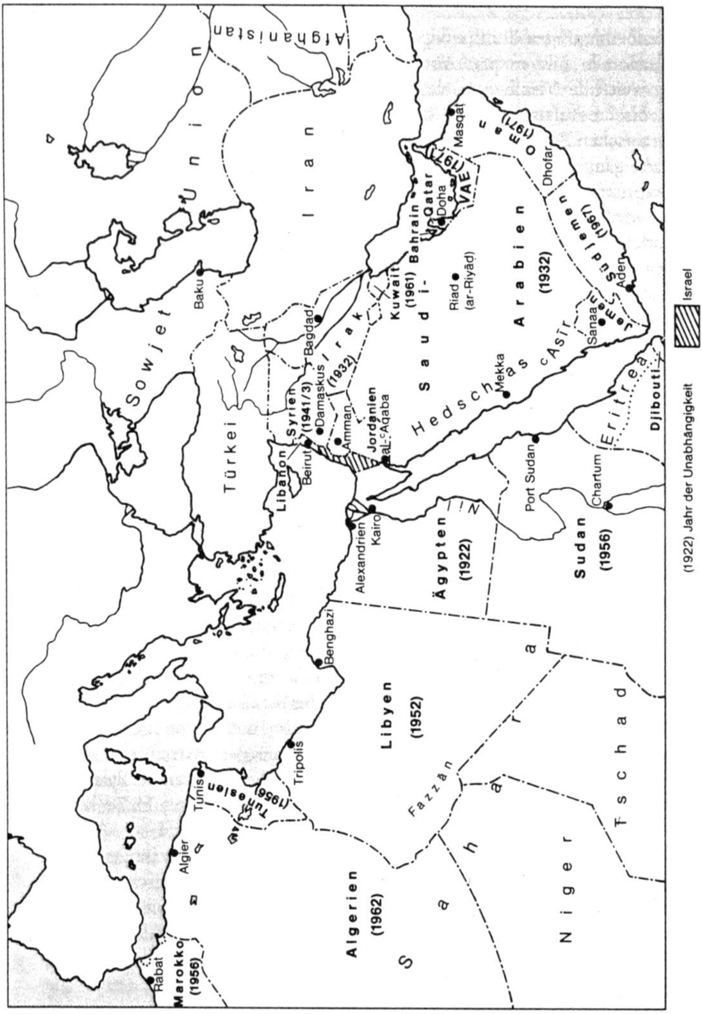

Die zweite Hälfte des zwanzigsten Jahrhunderts. Die unabhängigen arabischen Staaten und Israel. Quelle: Haarmann 1994, S. 468

Rechte Seite: Israel und Palästina im Gefolge des arabisch-israelischen Konflikts seit 1947. Quelle: Klaus Hornung, Krisenherd Naher Osten. Geschichte – Fakten – Hintergründe. Weinheim 1991, S. 83

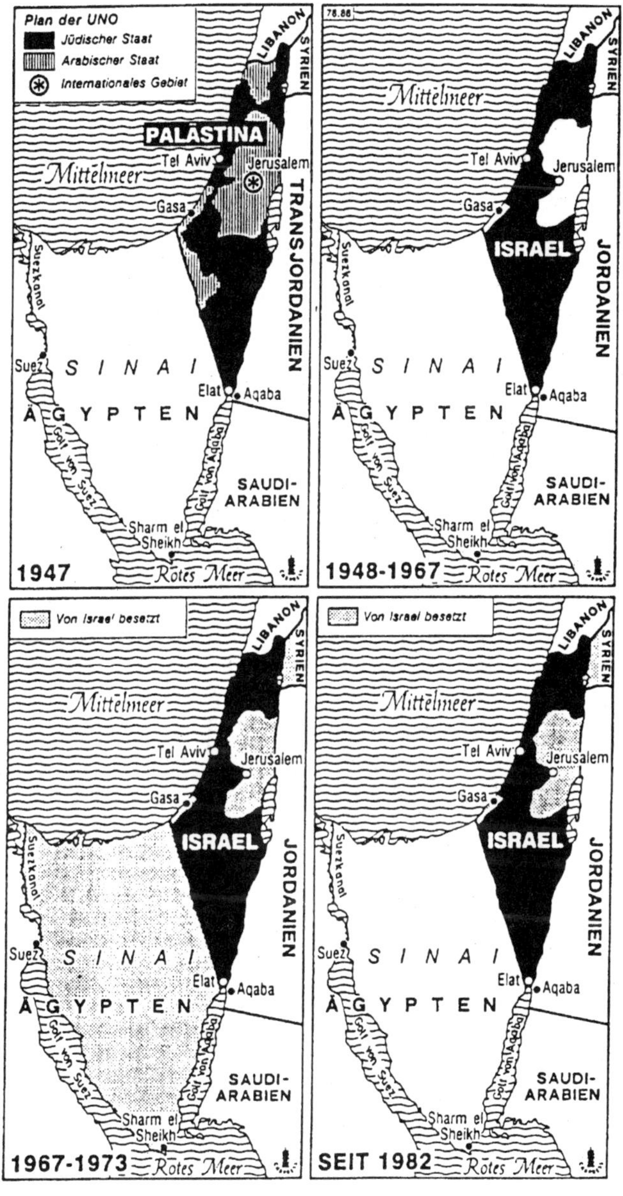

Plan der UNO
Jüdischer Staat
Arabischer Staat
Internationales Gebiet
PALÄSTINA
LIBANON
SYRIEN
Mittelmeer
Tel Aviv
Jerusalem
Gasa
TRANSJORDANIEN
Suezkanal
Suez
SINAI
Elat
Aqaba
ÄGYPTEN
Golf von Suez
Golf von Aqaba
SAUDI-ARABIEN
Sharm el Sheikh
Rotes Meer
1947
78.88
LIBANON
SYRIEN
Mittelmeer
Tel Aviv
Jerusalem
Gasa
ISRAEL
JORDANIEN
Suezkanal
Suez
SINAI
Elat
Aqaba
ÄGYPTEN
Golf von Suez
Golf von Aqaba
SAUDI-ARABIEN
Sharm el Sheikh
Rotes Meer
1948-1967
Von Israel besetzt
LIBANON
SYRIEN
Mittelmeer
Tel Aviv
Jerusalem
Gasa
ISRAEL
JORDANIEN
Suezkanal
Suez
SINAI
Elat
Aqaba
ÄGYPTEN
Golf von Suez
Golf von Aqaba
SAUDI-ARABIEN
Sharm el Sheikh
Rotes Meer
1967-1973
Von Israel besetzt
LIBANON
SYRIEN
Mittelmeer
Tel Aviv
Jerusalem
Gasa
ISRAEL
JORDANIEN
Suezkanal
Suez
SINAI
Elat
Aqaba
ÄGYPTEN
Golf von Suez
Golf von Aqaba
SAUDI-ARABIEN
Sharm el Sheikh
Rotes Meer
SEIT 1982

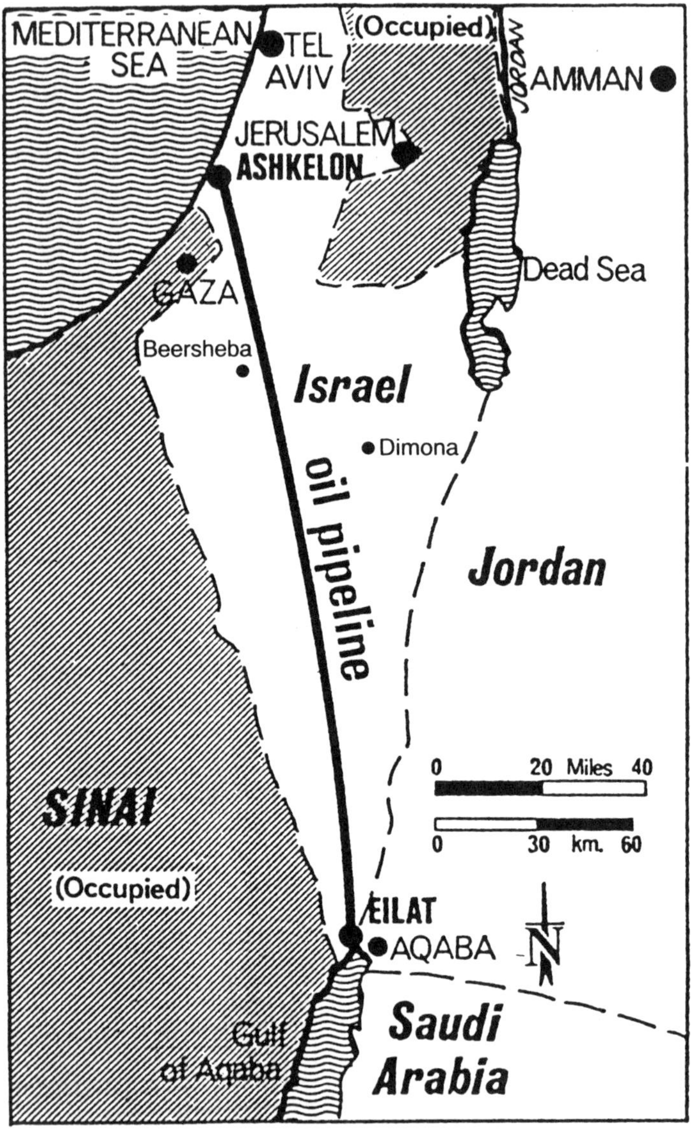

Die israelische Ölpipeline von Eilat nach Ashkelon (Aschdod)
Quelle: Petroleum Times, 13. Februar 1970

Israelische Siedlungsgürtel im Westjordanland nach dem ›Allon-Plan‹
Quelle: J. Metzger, M. Orth und C. Sterzing, Das ist unser Land. Westbank und Gazastreifen unter israelischer Besatzung. Bornheim-Merten 1980, S. 49

Israelische Siedlungsgürtel im Westjordanland nach dem ›Scharon-Plan‹
Quelle: Dies., S. 45

Literatur

Abbas, Mahmoud (Abu Mazen), Through Secret Channels. Reading 1995.

Abdel Fadil, Mahmoud, Development, Income Distribution, and Social Change in Rural Egypt (1952–1970). Cambridge 1975.

Abu Jaber, Kamel S., The Arab Ba'th Socialist Party. New York 1966.

Akhtarekhavari, Farid, Die Ölpreispolitik der OPEC-Länder. München o.J.

Albaharna, Husain M., The Legal Status of the Arabian Gulf States. Manchester 1968.

Allemann, Fritz René (Hg.), Die arabische Revolution. Nasser über seine Politik. Frankfurt a.M. 1958.

Anderson, Lisa, The State and Social Transformation in Tunisia and Libya, 1830–1980. Princeton 1987.

Aruri, Naseer H. (Hg.), Middle East Crucible. Studies on the Arab Israeli War of October 1973. Wilmette/Ill. 1975.

Aruri, Naseer, Fouad Moughrabi und Joe Stark, Reagan and the Middle East. Belmont 1983.

Avner, Yaniv (Hg.), National Security and Democracy in Israel. London 1993.

Ball, George W. und Douglas B. Ball, The Passionate Attachment. America's Involvement with Israel, 1947 to the Present. New York 1992.

Bar-Zohar, Michel, David Ben-Gurion. Der streitbare Prophet. Eine Biographie. Hamburg 1968.

Barnett, Michael N., Confronting the Costs of War. Military Power, State and Society in Egypt and Israel. Princeton 1992.

Baumgarten, Helga, Palästina. Befreiung in den Staat. Die palästinensische Nationalbewegung seit 1948. Frankfurt a.M. 1991.

Beblawi, Hazem und Giacomo Luciani (Hg.), The Rentier State. London 1987.

Beck, Martin, Die Erdöl-Rentier-Staaten des Nahen und Mittleren Ostens. Interessen, erdölpolitische Kooperation und Entwicklungstendenzen. Hamburg 1993.

Be'eri, Eliezer, Army Officers in Arab Politics and Society. Jerusalem 1969.

Beinin, Joel und Joe Stark (Hg.), Political Islam. Essays from Middle East Report. London 1997.

Benvenisti, Meron, Conflicts and Contradictions. New York 1986.

Bill, James A. und William Roger Louis (Hg.), Musaddiq, Iranian Nationalism, and Oil. London 1988.

Bligh, Alexander, From Prince to King. Royal Succession in the House of Saud in the Twentieth Century. New York 1984.

Blumay, Carl und Henry Edwards, The Dark Side of Power. The Real Armand Hammer. New York 1992.

Brack, Ulrich, Deutsche Erdölpolitik vor 1914. Hamburg (Phil. Diss.) 1977.
Brzezinski, Zbigniew, Power and Principle. Memoirs of the National Security Adviser, 1977–1981. (Neubearbeitung) New York 1985.
Brown, J. Gilbert, The Iraq Levies, 1915–1932. London 1932.
Brunnhuber, Ulrich H., Die Libanonkrise 1958. U.S.-Intervention im Zeichen der Eisenhower-Doktrin? Hamburg 1997.
Buheiry, Marwan R. (Hg.), Intellectual Life in the Arab East, 1890–1939. Beirut 1981.
Bürgel, Johann Christoph, Allmacht und Mächtigkeit. Religion und Welt im Islam. München 1991.
Busch, Briton Cooper, Britain, India and the Arabs, 1914–1921. Berkeley 1971.
Campbell, Robert W., The Economy of Soviet Oil and Gas. Baltimore 1968.
Caplan, Neil, The Lausanne Conference, 1949. A Case Study in Middle East Peacemaking. Tel Aviv 1993.
Carter, Jimmy, Keeping Faith. Memoirs of a President. New York 1982.
Cleveland, William L., The Making of an Arab Nationalist. Ottomanism and Arabism in the Life and Thought of Sati Al-Husri. Princeton 1971.
Cleveland, William L., Islam against the West. Shakib Arslan and the Campaign for Islamic Nationalism. Austin 1985.
Cobban, Helena, The Palestinian Liberation Organisation. People, Power, and Politics. Cambridge 1984.
Cohen, Michael J., Fighting World War Three from the Middle East. Allied Contingency Plans, 1945–1954. London 1997.
Cohen, Michael J., Palestine and the Great Powers, 1945–1948. Princeton 1982.
Cohen, Yoel, Die Vanunu-Affäre. Israels geheimes Atompotential. Heidelberg 1995.
Corbin, Jane, Gaza First. The Secret Norway Channel to Peace between Israel and the PLO. London 1994.
Cordesman, Anthony H., The Gulf and the Search for Strategic Stability. Saudi Arabia, the Military Balance in the Gulf, and Trends in the Arab-Israeli Military Balance. London 1984.
Cottrell, Alvin J. (Hg.), The Persian Gulf States. A General Survey. Baltimore 1980.
Crystal, Jill, Kuwait. The Transformation of an Oil State. Boulder 1992.
Crystal, Jill, Oil and Politics in the Gulf. Rulers and Merchants in Kuwait and Qatar. Cambridge 1990.
Cunningham, Robert B. und Yasin K. Sarayrah, Wasta. The Hidden Force in Middle Eastern Society. London 1993.
Dawletschin-Linder, Camilla, Die Türkei und Ägypten in der Weltwirtschaftskrise 1929–1933. Stuttgart 1989.

Devereux, David R., The Formulation of British Defence Policy in the Middle East, 1948–1956. London 1990.
Ennes, James M. Jr., Assault on the Liberty. The True Story of the Israeli Attack on an American Intelligence Ship. New York 1979.
Eppel, Michael, The Palestine Conflict in the History of Modern Iraq. The Dynamics of Involvement, 1928–1948. London 1994.
Esposito, John L., Islam and Politics. 3. Aufl. New York 1991.
Fahmy, Ismail, Negotiating for Peace in the Middle East. London 1983.
Farid, Abdel Magid, Nasser. The Final Years. Reading 1996.
Ferrier, Ronald W., The History of the British Petroleum Company. Bd. 1: The Developing Years, 1901–1932. Cambridge 1982.
Field, Michael, The Merchants. The Big Business Families of Arabia. London 1984.
Fischer, Helmut, Bank Misr und ökonomischer Nationalismus in Ägypten (1811–1939). Hamburg 1994.
Flapan, Simcha, Die Geburt Israels. Mythos und Wirklichkeit. München 1988.
Flores, Alexander, Intifada. Aufstand der Palästinenser. Berlin 1988.
Frank, Sabine und Martina Kamp (Hg.), Libyen im 20. Jahrhundert. Zwischen Fremdherrschaft und nationaler Selbstbestimmung. Hamburg 1995.
Freedman, Lawrence und Efraim Karsh, The Gulf Conflict, 1990–1991. Diplomacy and War in the New World Order. Princeton 1993.
Freedman, Robert O., Soviet Policy toward the Middle East since 1970. (Neubearbeitung) New York 1978.
Garfinkle, Adam, War, Water, and Negotiation in the Middle East. The Case of the Palestinian-Syrian Border, 1916–1923. Tel Aviv 1994.
Gensicke, Klaus, Der Mufti von Jerusalem, Amin el-Husseini und die Nationalsozialisten. Frankfurt a.M. 1988.
Gershoni, Israel, The Emergence of Pan-Arabism in Egypt. Tel Aviv 1981.
Gershoni, Israel und James P. Jankowski, Redefining the Egyptian Nation, 1930–1945. Cambridge 1995.
Ghanem, Shukri M., OPEC. The Rise and Fall of an Exclusive Club. London 1986.
Gibb, H.A.R. (Hg.), Whither Islam? A Survey of Modern Movements in the Moslem World. London 1932.
Gomaa, Ahmed M., The Foundation of the League of Arab States. Wartime Diplomacy and Inter-Arab Politics, 1941 to 1945. London 1977.
Gowers, Andrew und Tony Walker, Arafat. Hinter dem Mythos. München 1994.
Grabill, Joseph L., Protestant Diplomacy and the Near East. Missionary Influence on American Policy, 1810–1927. Minneapolis 1971.

Green, Stephen, Taking Sides. America's Secret Relations with a Militant Israel 1948/1967. London 1984.
Habib, John S., Ibn Sa'uds Warriors of Islam. The Ikhwan of Najd and Their Role in the Creation of the Saudi Kingdom, 1910–1930. Leiden 1978.
Hafez, Kai (Hg.), Der Islam und der Westen. Anstiftung zum Dialog. Frankfurt a.M. 1997.
Hahn, Peter L., The United States, Great Britain, and Egypt, 1945–1956. Strategy and Diplomacy in the Early Cold War. Chapel Hill 1991.
Halévi, Ilan, Auf der Suche nach dem Gelobten Land. Die Geschichte der Juden und der Palästina-Konflikt. Hamburg 1986.
Harkabi, Yehoshafat, Israel's Fateful Decisions. London 1988.
Harkabi, Yehoshafat, Das palästinensische Manifest und seine Bedeutung. Stuttgart 1980.
Heard-Bey, Frauke, From Trucial States to United Arab Emirates. A Society in Transition. London 1982.
Heller, Mark A., A Palestinian State. The Implications for Israel. Cambridge/Mass. 1983.
Helms, Christine Moss, The Cohesion of Saudi Arabia. London 1981.
Heenen-Wolff, Susann, Erez Palästina. Juden und Palästinenser im Konflikt um ein Land. Frankfurt a.M. 1990.
Higgins, Rosalin, United Nations Peacekeeping, 1946–1967. Bd. I: The Middle East. Oxford 1969.
Hiltermann, Joost R., Behind the Intifada. Labor and Women's Movements in the Occupied Territories. Princeton 1991.
Holden, David und Richard Johns, Die Dynastie der Sauds. Wüstenkrieger und Weltfinanziers. Düsseldorf 1983.
Horovitz, David (Hg.), Yitzhak Rabin, Feldherr und Friedensstifter. Die Biographie. Berlin 1996.
Hourani, Albert, Die Geschichte der arabischen Völker. Frankfurt a.M. 1992.
Hourani, Albert (Hg.), Middle Eastern Affairs. Oxford 1965.
Howard, Harry N., The King-Crane Commission. An American Inquiry in the Middle East. Beirut 1963.
Hurewitz, J.C. (Hg.), The Middle East and North Africa in World Politics. A Documentary Record. Bd. 2: British-French Supremacy, 1914–1945. New Haven 1979.
Hussein, Saddam, Unser Kampf und die internationale Politik. Lausanne, Bagdad o.J.
Kadi, Leila S., Basic Political Documents of the Armed Palestinian Resistance Movement. Beirut 1969.
Karmon, Yehuda, Israel. Eine geographische Landeskunde. 2. Aufl. Darmstadt 1994.

Karsh, Efraim, Fabricating Israeli History. The »New Historians«. London 1997.
Kass, Ilana, Soviet Involvement in the Middle East. Policy Formulation, 1966–1973. Boulder 1978.
Kazziha, Walid, Revolutionary Transformation in the Arab World. Habash and His Comrades from Nationalism to Marxism. London 1975.
Kerr, Malcolm H., The Arab Cold War. Gamal ʻAbd al-Nasir and His Rivals, 1958–1970. 3. Aufl. Oxford 1971 (1. Aufl. 1965).
Khalidi, Rashid u. a. (Hg.), The Origins of Arab Nationalism. New York 1991.
Khalidi, Rashid, Palestinian Identity. The Construction of Modern National Consciousness. New York 1997.
Khalil, Samir Al-, Republic of Fear. Saddam's Iraq. London 1989.
Kimmerling, Baruch und Joel S. Migdal, Palestinians. The Making of a People. New York 1993.
Kissinger, Henry A., Memoiren 1973–1974. Bd. 2, München 1982.
Klieman, Aaron S., Foundations of British Policy in the Arab World. The Cairo Conference of 1921. Baltimore 1970.
Kostiner, Joseph, The Making of Saudi Arabia, 1916–1936. From Chieftaincy to Monarchical State. Oxford 1993.
Krüger, Karl und G.R. Poschardt, Die Erdöl-Wirtschaft der Welt. Stuttgart 1926.
Kyle, Keith, Suez. New York 1991.
Lee Hattis, S., The Bi-National Idea in Palestine during Mandatory Times. Haifa 1970.
Legum, Colin (Hg.), Middle East Contemporary Survey. Bd. 2: 1977–78, New York 1979. Bd. 3: 1978–79, New York 1980.
Lenczowski, George, American Presidents and the Middle East. London 1990.
Louis, William Roger und Roger Owen (Hg.), Suez 1956. The Crisis and Its Consequences. Oxford 1991.
Longrigg, Stephen Hemsley, Oil in the Middle East. Its Discovery and Development. Oxford 1968.
Love, Kenneth, Suez. The Twice-Fought War. New York 1969.
Lüders, Michael (Hg.), Der Islam im Aufbruch? Perspektiven der arabischen Welt. München 1992.
Lukacs, Yehuda (Hg.), Documents on the Israeli-Palestinian Conflict 1967–1983. New York 1986.
Maachov, Abdelkader, OAPEC. New York 1982.
Maddy-Weitzman, Bruce und Efraim Inbar (Hg.), Religious Radicalism in the Greater Middle East. London 1997.
Marr, Phebe, The Modern History of Iraq. Boulder 1985.

Marty, Martin E. und R. Scott Appleby (Hg.), Fundamentalisms Observed. (The Fundamentalism Project. Bd. 1) Chicago 1991.
Marty, Martin E. und R. Scott Appleby, (Hg.), Fundamentalism and the State. (The Fundamentalism Project. Bd. 3) Chicago 1993.
Meier, Andreas, Der politische Auftrag des Islam. Programm und Kritik zwischen Fundamentalismus und Reformen. Originalstimmen aus der islamischen Welt. Wuppertal 1994.
Meir, Zamir, The Formation of Modern Lebanon. New York 1985.
Mejcher, Helmut, Imperial Quest for Oil. Iraq, 1910–1928. London 1976.
Mejcher, Helmut (Hg.), Die Palästina-Frage 1917–1948. 2. Aufl. Paderborn 1993.
Mejcher, Helmut, Die Politik und das Öl im Nahen Osten. Bd. I: Der Kampf der Mächte und Konzerne vor dem Zweiten Weltkrieg. Bd. II: Die Teilung der Welt 1938–1950. Stuttgart 1980, 1990.
Metzger, Jan, Auf dem Weg zur Annexion. Die Zukunft von Westbank und Gazastreifen nach zwei Jahrzehnten israelischer Besatzung. Berlin 1986.
Metzger, Jan, Martin Orth und Christian Sterzing, Das ist unser Land. Westbank und Gaza-Streifen unter israelischer Besatzung. Bornheim-Mirtin 1980.
Meyer, Thomas (Hg.), Fundamentalismus in der modernen Welt. Frankfurt a.M. 1989.
Middle East Watch, Syria Unmasked. The Suppression of Human Rights by the Asad Regime. New Haven 1991.
Morris, Benny, The Birth of the Palestinian Refugee Problem, 1947–1949. Cambridge 1988.
Morris, Benny, Israel's Border Wars, 1949–1956. Oxford 1993.
Morris, Benny, 1948 and After. Israel and the Palestinians. Oxford 1990.
Moussalli, Ahmad S., Radical Islamic Fundamentalism. The Ideological and Political Discourse of Sayyid Qutb. Beirut 1992.
Mughraby, Muhamad A., Permanent Sovereignty over Oil Resources. A Study of Middle East Oil Concessions and Legal Change. Beirut 1966.
Müller, Herbert Landolin, Islam, gihad (»Heiliger Krieg«) und Deutsches Reich. Ein Nachspiel zur wilhelminischen Weltpolitik im Maghreb 1914–1918. Frankfurt a.M. 1991.
Müller, Lorenz, Islam und Menschenrechte. Sunnitische Muslime zwischen Islamismus, Säkularismus und Modernismus. Hamburg 1996.
Nassar, Jamal R. und Roger Heacock (Hg.), Intifada. Palestine at the Crossroads. New York 1987.
Nasser, M. Said, PLO-Theorie und Praxis. Versuch einer kritischen Analyse. Frankfurt a.M. 1985.
Neff, Donald, Warriors for Jerusalem. The Six Days That Changed the Middle East in 1967. Brattleboro 1988.

Nusseibeh, Sari und Mark A. Heller, No Trumpets, No Drums. A Two-State Settlement of the Israeli-Palestinian Conflict. London 1991.
Pappé, Ilan, The Making of the Arab-Israeli Conflict, 1947–1951. London 1994.
Parker, Richard B., The Politics of Miscalculation in the Middle East. Bloomington 1993.
Pawelka, Peter, Herrschaft und Entwicklung im Nahen Osten. Ägypten. Heidelberg 1985.
Pawelka, Peter, Der Vordere Orient und die Internationale Politik. Stuttgart 1993.
Pelt, Adrian, Libyan Independence and the United Nations. A Case of Planned Decolonization. New Haven 1970.
Peres, Shimon, Shalom. Erinnerungen. Stuttgart 1995.
Pfullmann, Uwe (Hg.), Charles Montague Doughty. In Arabiens Wüsten. Ein Christ zieht durch den Vorderen Orient. Berlin 1996.
Pfullmann, Uwe, Politische Strategien Ibn Sa'uds beim Aufbau des dritten saudischen Staates. Frankfurt a.M. 1996.
Philby, H. St. John, Sa'udi Arabia. London 1955.
Philipp, Thomas (Hg.), The Syrian Land in the 18th and 19th Century. The Common and Specific in the Historical Experience. Stuttgart 1992.
Piscatori, James (Hg.), Islamic Fundamentalism and the Gulf Crisis. Chicago 1991.
Porath, Yehoshua, In Search of Arab Unity, 1930–1945. London 1986.
Quandt, William B., Camp David. Peacemaking and Politics. Washington 1986.
Quandt, William B., Peace Process. American Diplomacy and the Arab-Israeli Conflict since 1967. Berkeley 1993.
Rabinovich, Itamar, The Road not Taken. Early Arab-Israeli Negotiations. Oxford 1991.
Rabinovich, Itamar, The War for Lebanon, 1970–1983. London 1984.
Rasheed, Madawi al-, Politics in an Arabian Oasis. The Rashidi Tribal Dynasty. London 1991.
Rathmell, Andrew, Secret War in the Middle East. The Covert Struggle for Syria, 1949–1961. London 1995.
Reid, Donald M., The Odyssey of Farah Antun. A Syrian Christian's Quest for Secularism. Minneapolis 1975.
Robinson, Jeffrey, Yamani. The Inside Story. London 1988.
Ro'i, Yaacov, Soviet Decision Making in Practice. New Brunswick 1980.
Rothermund, Dietmar (Hg.), Die Peripherie in der Weltwirtschaftskrise. Afrika, Asien, Lateinamerika 1929–1939. Paderborn 1982.
Roy, Sara, The Gaza Strip. The Political Economy of De-development. Washington 1995.

Ruedy, John, Modern Algeria. The Origins and Development of a Nation. Bloomington 1992.
Rustow, Dankwart A., Oil and Turmoil. America Faces OPEC and the Middle East. New York 1982.
Sadat, Anwar el-, Die ägyptische Revolution. Köln 1970.
Sadat, Anwar el-, In Search of Identity. An Autobiography. New York 1978.
Safran, Nadav, Saudi Arabia. The Ceaseless Quest for Security. Cambridge/Mass. 1985.
Schäbler, Birgit, Aufstände im Drusenbergland. Ethnizität und Integration einer ländlichen Gesellschaft Syriens vom Osmanischen Reich bis zur staatlichen Unabhängigkeit. Gotha 1996.
Schiff, Ze'ev und Ehud Ya'ari, Israel's Lebanon War. New York 1984.
Schiller, David Th., Palästinenser zwischen Terrorismus und Diplomatie. Die paramilitärische palästinensische Nationalbewegung von 1918 bis 1981. München 1982.
Schmid, Claudia, Das Konzept des Rentier-Staates. Hamburg 1991.
Schneider, Steven A., The Oil Price Revolution. Baltimore 1983.
Schofield, Richard (Hg.), Territorial Foundations of the Gulf States. London 1994.
Schölch, Alexander, Ägypten den Ägyptern! Die politische und gesellschaftliche Krise der Jahre 1878–1882 in Ägypten. Zürich 1972.
Schölch, Alexander und Helmut Mejcher (Hg.), Die ägyptische Gesellschaft im 20. Jahrhundert. Hamburg 1992.
Schölch, Alexander (Hg.), Palestinians over the Green Line. Studies on the Relations between Palestinians on Both Sides of the 1949 Armistice Line since 1967. London 1983.
Schulze, Reinhard, Geschichte der Islamischen Welt im 20. Jahrhundert. München 1994.
Schulze, Reinhard, Islamischer Internationalismus im 20. Jahrhundert. Untersuchungen zur Geschichte der Islamischen Weltliga. Leiden 1990.
Schweer, Walther, Die türkisch-persischen Erdölvorkommen. Hamburg 1919.
Seale, Patrick, The Struggle for Syria. A Study of Post-War Arab Politics, 1945–1958. Oxford 1965.
Segal, Jerome M., Creating the Palestinian State. A Strategy for Peace. Chicago 1989.
Seymour, Ian, OPEC. Instrument of Change. London 1980.
Shaw, John A. und David Long, Saudi Arabian Modernization. The Impact of Change on Stability. Washington 1982.
Sheffer, Gabriel, Moshe Sharrett. Biography of a Political Moderate. Oxford 1996.
Sheffer, Gabriel (Hg.), U.S.-Israeli Relations at the Crossroads. London 1997.

Shindler, Colin, Ploughshares into Swords? Israelis and Jews in the Shadow of the Intifada. London 1991.
Shlaim, Avi, Collusion across the Jordan. King Abdallah, the Zionist Movement and the Partition of Palestine. Oxford 1988.
Sluglett, Marion Farouk und Peter Sluglett, Der Irak seit 1958. Von der Revolution zur Diktatur. Frankfurt a.M. 1991.
Spiegel, Steven L., The Other Arab-Israeli Conflict. Making America's Middle East Policy, from Truman to Reagan. Chicago 1985.
Tauber, Eliezer, The Arab Movements in World War I. London 1993.
Tauber, Eliezer, The Emergence of Arab Movements. London 1993.
Terzian, Pierre, OPEC. The Inside Story. London 1985.
Tessler, Mark, A History of the Israeli-Palestinian Conflict. Bloomington 1994.
Teveth, Shabtai, Moshe Dayan. Politiker, Soldat, Legende. Hamburg 1973.
Vallianatos-Grapengeter, Ina M., Der Nahostkonflikt im Prisma der Wasserproblematik. Wasserpolitik im Jordantal 1882–1967. Hamburg 1996.
Wallach, John und Janet Wallach, Still Small Voices. Orlando 1989.
Wardi, Ali al-, Soziologie des Nomadentums. Studie über die iraqische Gesellschaft. Darmstadt 1972.
Warriner, Doreen, Land, Reform, and Development in the Middle East. A Study of Egypt, Syria, and Iraq. 2. Aufl. Oxford 1962.
Wilson, Mary C., King Abdullah, Britain, and the Making of Jordan. Cambridge 1987.
Yamak, Labib Zuwiyya, The Syrian Social Nationalist Party. An Ideological Analysis. Cambridge/Mass. 1966.
Yergin, Daniel, Der Preis. Die Jagd nach Öl, Geld und Macht. Frankfurt a.M. 1991.
Yousuf, Ala'a Al-, Kuwait and Saudi Arabia. From Prosperity to Retrenchment. Oxford 1990.
Zechlin, Egmont, Die deutsche Politik und die Juden im Ersten Weltkrieg. Göttingen 1969.
Zeine, Zeine N., The Emergence of Arab Nationalism with a Background Study of Arab-Turkish Relations in the Near East. Beirut 1966.
Zimmermann, Moshe, Wende in Israel. Zwischen Nation und Religion. Berlin 1996.

Nachwort

Während der Arbeit an diesem Buch habe ich in reichem Maße Zuspruch und Hilfe erhalten. Da der Forschungsstand über die nahöstliche Krisenregion stark im Fluß ist, war es vor allem für die Schilderung der Hintergründe des Sechs-Tage-Krieges in diesem Buch ein glücklicher Umstand, daß aus einem anderen laufenden Projekt neue Ergebnisse mit eingebracht werden konnten. Ich danke in diesem Zusammenhang der Deutschen Forschungsgemeinschaft (DFG), die meine Recherchen in den zitierten »Libraries« amerikanischer Präsidenten ermöglichte. Den Herausgebern der Reihe danke ich für die höfliche Zurückhaltung beim Erkunden nach dem Stand der Arbeiten; ein besonderer Dank geht an Dr. Hans Woller, der mein Manuskript sehr gründlich las und dichte Passagen lichten und glätten half.

Ohne hervorragende Teamarbeit wäre die Fertigstellung des Manuskripts zum Abgabetermin nicht gelungen. Ich danke meinen studentischen Hilfskräften Tjorven Bellmann und Kerim Köhne für das sorgfältige Korrekturlesen, für hilfreiche Kommentare, für die Erstellung der Zeittafel und Literaturliste sowie für manche Blitzaktion in der Bücherausleihe und Zeitschriftenrecherche. Die beiden »Computer-Freaks« Heiko Wimmen und besonders mein Neffe Lutz Schubert, der in der letzten Phase nochmals zur Hochform auflief, sorgten von nah und fern mit Tricks und Humor dafür, daß der Krisenherd Nahost nicht zur Krise auf dem Bildschirm wurde. So kam verloren geglaubter Text wieder zum Vorschein, und im Dateien-Labyrinth kehrte allmählich Ordnung ein. Meine Tochter Sonja versorgte mich mit atmosphärischen Hintergrundberichten aus dem Libanon, und auch Karin Bauche hielt mich mit ihrer akribischen Auswertung der ›Neuen Zürcher Zeitung‹ auf dem laufenden. Dank gebührt auch meiner Sekretärin Angelika Adam für die ersten Schreibarbeiten bis zu ihrem Verletzungspech. Als rettender Engel übernahm meine Frau, Marianne Schmidt-Dumont, mit ihrer arabistischen wie technischen Professionalität und bewundernswerten Selbstlosigkeit auch noch die Textüberarbeitungen und Literatur-Dokumentation am heimischen Computer. Sie hat mir überdies in allen Phasen der inhaltlichen Konzipierung und der stilistischen Revisionen mit Rat und Tat zur Seite gestanden. Ihr gebührt mein herzlicher Dank. Für Fehler oder Defizite im Buch bin ich allein verantwortlich.

Hamburg, im Herbst 1997

Register

Abadan 98, 154
Abba Eban 16, 142–147, 190
Abdallah 38, 41, 46, 61, 99, 115, 118ff., 125
Abdel-Ilah 72, 104
Abdesch-Schafi, Haidar 224
Abduh, Muhammad 35
Abdul-Aziz Ibn Saud 34, 75, 79, 82–88
Abdül-Hamid 53f., 62, 82, 109
Abdul-Qadir 53
Abu Dschihad s. Wazir, Khalil al-
Abu Dhabi 87, 159
Abu Lughod, Ibrahim 209
Abu Nidal 203
Abu Sueir 102f.
Abul-Huda, Taufiq 42
Achille Lauro 224
Achnacarry Kartell 154f.
Aden 139
Afghanistan 222f., 230, 234, 236
Aflaq, Michel 69
Afrika 45, 64, 95f., 105, 129, 137, 163
Ägäis 154
Ägypten 9–25, 28–54, 56f., 64, 69, 72–77, 79ff., 89ff., 93f., 100–104, 107, 119ff., 124–131, 133–136, 138–143, 147f., 159–162, 164ff., 168f., 171, 173, 178, 186, 188, 191, 199, 201, 205f., 208–215, 217–222, 231ff., 239, 244
Ahd al- 57, 59, 61
Ahmad Fuad II. 48
Ahsa al- s. Hasa
AIS s. Islamische Armee des Heils
Al Haschim s. Haschemiten
Al Raschid s. Raschiden
Al Sabah 82, 235
Al Saud 78f., 82, 84, 87–91, 219, 235
Alaska 182
Alawiten 62, 70, 233
Aleppo 233
Aleviten 236
Alexandrette 70
Alexandria 43f., 46, 164
Alfonso, Pérez 168f.
Algerien 53, 74, 128, 136, 156f., 159, 174, 184, 200f., 230
Allon, Yigal 13, 189–193
Alluba, Muhammad Ali 41
Amer, Abdel-Hakim 9, 12, 14, 25, 46, 134, 138f.
Amerikanische Universität Beirut 77
Amerikanisches Petroleum Institut 177
Amery, L.S. 100
Amina Saiyid Haidar Al Sadr 236
Amir, Yigal 229, 233
Amit, Meir 147
Amman (s.a. Jordanien) 10f., 13f., 21, 31, 65, 67f., 103, 111, 119, 126, 188
Anatolien 35
Anderson, Robert 21
Anglo-Persian Oil Company 151–156, 167ff.
Aqaba s. Golf von Aqaba
Aqsa-Moschee 37
Arabian-American Oil Company (ARAMCO) 73, 157
Arabisch-Persischer Golf 66, 80, 82ff., 87, 98, 128, 131, 152, 158, 169f., 180, 222, 240
Arabische Halbinsel 35, 38, 40, 56, 75, 78–92, 158, 180, 201
Arabische Liga 29, 37, 39f., 43–46, 69, 72f., 88, 90, 100, 104, 106, 119, 129, 166, 168, 170f., 199, 215

Arabische Sozialistische Union 50
Arafat, Yasir 190, 198–208, 213, 223–226, 228
ARAMCO s. Arabian-American Oil Company
Arbeiterpartei (Israel) 11, 191f., 227f., 242
Argentinien 108, 159
Arif, Abdur-Rahman 69, 136f.
Arkansas 226
Armée Islamique du Salut s. Islamische Armee des Heils
Armee Muhammads 234
Armenien 97
Arslan, Schakib 58
Arsuzi, Zaki al- 70
Artawiya al- 85
Asad, Hafiz al- 233
Asali, Sabri al- 72
Aschkenasen 132, 241f.
Aschrawi, Hanan 224
Ashdod 162f., 164f.
Asien 64
Asir 38, 86
Askari, Dschafar al- 62
Assiut 231
Assuan 50, 129, 217
Assyrer 62, 98
Atasi, Haschim al- 71ff.
Atasi, Nur-ad-Din al- 14, 20, 28, 30, 77, 140
Atatürk, Kemal 33f., 71, 97, 139, 236
Atlantik 106
Attlee 103
Australien 151, 158f., 243
Azhar al- 34–37, 41
Azm, Sadiq al- 238
Azzam, Abdur-Rahman 37, 41, 166

Baath (al-Baath) 22, 29, 68–71, 76ff., 80, 91, 184, 201, 233, 235
Badran 134
Bagdad (s.a. Irak) 13, 40, 57, 66ff., 71f., 75, 81f., 104f., 111, 132, 153, 156, 165ff., 170f., 184, 201, 235
Bagdadbahn 82, 152
Bagdadpakt 49, 105
Bahrain 159, 235
Balfour, Arthur 94
Balfour-Deklaration 38, 59f., 94, 109, 112
Balkankriege 53, 56f.
Bandung 49, 129
Banias 29
Banna, Hasan al- 35, 47
Bar-Lev 205
Bar-Zohar, Michel 120
Baseler Zionistenkongreß 109f.
Basra 54, 80, 82, 155
Battle, Lucius 140, 142
Bayern 114
Beer Sheva 161
Begin, Menachem 191–195, 210–222
Beirut (s.a. Libanon) 54f., 77, 90, 171, 174, 191, 201, 207, 223, 232
Belgien 159
Bell, Gertrude 99
Ben-Gurion, David 25ff., 30, 93, 107, 112, 115–122, 125f., 128f., 131, 160, 205
Benschedid, Schadli 230
Bergmann, Ernst 27
Berlin 33, 67, 105, 112, 152
Bernadotte (Graf) 120
Bethlehem 216
Bevin, Ernest 103ff.
Bewaffnete Islamische Gruppen (Groupes Islamiques Armés, GIA) 230
Bewegung der Freien Offiziere 46 ff., 126
Biltmore-Programm 112
Bir Gafgafa 130

Birzeit-Universität 228
Bitar, Salah-ad-Din al- 70
Blum, Leon 70
Bolschewiki 59, 94, 97
Boreidah 80
Bosporus 33, 94
Boumedienne, Houari 136f.
Bourgiba, Habib 231
Brailsford, H. N. 95, 101
Brasilien 159
Breschnew, Leonid 136ff.
Brzezinski, Zbigniew 208, 217ff.
Bunche, Ralph 19
Buraimi 87
Burnham & Company 177
Bush, George 224, 226
Bustani, Butrus al- 54

Cambridge 115
Camp David (-Abkommen) 187, 194f., 205, 208, 215, 218, 220ff., 225, 236, 241
Caracas 170
Cardiff 151
Carter, Jimmy 178, 208–213, 216–223
Ceauşescu, N. 212
Ceylon 99
Cherut-Partei 192
China 49, 138, 185, 201, 226
Christen, Christentum 53f., 60f., 69, 88, 95, 98, 221, 224, 232, 237
Chruschtschow, N. 148
Churchill, Winston 63, 97ff., 111, 151, 153
Chuvakin, Dimitri 133
CIA 141, 143, 147
Clausewitz, Karl von 16
Clemenceau, Georges 96, 98
Clinton, Hillary 226
Clinton, William Jefferson 226, 228
COMECON 163
Compagnie Française des pétroles 153
Crane, Charles R. 60
Curtis, Lionel 95
Curzon, George Nathaniel 97, 153
Cyrenaika 35

D'Arcy 151
Damaskus (s.a. Syrien) 14, 20f., 28, 31, 52, 55f., 58–61, 71f., 74, 80f., 99, 126, 133, 201
DAP s. Deutsch-Amerikanische Petroleumgesellschaft
Dayan, Mosche 11, 147, 190ff., 218f.
De Gaulle, Charles 101
Deir Yassin 122
Delhi 105
Deraiya 78, 82,
Deterding, Henry 155
Deutsch-Amerikanische Petroleumgesellschaft (DAP) 152
Deutsche Bank 151f.
Deutschland (Drittes Reich) 65, 67, 70, 111
Deutschland (Kaiserreich) 58, 95, 98, 109, 112, 151f.
Deutschland (Ost) 163
Deutschland (West) 112, 137, 144, 157, 159, 162, 173, 206
Dhahabi, Muhammad Husain adh- 232
Dhahran 235
Dimona 24–30, 138, 144
Dinitz, Simha 218
Doughty, Charles M. 180
Dresden 163
Drusen 33, 54, 58, 61ff., 88
Dschabalia 197
Dschabr, Salih 104
Dschamaat al-Ahali 66
Dschauf al- 80
Dschemal Pascha 52, 55

Dschenin 195
Dschidda 18, 88, 138
Dschubail 84
Dschuhaiman 234

Eden, Anthony 40, 103
Eilat 10, 20–23, 28, 119f., 130, 160–165
Eisenhower, Dwight D. 50, 74, 93, 107, 129, 131, 139, 141, 188
El Tor 130
Elsaß-Lothringen 98
ENI (Ente Nazionale Idrocarburi) 170, 173
Entebbe 206
Erster Golfkrieg 186, 223ff., 235f.
Erster Weltkrieg 32f., 35f., 52, 54f., 58, 63, 80, 83, 93f., 97, 99ff., 108f., 151ff., 156
Eschkol, Levi 11f., 16, 25, 27f., 30, 131, 140, 142f., 146
Esso 173
Etzion, Yehuda 241
EU s. Europäische Union
Europa (Ost) 105, 163, 242
Europa (West) 32, 53, 57, 64, 72, 79, 85, 97, 102, 105f., 108, 112f., 119, 128, 130, 132, 156ff., 162f., 169, 173f., 176, 178, 180, 182f., 185f., 201, 203f., 226, 236, 242
Europäische Union (EU) 226
Euting, Julius 180
EYAL (Organisation Jüdischer Kämpfer) 240
Eytan, Rafael 223

Fahd 222
Fahmi, Ismail 212
Faisal (Irak) 59ff., 63, 98f., 214
Faisal Ibn Abdul-Aziz 22, 33, 86ff., 91, 138f., 171, 238
Falludscha 23
Faruq 41, 48, 120
Fatah al- 17, 20, 190, 200ff., 206, 214
Fatat al- 55, 59, 61
Fichte, Johann Gottlieb 73
Fidaiyun 126, 188
FLN s. Front de Libération Nationale
Ford, Gerald 208
Fortas, Abraham 147
Frandschiya, Suleiman 207
Frankreich 26, 33, 38, 41, 50, 52f., 56ff., 60–63, 66, 69f., 70, 72, 74, 93, 96 ff., 100f., 103, 106, 108ff., 128, 130f., 144, 152, 157ff., 174, 184 ff., 201, 206, 208, 232
Freie Offiziere s. Bewegung der Freien Offiziere
Front de Libération Nationale (FLN) 200
Fuad 34
Fuad-Universität 47

Gailani, Raschid Ali al- 40, 67, 70, 104f.
Galiläa 117f., 120, 193ff., 221
Gallipoli 58, 94
Gaza (-streifen) 17, 20, 118f., 124–127, 160, 189, 192, 195ff., 199, 201f., 216f., 220, 224, 227, 229
Gaza-Jericho-Abkommen 228f.
General Petroleum Company 171
Genf 33, 58, 95, 170, 204, 212f., 225
Genfer Nahost-Friedenskonferenz 204, 206, 208f., 211–215, 220, 225
Gesellschaft für Arabische Einheit 41
Getty Oil Company 172
Ghali, Butros 220f.
Ghannouchi, Scheich 230
Ghazi 66
GIA s. Bewaffnete Islamische Gruppen

Golan (-höhen) 14f., 28ff., 189, 208, 221
Goldstein, Baruch 229, 233
Golf von Aqaba 10, 21f., 53, 119f., 130, 134, 142, 145f., 160
Golf von Mexiko 150, 152
Golf von Suez 130, 164, 171
Golfkriege s. Erster u. Zweiter Golfkrieg
Golfstaaten (-emirate) 18, 51, 92, 163, 171f., 175f., 182, 231, 235, 239, 243
Gorbatschow, Michail 224
Grechko (Marschall) 137
Griechenland 64, 105f., 109, 112, 183
Großbritannien 20, 26, 32f., 35, 37–40, 42, 45–62, 65–70, 72, 74f., 82ff., 86f., 89, 93–107, 109–114, 116, 118, 120, 122, 125f., 128–131, 135, 139, 141, 145, 151–159, 161, 170, 172, 174, 183, 201f., 215, 230
Groupes Islamiques Armés s. Bewaffnete Islamische Gruppen
Gulbenkian, Calouste S. 154
Gulf Oil Company 155, 167
GUS 243
Gusch Emunim 196, 240f.

Haavara-Abkommen 111
Habasch, George 77, 201, 206
Habsburg-Ungarn 56
Hadith 231
Haganah 119
Haifa 15, 67, 120, 154, 160ff., 189, 234
Haigh, Alexander 223
Hail 79ff.
Hama 52, 233
HAMAS (Islamische Widerstandsbewegung) 198, 229, 233
Hammami, Said 203
Hammer, Armand 174f.
Hammuda, Yahya 200
Hasa (al-Ahsa) 82, 84
Haschemiten (Al Haschim) 34, 39ff., 58f., 61f., 72–75, 84, 86, 89, 92, 98f., 104, 115, 120, 233
Hassan II. 243
Hatzbani 29
Hebron 28, 195, 229, 233, 241
Hedschas 34, 36, 59f., 78, 83f., 86, 88, 99
Heller, Mark A. 228
Helms (CIA) 141f.
Hendryx, Franck 167f., 176
Herzl, Theodor 108f.
Hess, Moses 108
Hinnawi, Sami al- 71, 73
Hitler, Adolf 67, 122
Hizb al-istiqlal 70, 77
Hizb al-istiqlal al-arabi 59
Hizb al-ittihad as-suri 59
Hizbullah 229, 232, 243
Hobson, John 95
Holland 159, 174
Holocaust 112, 114f., 122, 214
Hudaida 54
Humphrey, Hubert 140, 146
Husri, Sati al- 73
Hussein (Jordanien) 10–14, 23, 30, 188, 191, 199, 223f., 233
Hussein (Scharif) 36, 59, 94
Hussein, Saddam 184ff., 207f., 224f., 236
Husseini, Faisal 225
Husseini, Hadsch Amin al- 36

Ibn Saud s. Abdul-Aziz Ibn Saud
Ibrahim Pascha 56
Idrisen 219, 231
Idrisi, Muhammad al- 86
IEA s. Internationale Energieagentur

Ikhwan 85f.
Indiana Standard 164
Indien 37, 49, 83, 97, 105, 151, 158f.
Indischer Ozean 82, 119, 163
Indonesien 161
Internationale Energieagentur (IEA) 181
Intifada 197f., 228
IPC s. Irakische Petroleumgesellschaft
Irak 13, 34, 38ff., 43, 45, 51, 56–60, 62f., 65–78, 80, 82, 86, 89, 93ff., 97–105, 113, 120, 129, 132, 136, 148, 152-157, 159f., 162, 166, 168, 170, 172, 174, 180f., 183–186, 199, 205, 208, 221, 223ff., 235f.
Irakische Petroleumgesellschaft (IPC) 69, 153ff., 160, 170, 172, 184
Iran 21, 34, 67f., 87, 89, 102, 104ff., 139, 151–157, 161ff., 165f., 168–171, 180f., 184, 217, 222–225, 232–236, 244
Iranian National Oil Company 164
Iranisch-irakischer Krieg s. Erster Golfkrieg
Islamische Armee des Heils (Armée Islamique du Salut, AIS) 230
Islamische Befreiungspartei 234
Islamische Heilsfront 230
Islamische Weltliga s. Liga der Islamischen Welt
Islamische Widerstandsbewegung s. HAMAS
Islamische Widerstandspartei 234
Islamischer Dschihad (Ägypten) 232
Islamischer Dschihad (Palästina) 233
Islamismus 31, 64, 111, 201, 230–244
Ismailia 215f., 218
Israel 9–17, 19–31, 50, 53, 67, 71f., 93, 103, 105–108, 114–124, 126–149, 158, 160ff., 164ff., 168, 178, 187–199, 201–229, 233f., 240–243
Israelische Atomenergie-Kommission 26f.
Istanbul 32f., 53, 55–58, 79, 82f., 236
Italien 37f., 46, 53, 56, 64, 67, 86, 144, 152, 157ff., 170, 173, 183, 201, 208, 231

Jaffa 118, 161, 189
Japan 158f., 172, 176, 178, 185f., 201, 226
Jemen (-konflikt) 18, 21, 24, 30, 38, 42ff., 51, 54, 86, 91, 133, 138f., 199
Jericho 190, 229
Jerusalem 10, 13, 36f., 53, 61, 108, 111, 118ff., 122f., 188f., 193, 199, 208, 212, 215ff., 221f., 224f., 227, 229, 234
Jischuw 110f., 122
Johnson, Lyndon B. 9, 18, 21, 24, 137–148, 162, 203, 219
Johnston, Eric 129
Jordan 10, 14, 18, 28f., 74, 113f., 118, 128f., 160, 188ff., 193, 199
Jordan, Hamilton 209
Jordanien 10–15, 18, 21, 23, 29ff., 38, 53, 67f., 72, 74f., 78, 89, 103, 118–121, 126, 133, 147, 157, 160, 187f., 190f., 193, 199f., 202, 206, 214, 216f., 220f., 223, 225, 233f., 243
Judäa 118, 189, 192, 194, 212, 216f., 221, 241
Judentum 108f., 111f., 228, 243
Jüdische Agentur 110f., 115, 117f.
Jugoslawien 163
Jungägypter 47
Jungtürken 33, 54f., 58

Juni-Krieg s. Sechs-Tage-Krieg
Juul, Mona 227, 229

Kach 240
Kadscharen (-Schah) 151
Kahane, Meir 233
Kairo (s.a. Ägypten) 9, 11f., 17ff., 29ff., 34ff., 39–47, 51, 56, 58, 74, 90f., 99, 102, 114, 125f., 130f., 133-136, 140, 144, 146, 165ff., 199f., 208, 210, 214f., 227, 231
Kamil, Mustafa 24, 140
Kanada 176, 243
Karachi 102
Katar 159, 199
Kaukaban 18
Kaukasus 67, 106
Kemalismus 236
Kennedy, John F. 18, 27, 138, 144, 208
Kerbela 56, 235
Kerr, Philip 95
Khanikin 156
Khartoum 149, 187, 232
Khomeini (Ayatollah) 222, 235, 244
Khusistan 66
King, Henry Churchill 60
King-Crane-Kommission 60, 96
Kirkuk 154, 156
Kissinger, Henry 176, 178, 181, 203ff., 208, 211f., 217
Klinghoffer, Leon 224
Knesset 25f., 28, 213, 216, 218, 221, 226, 228, 243
Komitee für Einheit und Fortschritt 55
Konferenz von Jalta 106
Konferenz von Khartoum 149, 187f.
Konferenz von Potsdam 106
Kook, Zvi Yehuda 233, 241
Kopten 51
Koran 35, 84, 238
Kossygin, Alexej 137, 140
Kreta 244
Krieg von 1948 (Palästinakrieg) 13, 16, 23, 44f., 47, 67, 71, 89, 103, 106, 108, 114, 117, 119ff., 125, 127f., 154, 217
Kuba 148
Kuneitra 15
Kuntilla 130
Kurden 62, 69, 186, 225, 236
Kut al-Amara 58
Kuwait 32, 66–69, 75, 79–83, 89, 152, 154f., 157, 159, 167f., 170ff., 174f., 181, 199, 201, 207, 224f., 235, 239

Labour Party 102
Larsen, Terje 227ff.
Lateinamerika 21, 64
Lausanner Friedenskonferenz 122f., 127
Lausanner Friedensvertrag 36
Lavon, Pinchas 126
Lawrence, T. E. 58, 61, 99
Leuna 163
Levinger, Mosche 233
Libanon 38f., 41ff., 51, 53, 58–63, 65, 72, 74f., 78, 88f., 94f., 97f., 123, 126, 158, 166, 183, 193, 198f., 202, 206f., 214, 221, 223, 225, 229, 232, 243
Libanon-Gebirge (Mont Liban) 53, 63
Libyen 18, 37, 53, 56, 106, 132, 152, 156–159, 171–176, 181, 201, 219, 221, 231
Liga der Islamischen Welt 238ff.
Likud 191f., 194ff., 204, 210, 212, 217, 222, 227ff., 243
Little Rock 226
Livni, Menachem 241
Lloyd George, David 96, 98

London (s.a. Großbritannien) 33, 37, 39ff., 58, 60, 63, 66ff., 75, 82 f., 94, 97–103, 112, 116, 127, 130, 142, 152ff., 156, 203, 223
Lowdermilk, Walter Clay 113
Lydda 189

Madrid (Madrider Konferenz) 224ff., 241
Madschlis asch-schura 243
Maghrabi, Mahmud Suleiman al- 173f.
Maghreb 230
Mahdi, Sadiq al- 232
Mahfuz, Nagib 232
Maisalun 61
Maraghi al- 41
Mardam, Dschamil 55
Marokko 74, 132, 212, 243
Maroniten 54, 59, 61ff., 65
Marshallplan 169
Marx, Karl 238
Masri, Aziz Ali al- 57
Mattei, Enrico 170
Maududi, Abul-Ala al- 231, 238
McMahon, Henry 58, 94
McNamara, R. 141f.
Medina 34, 79f., 84
Meir, Golda 115, 118, 191
Mekka 34, 58f., 79, 81, 83f., 102, 231, 234f., 238
Mekorot 197
MEPCO 157
Mesopotamien 152, 154
Middle East Institute 176
Middle East Supply Centre 43, 114
Midhat Pascha 82
Mi'ilya 195
Milson, Menachem 195
Minya 231
Mitla 130
Mittelmeer 9, 26, 32, 34, 39, 52f., 94, 98, 102, 118, 134, 143, 152, 154, 156f., 160–164, 172, 221
Mogadischu 206
Mohieddin, Zakariya 9, 46, 146, 148
Moledet 240
Mollet, Guy 128
Mont Liban s. Libanon-Gebirge
Morris, Benny 122
Mosaddeq, Mohammad 68, 89, 168f., 184
Moskau (s.a. Sowjetunion) 15, 17, 22, 49, 70f., 106, 116, 130, 132–136, 138, 142f., 146, 148, 155, 163, 174, 187, 205, 211, 219, 223, 226
Mossad 126, 147
Mossul 63, 98, 153
Mubarak, Husni 231f.
Mubarak Al Sabah 82
Muhammad (Prophet) 231
Muhammad Ali 32ff., 79, 81
Muhammad Ibn Abdel-Wahhab 78, 84
Muhammad Ibn Raschid 79, 83
Muhammad Ibn Saud 79
Mukhtar, Umar al- 231
Mumcu (Journalist) 236
München 191
Muslimbrüder (-bruderschaft) 35, 45–50, 201, 231–234, 238ff., 243

Nabhani, Taqi ad-Din an- 234, 238
Nablus 55, 195, 234
Nadschaf 235
Nagib, Muhammad 47ff.
Nahda an- 52ff., 77, 91, 201
Nahhas, Mustafa an- 41ff., 103
Nasser, Gamal Abden- 10ff., 14, 17–25, 29ff., 44–52, 57, 67ff., 74–78, 86, 90–93, 103, 107, 125–129, 131, 133-149, 158, 162, 164ff., 168, 171ff., 185, 187, 189, 199, 203, 210, 231, 238, 239f.

National-Demokratische Partei 66, 68
National-Religiöse Partei (NRP) 241, 243
Nationale Irakische Ölgesellschaft (NIOC) 172
Nationale Islamische Front 232
Nationale Partei 72
Nationaler Sicherheitsrat (NSC) 141, 144, 147, 209
Nationalsozialismus 64f.
NATO 157, 223
Nedschd 78ff., 83ff.
Negev 25, 29, 113, 118, 120f., 125f., 129, 157, 160, 164, 193, 199
Netanjahu, Benjamin 225, 229, 242
New York 112, 145, 206
Nil (-tal) 9, 18, 32, 34, 38f., 44ff., 50, 79f., 107, 125, 135f., 139, 168, 173, 199
NIOC s. Nationale Irakische Ölgesellschaft
Nixon, Richard 178, 208
Nolte,Richard 140
Nordafrika 43, 53, 58, 64, 74, 98, 106, 157, 163, 230ff., 236f.
Nordsee 182
Norwegen 227ff.
NRP s. National-Religiöse Partei
NSC s. Nationaler Sicherheitsrat
Nuqraschi, Mahmud Fahmi an- 45, 47
Nusseibeh, Sari 228

OAPEC s. Organisation Arabischer Erdöl exportierender Länder
OAU s. Organisation für Afrikanische Einheit
Occidental Petroleum Land and Development Corporation 174
Ofira 194
Oktober-Krieg (Yom-Kippur-Krieg, Ramadan-Krieg) 177f., 186, 191, 198, 203, 205, 209ff.
Oman 87, 159
OPEC s. Organisation der Erdöl exportierenden Länder
Organisation Arabischer Erdöl exportierender Länder (OAPEC) 171
Organisation der Erdöl exportierenden Länder (OPEC) 51, 69, 163, 165, 168, 170ff., 176–179, 181f., 206, 239
Organisation für Afrikanische Einheit (OAU) 232
Organisation Jüdischer Kämpfer s. EYAL
Oslo 224, 227ff.
Osmanische Partei der Administrativen Dezentralisation 56ff.
Osmanisches Reich 32ff., 39, 52–57, 62f., 78–83, 99, 109, 111, 182, 194
Ostblock 129, 207
Osteuropa s. Europa (Ost)
Ostghor-Kanal 29
Ostjerusalem s. Jerusalem
Ostjordanien s. Transjordanien
Oxford 115

Page, Howard 160
Pakistan 102, 105, 231, 236, 244
Palästina (Palästinenser) 35–38, 40f., 43ff., 53, 59–63, 78, 88f., 94, 97, 104, 106, 108–149, 187–209, 213–217, 220–229, 233, 241
Palästinafrage 11, 18, 21–24, 31, 36, 42, 44f., 104, 108–149, 186, 206f., 209–214, 216
Palästinakrieg s. Krieg von 1948
Palästinensische Befreiungsarmee (PLA) 127
Palästinensische Befreiungsorganisation (PLO) 11, 20, 29, 127, 187–

192, 195, 198–209, 212, 214ff., 222–228, 233
Panarabismus 10, 22, 31–52, 66, 68f., 71, 74–77, 80, 89, 91, 93, 104, 111, 126, 128f., 139, 149, 162, 167, 171, 173, 189, 199, 238
Panislamismus 37f., 53
Paris (s.a. Frankreich) 33, 38, 54ff., 60, 66, 70, 73, 94, 97, 127f., 130, 142, 181, 184ff., 232
Pariser Friedenskonferenz 33
Peel, William R. W. 112
Peking 198
Peres, Schimon 26ff., 190f., 223, 242
PFLP s. Volksfront zur Befreiung Palästinas
Picot, Georges 59
Pinsker, Leon 108
PLA s. Palästinensische Befreiungsarmee
PLO s. Palästinensische Befreiungsorganisation
Podgorny, N. V. 135f.
Polen 111, 129, 163
Portsmouth 104f.
Preußen 57

Qaddafi, Muammar al- 172ff., 219, 231
Qadiriya-Bruderschaft 53
Qahtaniya al- 57
Qantara-Senke 171
Qasim, Abdel-Karim 68f., 75, 166, 172
Qatif 84
Qibiya 124
Quandt, William B. 213
Qutb, Saiyid 231, 238
Quwatli, Schukri al- 42, 55, 70

Rabat 206
Rabin, Yitzhak 28, 30, 122, 143, 191ff., 198, 209f., 226, 228f., 233, 240
Ramadan-Krieg s. Oktober-Krieg
Ramallah 195
Ramle 189
Ras El Naqb 130
Raschiden (Al Raschid) 79–85, 87f.
Reagan, Ronald 190, 223
Riad, Abdel-Moneim 11f.
Rida, Raschid 35, 37
Rikie, Indrajat 19
Riyad 21, 79, 82, 92, 225, 235
Rogers, William 188, 200
Rom 67
Rostock 163
Rostow, Eugene 15
Rostow, Walt 15, 31, 143, 145, 147, 149, 238
Rote Armee Fraktionen 201
Rotes Meer 39, 86, 118f., 141, 180
Royal Dutch Shell 152f., 155, 173
Rumänien 129, 212
Rusk, Dean 143, 146f.
Rußland 94, 97, 108, 150, 242
Ruthenberg, Pinchas 160

Saada, Antun 65
Sadat, Anwar as- 46, 134, 205, 209–218, 220f., 232
Sadr, Baqir 236
Said, Nuri as- 38, 40ff., 57, 62, 65–68, 74
Salafiya 35
Salman, Muhammad 166
Samaria 189, 192, 194, 212, 216f., 221f., 241
Samu 28
Sanaa 18, 43
Sanusiya-Bruderschaft 231
Sarkis, Nicolas 174
Sartawi, Issam 203
Saud Ibn Abdul-Aziz 87–91, 171,

238
Saudi-Arabien 18, 21f., 33–44, 61, 72f., 75, 78–82, 84, 86 f., 89ff., 98, 111, 113, 152, 155, 157–160, 162, 166ff., 170ff., 174, 176f., 179, 181, 183f., 200, 210f., 217, 219–222, 231, 234f., 238, 243
Schah von Persien 139, 157, 162, 222, 234f., 244
Schamir, Yitzhak 195, 224–227
Schammar 79ff., 85
Scharia 84, 234
Scharm asch-Scheich 9, 16f., 20f., 130, 144, 194f., 217
Scharon, Ariel 125, 193, 198, 215, 221, 223
Schatt al-Arab 67
Schazar 21
Schiiten, Schia 88, 104, 234ff.
Schischakli, Adib asch- 72f.
Schunah 36
Schuqairi, Ahmad 11, 199f.
Schwarzes Meer 163
Schwedt 163
Schweiz 56
Sechs-Tage-Krieg (Juni-Krieg) 9–17, 24–29, 31, 71, 74, 77f., 80, 86, 91, 98, 108, 131–149, 157–162, 164f., 170f., 173, 178, 187ff., 191, 194, 198ff., 202f., 205, 219, 237ff.
See Genezaret 29, 199
Segal, Jerome M. 228
Seine 96
Sepharden 131f., 241f.
Sèvres (1919) 97, 153
Sèvres (1956) 128, 130
Shell s. Royal Dutch Shell
Shultz, George 224
Sidqi, Ismail 103
Sinai 9–17, 19f., 24f., 53, 119, 126, 128, 130f., 133f., 141, 160, 164, 188f., 194, 199, 208, 215–218, 221
Singapur 141
Singer, Joel 228f.
Sivas 236
Smuts, Jan Christian 95
Sorbonne 54, 69
Sowjetunion (UdSSR) 13f., 17–20, 28, 30, 35, 50, 69, 77, 102, 105ff., 116, 129, 132–149, 157, 163, 201, 205, 208, 210f., 222ff., 230, 240, 242
Spanien 64, 106, 159, 224
Stalin, Josef 106, 116
Standard Oil Company (of New Jersey) 150f., 153, 160
Straße von Tiran 10f., 20, 22f., 28, 30, 128, 130, 134, 140ff., 144–147, 161f., 171
Südafrika 190, 243
Sudan 46, 103, 232
Südjemen 139, 221
Südostasien 105, 129, 156, 185
Suez (-Enklave) 38, 47, 49, 102f., 125, 130, 201, 232
Suezkanal 32, 36, 50, 53, 93f., 97f., 105, 128–131, 151, 156ff., 162ff., 174, 187f., 205
Suezkrieg 20, 22, 26, 50, 74, 103, 114, 127–132, 141, 144, 147, 160, 166
Sühne und Hidschra 232
Sulh, Riad as- 42
SUMED 164f.
Surani, Dschamal 214
Suwaidi, Taufiq as- 55
Sykes, Mark 59, 95
Sykes-Picot-Abkommen 59f., 95
Syrien 14f., 17–20, 22, 28–31, 33, 36, 38–45, 51–63, 67, 69–80, 89, 93ff., 97f., 100ff., 111, 120, 123, 126, 133, 135, 143, 148, 157f., 160, 166, 199, 202, 205, 208, 214f., 221, 225, 231, 233, 238
Syrische Nationale Sozialistische Partei 65

Tabuk 220
Talal Ibn Abdul-Aziz 90
Taleban 236
Tariqi, Abdallah 90, 166ff., 174, 176
Teheran 156, 170, 176, 223
Teima 80
Tel Aviv (s.a. Israel) 12, 15, 17, 118, 133f., 140, 142–146, 148, 160f., 193, 196, 225, 229
Tennessee-Valley-Projekt 113
Texas 24, 90, 150, 167, 226
Themse 96
Thora 241
Tigris 52, 74, 166, 168, 185
Tito 136
Tokio 186
Totes Meer 118
Toynbee, Arnold 244
Transjordanien (Ostjordanien) 14, 36, 39, 42ff., 61, 97ff., 103, 113, 115, 118f., 124
Triest 163
Tripoli (Libyen) 174, 215
Tripolis (Libanon) 207
Truman, Harry S. 93, 114
Tschechoslowakei 116, 127f., 163
Tunesien 74, 128, 201, 230f.
Tunis 198, 224ff.
Turabi, Hasan at- 232
Türkei 33, 36, 70f., 95, 97, 102, 105 f., 112, 153f., 157, 236, 244
Türkische Petroleumgesellschaft (Turkish Petroleum Company) 98, 152ff.
Turkish Petroleum Company s. Türkische Petroleum Gesellschaft

U Thant 16, 19f., 140, 142, 144f.
UdSSR s. Sowjetunion
Uganda 108
Ulama 89
Umaiyaden 52, 78
Umma 37, 88
UN s. United Nations
UN-Resolution 13, 106, 115ff., 121, 187f., 190f., 193, 200, 204, 207, 209, 212, 217f., 223
Ungarn 130, 163
United Nations (UN, UNO, Vereinte Nationen) 13, 15ff., 19f., 25, 69, 96, 115–118, 120, 130f., 135f., 140f., 160, 173, 200, 206f., 209, 212, 214, 218, 226
Universität Kairo 200
Universität Tel Aviv 228
UNO s. United Nations
USA s. Vereinigte Staaten von Amerika

Vance, Cyrus 209, 211, 218
Vaterländischer Block 70
Venezuela 166, 168ff.
Verein Muslimischer Junger Männer 35
Vereinigte Arabische Republik 29, 74f., 77, 93
Vereinigte Staaten von Amerika (USA) 13ff., 18f., 21f., 24, 26, 29ff., 40, 50, 54, 59f., 64, 71–75, 84, 86, 89ff., 93–97, 101ff., 106f., 109, 112ff., 116, 119, 121ff., 125 f., 128ff., 132–150, 152f., 155–158, 160ff., 168ff., 172–180, 182f., 185–190, 196, 203ff., 207–213, 218–224, 226, 228, 232, 235, 237, 239f., 242f.
Vereinte Nationen s. United Nations
Versailler Friedensvertrag (-konferenz) 36, 60f., 65
Vietnam (-konflikt) 15, 135, 138, 141ff., 147f., 158
Völkerbund (-satzung) 33, 36, 58,

60ff., 65, 94ff., 100f., 109, 173
Volksfront zur Befreiung Palästinas (PFLP) 206

Wafd-Partei 41f.
Wahhabiten 34f., 56, 78f., 83f., 86f., 99
Washington (s.a Vereinigte Staaten von Amerika) 9, 14f., 21f., 24, 27, 30, 49, 71, 75, 89, 93, 97, 112, 116, 127, 129f., 132, 138ff., 140, 142, 144–149, 153, 158, 176, 184, 187, 189f., 204f., 210f., 213, 217ff., 221–224, 228f., 232, 238
Wasta 183f.
Wathba 105
Wazir, Khalil al- (Abu Dschihad) 198
Weizmann, Chaim 61, 109, 214
Weizmann, Ezer 218f.
Weltbank 210, 226
Westbank (Westjordanland) 13f., 125, 188–197, 201, 212, 217f., 220, 228, 233, 241
Westeuropa s. Europa (West)
Westjordanland s. Westbank
Wheeler (General) 141
Wien 175, 206
Wilson, Woodrow 59, 95
Woolf, Leonard 95

Yamani (Scheich) 176f., 206
Yamit 194
Yariv, Aharon 28
Yasin, Yusuf 42
Yom-Kippur-Krieg s. Oktober-Krieg

Zaghlul, Saad 33
Zaim, Husni az- 71
Zakharow, M. 135
Zionismus (Zionisten) 36, 40, 59, 61ff., 93ff., 97, 101, 108–113, 115, 118f., 122, 192, 194, 201–204, 206f., 216, 238, 241ff.
Zureik, Qonstantin 77
Zweiter Golfkrieg 186, 224, 235, 240
Zweiter Weltkrieg 39, 50, 65f., 70f., 100f., 114, 117, 152, 156, 160f., 169, 173
Zypern 18

Der Autor

Helmut Johann Friedrich Mejcher, geboren 1937, studierte – nach einigen Lehr- und Wanderjahren – Geschichte, Anglistik, Politikwissenschaft und Philosophie an den Universitäten Bonn, Bangor (Wales) und Tübingen. Von 1967 bis 1970 Stipendiat am St. Antony's College, Universität Oxford. Postgraduierten-Studium am dortigen Middle East Centre und Promotion über das Thema: »The Birth of the Mandate Idea and its Fulfilment in Iraq up to 1926«. Von 1970 bis 1977 Wissenschaftlicher Assistent am Seminar für Zeitgeschichte der Universität Tübingen. Seit 1977/78 Professor für Neuere Geschichte (Schwerpunkt moderner Vorderer Orient und Mittelmeerraum) an der Universität Hamburg. Längere Forschungsaufenthalte in Ländern des Nahen Ostens, Nordafrikas, in den USA und Großbritannien.

Veröffentlichungen u. a.: ›Imperial Quest for Oil: Iraq 1910–1928‹ (1976). ›Die Politik und das Öl im Nahen Osten‹ (2 Bde, 1980, 1990); ›Die Palästina-Frage 1917–1948‹ (Hg. zus. mit A. Schölch, 1981, 2. erw. Aufl. 1993); ›Oil, the Middle East, North Africa and the Industrial States‹ (Hg. zus. mit Klaus J. Gantzel, 1984); ›Die ägyptische Gesellschaft im 20. Jahrhundert‹ (Hg., 1992); ›Der arabische Osten im zwanzigsten Jahrhundert 1914–1985‹ (In: U. Haarmann [Hg]: Geschichte der Arabischen Welt. 1987, 3. erw. Aufl. 1994). Zahlreiche Aufsätze in englischsprachigen, arabischen und deutschen Fachzeitschriften und Sammelwerken. Zuletzt: ›Prospects of an Israeli-Palestinian Co-existence‹ (In: Orient 37, 1996, 2).

20 Tage im 20. Jahrhundert

Herausgegeben von Norbert Frei, Klaus-Dietmar Henke und Hans Woller

20 Tagesereignisse aus den letzten hundert Jahren bilden den Ausgangspunkt für eine umfassende Darstellung der historischen, gesellschaftlichen und kulturellen Entwicklung vom Beginn des Jahrhunderts bis zum Ende des Jahrtausends. Als Ergebnis liegt damit eine Bilanz des 20. Jahrhunderts vor.

Volker R. Berghahn
Sarajewo, 28. Juni 1914
Der Untergang des alten Europa
dtv 30601 (1997)

Dietrich Beyrau
Petersburg, 25. Oktober 1917
Die russische Revolution und der Aufstieg des Kommunismus
dtv 30602 (1998)

Hans Woller
Rom, 28. Oktober 1922
Die faschistische Herausforderung
dtv 30603 (1998)

Jürgen Osterhammel
Shanghai, 30. Mai 1925
Die chinesische Revolution
dtv 30604 (1997)

Ulrich Herbert
Auschwitz, 17. Juli 1942
Rassenideologie, Genozid und Ausrottungspolitik
dtv 30605 (1999)

Jost Dülffer
Jalta, 4. Februar 1945
Der Zweite Weltkrieg und die Entstehung der bipolaren Welt
dtv 30606 (1998)

Detlef Bald
Hiroshima, 6. August 1945
Die nukleare Bedrohung
dtv 30607 (1998)

Dietmar Rothermund
Delhi, 15. August 1947
Das Ende kolonialer Herrschaft
dtv 30608 (1998)

Franz Knipping
Rom, 25. März 1957
Die Einigung Europas
dtv 30609 (1998)

Robert D. Johnson
Washington, 20. Januar 1961
Der amerikanische Traum
dtv 30610 (1998)

Helmut Mejcher
Sinai, 5. Juni 1967
Krisenherd Naher und Mittlerer Osten
dtv 30611 (1998)

Norbert Frei
Paris, 13. Mai 1968
Kulturprotest und Gesellschaftsreform
dtv 30612 (1999)

Brigitte Röthlein
Mare Tranquillitatis, 20. Juli 1969
Die wissenschaftlich-technische Revolution
dtv 30613 (1997)

Wilfried Loth
Helsinki, 1. August 1975
Entspannung und Abrüstung
dtv 30614 (1998)

Harold James
Rambouillet, 15. November 1975
Die Globalisierung der Wirtschaft
dtv 30615 (1997)

Mária Huber
Moskau, 10. März 1985
Die Auflösung des sowjetischen Imperiums
dtv 30616 (1999)

Franz J. Brüggemeier
Tschernobyl, 26. April 1986
Die ökologische Herausforderung
dtv 30617 (1998)

Klaus-Dietmar Henke
Berlin, 9. November 1989
Die deutsche Frage
dtv 30618 (1999)

Walther L. Bernecker
Port Harcourt, 10. November 1995
Aufbruch und Elend in der Dritten Welt
dtv 30619 (1997)

Lutz Niethammer
Boston, 26. Dezember 2000
Schöne neue Welt: Erwartung und Erfahrung
dtv 30620 (1999)